中國學術思想研究輯刊

二三編

林慶彰 主編

第18冊

王夫之氣論思想研究（下）

陳美吟 著

花木蘭文化出版社

國家圖書館出版品預行編目資料

王夫之氣論思想研究（下）／陳美吟 著 —— 初版 —— 新北市：
花木蘭文化出版社，2016〔民 105〕
目 2+264 面；19×26 公分
（中國學術思想研究輯刊 二三編；第 18 冊）
ISBN 978-986-404-569-3（精裝）
1.（清）王夫之 2. 學術思想 3. 清代哲學
030.8　　105002153

中國學術思想研究輯刊
二三編　第十八冊　　ISBN：978-986-404-569-3

王夫之氣論思想研究（下）

作　者　陳美吟
主　編　林慶彰
總 編 輯　杜潔祥
副總編輯　楊嘉樂
編　輯　許郁翎
出　版　花木蘭文化出版社
社　長　高小娟
聯絡地址　235 新北市中和區中安街七二號十三樓
電話：02-2923-1455／傳眞：02-2923-1452
網　址　http://www.huamulan.tw 信箱 hml 810518@gmail.com
印　刷　普羅文化出版廣告事業
封面設計　劉開工作室
初　版　2016 年 3 月
全書字數　444815 字
定　價　二三編 24 冊（精裝）新台幣 46,000 元　

王夫之氣論思想研究（下）

陳美吟　著

目次

上冊

第十章　心乃太和之神

王夫之論心之意義豐富多變，心乃貫通其學問之大宗，心之作用統性情，並爲身之血氣耳目感官之知覺之主宰。心之虛靈明覺的作用爲認知活動的主體。而心之志持守恆向於道德義理並主宰行爲，而心之志更是仁義之本心。因此王夫之心跨越心性、格物致知、修身養性等範疇，是王夫之氣論思想中重要的一環節。

第一節　心思即神之動幾

人心之所從來，乃由太和之氣其陰陽不測生生之神，凝於人身而爲心之作用，人心中函有氣化之條理之善，藉由具體的形質之身與外物引發而顯其作用。王俊彥云：「人之本質直承元氣而來，故人身具有元神之生生作用，而此元神之作用表現在人身者即心。心具此神，則可表現爲目之能視，耳之能聽之感官見聞；此外，更可表現爲判斷是非善惡之思慮作用，然其判斷標準則由性之道德內涵爲基礎，人心具有生生神用，自會不斷地展現此兩種能力，但無形之能力須藉外物之引發，才能表現成具體之人倫事功，藉此彰顯心本具之神用。〔註1〕」

無，謂氣未聚，形未成，在天之神理。此所言氣，謂成形以後形中

〔註1〕王俊彥：〈心體知用論〉《王廷相與明代氣學》（台北：秀威資訊科技，2005年10月），頁159。

之氣，足以有爲者也。氣亦受之於天，而神爲之御，理爲之宰，非氣之即爲性也。〔註 2〕

無乃稱氣未聚，而形未成之時，只有在天之神理。而此所言之氣，則稱成形以後身體形質中之氣，足以有爲者。形氣受之於天，而神主掌太和之氣創生作用，而此作用中又有氣之理爲之宰，故此氣化中非氣者即爲人之性。

至誠體太虛至和之實理，與絪緼未分之道通一不二，是得天之所以爲天也。其所存之神，不行而至，與太虛妙應以生人物之良能一矣。如此則生而不失吾常，死而適得吾體，迹有屈伸，而神無損益也。〔註 3〕

至誠之體即太虛至和之實理，其與絪緼未分之道通一不二，天之所以爲天之因。而此誠體所存之神，因無形無限，故不行而至，其與太虛陰陽妙應所創生人物之良能是一而非二。如其言「人者，陰陽合德之神所聚，而相陰陽以協天地萬物之居者也。〔註 4〕」因爲人與太虛本質同爲一氣，則生而不失吾常，死而適得吾體，形迹有生死屈伸，若就無形之神則無損益之變化。

神者，氣之靈，不離乎氣而相與爲體，則神猶是神也，聚而可見，散而不可見爾，其體豈有不順而妄者乎！故堯、舜之神，桀、紂之氣，存於絪緼之中，至今而不易。然桀、紂之所暴者，氣也，養之可使醇，持之可使正，澄之可使清也；其始得於天者，健順之良能未嘗損也，存乎其人而已矣。〔註 5〕

神者乃氣之靈，其不離乎氣而相與爲體，則神仍是神，當氣聚而於形氣中可

〔註 2〕（明）王夫之：〈可狀篇〉《張子正蒙注》，收入船山全書編輯委員會編校：《船山全書》第十二冊（湖南（長沙）：嶽麓書社，1991 年 12 月第一版），卷 9，頁 368。

〔註 3〕（明）王夫之：〈太和篇〉《張子正蒙注》，收入船山全書編輯委員會編校：《船山全書》第十二冊（湖南（長沙）：嶽麓書社，1991 年 12 月第一版），卷 1，頁 34。

〔註 4〕（明）王夫之：〈可狀篇〉《張子正蒙注》，收入船山全書編輯委員會編校：《船山全書》第十二冊（湖南（長沙）：嶽麓書社，1991 年 12 月第一版），卷 9，頁 369。

〔註 5〕（明）王夫之：〈太和篇〉《張子正蒙注》，收入船山全書編輯委員會編校：《船山全書》第十二冊（湖南（長沙）：嶽麓書社，1991 年 12 月第一版），卷 1，頁 23。

見神，氣散則神不可見，氣聚氣散其氣之本體豈有不順而妄者乎！故如堯、舜之神，桀、紂之氣，兩者皆存於絪縕太和之中，至今而不易。然而桀、紂之所暴者，乃其氣之表現，而未曾善於展現其身之神，但若透過人爲修養之可使氣醇，努力操持之可使氣正，澄之可使氣清。因此桀、紂之所暴之氣本始得於天之氣，天之氣中有神與理，故桀、紂本具太和一氣中健順之良能，雖未能展現卻未嘗有損，仍是存乎其人身之中，但未曾透過其形氣之身的良能好好展現此神之善。王夫之特別藉由，桀、紂暴君其神並無異於堯、舜之神，兩者差異在於氣之操持的不同，反襯人人皆有氣之靈之神，故桀、紂暴君身中並非無此氣之靈之神。

> 健順合而太和，其幾必動，氣以成形，神以居理，性固具足於神氣之中，天地之生人物，人之肖德於天地者，唯此而已矣。〔註6〕

太和陰陽二氣其健順之德合而其氣之生幾必動，氣藉由聚以成形，氣之神以居理御氣，此氣性本具足於神氣之中，天地以此生人物，而人物之身中本具此神與健順之理，故人之肖德於天地者，唯此而已矣。

> 謂之父母者，亦名也；其心之必不忍忘，必不敢背者，所以生名之實也。惟乾之健，故不敢背，惟坤之順，故不忍忘，而推致其極，察乎天地，切求之近以念吾之所生成，則太和絪縕，中含健順之化，誠然而不可昧。故父母之名立，而稱天地爲父母，迹異而理本同也。朱子曰：「天地者其形體，迹之與父母異者也；乾坤者其性情，理之同者也。」〔註7〕

稱父母者，只是名。人心中必不忍忘父母生育之恩，亦不敢違背父母，所以父母有生育之名亦有其實。故人不敢違背父親乾之健、不忍忘母親坤之順，故由父母之身推致其極，可察乎天地，故人藉由切求之近以感念吾人乃天地間太和絪縕所生成，此太和之氣中本含陽之健與陰之順之化，誠然生生不輟，故不可昧。故其云：「天地之心，性所自出也。父母載乾、坤之德以生成，則天地運行之氣，生物之心在是，而吾之形色天性，與父母無二，即天地無二

〔註6〕（明）王夫之：〈太和篇〉《張子正蒙注》，收入船山全書編輯委員會編校：《船山全書》第十二冊（湖南（長沙）：嶽麓書社，1991年12月第一版），卷1，頁17。

〔註7〕（明）王夫之：〈乾稱篇〉《張子正蒙注》，收入船山全書編輯委員會編校：《船山全書》第十二冊（湖南（長沙）：嶽麓書社，1991年12月第一版），卷9，頁353。

也。〔註8〕」王夫之藉由父母之名立，而可藉由父母之生人而稱天地爲父母，雖然天地與父母所化生之形迹有異，但創生之理本同於太和一氣。人身具有天地之心，此乃性所自出之處。天地之於父母，讓人能切近其身明白太和之氣創生萬物之性情。故朱子曰：「天地者其形體，迹之與父母異者也；乾坤者其性情，理之同者也。」王夫之欲藉由最貼近人身之父母，讓人明白太和之氣創生萬物有如父母之生人，天之乾如父，地之坤如母，人透過父母承繼天地乾坤之德。

> 化者，天地生物之事；父母之必教育其子，亦此事也。善述者必至於知化，而引伸之以陶成乎萬物。神者，天地生物之心理，父母所生氣中之理，亦即此也善繼者，必神無不存，而合撰於乾坤以全至德。〔註9〕

所謂化者乃天地生物之事，而父母之必教育其子知此事。善於陳述者必至於知氣化，而引申至氣化之氣凝結以陶成乎萬物之形。所謂神者乃天地生物之心理，父母所人身中其生氣中之理，亦繼此善者，而其身中必神而無不存，而陰陽合撰於乾坤，人身以全天地之至德。

> 易簡，乾、坤之至德，萬物同原之理。知此，則吾所自生微動之幾，爲萬化所自始，皆知矣。即此而見君臣、父子、昆弟、夫婦、朋友天敘天秩不容已之愛敬，則親、義、序、別、信，皆原本德性以盡其誠，而無出入、過不及於大經之中。蓋惟盡性者爲能盡倫，非獨行之士，一往孤行之忠孝也。〔註10〕

所謂的太和之氣之易簡乃其乾、坤之至德，亦爲萬物所同原之理。知此，則吾心所自生的微動之幾，乃爲與物感而萬化所自始。而即此可見君臣、父子、昆弟、夫婦、朋友之天敘天秩乃爲心之神明不容已之愛敬，透過對象的不同表現出親、義、序、別、信之別，皆原於心本然之德性，並藉此以盡其心中性理之誠，而心無出入、過不及於大經之中。因此王夫之就人倫之常論人心

〔註8〕（明）王夫之：〈乾稱篇〉《張子正蒙注》，收入船山全書編輯委員會編校：《船山全書》第十二冊（湖南（長沙）：嶽麓書社，1991年12月第一版），卷9，頁354。

〔註9〕同上註，頁355。

〔註10〕（明）王夫之：〈至當篇〉《張子正蒙注》，收入船山全書編輯委員會編校：《船山全書》第十二冊（湖南（長沙）：嶽麓書社，1991年12月第一版），卷5，頁202。

必有承襲父母教其知化中乾坤至德的表現，王夫之云：「家之有長幼，必敬而慈之，故心從其類，有觸必感。此理人皆有之，最爲明切。〔註 11〕」故只要盡性者便能盡人倫之常，而非只有獨行之士，一往孤行之忠孝者能爲之。

> 家之有宗子，父母所尊奉，乃天之秩敘，在人心理，必奉此而安者。唯其必有是心，必有是理，故「三月無君則皇皇如也」，「居是邦則事其大夫之賢者」，皆不容已之誠，而人道之所自立也。〔註 12〕

王夫之認爲家之有繼承血統之宗子，爲父母所尊奉，因其代表在氣化之中人心之條理本具的天之秩敘，故必奉此而安者。王夫之：「程子且從此近而易見處說似不知性者，使知人心安處便是天理。其實性之善也，則非可從言語上比擬度量底。孟子之言性善，除孟子胸中自然了得如此，更不可尋影響推測。故曰『盡其心者知其性也』。知其性方解性善，此豈從言語證佐得者哉？言語只是習邊事，足以明道，不足以顯性；足以盡人道，不足以著天道。知此，則苟非知性者而輕言性，縱然撞合，畢竟不親。〔註 13〕」程子從近身而易見處說好似不知性，但使知人心安處便是天理。人心之所安乃順其性之善表現者，而非可從言語上比擬度量。因此孟子言性善，除孟子胸中自然了得如此，更不可尋影響推測。故曰「盡其心者知其性也」，努力表現心中性之天之秩敘，知其性方解性善，此豈從言語證佐得者哉？而何謂「秩序」：「秩序，物皆有之而不能喻；人之良知良能，自知長長、尊尊、賢賢，因天而無所逆。〔註 14〕」秩序乃物皆有之的氣化之條理，而不能喻。此氣化條理使人之良知良能能自知長長、尊尊、賢賢，因人身之良知良能乃天所凝於人身，故與天無所逆。因此言語只是習邊事，只足以明白天道，卻不足以顯自身之善性；足以盡人道，卻不足以藉由身之善行彰顯天道之無限。若明白此理，則若非知性者而輕言性，縱然相合，畢竟不親。唯人必依此天所命之秩序天理而盡性行長長、

〔註 11〕（明）王夫之：〈乾稱篇〉《張子正蒙注》，收入船山全書編輯委員會編校：《船山全書》第十二冊（湖南（長沙）：嶽麓書社，1991 年 12 月第一版），卷 9，頁 354。

〔註 12〕同上註。

〔註 13〕（明）王夫之：〈滕文公上篇（一）〉《讀四書大全說・孟子》，收入船山全書編輯委員會編校：《船山全書》第六冊（湖南（長沙）：嶽麓書社，1991 年 12 月第一版），卷 8，頁 958。

〔註 14〕（明）王夫之：〈動物篇〉《張子正蒙注》，收入船山全書編輯委員會編校：《船山全書》第十二冊（湖南（長沙）：嶽麓書社，1991 年 12 月第一版），卷 3，頁 104。

尊尊、賢賢，便可達「三月無君則皇皇如也」，「居是邦則事其大夫之賢者」，而此表現皆因人心具有受之於天之不容已之誠，故人道之所自立於此。

自其變化不測，則謂之神；自其化之各成而有其條理，以定志趣而效功能者，則謂之性。氣既神矣，神成理而成乎性矣，則氣之所至，神必行焉，性必凝焉，故物莫不含神而具性，人得其秀而最靈者爾。耳目官骸亦可狀之象，凝滯之質，而良知良能之靈無不貫徹，蓋氣在而神與性偕也。〔註 15〕

人之所以表現人倫之常之人道，使己身異於禽獸，乃因人身具太和之氣中變化不測則謂之神，而氣化之各成萬物而有化生之條理，以定萬物之志趣而效其功能者則謂之性。太和之氣氣化生生之作用既神，則此神中之理而成乎萬物之性矣，則氣之所至，神必行，性必凝，故物物莫不含神而具性，萬物之中人得其秀而最靈者。人之耳目官骸亦可有狀之象形氣之身乃氣所凝滯之質，而其身中具有太和之氣其神之良知良能，此氣之靈無不貫徹於其身，蓋氣在而神與性一同凝於人身。

神者，不可測也，不滯則虛，善變則靈，太和之氣，於陰而在，於陽而在。其於人也，含於虛而行於耳目口體膚發之中，皆觸之而靈，不能測其所在。〔註 16〕

神者乃因不可測其所在，其不凝滯則虛而無形，善變則靈而不可測，本源自太和之氣，其於陰而在，於陽亦在。神於人身，則是形體之身中含虛並藉氣之行生發於耳目口體膚中，只要有所觸皆靈，而且不能測神之所在。故其云：「人者動物，得天之最秀者也，其體愈靈，其用愈廣。〔註 17〕」人乃萬物中神之作用最虛靈者，故神之體愈靈，神之作用愈廣。

此處說心，則五臟五官，四肢百骸，一切「虛靈不昧」底都在裏面。【如手能持等。】「虛」者，本未有私欲之謂也。【不可云如虛空。】

〔註 15〕（明）王夫之：〈可狀篇〉《張子正蒙注》，收入船山全書編輯委員會編校：《船山全書》第十二冊（湖南（長沙）：嶽麓書社，1991 年 12 月第一版），卷 9，頁 359。

〔註 16〕（明）王夫之：〈參兩篇〉《張子正蒙注》，收入船山全書編輯委員會編校：《船山全書》第十二冊（湖南（長沙）：嶽麓書社，1991 年 12 月第一版），卷 1，頁 46。

〔註 17〕（明）王夫之：〈動物篇〉《張子正蒙注》，收入船山全書編輯委員會編校：《船山全書》第十二冊（湖南（長沙）：嶽麓書社，1991 年 12 月第一版），卷 3，頁 104。

> 「靈」者，曲折洞達而咸善也。【《尚書》靈字，只作善解，孟子所言仁術，此也，不可作機警訓。】「不昧」有初終、表裏二義：初之所得，終不昧之；於表有得，裏亦不昧。【不可云常惺惺。】只此三義，「明」字之旨已盡，切不可以光訓「明」。〔註18〕

心之於人，則表其五臟五官、四肢百骸中皆為此「虛靈不昧」之神所主宰。所謂「虛」表心之靜未感時，本無有私欲。所謂「靈」表心之動而感於外物時，能曲折洞達且皆為善。所謂「不昧」是有初終、表裏二義：人生之初所得於天之神，至死之終，皆不昧天所命之性理；而人心於表有得神之作用，於裏亦有不昧之性理之善。

> 心思之貞明貞觀，即神之動幾也，存之則神存矣。舍此而索之於虛無不測之中，役其神以從，妄矣。〔註19〕

人之心思乃貞明貞觀，此即神之動幾，若存之於身則神存。舍此心之神而欲索之於心之外虛無不測之中，此乃役其神以從，故妄。

> 初生始蒙，其明未著，無能遽通乎萬事，惟九二得中，以陽居陰，循循漸啓其明，則隨時而養以中道，所以亨也。天之生人也，孩提之知識，惟不即發，異於雛犢之慧，故靈於萬物；取精用物，資天地之和，漸啓其明，而知乃通天之中也。〔註20〕

人之初生始蒙，表人之神明未顯，尚無能遽通於萬事，《易經》卦象中是九二得中，以陽居陰，但其尚在發展之初，故可以循循漸進啓發其神之明，且隨時養之以中道，所以達到亨通之境。天之生人也，孩提之知識，只是尚未立即生發，而異於雛犢之慧，其神之明亦比萬物更虛靈不昧；可取陰陽之精並善用萬物以資其表現符合天地之和，並漸開啓其神之明，使其神明之智可通天之中道。

> 既曰「赤子之心即『性善』之善」，則盡性者唯聖人，乃又云「有諸

〔註18〕（明）王夫之：〈聖經（二）〉《讀四書大全說・大學》，收入船山全書編輯委員會編校：《船山全書》第六冊（湖南（長沙）：嶽麓書社，1991年12月第一版），卷1，頁395。

〔註19〕（明）王夫之：〈神化篇〉《張子正蒙注》，收入船山全書編輯委員會編校：《船山全書》第十二冊（湖南（長沙）：嶽麓書社，1991年12月第一版），卷2，頁90。

〔註20〕（明）王夫之：〈大易篇〉《張子正蒙注》（《船山全書（十二）》，湖南（長沙）：嶽麓書社，1991年12月第一版），卷7，頁303。

> 己之謂信，已能不失赤子之心，未便是大人」，豈不自相矛盾？此又不然。雖曰「性善」，性卻不能盡善之致，善亦不能盡性之藏。「可欲之謂善」，早已與性相應矣。「不失」，未便到盡處。可欲之善，有諸己之信，豈可謂之失其性乎？〔註21〕

王夫之說明何謂「赤子之心」：「赤子之心，是在人之天。《集註》云『無僞』，與《易》『无妄』一義，繇人見其無僞，非不爲僞之謂。赤子豈刻意而不爲僞者哉！〔註22〕」「赤子之心」即性善之善，亦是在人之天，而天本無僞，亦无妄，且人人皆有此「赤子之心」的性善之善，故盡性乃人人皆可，豈獨聖人？既然云「大人」便是不失在人之天的赤子之心。若曰「性善」，而性卻不能盡善之極致，則此善亦不能盡性之藏。若言「可欲之謂善」，則此善表人之赤子之心早已與性之善相應。所謂「不失」，就是表示此性善未到極盡之處。可欲之善，有諸己之信，豈可謂之失其性乎？

> 大抵人欲便妄，天理便真。赤子眞有未全，而妄不相涉。大人之不失，所謂「無欲而後可以行王道」者是已。雙峰卻從飢便啼、喜便笑上著解，乃不知飢之啼、喜之笑，是赤子血氣分上事，元非赤子之心。煞認此爲眞心，是所謂「直情徑行，戎狄之道」耳。釋氏以行住坐臥、運水搬柴爲神通妙用者，正在此處墮入禽狄去。孟子說箇「赤子之心」，是從天道上見得，不容向一啼、一笑討消息。〔註23〕

大致上說人欲便有妄，而天理便眞實無妄。故赤子之心若眞有未全之處，仍是與妄應不相交涉。而大人之不失，乃所謂「無欲而後可以行王道」。但雙峰卻從飢便啼、喜便笑上著解此赤子之心，其乃不知飢之啼、喜之笑，是赤子血氣分上事，本非赤子之心。若特認此血氣分上之心爲赤子之眞心，則是所謂「直情徑行，戎狄之道」。至於釋氏以行住坐臥、運水搬柴爲神通妙用者，則正在此處墮入禽狄去。孟子說箇「赤子之心」是從天道上見得，不容向人身血氣之一啼、一笑討消息。王夫之認爲人要明白赤子之心是屬於天理所凝

〔註21〕（明）王夫之：〈離婁下篇（九）〉《讀四書大全說・孟子》，收入船山全書編輯委員會編校：《船山全書》第六冊（湖南（長沙）：嶽麓書社，1991 年 12 月第一版），卷 9，頁 1017。

〔註22〕（明）王夫之：〈離婁下篇（八）〉《讀四書大全說・孟子》，收入船山全書編輯委員會編校：《船山全書》第六冊（湖南（長沙）：嶽麓書社，1991 年 12 月第一版），卷 9，頁 1016。

〔註23〕同上註，頁 1017。

於人身的性善之善的範疇，而非陰陽二氣凝滯不通的形質之血氣，既然明白赤子之心屬於天理無妄、無僞，就不應在血氣上認此心。若在血氣上認此赤子之心就墮入戎狄或禽獸之道。

> 所以知「天之與我者」，專爲心言，而非耳目之所得共者。此與《集註》異。蓋天之所與我者性也，孟子固曰「耳之於聲，目之於色，君子不謂性也」。【所以不言耳目非盡天所與者，又以有命焉故。】蓋耳目之官，元因體而有，而耳目之體，則資養而成；雖天命之，而不得外物之養以助於有生之後，則亦不得有其聰明。此唯心爲天所與我，而耳目不得與也。心思之得於天者，不待取而與；耳目之得於天者，則人取之而後天與之也。〔註24〕

由上可知「天之與我者」，專爲心言，而非血氣上耳目之所得共者。此與《集註》有異。蓋天之所與我者即性之善也，而孟子本言「耳之於聲，目之於色，君子不謂性也」。君子不將此血氣之性視爲人性之本眞。蓋耳目之官，本因此形體之身而有，此耳目之體，則須藉由外物之資養而成；雖同爲天所命之，天之所與之心是不得藉由外物之養而助於有生之後，若如此亦不得有其聰明。因心爲天所與我，而耳目不得天之善也。故人之心思乃得之於天者，不待人爲之取而與，便有其神而明之良能；而人身形質之耳目亦得之於天者，但卻須就由人取之並於後天與之。故人須後天修養者乃其血氣之耳目之官，心思則不待人爲便有其虛靈貞觀之神明。

孟子認爲君子不將耳目之官此血氣之性的表現視爲人性之本眞。王夫之云：「蓋幾者，形未著，物欲未雜，思慮未分，乃天德之良所發見，唯神能見之，不倚於聞見也。〔註25〕」當陰陽之幾尚未成形而顯著，心未受物欲之雜，使其思慮未分，此人心純天德之良所發見，故唯藉心思其虛靈無形之神能見之，而不待耳目之官之倚於聞見。

> 知見之所自生，非固有；非固有而自生者，日新之命也。原知見之自生，資於見聞；見聞之所得，因於天地之所昭著，與人心之所先

〔註24〕（明）王夫之：〈告子上篇（二五）〉《讀四書大全說．孟子》，收入船山全書編輯委員會編校：《船山全書》第六冊（湖南（長沙）：嶽麓書社，1991年12月第一版），卷10，頁1089。

〔註25〕（明）王夫之：〈神化篇〉《張子正蒙注》，收入船山全書編輯委員會編校：《船山全書》第十二冊（湖南（長沙）：嶽麓書社，1991年12月第一版），卷2，頁89。

> 得。人心之所先得，自聖人以至於夫婦，皆氣化之良能也。能合古今人物爲一體者，知見之所得，皆天理之來復，而非外至矣。故知見不可不立也，立其誠也。介然恃其初聞初見之知爲良能，以知見爲客感，所謂不出於熲者也，悲夫！〔註 26〕

血氣的耳目之官知見之所自生者，本非心之所固有；因非固有而自生者，稱作天所日降而日新之命。血氣的耳目之官其知見之自生，則須藉由見聞而資助之；此乃因血氣的耳目之官是感知天地化生昭著之萬物與人心之所先得之思而有其見聞之所得。人心之所先得之思乃氣化之神，自聖人以至於夫婦，皆具此氣化之良能。能合古今人物爲一體，乃耳目之官知見之所得，此血氣的耳目之官藉外物所得之聞見是同於內在性理之天理，故可言來復，而非由外爍我。故人心之知見不可不立，在於立其誠，因誠乃天理與其心之神明所內涵之善性皆同爲太和之氣中之條理。故其言「言道體之無涯，以耳目心知測度之，終不能究其所至，故雖日之明，雷霆之聲，爲耳目所可聽覩，而無能窮其高遠；太虛寥廓，分明可見，而心知固不能度，況其變化難知者乎！是知耳目心知之不足以盡性道，而徒累之使疑爾。心知者，緣見聞而生，其知非眞知也。〔註 27〕」太和之氣中條理之誠體即道體，其無涯無形是萬物統一的規則，無法以耳目心知測度之，若以耳目心知測度之則終不能究其所至。故雖有日之明，雷霆之聲，爲耳目之可聽覩，但耳目豈能窮其高遠？太和之氣所瀰漫絪縕之氣化流行的太虛是寥廓而分明可見，但人之心知卻無法測度，更何況此一氣流行之太虛中其萬變之氣化無法由耳目之官所知！由此可知耳目心知有其不足以盡性道者，若不明此理，則徒累之使疑。因此心知者乃緣見聞而生，而此知非眞知。故人若仍堅定不移地依恃其初聞初見之知爲心之良能，並以知見爲有識有知，物交之客感，此乃不明心之良能乃出於氣之神明者也。

> 屈伸動靜，感也，感者，因與物相對而始生，而萬物之靜躁、剛柔、吉凶、順逆，皆太和絪縕之所固有，以始於異而終於大同，則感雖乘乎異而要協於一也。是以神無不妙，道無不通，皆原於性之無不

〔註 26〕（明）王夫之：《思問錄內篇》，收入船山全書編輯委員會編校：《船山全書》第十二冊（湖南〔長沙〕：嶽麓書社，1991 年 12 月第一版），頁 420。

〔註 27〕（明）王夫之：〈大心篇〉《張子正蒙注》，收入船山全書編輯委員會編校：《船山全書》第十二冊（湖南〔長沙〕：嶽麓書社，1991 年 12 月第一版），卷 4，頁 146～147。

體；在天者本然，而人能盡性體道以窮神，亦惟不失其感之正爾。〔註28〕

氣之陰陽屈伸動靜，謂之感也。所謂感者，乃因與物相對而始生。但萬物之靜躁、剛柔、吉凶、順逆各種變化本皆太和絪縕中之所固有，因始於萬有不同之異，但終歸於氣之誠之大同，則感雖由於有萬物之異但最終所感知聞見皆要協於太和之誠此一也。因此人心之神無不妙，於道無不通，此皆原於性餘萬物之身而無不體；在人身有天之本然，故人能盡性體道以窮神，亦不失其感於萬物並合其誠之正理。

思乃心官之特用，當其未睹未聞，不假立色立聲以致其思；而迨其發用，則思抑行乎所睹所聞而以盡耳目之用。唯本乎思以役耳目，則或有所交，自其所當交；即有所蔽，亦不害乎其通。故曰「道心爲主，而人心皆聽命焉」。此又聖學之別於異端隳絀聰明，以爲道累而終不可用也。故乍見孺子入井之心，雖非心之全體大用，而亦可資之以爲擴充也。【擴充則全用思。】〔註29〕

思乃人心之官之特用，當其靜之未睹未聞而未感於物時，不假立色立聲以致其思；而迨其動而發用而感於物，則心之官之思抑行乎所睹所聞之物並以其虛靈之神盡其血氣耳目感官之用。當人心之神其思之作用須主宰血氣感官之耳目，若是如此，即便血氣之耳目之官或與物有所交，自是其所當交，即便有被物蔽之可能，亦不害乎其以性中誠之理通於萬物，而不爲物所役。故曰「道心爲主，而人心皆聽命焉」。此又聖學之別於異端隳絀形體耳目感官之聰明，卻反爲道累卻終不可用。故孟子所言乍見孺子入井之心，雖非心之全體大用，但亦可依此心之資於形體而擴充之。

古人之大過人者，只是極心之量，盡心之才，凡所欲爲，皆善推以成其所爲。【推爲，非推心。】則有其心，必加諸物，而以老吾老、幼吾幼，則吾老吾幼即受其安懷；及人之老、及人之幼，而人老人幼亦莫不實受其安懷也。擴大而無所窮，充實而無所虛，以保妻子，

〔註28〕（明）王夫之：〈可狀篇〉《張子正蒙注》，收入船山全書編輯委員會編校：《船山全書》第十二冊（湖南（長沙）：嶽麓書社，1991年12月第一版），卷9，頁367。

〔註29〕（明）王夫之：〈告子上篇（二六）〉《讀四書大全說．孟子》，收入船山全書編輯委員會編校：《船山全書》第六冊（湖南（長沙）：嶽麓書社，1991年12月第一版），卷10，頁1094。

以保四海，一而已矣，則惟其有恩之必推者同也。〔註30〕

古人過人者只是窮其心之量，盡其心之才。凡所欲爲皆善推以成其心之所爲。因有此具天之神明的良能之心，故必會加諸於物，而以老吾老、幼吾幼，則吾老吾幼即受其安懷。當及人之老、及人之幼，而人老人幼亦莫不實受其心神明知良能表現出安懷之照顧，並間接擴大而無所窮，充實而無所虛，故可以保妻子、保四海，皆此太和之氣神之所凝之人心良能知所推而擴之而已，則人接受此推擴之恩乃因與推者心之所涵之性理同。

合天之化而通之於物理，則人物之志欲情理，皆知其所自而隨感即通，處之有道矣。物之相感也莫如聲，聲入心通，不待形見而早有以應之。〔註31〕

若能擴充人心之誠則可合於天之化而通之於物理，則人物之志欲情理，皆知其所從來而可隨感即通，並處物有道。而物之相感也莫如聲，聲則可入心而貫通，不待形體之見而心早有以應物之理。

人之生也，唯心最靈，而耳目次之。耳目之靈，自然之靈也，而所審知者在事物之形聲；心之靈，非聽其自然之靈也，而所察者乃在事物之理。以其或任自然，或不徒任自然，而難易分；以其或能察理，或不能察理，而得失異。乃耳目與心合在一人之體，有相通者焉。故任其心之出，則寄靈於耳目，而亦但審夫形聲；心之存，則耳目亦效靈於心，而不叛心以趨於外物。心恒得，而耳目無自得之實。乃耳目之用易，而心之用難。故人恒樂趨其易，而君子必慎用其難。〔註32〕

人之生，唯其心最靈，而耳目感官次之。耳目之靈，自然之靈，其功用在於審知於有形事物之形聲。而人心之靈，並非聽任其自然之靈的耳目感官，因其所察者乃在無形的事物之理。但人之心會面臨以其或任自然，或不徒任自

〔註30〕（明）王夫之：〈梁惠王上篇（一二）〉《讀四書大全說．孟子》，收入船山全書編輯委員會編校：《船山全書》第六冊（湖南（長沙）：嶽麓書社，1991年12月第一版），卷8，頁905。

〔註31〕（明）王夫之：〈三十篇〉《張子正蒙注》，收入船山全書編輯委員會編校：《船山全書》第十二冊（湖南（長沙）：嶽麓書社，1991年12月第一版），卷6，頁231。

〔註32〕（明）王夫之：（明）王夫之：〈告子上〉《四書訓義》，收入船山全書編輯委員會編校：《船山全書》第八冊（湖南（長沙）：嶽麓書社，1991年12月第一版），卷35，頁737。

然，會有難易情況之分別；以心其或能察理，或不能察理，則會產生得失之不同結果。唯有將耳目與心合在一人之體，兩者有相通。故任其心之出，則可寄靈於其耳目感官，而可審有形之形聲。當心之存而不役於耳目感官，則耳目亦效靈於心，且不叛心而趨於追逐外物之欲。故心恒得，而耳目無有自得之實，因其無自主之能力。而耳目之用因無其體故用之易，而心因有其實理以為主，故其用須依此理表現，故難。但人總是恒樂趨其耳目感官之易用，而不樂於心之難者。因此君子必慎用其心之難。

> 「萬物皆備於我」，唯思，故誠通焉。若使因耳目以起思之用而成其能，則不特已睹之睹，已聞之聞，即睹其所未睹，聞其所未聞，亦只蔽盡於一物，如何得萬物皆備來？「武王不泄邇，不忘遠」，正是專用思處。若兼用睹聞，則遠邇之形聲無涯，其能一時齊現於靜中乎？有不現，則泄而忘矣。〔註33〕

聲入心通者即明白何謂「萬物皆備於我」，故只有心之官之思，可以誠感通萬物。假若是欲藉血氣耳目之感官而起思之用並欲成其能，則不只是已睹之睹、已聞之聞，更即使是睹其所未睹，聞其所未聞，也只是使心蔽盡於一物，如何得以感知萬物皆備。周武王有美德，有仁心；不輕狎身邊的朝臣，不遺忘遠方的諸侯，乃正是因為其專用心之神明之思。而非兼用睹聞，因若只用耳目感官則遠邇之形聲無涯，豈能一時齊現於心之靜而未感之中，故無法明白萬物之理皆備於無心之性善誠理中。

第二節　魂魄主持形質

前節言人之心乃由太和之氣凝於人身者，而其太和之氣其神而明在人身則為不待耳目聞見所啓之眞知，此心之思專體誠之道，能感通萬物而不蔽於一物。然而人之身不僅有此心思之能之外，更有形質之知覺動能，本節探討血氣耳目之官的知覺運動與此心之神思作用如何互相配合運用。

> 天地之生，人為貴；惟得五行敦厚之化，故無速見之慧。物之始生也，形之發知皆疾於人，而其終也鈍。人則具體而儲其用，形之發知，視物而不疾也多矣，而其既也敏。孩提始知笑，旋知愛親；長

〔註33〕（明）王夫之：〈告子上篇（二六）〉《讀四書大全說．孟子》，收入船山全書編輯委員會編校：《船山全書》第六冊（湖南（長沙）：嶽麓書社，1991年12月第一版），卷10，頁1094。

> 始知言，旋知敬兄；命日新而性富有也。君子善養之，則耄期而受命。〔註 34〕

天地之生，人乃萬物之靈，故爲貴，因人惟得五行敦厚之化，乃須透過命之日降而成，故無速見之慧。當物之始生，其形之發知皆比人快速，但其漸至物之終則愈鈍。但人則具其體而儲其用於身，形之發知，很多時候視物並不迅速，但其既觸物後，反應卻很靈敏。如孩提始知笑，旋即知愛親；至長始知言，又旋即知敬兄；天之命日新而人之性善內涵漸漸富有。王夫之認爲天命對人而言，只要是在生之日便是日降不息，因此君子善養之，則年壽至八九十的耄期之日仍是日受天命所降之善，以養其心。

> 知覺運動，生則盛，死則無能焉。性者，天理流行，氣聚則凝於人，氣散則合於太虛，晝夜異而天之運行不息，無所謂生滅也。如告子之說，則性隨形而生滅，是性因形發，形不自性成矣。曰性善者，專言人也，故曰「人無有不善」；犬牛之性，天道廣大之變化也，人以爲性，則無所不爲矣。〔註 35〕

然而人身之知覺運動，生之時則盛，死之時則無其生生之動能。但人之善性乃天理流行一氣聚則凝於人身，氣散則回歸合於無形無狀的太虛之氣中，因天之運行不息於晝夜之表現雖有異，但卻與形氣之身血氣耳目之官的知覺運動不同，人之性善不會因爲生死而有所謂生滅。如其言「但魄離之則不能發其用爾。魄雖不遽散，而久亦歸於土，化其餘氣，上蒸亦返於虛，莫非氣之聚。則亦無不歸於氣也。【敔按：本文所謂不散者，非終不散也。】〔註 36〕」知覺運動離人之身則無所發用，若人死魄雖不會立刻消散，但時間一久，仍會歸於土，進而化爲土氣，而上蒸於太虛之中，故魄之知覺運動亦爲氣之聚，故無不歸於氣。如告子之說乃言性隨形而生滅，此性是因形質之身而發，此形質不從性而成。若曰性善者，則是專言人也，故曰「人無有不善」。以知覺

〔註 34〕 （明）王夫之：《思問錄內篇》，收入船山全書編輯委員會編校：《船山全書》第十二冊（湖南（長沙）：嶽麓書社，1991 年 12 月第一版），頁 417。

〔註 35〕 （明）王夫之：〈誠明篇〉《張子正蒙注》，收入船山全書編輯委員會編校：《船山全書》第十二冊（湖南（長沙）：嶽麓書社，1991 年 12 月第一版），卷 3，頁 126。

〔註 36〕 （明）王夫之：〈動物篇〉《張子正蒙注》，收入船山全書編輯委員會編校：《船山全書》第十二冊（湖南（長沙）：嶽麓書社，1991 年 12 月第一版），卷 3，頁 102～103。

運動爲性的犬牛，乃天道氣化廣大之變化所生，若人認此知覺運動爲人之本性，則人將無所不爲。

> 今竟說此「思」字便是仁義之心，則固不能。然仁義自是性，天事也；思則是心官，人事也。天與人以仁義之心，只在心裏面。唯其有仁義之心，是以心有其思之能，不然，則但解知覺運動而已。犬牛有此四心，但不能思。此仁義爲本而生乎思也。〔註 37〕

人唯其有仁義之心，是以心有其思之能，不然，則只將心解作形質之身的知覺運動而已。如犬牛有此四心但不能思，而人以仁義爲本，透過心之思才能表達之。故今竟說此「思」字便是仁義之心，則固不能。因爲仁義是性，乃氣化之天所命，故屬天事也；而思則是心之官，主宰人身之神，故屬人事也。天與人以此仁義之心，仁義只在心裏面，而不在形質之知覺運動中。

> 孟子說此一「思」字，是千古未發之藏，與《周書》言「念」，《論語》言「識」，互明性體之大用。念與識則是聖之事，思則是智之事。〔註 38〕

孟子說此一「思」字是千古未發之藏，其與《周書》所言之「念」、《論語》之「識」，是可互明人性本體之大用。但念與識則是修養成聖之事，但思則是善惡判斷的智之事。

> 乃心唯有其思，則仁義於此而得，而所得亦必仁義。蓋人飢思食，渴思飲，少思色，壯思鬥，老思得，未嘗不可謂之思，而思之不必得，乃不思而亦未嘗不得。得之有命。其得不得之一因乎思者，唯仁義耳。此思爲本而發生乎仁義，亦但生仁義而不生其他也。釋氏「一切唯心造」之說，原以誣天下之誠有者，而非實然。蓋思因仁義之心而有，則必親其始而不與他爲應，故思則已遠乎非道而即仁義之門矣。是天之與我以思，即與我以仁義也。此從乎成性而言也。〔註 39〕

心之官唯有思，則可對應而得性之仁義，而心之官的思之能亦只專門認知仁

〔註 37〕（明）王夫之：〈告子上篇（二六）〉《讀四書大全說．孟子》，收入船山全書編輯委員會編校：《船山全書》第六冊（湖南（長沙）：嶽麓書社，1991 年 12 月第一版），卷 10，頁 1091。

〔註 38〕同上註。

〔註 39〕同上註，頁 1091～1092。

義之性，故思之所得一定是仁義。一般人生活飢思食，渴思飲，少思色，壯思鬥，老思得，未嘗不可謂之思，但其思之不一定有得，而不思而亦未嘗不得。因爲此知覺運動之思乃得之有命。然而所謂其得不得之因乎思者，只有仁義之性善。心思之本源乃發生於仁義，亦而心之思意只生發仁義，而不生發其他。然釋氏「一切唯心造」之說，原是誣天下之誠有，故非現實之本然。故思乃因仁義之心而有其能，則必親其本源仁義之始而不與他爲應，故心之思則已遠乎非道，而就仁義之門。因此天之與我以思，思所表現乃仁義，故天即與我以仁義。由此言人之成性。

> 蓋仁義者，在陰陽爲其必效之良能，在變合爲其至善之條理，元有紋理機芽在。紋理是條理，機芽是良能。故即此而發生乎思，如甲必坼，若勾必萌；非塊然一氣，混雜椎鈍，不能有所開牖也。故曰「天之所與我」，與我以仁義，即便與我以思也。此從乎生初而言也。〔註 40〕

仁義是太和之氣中陰陽渾合生生之條理所含的道德意義，故太和之氣之中陰陽生而不可測之神，此良能所必效之，故在太和之氣陰陽變合中，仁義爲變合中至善之條理，此條理中元有紋理機芽。所謂的紋理是條理，所謂的機芽是良能。此亦代表太和之氣中陰陽渾合生生中是有條理之體亦有生生動能之用。然而此體用合一無間再藉由氣化流行凝結於人形氣之身中，太和之氣陰陽變合中紋理之至善條理爲人性中之仁義，太和之氣陰陽變合機芽之良能在人之身則發生於思，思所對應的便是性之善的仁義。如甲必毀壞，若勾必萌；非塊然一氣之混雜樸實笨拙而不能有所開牖。因此曰「天之所與我」，天與我以仁義之性，即便與我以心之思。此從乎生初而言也。故曰「仁義，天德也。性中固有之而自知之，無不善之謂良。〔註 41〕」

> 仁義，善者也，性之德也。心含性而效動，故曰仁義之心也。仁義者，心之實也，若天之有陰陽也。知覺運動，心之幾也，若陰陽之有變合也。若舍其實而但言其幾，則此知覺運動之惓惓者，放之而

〔註 40〕（明）王夫之：〈告子上篇（二六）〉《讀四書大全說・孟子》，收入船山全書編輯委員會編校：《船山全書》第六冊（湖南（長沙）：嶽麓書社，1991 年 12 月第一版），卷 10，頁 1091。

〔註 41〕（明）王夫之：〈誠明篇〉《張子正蒙注》，收入船山全書編輯委員會編校：《船山全書》第十二冊（湖南（長沙）：嶽麓書社，1991 年 12 月第一版），卷 3，頁 113。

固爲放辟邪侈，即求之而亦但盡乎好惡攻取之用；浸令存之，亦不過如釋氏之三喚主人而已。〔註42〕

仁義乃氣化之條理故善，於人身爲其性之德。人心之思必含此天之德之性而效其生發之動，故曰仁義與心是一而非二，且體用是一，故曰仁義之心。故曰「天理之自然，爲太和之氣所體物不遺者爲性；凝之於人而函於形中，因形發用以起知能者爲心。〔註43〕」因此仁義乃心之實體內涵，如同天之氣中必具陰陽二者。然而人身之血氣耳目之官的知覺運動，此乃心之變合之幾，若天之氣中陰陽之有變合。若人心捨其仁義之實而只論其知覺運動的陰陽變合之幾，則此知覺運動之生發在有生之日皆生生運動而不止息。若不節制之而任其所生發則會爲放辟邪侈，然而即使努力約束之，而亦只是讓此生生動能窮盡於好惡攻取之用；若浸令存之，亦不過如釋氏之三喚主人而已。

孔子曰「操則存」，言操此仁義之心而仁義存也；「舍則亡」，言舍此仁義之心而仁義亡也；「出入無時」，言仁義之心雖吾性之固有，而不能必其恆在也；「莫知其鄉」，言仁義之心不倚於事，不可執一定體以爲之方所也；「其心之謂與」，即言此仁義之心也。〔註44〕

孔子所說「操則存」只操此仁義之心而使仁義之實存於心中；所謂「舍則亡」只捨此仁義之心而仁義不存於心，亦代表心之思的運作停止，而僅只任其身之血氣的知覺運動表現；故進一步言「出入無時」，則表此仁義之心雖爲吾人性中所本有，但卻不能一定恆存於心中；而所謂「莫知其鄉」，言仁義之心不倚於某事，亦不可執於一定之體以爲其表現之方所，此表示仁義之心之表現並不受身之拘局，可以無限擴展其心量，如將此仁義推己及人，甚至可保四海；如上所言，此「其心之謂與」乃言此仁義之心。

蓋性即理也，即此氣質之理。主持此氣，以有其健順；分劑此氣，以品節斯而利其流行；主持此質，以有其魂魄；分劑此質，以疏濬

〔註42〕（明）王夫之：〈梁惠王上篇（一）〉《讀四書大全說・孟子》，收入船山全書編輯委員會編校：《船山全書》第六冊（湖南（長沙）：嶽麓書社，1991年12月第一版），卷8，頁893。

〔註43〕（明）王夫之：〈誠明篇〉《張子正蒙注》，收入船山全書編輯委員會編校：《船山全書》第十二冊（湖南（長沙）：嶽麓書社，1991年12月第一版），卷3，頁124。

〔註44〕（明）王夫之：〈告子上篇（一九）〉《讀四書大全說・孟子》，收入船山全書編輯委員會編校：《船山全書》第六冊（湖南（長沙）：嶽麓書社，1991年12月第一版），卷10，頁1077～1078。

斯而發其光輝。即此爲用，即此爲體。不成一個性，一個氣，一個質，脱然是三件物事，氣質已立而性始入，氣質常在而性時往來耶？〔註45〕

所謂性即理也，指此氣質中之性理。此性理即前所言之仁義。而仁義之性理主持此人身形氣之神之心，人心順此性理表現而有其陽之健與陰之順之天德；藉由仁義之性理之主持可以分別調劑此氣之陰陽二種性，並品節此氣而利其順氣化而生生流行。然而主持人身之形質則是魂魄之氣；魂魄之氣分別調劑此形質，以疏濬此形質之動能而表現其良能進而發其光輝。所謂即此爲用，即此爲體。不成三分一個性，一個氣，一個質，脫然爲三件物事，當人之氣質已立而人之性亦始凝結於心中，氣質常在而性亦應常在，而非時往來。

魄麗於形，鬼之屬；魂營於氣，神之屬，此鬼神之在物者也。魄主受，魂主施，鬼神之性情也。物各爲一物，而神氣之往來於虛者，原通一於絪縕之氣，故施者不吝施，受者樂得其受，所以同聲相應，同氣相求，琥珀拾芥，磁石引鐵，不知其所以然而感。聖人感人心而天下和平，亦惟其固有可感之性也。〔註46〕

何謂魂魄，所謂魄乃吾形須藉於形質而麗，屬鬼之屬；而所謂魂營於氣，屬神之屬，此鬼神之在物者。陰之魄主受，陽之魂主施，表現爲人的稟性和氣質。每一物各有其爲一物之獨特性，但物中之神氣其往來無形於虛者，原本通一於太和絪縕之氣，而太和絪縕之氣本生生不息，此神凝於物中，亦承襲此神生生之特色，故施者不吝施，受者樂得其受，所以可以同聲相應，同氣相求，如同琥珀拾芥，磁石引鐵，不知其所以然而相感不息，表現陰陽生生不斷的創造力。聖人感人心而天下和平，亦惟其本身本有太和絪縕之氣可感之性。

陰陽之糟粕，聚而成形，故内而爲耳目口體，外而爲聲色臭味，雖皆神之所爲，而神不存焉矣，兩相攻取而喜怒生焉。心本神之舍也，馳神外徇，以從小體而趨合於外物，則神去心而心喪其主。知道者

〔註45〕（明）王夫之：〈陽貨篇〉《讀四書大全説・論語》，收入船山全書編輯委員會編校：《船山全書》第六冊（湖南〈長沙〉：嶽麓書社，1991年12月第一版），卷7，頁863。

〔註46〕（明）王夫之：〈動物篇〉《張子正蒙注》，收入船山全書編輯委員會編校：《船山全書》第十二冊（湖南〈長沙〉：嶽麓書社，1991年12月第一版），卷3，頁105。

凝心之靈以存神，不溢喜，不遷怒，外物之順逆，如其分以應之，乃不留滯以爲心累，則物過吾前而吾已化之，性命之理不失而神恒爲主。舜之飯糗茹草與爲天於無以異，存神之至也。〔註47〕

人之身除無形陰陽之鬼神之魂魄外，另有陰陽之糟粕所聚而成形之身，故內而爲耳目口體，外而爲聲色臭味，雖皆太和之氣絪縕不測之神所創生，但神不存於此形之中，故此主宰之神不存，故只留下血氣知覺運動之魄，魄與形兩相攻取而喜怒生焉。如其曰「可以受聰明覺了之靈者，魄也；其不可受者，形也。嗜欲之性，皆魄之所攻取也。〔註 48〕」由此可之，知覺運動血氣之魄仍可受思之神之魂所引導，故仍可聰明覺了。具體成形之人身，則無法受心之魂神所引領而有聰明覺了之感悟。所以心本神之舍，但人易馳魂之神外徇從小體之知覺運動之魄，進而與形體之身相感而趨合於外物而有所攻取，則神離其心之生生主宰之功，使心喪其主。故其又言：「人欲，鬼神之糟粕也。好學、力行、知恥，則二氣之良能也。〔註 49〕」人易馳魂之神外徇從小體之知覺運動之魄而與形體之身相感，自此就易趨合於外物，而有所攻取，此則爲人欲，人欲乃因生發於鬼神此陰陽二氣所生的糟粕，此糟粕即無法受聰明覺了的人身之形質。而好學、力行、知恥，乃陰陽二氣之良能，能自由自主地生發，而不役於外物。若知曉道者，其定會凝心之靈以性理主持分劑而不外徇則可以存其神，故不與外物有所攻取而不溢喜，不遷怒，外物之順逆，恰如其分以相應，更不會因爲有所喜惡而執著某物，故不留滯任何一物以爲心累，則物過吾前而吾已做出最佳的應對故化之，因此人身天之德的性命之理不失，而心之魂神恒引領知覺運動之魄而爲形質之身的主宰。如舜之飯糗茹草與爲天於無以異，存神之至也。

合下粗浮用來，便喚作「耳目之官」；【釋氏所謂見性、聞性等。】裏面密藏底，便喚作心。《禮》稱「氣也者神之盛也，魄也者鬼之盛

〔註47〕（明）王夫之：〈神化篇〉《張子正蒙注》，收入船山全書編輯委員會編校：《船山全書》第十二冊（湖南（長沙）：嶽麓書社，1991 年 12 月第一版），卷 2，頁 95。

〔註48〕（明）王夫之：〈動物篇〉《張子正蒙注》，收入船山全書編輯委員會編校：《船山全書》第十二冊（湖南（長沙）：嶽麓書社，1991 年 12 月第一版），卷 3，頁 102～103。

〔註49〕（明）王夫之：《思問錄內篇》，收入船山全書編輯委員會編校：《船山全書》第十二冊（湖南（長沙）：嶽麓書社，1991 年 12 月第一版），頁 405。

> 也」。方其盛而有生，則形色以靈，只此是造化之迹，而誠即無不行於其閒；特不可揜者天幾之動，而其爲顯之微以體大道之誠者，不即現耳。故從其一本，則形色無非性，而必無性外之形色，以於小體之外別有大體之區宇。若聖人之所以爲聖功，則達其一實之理，於所可至者，無不至焉。〔註 50〕

陰陽之糟粕合下粗浮用來，便喚作「耳目之官」，而此糟粕裏面密藏的就是陽之魂神之心。此乃《禮》所稱「氣也者神之盛也，魄也者鬼之盛也」。

> 「氣」者，生氣，魂所乘以營於身而出加乎物者也。「魄」者，耳之聰，目之明，身之受，觸內景而領物以爲覺者也。「盛」者，聚而成用，則昌著盛大而成乎人理也。氣魄者，生人之大用，麗體以凝。夫子以鬼神之德可以心喻而不能明其實，就生人之氣魄而言之。聚而盛則爲人，當其未聚與其已散，希微流動於天地之間，則謂之鬼神，故即人可以知鬼神矣。然此即自陰陽之既分者而言，若陰陽之所自分，則實一氣之屈伸而非有兩體，伸而未有定體以向於長者爲氣，屈而已有定體以向於消者爲魄，是氣長而凝爲魄，魄消而歸於氣，氣魄之殊，一屈伸往來而已。〔註 51〕

「氣」者，生氣，即人身之魂，其所乘此身之形質而營於身，此氣若不就人之身而言，則是氣之神故通於身外之太和之氣，可以施加於萬物，使物通於氣化。所謂「魄」者，乃人形質之身的耳之聰，目之明，身之受，觸內景而外領物，兩相交涉而產生知覺。所謂「盛」者，聚而成用，則昌著盛大而完成並展現人身中之性理也。故氣魄合而言之，表生人之大用，因有此氣化之麗體之形而可凝於其中。夫子以鬼神之德可以藉由心之體悟而了解天德，卻不能明白其實情，此乃就生人之氣魄而言之。氣聚而盛則爲人，當其氣未聚與其氣已散，此散而不聚之氣希微流動於天地之間，則謂之鬼神，故由人身可以間接明白何謂鬼神。人身中聚陰陽二體，即自陰陽之既分者而言，若陰陽之所自分，則實一氣之屈伸不同表現而非有兩體，陽之伸氣未聚而清，故未有定體，其氣之動能以向於長者爲氣，陰之屈氣

〔註 50〕（明）王夫之：〈盡心上篇（二〇）〉《讀四書大全說．孟子》，收入船山全書編輯委員會編校：《船山全書》第六冊（湖南（長沙）：嶽麓書社，1991 年 12 月第一版），卷 10，頁 1131。

〔註 51〕（明）王夫之：《禮記章句．祭義》（長沙：岳麓書社，2011 年 1 月），第 2 冊，卷 24，頁 1119。

已凝而濁而已有定體，其定體之發展乃向於消者爲魄，當陽之氣伸而長，故凝爲魄之濁形，陰之魄其定體消散又歸於陽之清氣，故氣魄之別，乃在於一屈伸往來而已。人之所以能生，由於鬼神之盛，故藉由體驗身之魂魄，便可明白鬼神在我矣。

當魄方其盛，乃是因爲人之有生，故藉其身之形色以表現其生生動力之靈，此乃是太和之氣造化之迹。然而太和之誠即無不行於人身之間；故特不可揜人身中天陰陽變合之動幾，而此動幾乃隱微而間接地顯示天道並藉此變化體悟大道之誠，而非立即表現。故若從身之耳目之官的知覺運動之魄與心之神之思的魂的源頭看來，兩者皆同爲太和之氣所造化，故可言其一本，若由一本之角度看待魂魄，則形色無非性，而且必無性外之形色，故無於小體之外別有大體之區宇。若聖人之所以爲聖功，乃是修養己身將魂魄復歸於神所生之初而達其一實之理，於所可至者，無不至焉。

> 耳之聞，目之見，口之知味，鼻之知臭，只此是合下一層氣魄之盛者，才用時便是效靈。只此四者，人之所能，禽獸亦未嘗不能。既與禽獸而共其靈，則固已不能踐人之形矣。〔註 52〕

耳之聞，目之見，口之知味，鼻之知臭，此四者只是知覺運動，故屬下一層氣魄之盛，人之魄即其才，而此才用時，便是效其生生作用。而只此四者，人之所能，禽獸亦未嘗不能。人既與禽獸而共此知覺運動之靈並以其爲身之主，則固已不能踐人之形，故只墮入陰陽糟粕之人欲。

> 故程子曰「充其形」。形色則即是天性，而要以天性充形色，必不可於形色求作用。於形色求作用，則但得形色。合下一層粗浮底氣魄，乃造化之迹，而非吾形色之實。故必如顏子之復禮以行乎視聽言動者，而後爲踐形之實學。〔註 53〕

故若程子所言能「充其形」，則人身之陰陽糟粕之形色，因可以順人心之神思表達本性之仁義，故即是天德之性。若要以天性充形色，必不可於人身血氣形色中求作用。因爲於形色所求之作用，是與禽獸相同之知覺運動之靈，則只得形色之動能，而遺人心之神。然而合下一層粗浮底氣魄，本乃太和之氣

〔註 52〕（明）王夫之：〈盡心上篇（二〇）〉《讀四書大全說・孟子》，收入船山全書編輯委員會編校：《船山全書》第六冊（湖南〔長沙〕：嶽麓書社，1991 年 12 月第一版），卷 10，頁 1132。

〔註 53〕同上註，頁 1131～1132。

陰陽造化之迹，而本非吾形色所具仁義性理之實。故必如顏子之復禮，使其視聽言動行爲合乎禮之規範，而後可以踐其形色之實學。

> 性以紀氣，而與氣爲體。【可云氣與性爲體，即可云性與氣爲體。】質受生於氣，而氣以理生質。【此句緊要。】唯一任夫氣之自化、質之自成者以觀之，則得理與其失理，亦因乎時數之偶然，而善不善者以別。若推其胥爲太極之所生以效用於兩間，則就氣言之，其得理者理也，其失理者亦何莫非理也？就質言之，其得正者正也，其不正者亦何莫非正也？〔註 54〕

人之性可以使氣之生生動能有其法紀與規範，但卻不離於氣而與氣爲一體。人之形質乃受生於氣，而氣乃依其理而生人之形質。故任氣陰陽之自化，質由此氣化而自成，若由此觀之，則氣化中之得理與其失理的不同情況，亦因乎氣化中陰陽組成之時數之偶然變化，然氣化之結果的好與不好就有所差別。若推形質與性理兩者皆同爲太極之所生而效用於兩間，若就氣言之，其得理者，理也，其失理者，亦何莫非理。若就質言之，其得正者，正也，其不正者亦何莫非正也。因爲氣在理在，創生形氣之道，常之合理與變之不合理之物皆在道中產生，此乃太極之誠，不獨厚任何一物，且每一物中皆有太極之理，故不論形質之正與不正皆合於太極之正，不論氣之是否合理或不合理，皆合於太極之理，只因太極之理乃紀氣者。

> 氣之失理，非理之失也，失亦於其理之中：已剛而亦乾之健，已柔而亦坤之順，已清而象亦成，已濁而形亦成。亦均夫祁寒之以成其寒之能，盛暑而以成其暑之能也。〔註 55〕

故氣化之不正乃氣之失理，而非理之失也，因爲只要有理便是不失其正。如最寒冷的季節之極陰中，還是有陰氣之生發，故能成繼續表現寒之能，仍有最炎熱的季節之極陽中，亦有陰之凝結，故亦能成其暑之能。此乃因氣化之理之中，本是陰陽渾合，陽之剛爲乾之健，陰之柔爲坤之順，於已清之陽氣中而象亦成，已濁之陰氣中而形質亦生。

> 《集註》「血陰而氣陽」一句，乍看覺得插入無謂。及觀范氏血氣、

〔註 54〕（明）王夫之：〈陽貨篇（一）〉《讀四書大全說・論語》，收入船山全書編輯委員會編校：《船山全書》第六冊（湖南（長沙）：嶽麓書社，1991 年 12 月第一版），卷 7，頁 861。

〔註 55〕同上註，頁 861～862。

> 志氣之論，及朱子所云「氣只是一個氣，便浩然之氣，也只此氣」，乃知《集註》用意之深。雙峰云「能持其志，則血氣皆聽於心」，則已贅一「血」字矣。大要氣能爲善，而抑能爲不善。如血，則能制其不爲惡而已足，不能望其爲善也。〔註 56〕

王夫之贊同《集註》「血陰而氣陽」一句，其認爲氣能爲善，而亦能爲不善。但如血，則能節制之使其不爲惡而已足夠，不能期望其爲善。

> 蓋氣陽而血陰，氣清而血濁，氣動而血靜，氣無形而血有形。有形而靜，則滯累而不能受命於志；濁，則樂與外物相爲攻取，且能拘繫夫氣但隨己以趨其所欲。故好色、好鬬、好得者，血役氣也。而君子之戒此三者，則志帥氣而氣役血也。今以好色、好鬬時驗之，覺得全是血分管事。及至淫很之心戢退，則直忘此身之有血，而唯氣爲用事矣。〔註 57〕

氣陽而血陰，氣清而血濁，氣動而血靜，氣無形而血有形。而有形而靜陰其形濁則滯累而不能受命於心之志。何謂志？「塞者，流行充周；帥，所以主持而行乎秩敘也。塞者，氣也，氣以成形；帥者，志也，所謂天地之心也。天地之心，性所自出也。〔註 58〕」塞者，氣也，因爲氣可以成形流行充周於天地之間；帥者，志也，即所謂天地之心，此乃性所自出之處，所以主持氣使之行有秩敘不爲血所役。而血之濁則樂與外物相爲攻取，且能拘繫氣之生生方向是隨己之喜好而趨其所欲。故好色、好鬬、好得者乃血役使氣之動能無法往性善之方向生發。而君子之戒此三者，則是使志帥氣之知覺運動而氣役血之形質。今以好色、好鬬時驗之，覺得全是血之形質分管事。等道淫很之心收藏消退，則直忘此身之有血，而只有氣爲用事。

> 乃夫子於此，分任其過於血氣者，以氣本可與爲善，而隨血盛衰，不自持權，見累於血以爲之役，氣亦不得而辭其過也。氣能聽志，而血不能聽志。心之不戒者，聽命於氣，而抑聽命於血。雙峰「心

〔註 56〕（明）王夫之：〈季氏篇（九）〉《讀四書大全說・論語》，收入船山全書編輯委員會編校：《船山全書》第六冊（湖南（長沙）：嶽麓書社，1991 年 12 月第一版），卷 7，頁 847。

〔註 57〕同上註，頁 847。

〔註 58〕（明）王夫之：〈乾稱篇〉《張子正蒙注》，收入船山全書編輯委員會編校：《船山全書》第十二冊（湖南（長沙）：嶽麓書社，1991 年 12 月第一版），卷 9，頁 354。

> 是魂、魄之合」一語，極有理會。唯其兩合於陽魂、陰魄，是以亦聽命於血。〔註59〕

夫子將過由血氣兩者分別承擔，因爲陽之氣較清故本可與爲善，但隨血之盛衰，氣不能自持其主導之權，累於血並爲之役，故氣亦不能推辭其過。氣能聽命於天地之心之志，就由其內涵人亦性善之實，使氣之生發方向有其秩序，然而血因爲濁而有形不能聽命於志。心之不能戒者，可聽命於氣，而抑可聽命於血。故雙峰「心是魂、魄之合」之說法，極有理會。但雙峰所言「心是陽魂、陰魄兩合」，卻是心聽命於血。

> 乃魄雖靈，終是凝滯重濁物事，而心卻輕微，役使他不動，則不得不資氣抑而扶之。魂清於魄，而心又清於魂。心是魂、魄之輕清者合成底，故君子專有事於此，以治魂、魄。則心，君也；氣，將也；血，卒也。潰卒脅將以干君，而明君必任將以制卒，其理一也。
>
> 〔註60〕

魄雖有其之覺運動之靈，亦可以受聰明了覺，終是氣之凝滯重濁物事。但人之心卻輕微，役使魄不動，故心則不得不透過氣的資助以扶正之。而氣之魂清於魄，而心又清於魂。心是魂、魄之輕清者合成，故君子之修身重點在於治其魂、魄使之聽命於天地之心之志。故心乃君也；氣則爲將也；血即是卒也。若血之魄爲潰卒則可以要脅氣之魂之將以干預心君，然而心之明君則必可以任氣之將以制血之卒，兩者得道理是相同的。

第三節　心統性情

形氣之人須由此身行德以合氣化通理之道，然而太虛之氣，氣中健順之理凝聚於人心中，則爲性，故人行事要有恆且要順其氣化常理之性表現，故欲人能行德且不悖氣化常理以成德，必要由性著手。王夫之認爲人繼承天之健順之德之性函於心中，而爲心之理則，性著於形中而有仁義禮智四德，四德原無分用，然而人生存於形氣世界中，必會與外物有感通，由心感物之端倪，即心動而效性中四德，故由心變合之初機可見惻隱、羞惡、恭敬、是非

〔註59〕（明）王夫之：〈季氏篇（九）〉《讀四書大全說．論語》，收入船山全書編輯委員會編校：《船山全書》第六冊（湖南（長沙）：嶽麓書社，1991年12月第一版），卷7，頁847～848。

〔註60〕同上註，頁848。

四端，此爲道心，但若心之感物，不由性發，而是尤其小體之感官生發，與物接觸時，會因個人感官之喜好而有攻取，進而產生喜、怒、哀、樂四情，此即爲人心。由上可知，人心爲情，道心爲性，皆由心發，故可言心統性情。

> 混然，合而無間之謂。合父母之生成於一身，即合天地之性情於一心也。〔註 61〕

所謂混然乃合而無間之意。合而無間者，乃合父母之生成心性於一身，即合天地之所命之性和情感之表現於人之一心。

> 凡爲言而思以易天下者，皆以心爲宗。從其末而起用者、治心也，從其本而立體者，見心也。見非所見，則治非所治矣。舜之言曰：「人心惟危，道心惟微。」斯以示見心之則，而非凡爲言者之及也。何也？天下之言心者，則人心而已矣。〔註 62〕

凡爲言立說而想改變天下之風俗者，皆以心爲宗。從其末而欲起心之作用，即在於治心；若從其本而欲立心之體者，則須見心之內涵。若所見非有性善之體之心，則見非所見，故治亦非其所欲治者。舜曰：「人心惟危，道心惟微。」此乃以此示於人，使人能見有體之心之法則，因非凡有爲言立說者皆能明白此理。故王夫之承襲其性論之宗旨，心只一氣質之性，故於心論中提及：天下之言心者，其實非有兩心，只一人心而已矣。

> 人心者，人固有之。固有之，而人以爲心，斯不得別之以非人，斯不得別之以非心也。就其精而察之，乃知其別；就其粗而言之，則無別；而概目之曰心。故天下之言心者，皆以人心爲之宗。心，統性情者也。此人心者，既非非心，則非非性。故天下之言性者，亦人心之爲宗。〔註 63〕

人心者乃人混合父母之初生而本有。人本固有，因此人以之爲心，此不得與人之有別，因別之則非人，此外更不得別之以爲非心。王夫之藉由此告訴我們：人就只有此一心就是人心，而人心乃是只要是人就初生本有，此心若有別於人，則非人，故人有此心乃是人所特有者。但人心之表現須精而察之，

〔註 61〕（明）王夫之：〈乾稱篇〉《張子正蒙注》，收入船山全書編輯委員會編校：《船山全書》第十二冊（湖南（長沙）：嶽麓書社，1991 年 12 月第一版），卷 9，頁 353。

〔註 62〕（明）王夫之：《尚書引義・大禹謨一》（長沙：岳麓書社，2011 年 1 月），卷 1，頁 259。

〔註 63〕同上註。

若能仔細分辨乃知人心與非人之心有別。若就粗略之分而言，則人心與非人之心，因爲都是心之表現，看似無別，只是大概目視之，便曰爲心。然而天下有言心者，皆以人心爲心之根本。而此即所謂心統性情之意。由上可知：人心既非非心，亦非非性，故天下之言性者，亦以人心之爲宗。

> 告子湍水之喻，其所謂性，人心之謂也。瀠洄而不定者，其靜之危與！決而流者，其動之危與！湍而待決，決而流不可挽，初非有東西之成形，靜而待動，動而堯、桀之皆便。惟其無善無惡之足給，可堯可桀，而近桀者恒多；譬諸國然，可存可亡，而亡者恒多，斯以謂之危也。〔註 64〕

告子曰：「性猶湍水也，決諸東方則東流，決諸西方則西流。人性之無分於善不善也，猶水之無分於東西也。〔註 65〕」告子主張人性好比是漩湍之水，若將疏通方向定於東方，則漩湍之水便向東流，反之亦同。告子認爲人性亦如是，人性之無分善與不善，如同水之無分東與西，只要透過人爲疏通，便會依照人爲方向發展。王夫之認爲告子以漩湍之水爲喻之性，應是與「道心」相對應的「人心」。「人心」如湍水流動而迴旋不定，當其未往任何方向流動之靜時，本因其無定向又迴旋不已，故危！當疏通而使其流往水道的固定方向，卻因爲疏通水道之方向並非湍水能自定自律者，故湍水之動，亦危而有氾濫之可能！湍急之水待疏通之，雖欲疏通，但此漩湍卻不一定可接受引導，除非有東西固定使之成形，靜而待動，動時不論是堯之聖人或桀之暴君皆可表現合其所固定之宜。只是告子所謂的人性是無善無惡者，故想透過後天人爲方式固定人性之方向與表現，但可成爲堯之人少，可成爲桀者恒多；譬如國家亦如此，雖可存可亡，但亡者恒多，此乃所以謂危之因。

> 告子既全不知性，亦不知氣之實體，而但據氣之動者以爲性。動之有同異者，則情是已；動之於攻取者，則才是已。若夫無有同異、未嘗攻取之時，而有氣之體焉，有氣之理焉，【即性。】則告子未嘗知也。〔註 66〕

〔註 64〕（明）王夫之：《尚書引義・大禹謨一》（長沙：岳麓書社，2011 年 1 月），卷 1，頁 259。

〔註 65〕（宋）朱熹：〈盡心下〉《四書章句集注・孟子》（台北：大安出版社，1999 年 12 月），卷 11，頁 455～456。

〔註 66〕（明）王夫之：〈告子上篇（二）〉《讀四書大全說・孟子》，收入船山全書編輯委員會編校：《船山全書》第六冊（湖南（長沙）：嶽麓書社，1991 年 12 月第一版），卷 10，頁 1053。

告子既全不知性，亦不知人身形氣實體之性善，只以氣之動認之爲性。氣之動有同異，此則因爲情；氣之動有攻取，則因爲才。若氣之無有同異、未嘗攻取之時，因氣在理亦在其中，故有此氣之體中便有氣之理，但告子未嘗知曉此道理。而告子以流動無恆之湍水所喻者，其實是人之情，而非人之性。

> 天不能無生，生則必因於變合，變合而不善者或成。其在人也，性不能無動，動則必效於情才，情才而無必善之勢矣。在天爲陰陽者，在人爲仁義，皆二氣之實也。在天之氣以變合生，在人之氣於情才用，皆二氣之動也。【此「動」字不對「靜」字言。動、靜皆動也。繇動之靜，亦動也。】〔註67〕

就氣的角度論之，天之氣不能無生，生則必因於陰陽之變合，陰陽變合則有不善之可能。此論點對應於人，則是性不能無動，動則必見效於情才，但情才亦氣之陰陽變合，故兩者並無必善之勢。氣之在天爲陰陽，氣之在人爲仁義，此皆二氣之實也。在天之氣以陰陽變合而化生形氣萬物，在人之氣則藉陰陽變合而生情才爲用，此皆陰陽二氣之動也。故其言「氣之誠，則是陰陽，則是仁義；氣之幾，則是變合，則是情才。【情者陽之變，才者陰之合。】〔註68〕」若就氣之靜言，本有其體，此即所謂氣之實也，即氣之本體，就天之氣而言便是陰陽渾合之太極，其藉氣化之凝在人身，便爲人性之善之仁義，此即所謂陰陽二氣之良能。然而天之氣以乾陽爲首，故生生必動，就氣之動而言，天之氣藉陰陽之變合的氣之幾化生萬物，天陰陽變合之作用凝於人身，即是所謂情才之用。而情乃陽氣之生發變化，永不停止，故情之表現宜有節制，才不會流於惡。而才乃陰氣之凝滯於形氣之身之作用，故其作用局限於人身形質之中，故其形之陰魄會受形氣之身的血氣影響而會對物有執著與喜惡，亦易因人之使用其才之不當流於惡。

> 且夫人之有人心者，何也？成之者性，成於一動一靜者也。【老以爲橐籥，釋以爲漚合。】一動一靜，則必有同、異、攻、取之機。動同動而異靜，靜同靜而異動，同斯取，異斯攻。同、異、攻、取，

〔註67〕（明）王夫之：〈告子上篇（二）〉《讀四書大全說・孟子》，收入船山全書編輯委員會編校：《船山全書》第六冊（湖南（長沙）：嶽麓書社，1991 年 12 月第一版），卷 10，頁 1053。

〔註68〕（明）王夫之：〈告子上篇（三）〉《讀四書大全說・孟子》，收入船山全書編輯委員會編校：《船山全書》第六冊（湖南（長沙）：嶽麓書社，1991 年 12 月第一版），卷 10，頁 1055～1056。

> 而喜、怒、哀、樂生矣。【同則喜，異則怒，攻則哀，取則樂。】一動一靜者，交相感者也，故喜、怒、哀、樂者，當夫感而有；亦交相息者也，【當喜則怒息，當哀則樂息矣。】交相息，則可以寂矣，故喜、怒、哀、樂者，當夫寂而無。小人惑於感，故罹其危；異端樂其寂，故怙其虛。待一動一靜以生，而其息也則無有焉。斯其寂也，無有一「自性」；而其感也，一念「緣起無生」。以此爲心而將見之，剖析纖塵，破相以觀性，至於「緣起無生」，則自謂已精矣。孰知夫其感也，所以爲仁義禮智之宅，而無可久安之宅，其寂也，無自成之性，而仁義禮智自孤存焉。則斯心也，固非性之德，心之定體，明矣。故用則有，而不用則無也。〔註69〕

人之有「人心」者，乃所謂成之者性，藉由現實世界形氣人之心感於物之一動一靜間，完成道德天命。故曰「除卻天所命我而我受之爲性者，更何物得謂之自家也？情固是自家底情，然竟名之曰『自家』，則必不可。蓋吾心之動幾，與物相取，物欲之足相引者，與吾之動幾交，而情以生。然則情者，不純在外，不純在內，或往或來，一來一往，吾之動幾與天地之動幾相合而成者也。釋氏之所謂心者，正指此也。〔註70〕」但現實人之心其一動一靜之間，除卻天所命我而我受之爲性的天之實體外，無物得謂之自家。故情雖本是自身的情，但因其不是天命之性善之仁義，其乃承襲天之氣中陰陽二氣之變合，非人性之實體，亦不可以「自家」稱之。主要是因爲情乃吾心之動幾，會與天地陰陽變合所產之物相取，產生物欲，然而物欲又會相引，又與吾心之陰陽變合之動幾交，而情在心物相感而交之間產生。然則此情乃不純在心之外，亦不純在心之內，而情之或往或來，於此一來一往，乃是因爲天之氣化流行，而吾心之陰陽動幾與天地之陰陽動幾生生不斷所產之物相合而成一動一靜、一來一往之表現。則釋氏之所謂心者，正指此也。

心之感物之一動一靜則必產生與氣質之身由其血氣耳目之官食色之好惡，故「人心」與物感時便有有同、異、攻、取之陰陽相反相仇的變合之氣機。故動同動而不同於靜，靜同靜而不同於動，若同則取，若異則攻。又因

〔註69〕（明）王夫之：《尚書引義・大禹謨一》（長沙：岳麓書社，2011年1月），卷1，頁264。

〔註70〕（明）王夫之：〈告子上篇（一一）〉《讀四書大全說・孟子》，收入船山全書編輯委員會編校：《船山全書》第六冊（湖南（長沙）：嶽麓書社，1991年12月第一版），卷10，頁1066～1067。

同、異、攻、取，而產生情緒上之喜、怒、哀、樂。若同則喜，異則怒；若攻則哀，取則樂。此「人心」之一動一靜乃因與物交相感而產生同、異、攻、取，而因同、異、攻、取而產生的喜、怒、哀、樂之情，必當感而有；而四者之間亦會相交相息，如當喜則怒息，當哀則樂息矣。當四者之情交相息，則心可以寂，故喜、怒、哀、樂者，當夫心寂則無。而小人因易於爲感所惑，故易遭其危；異端之說卻樂於心寂，故依恃此虛靜之寂，以爲虛寂便會遠離危殆不安。但待一動一靜心之情生，而心之息無有。所以異端所謂心之寂，此心乃無有「自性」之本質，故王夫之言「歆者同之，厭者異之，同者取之，異者攻之，情之緣感以生，而非性之正也。〔註 71〕」因其無自性，故心之感，其一念便因外界條件而「緣起無生」。若以此無「自性」之本質之心爲心，欲將見其本心，則如剖析纖塵，破現實之形氣萬相以觀其自性，實不可得。至於「緣起無生」，則自謂精純無惡，誰知當此心感也，雖欲以仁義禮智爲其心之宅，卻無可久安此宅；當心之寂而未感，因無自成之性爲本質，故仁義禮智自孤存，而無心之作用可表現之。則此心本非性之德的心之定體亦非實存者，所以此人心之情乃感之用則有，寂之不用則無。

> 且夫一動一靜，而喜、怒、哀、樂生焉。動靜，無恒者也。一動則必一靜矣，一靜則必一動矣。一動則動必不一矣，一靜則靜必不一矣。乘其機而擇執之，是破屋禦寇之說也。若守其不動不靜之虛靈以爲中，是壅水使湍而終聽決也。惟夫得主以制其命，則任動任靜，而保其不危。故人心者，君子所不放，而抑所不操。〔註 72〕

「人心」之一動一靜，產生喜、怒、哀、樂。「人心」動靜因無性於其中，故無恒常而固定之方所。因爲「人心」之動靜乃形下相對有限者，故一動則必一靜，一靜則必一動矣。而一動則動必不固定於一方所，一靜則靜亦必不固定於一方所。故「人心」之變動乃乘其陰陽變合之幾，並依自我血氣耳目之官的喜好來擇執之，此如「破屋禦寇」，即在破屋中抵禦盜寇，若東面有一盜寇來，未追到此惡人，西面又有一盜寇至。則左右前後，驅逐盜寇而無空暇，因破屋之四面空疏，盜本易入，故屋之主人無緣作得主。如同虛器入水，水

〔註 71〕（明）王夫之：〈告子上篇（七）〉《讀四書大全說．孟子》，收入船山全書編輯委員會編校：《船山全書》第六冊（湖南（長沙）：嶽麓書社，1991 年 12 月第一版），卷 10，頁 1060。

〔註 72〕（明）王夫之：《尚書引義．大禹謨一》（長沙：岳麓書社，2011 年 1 月），卷 1，頁 264。

自然入。若以一器中裝滿水，器中已置水，水何能再入器中？故若人之心中有主則實，有此性理之實，則外患不能入，自然無事。若守此不動不靜之虛靈，認此以為心本具的性善之中，則是將水堵住、阻塞使其不通，並將「人心」推入更危殆之景況，更無法期待如旋湍的「人心」之危，最終能聽於人為之疏導。只有得心之主，以制其命，則任動任靜，可保其不危。故人心者，君子所不放失之，但抑不操存之。

> 「無欲穿窬之心」，人皆有之；無受爾汝之心，亦人皆有之。特「無受爾汝之實」，則不欲受爾汝者未必有也。然苟其欲無受爾汝，而爾汝之權操之物，而何以能制諸己！苟非浪自尊大之妄人，亦求免不得而轉生其愧，即此是羞惡之惡，與七情之惡所自感而生者不同。一則虛浮向外，一則切實著裏也。故孟子於羞言「欲」，言「心」，而於惡必言「實」，以惡無實而但唯其所欲惡者惡之，情之動而非性之端也。〔註 73〕

孟子曰：「人皆有所不忍，達之於其所忍，仁也；人皆有所不為，達之於其所為，義也。人能充無欲害人之心，而仁不可勝用也；人能充無穿踰之心，而義不可勝用也。人能充無受爾汝之實，無所往而不為義也。士未可以言而言，是以言餂之也；可以言而不言，是以不言餂之也，是皆穿踰之類也。〔註 74〕」朱子云：「踰牆，皆為盜之事也。能推所不忍，以達於所忍，則能滿其無欲害人之心，而無不仁矣；能推其所不為，以達於所為，則能滿其無穿踰之心，而無不義矣。此申說上文充無穿踰之心之意也。蓋爾汝人所輕賤之稱，人雖或有所貪昧隱忍而甘受之者，然其中心必有慚忿而不肯受之之實。人能即此而推之，使其充滿無所虧缺，則無適而非義矣。〔註 75〕」由上可知，人皆不想有穿窬偷盜行為之心，此乃人皆有之的不忍人之心；人亦無法接受爾汝之人，乃因人皆有義於心，故有慚忿而不肯受之的情況。此乃特因人之心有義，故「無受爾汝之實」，此則人皆同然。若人想無受爾汝，而不受爾汝之權操之物，則不能制諸於己！如果不是浪自尊大之妄人，亦求免不得而轉生其愧，

〔註 73〕（明）王夫之：〈盡心下篇（六）〉《讀四書大全說・孟子》，收入船山全書編輯委員會編校：《船山全書》第六冊（湖南（長沙）：嶽麓書社，1991 年 12 月第一版），卷 10，頁 1142。

〔註 74〕（宋）朱熹：〈盡心下〉《四書章句集注・孟子》（台北：大安出版社，1999 年 12 月），卷 14，頁 522～523。

〔註 75〕同上註，頁 523。

即此是四端中義之羞惡之惡，與七情之惡，其所自感而生之本源不同。七情之惡乃是虛浮向外求，而義之羞惡之惡則是切實著向心裏所含性之實。故孟子於義之羞言「欲」、言「心」，而於惡必言「實」，因此惡若無實，則是七情之惡，其所欲惡者惡之，乃情之動，而此乃心非由性所生發之四端之義也。

> 學者切須認得「心」字，勿被他伶俐精明的物事佔據了，卻忘其所含之實。邪說之生於其心，與君心之非而待格謂之心者，乃「名從主人」之義。以彼本心既失，而但以變動無恆，見役於小體而效靈者爲心也。若夫言「存」，言「養」，言「求」，言「盡」，則皆赫然有仁義在其中，故抑直顯之曰「仁，人心也」。而性爲心之所統，心爲性之所生，則心與性直不得分（頁 894）爲二，故孟子言心與言性善無別。「盡其心者知其性」，唯一故也。〔註 76〕

學者切須認得「心」字，勿被其他伶俐精明的物事佔據此心，卻忘其所含性善仁義禮智之實。若不知此理則會讓邪說生於其心，此心便與主宰人身形質之心不同，而成待格之心，故心乃「名從主人」之義。若主宰人身之本心既失，則只會使心依陰陽變合之幾而變動無恆，故被小體役使而且效於知覺之靈，而非表現本然性善之實。但若言「存」、言「養」、言「求」、言「盡」，則赫然見有仁義在其中，故抑直顯言之「仁，人心也」。然而性爲心之所統，心爲性之所生，則心與性直不得分爲二，故孟子言心與言性善並無分別，故曰「盡其心者知其性」。

> 情便是人心，性便是道心。道心微而不易見，人之不以人心爲吾俱生之本者鮮矣。故普天下人只識得箇情，不識得性，卻於情上用工夫，則愈爲之而愈妄。性有自質，情無自質，故釋氏以「蕉心倚蘆」喻之；無自質則無恆體，故莊周以「藏山」言之。無質無恆，則亦可云無性矣。甚矣，其逐妄而益狂也！〔註 77〕

情便是「人心」，性便是「道心」。因爲「道心」微而不易見，人便誤將「人心」視爲其生命之身的本質。因此普天下之人只識得箇顯而易見「人心」之

〔註 76〕（明）王夫之：〈梁惠王上篇（一）〉《讀四書大全說．孟子》，收入船山全書編輯委員會編校：《船山全書》第六冊（湖南〔長沙〕：嶽麓書社，1991 年 12 月第一版），卷 8，頁 893～894。

〔註 77〕（明）王夫之：〈告子上篇（一一）〉《讀四書大全說．孟子》，收入船山全書編輯委員會編校：《船山全書》第六冊（湖南〔長沙〕：嶽麓書社，1991 年 12 月第一版），卷 10，頁 1066。

情，不識得隱而未顯的「道心」之性，卻於情上用工夫，故愈爲之而愈妄，進而離善愈遠。

> 能活能動底，只是變合之幾。變合而情才以生；變已則化，合已則離，便是死也。釋氏說「蕉心倚蘆」，明是說合；說「夢幻泡影」，明是說變。而其所變所合者之爲何物，總不曾理會在，乃云「心生種種法生，心滅種種法滅」。【生之謂性，死即無性也。】嗚呼，亦安得此鄙陋俗淺之言而稱之也哉！〔註78〕

能活能動的只是氣化陰陽變合之幾。變合而情才從此而生；變已則產生氣化，所謂相合實已則離，便是死也。釋氏所說「蕉心倚蘆」，明是說合；說「夢幻泡影」，明是說變。然而其所變所合者之爲何物，總不曾理會在，乃云「心生種種法生，心滅種種法滅」即所謂生之謂性，死即無性也。殊不知性乃不因生死而有所生滅。王夫之藉釋氏「蕉心倚蘆」之說來闡明性本有自質，情乃如釋氏心所生之萬法無自質。

莊子云:「夫藏舟於壑，藏山於澤，謂之固矣。然而夜半有力者負之而走，昧者不知也。藏小大有宜，猶有所遯。若夫藏天下於天下而不得所遯，是恆物之大情也。特犯人之形而猶喜之，若人之形者，萬化而未始有極也，其爲樂可勝計邪？故聖人將遊於物之所不得遯而皆存。善妖善老，善始善終，人猶效之，又況萬物之所係而一化之所待乎！〔註79〕」把船藏在山谷裡，把山藏在深澤中，可以說是很安全牢靠的保存方式。莊周「藏山」之義乃以山比喻道，而澤喻其身，爲良好的保護環境。但因爲不知不覺中自然的大化已經默默地發生改變，故昏昧不明的人還以爲這樣的保存方式十分安全無虞。言人再有諸多的保護措施，道物的耗損，生命的夭折，隨時都會發生，那是你根本不能預料、也無能抗拒的。把小的東西藏在大的地方是安全適宜，即便已經如此安全，仍不免亡失。如果把天下如此大的東西更不應由少數人據爲己有，而應託付給天下人，就不會亡失這乃是萬物所存的現實世界之法則。而特別是言遇到人們獲得形體，就自然欣喜，但形體之變化萬千，那麼此種歡樂豈可計數。故聖人要達到游於不得失之境地，將己深藏於大道中，與其

〔註78〕（明）王夫之：〈告子上篇（四）〉《讀四書大全說・孟子》，收入船山全書編輯委員會編校：《船山全書》第六冊（湖南（長沙）：嶽麓書社，1991 年 12 月第一版），卷 10，頁 1057。

〔註79〕（清）王先謙：〈大宗師〉《莊子集解》（台北：世界書局，2003 年 10 月），卷 2，頁 55。

共存。一般對於善於保存其生命，對於老少生死都能平順度過之人，人皆學習效仿其生活模式，希望自己亦能躲過禍害，而可長生。對人皆如此，若論及萬物根源自之然之大化，人們則更應依循此自然之則善保其生。王夫之藉莊周「藏山」之義表示「人心」之情是無自質之本體，即無性之爲其恆體，即便保護再佳，亦無法保證不流於惡。

> 若情固繇性生，乃已生則一合而一離。如竹根生筍，筍之與竹終各爲一物事，特其相通相成而已。又如父子，父實生子，而子之已長，則禁抑他舉動教一一肖吾不得。情之於性，亦若是也。則喜、怒、哀、樂之與性，一合一離者是也。故惻隱、羞惡、辭讓、是非，但可以心言而不可謂之情，以其與未發時之所存者，只是一箇物事也。性，道心也；情，人心也。惻隱、羞惡、辭讓、是非，道心也；喜、怒、哀、樂，人心也。【其義詳尚書引義。】〔註80〕

若言人之情本應由心中性之實產生，但情之已生，則心之表現有合於性之實之情則爲道心，有離於性之實之情則爲人心。此如竹根生筍，筍之生後與竹終各爲一物事，論兩者之關聯特其初生時相通，有生後竹藉筍以相成而生生不息。亦如同父子之關係，父實生子，而子之已長，則禁抑他舉動，教一一肖吾已不得。情之於性的關係，亦如此，兩者乃相對應而無必然性。因此喜、怒、哀、樂之情其與心之實的性，乃有一合與一離之可能。故惻隱、羞惡、辭讓、是非是心之表現合於性者，故只可以以心言，而不可謂之情，因其與未發時之所存，只是性此一箇物事。性，道心也；情，人心也。惻隱、羞惡、辭讓、是非，道心也；喜、怒、哀、樂，人心也。

> 豈若夫喜、怒、哀、樂之心：仁而喜，不仁而喜，下而有避彈之笑；仁而怒，不仁而怒，下而有誶母之忿；仁而哀，不仁而哀，下而有分香之悲，仁而樂，不仁而樂，下而有牛飲之歡；當其動，發不及持，而有垂堂奔馬之勢；當其靜，如浮雲之散，無有質也。〔註81〕

豈若夫喜、怒、哀、樂之心：仁而喜，不仁而喜，下而有避彈之笑；仁而怒，不仁而怒，而有母責罵之忿；仁而哀，不仁而哀，下而有曹操死前戀妻之悲；

〔註80〕（明）王夫之：〈滕文公上篇（四）〉《讀四書大全說・孟子》，收入船山全書編輯委員會編校：《船山全書》第六冊（湖南（長沙）：嶽麓書社，1991年12月第一版），卷8，頁964。

〔註81〕（明）王夫之：《尚書引義・大禹謨一》（長沙：岳麓書社，2011年1月），卷1，頁263。

仁而樂，不仁而樂，下而有豪飲、狂飲之歡。當情之動，生發而性不及持，如靠近屋簷而馬不受控制狂奔；當情之靜而未發，如天空飄浮的雲之游散，無有其固定之質。故「乃孟子此言四端，則又在發處觀心、繇情以知性、繇端以知本之說。〔註 82〕」孟子言四端之心，又在心生發處觀心，心已發即是情，由情之表現有無自質，以之性是否在其中，由四端之心可知情之本質是性。

> 夫舜之所謂「道心」者：【適丁歷切。】於一而不更有者也，【一即善也。】「惟精惟一」、儘執其固然而非能適【嘗隻切。】於有，弗精弗一，或蔽其本有而可適於無者也；未發【人心。】有其中，【道心。】已發【人心。】有其和，【道心。】有其固有；而未發無不中，【猶人無翼。】已發無不和，【如人不飛。】無其所無者也。固有焉，故非即人心而即道心；【下廣釋之。】僅有其有，而或適於無，故曰微也。〔註 83〕

舜之所謂「道心」即是專主於善，此實有之善，無法再添一任何一物之「有」於其上。「道心」精純專一，儘管執著其本然之善，因而可能無法合宜地將善推擴於其他有形之事物。若人心弗精弗一或蔽於其本有之善，卻可專主、作主於非形氣世界具體之人身而是非具體氣化有形無形無狀之虛空。當未發之心中有其中之善性，而已發之心中有其和之情，此乃針對道心而言，因其本有固有之中；而心之未發無不中，已發無不和，乃此心無其所當「無」之虛空，有其所當「有」之善。當心中固有其善，此心不是人心而是道心；當心之僅有其該「有」之實然之善，則此善之實有並無形可見，或相當於「無」，故曰「微」。

> 夫道心者：於情則異彼也，故危微之勢分；於性則異彼也，故執中之體建。藏於彼之宅，而彼皆我之宅；則人心之動，初不能有東西之宅；人心之靜，初不能有無位離鈎之宅。籌資彼之用，而彼因有其用，因有其用，而彼遂自用；則人心之目，溢於萬變，人心之綱，

〔註 82〕（明）王夫之：〈公孫丑上篇（二三）〉《讀四書大全說．孟子》，收入船山全書編輯委員會編校：《船山全書》第六冊（湖南（長沙）：嶽麓書社，1991 年 12 月第一版），卷 8，頁 946。

〔註 83〕（明）王夫之：《尚書引義．大禹謨一》（長沙：岳麓書社，2011 年 1 月），卷 1，頁 261。

> 無有適【丁歷切。】一；要以藏者無實，而顯者無恆也。是故著其微以統危而危者安，沿其危以察微而微者終隱。〔註 84〕

道心之於人心之情有所不同，故有危微之情勢之分別。道心之於性，亦有所不同，故道心須執建性體於其中。當將道心藏於人心之宅，而人心皆道心之宅。若能如此則人心之動，起初不能有東西宅之，心虛靈而不執於物；人心之靜，初不能有無位離鉤之宅，心含實而有其位之性。籌資爲彼之用，而彼因有其用，彼遂自用；則人心之細則，充滿萬變，人心之秩序、法紀，則無有專一，因此使人心未發之藏無性善之實，而已發之和無性善之恆理。是故以已發顯著道心之微以統人心之危，則人心之危將安，緣其人心之危以察道心之微，而道心之微終隱。

> 奚以明其然也？心，統性情者也。但言心而皆統性情，則人心亦統性，道心亦統情矣。人心統性，氣質之性其都，而天命之性其原矣。原於天命，故危而不亡；都於氣質，故危而不安。道心統情，天命之性其顯，而氣質之性其藏矣。顯於天命，繼之者善也，惟聰明聖知達天德者知之。藏於氣質，成之者性也，舍則失之者，弗思耳矣。無思而失，達天德而始知，介然僅覺之小人，【告子、釋氏。】去其幾希之庶民，所不得而見也。故曰微也。人心括於情，而情未有非其性者，故曰人心統性。道心藏於性，性抑必有其情也，故曰道心統情。性不可聞，而情可驗也。〔註 85〕

何以明其然也？心，統性情者也。言心而皆統性情，則人心亦統性，道心亦統於情。人心統性，表氣質之性爲心之都，而天命之性爲其本原。原於天命之道德，故雖危而不亡；都於氣質之中，故危而不安。若能以道心統情之表現，情之中有性爲其自質，則天命之性顯於情之中，而氣質之性隱而不顯。因爲情之表現若是顯其性之天命，此即繼之者善，惟其心之聰明聖知，可達天德者，由此可知。天命之德藏於氣質中，乃所謂成之者性也，捨則失之者，乃因心弗思。心無思而失其性之德，心思而知性則達天德而始知，只耿耿在意於覺之小人，離禽獸幾希之庶民，所不得而見也。故曰道心微也。人心括於情，而情未有非其性者，故曰人心統性。道心藏於性，

〔註 84〕（明）王夫之：《尚書引義・大禹謨一》（長沙：岳麓書社，2011 年 1 月），卷 1，頁 263。

〔註 85〕同上註，頁 262。

性抑必有其情也，故曰道心統情。性無形無狀而不可聞，而情之表現可具體效驗。

> 惟仁斯有惻隱、惻隱則仁之有也。惟義斯有羞惡，羞惡則義之有也。惟禮斯有恭敬，恭敬則禮之有也。惟智斯有是非，是非則智之有也。若夫不仁不智，無禮無義，非惻隱、羞惡、恭敬、是非之有也。故斯心也，則惟有善，而不更有不善，有其善而非若無，無其不善而非若有；求則得之，而但因其固有；舍則失之，而遂疑其無。道心之下統情者且然，而其上統夫性者從可知矣。〔註 86〕

只仁之表現有惻隱，惻隱乃由人之性中本有仁而發也。義之表現有羞惡，羞惡乃由人之性中本有義而發也。禮之表現有恭敬，恭敬乃由人之性中本有禮而發也。智之表現有是非判斷，是非判斷乃由人之性中本有智而發也。若不仁不智，無禮無義，則非惻隱、羞惡、恭敬、是非四端本有之自質。故此人之心則只有善，有此性之善則不更有不善，有其善則不似無，陰性善乃心之實，無心之善爲不善，而此不善之情不似有，因不善之情中無性之實爲其自質，乃空虛之心所發，無定向無定質，故不似有。性善之實乃求則得之，只因人心本有；性善之實捨則失之，故因其隱微不顯而遂疑其無。道心之下統情者且如此，而道心之上欲統夫性者，從此亦可知矣。

> 蓋曰「心統性情」者，自其所含之原而言之也。乃性之凝也，其形見則身也，其密藏則心也。是心雖統性，而其自爲體也，則性之所生，與五官百骸並生而爲之君主，常在人胸臆之中，而有爲者則據之以爲志。故欲知此所正之心，則孟子所謂志者近之矣。〔註 87〕

蓋曰「心統性情」者，自其所含之本原而言之。心之本原乃性之凝於身，其形可見者則是身，其密藏不可見者則是心也。此心雖統性，而其自爲體，此體則性之所生，心與五官百骸皆氣化所生，而且兩者乃氣化同時並生，心爲五官百骸之君主，心常在人胸臆之中，而有爲道德之人，心會據性以爲志。故欲知此所正之心，則孟子所謂志者近之。

〔註 86〕（明）王夫之：《尚書引義・大禹謨一》（長沙：岳麓書社，2011 年 1 月），卷 1，頁 262。

〔註 87〕（明）王夫之：〈聖經（九）〉《讀四書大全說・大學》，收入船山全書編輯委員會編校：《船山全書》第六冊（湖南（長沙）：嶽麓書社，1991 年 12 月第一版），卷 1，頁 400～401。

「心統性情」，「統」字只作「兼」字看。其不言兼而言統者，性情有先後之序而非並立者也。實則所云「統」者，自其函受而言。若說個「主」字，則是性情顯而心藏矣，此又不成義理。性自是心之主，心但爲情之主，心不能主性也。〔註 88〕

「心統性情」之「統」字只作「兼」字看。而不言兼而言統者，乃因性情有先後之序而非並立之關係。若云「統」者，乃從心函受性理之實而言。若說個「主」字，則表示當性情之顯而可見時，則心藏於其中，但又不成其性之義理。因爲性本是心之主，而心是情之主，而心不能主宰性，只能表現性使其顯。

若張子所謂「心統性情」者，則又槩言心而非可用釋此「心」字。此所言心，乃自性情相介之幾上說。《集註》引此，則以明「心統性情」，故性之於情上見者，亦得謂之心也。「心統性情」，自其函受而言也。此於性之發見，乘情而出者言心，則謂性在心，而性爲體、心爲用也。【仁義禮智體，四端用。】〔註 89〕

如張子所謂「心統性情」者，則是概論言心，但王夫之認爲非可用釋此「心」字。而張子此所言心，乃從性情相牽引之陰陽變合之氣幾上說。而朱子《集註》引此則爲說明「心統性情」之心，則心之發使此性之於情上見，則此心亦可謂之心，此言故「心統性情」，乃從其心函受性而言也。此於心於性之發見，並乘情而出，則謂性在心，而性之爲體、心之爲用。

性受於天理之實然，何僞之有？雖居靜而函萬化以不息，何慢之有？……居處恭，執事敬，與人忠，乃以體性之誠；心恆存而性顯，則不待推求而知之眞矣。〔註 90〕

人之性善涵於心，其乃受於天理之實然，故無僞。雖性居靜而但涵萬化之變而不息，又有何慢。人於現實生活中表現出居處恭，執事敬，與人忠，此乃藉心之神思以體性中天理之誠。故心恆存而性顯，心雖不能主宰性，卻能表現性使其顯，則不待推求而知其眞。

〔註 88〕（明）王夫之：〈公孫丑上篇（二三）〉《讀四書大全說・孟子》，收入船山全書編輯委員會編校：《船山全書》第六冊（湖南（長沙）：嶽麓書社，1991 年 12 月第一版），卷 8，頁 945～946。

〔註 89〕同上註，頁 946。

〔註 90〕（明）王夫之：〈誠明篇〉《張子正蒙注》，收入船山全書編輯委員會編校：《船山全書》第十二冊（湖南（長沙）：嶽麓書社，1991 年 12 月第一版），卷 3，頁 138。

> 性爲天所命之體，心爲天所授之用。仁義禮知，性也，有成體而莫之流行者也。誠，心也，無定體而行其性者也。心統性，故誠貫四德，而四德分一，不足以盡誠。性與生俱，而心繇性發。故誠必託乎仁義禮知以著其用，而仁義禮知靜處以待誠而行。〔註 91〕

心性有所差別，乃在性爲天所命人身之體，心爲天所授人身之用。仁義禮知，乃人之善性也，故當有人形氣之成體，則不再言其爲太和之氣流行之天理，而是人身之性體。太和生生之誠，此乃人心，心無定體，其主在表現其內在所涵仁義禮知之性。心統性，故心之誠的作用可以通貫仁義禮知四德，而四德若一一分開，則不足以表窮盡人心之誠的作用。故人之性與其生命同俱，而心繇性生發。故心之誠必託乎仁義禮知以顯著其作用，而仁義禮知之性靜處以待心之誠生生作用，而表現成爲具體的道德之行爲。

> 孟子言「惻隱之心，仁也」云云，明是說性，不是說情。仁義禮智，性之四德也。雖其發也近於情以見端，然性是徹始徹終與生俱有者，不成到情上便沒有性！性感於物而動，則緣於情而爲四端；雖緣於情，其實止是性。如人自布衣而卿相，以位殊而作用殊，而不可謂一爲卿相，則已非布衣之故吾也。又如生理之於花果，爲花亦此，爲果亦此，花成爲果而生理均也；非性如花而情如果，至已爲果，則但爲果而更非花也。〔註 92〕

孟子言「惻隱之心，仁也」之說，明顯可知是說性，而不是說情。仁義禮知乃性之四德。雖四德之發也近於情以見其端倪，然而性是徹始徹終與人之生而俱有之善，但不成到情之表現上，便無法見隱於人身之性！性藉由心之感於物而有表達之作用，性又緣於情而成爲仁義禮知之四端；性雖須緣於情，但其實情之表現須止於性，即是以性之仁義禮知爲其表現之標準，而無過與不及。如人從布衣的百姓身分致卿相之官，乃是因爲地位之殊，故作用亦殊，而不可謂一但成爲卿相，則此人已非昔日布衣之人。其實情性皆應統於太和之氣之條理，如生理之於花果，爲花亦此，爲果亦此，花

〔註 91〕（明）王夫之：〈第二十五章（一）〉《讀四書大全說・中庸》，收入船山全書編輯委員會編校：《船山全書》第六冊（湖南（長沙）：嶽麓書社，1991 年 12 月第一版），卷 3，頁 552～553。

〔註 92〕（明）王夫之：〈告子上篇（一一）〉《讀四書大全說・孟子》，收入船山全書編輯委員會編校：《船山全書》第六冊（湖南（長沙）：嶽麓書社，1991 年 12 月第一版），卷 10，頁 1064～1065。

成爲果而生理皆同。故不可言性如花而情如果：若至已成爲果，就只爲果，而更非花，其實果與花皆同具生理，只是氣化流行時，時位有殊，故現象界展現成爲果與花，但就本質論之皆具氣化生理於其中，故皆爲天理流行之表現。

> 蓋以性知天者，性即理也，天一理也，本無不可合而知也。若以情知性，則性純乎天也，情純乎人也，時位異而撰不合矣，又惡可合而知之哉？故以怵惕惻隱之心爲情者，自《集註》未審之說。觀《朱子語錄》所以答或問者，則固知其不然矣。〔註 93〕

若以性知天，則爲性即理也，天一理也，人本無不可合於性而知天。但若以情知性，則性純屬之天也，情純屬於氣化之人，兩者之差乃在時位異而陰陽之撰不合，故情性本皆應統於太和之氣之條理，但太和之氣之生理在氣化流行之時位有異，故有花、果有不同之表現，如同皆由心之生發卻有有性之道心與情之人心的表現，但豈可將氣化不同之時位之情與性相合，而欲藉此以知天之理。故若將從性之實生發出怵惕惻隱之道心視爲人心的喜怒哀樂之情，此乃從《集註》解釋而未明此說之義。但觀看《朱子語錄》中問答之內容，則固知其說法不是如此。

> 情元是變合之幾，性只是一陰一陽之實。情之始有者，則甘食悅色；到後來蕃變流轉，則有喜怒哀樂愛惡欲之種種者。性自行於情之中，而非性之生情，亦非性之感物而動則化而爲情也。〔註 94〕

人之情原是陰陽之氣變合之幾，人之性則只是一陰一陽心之實體。情之始有乃因人形體之血氣耳目之官有甘食悅色之本能，因有此形氣之身的食色之性，到後來接觸外物而蕃變流轉，對外物有攻取則有喜怒哀樂愛惡欲之種種情感。故性本自流行於情之中，而非性之生發爲情，亦非性之感物而動則化而爲情也。故情乃心之發，性乃心之實。

> 抑此但可云從情上說心，【統性在內。】卻不可竟將四者爲情。情自是喜怒哀樂，人心也。此四端者，道心也。道心終不離人心而

〔註 93〕（明）王夫之：〈滕文公上篇（四）〉《讀四書大全說・孟子》，收入船山全書編輯委員會編校：《船山全書》第六冊（湖南（長沙）：嶽麓書社，1991 年 12 月第一版），卷 8，頁 965。

〔註 94〕（明）王夫之：〈告子上篇〉《讀四書大全說・孟子》，收入船山全書編輯委員會編校：《船山全書》第六冊（湖南（長沙）：嶽麓書社，1991 年 12 月第一版），卷 10，頁 1066。

> 別出，故可於情說心；而其體已異，則不可竟謂之情。〔註 95〕

抑此但可云從情上說心，統性在內，卻不可竟將四者爲情。情自是喜怒哀樂，人心也。此四端者，道心也。道心終不離人心而別出，故可於情說心；而其體已異，則不可竟謂之情。

> 今夫情，則迥有人心道心之別也。喜、怒、哀、樂，【兼未發。】人心也。惻隱、羞惡、恭敬、是非，【兼擴充。】道心也。斯二者，互藏其宅而交發其用。雖然，則不可不謂之有別已。〔註 96〕

若依情之立場論之，則此情之表現有人心、道心迥異之別。喜、怒、哀、樂之人心中可兼涵未發之性。而惻隱、羞惡、恭敬、是非之道心中可依性之善而擴充之。此人心、道心二者能互藏兩者相通之仁義禮知之性於其內，再藉由心之作用而互相展現彼此不同的表現。雖然兩者有其相通之處，但兩者仍是有所分別。何謂「互藏其宅而交發其用」？

> 於惻隱而有其喜，於惻隱而有其怒，於惻隱而有其哀，於惻隱而有其樂，羞惡、恭敬、是非之交有四情也。於喜而有其惻隱，於喜而有其羞惡，於喜而有其恭敬，於喜而有其是非，怒、哀、樂之交有四端也。故曰互藏其宅。以惻隱而行其喜，以喜而行其惻隱，羞惡、恭敬、是非，怒、哀、樂之交待以行也。故曰交發其用。〔註 97〕

惻隱、羞惡、恭敬、是非四端之心中各自交互展現其喜、怒、哀、樂之四情也。或是在喜、怒、哀、樂之四情中表現其惻隱、羞惡、恭敬、是非之四端之心，此即所謂「互藏其宅」，表示心依其所內涵的性之實來統攝其情之表現。若是以惻隱、羞惡、恭敬、是非四端之心發用而爲喜、怒、哀、樂之四情，或是以喜、怒、哀、樂之四情中行其惻隱、羞惡、恭敬、是非之四端之心，此乃心與情相交互用以擴充其心之作用，此即稱作心與情「交發其用」。

> 然則判然其爲二乎？而又非也。我固曰互藏其宅，交發其用。陰陽變合而有動靜。動靜者，動靜夫陰陽也。故人心者，陰陽翕闢之不

〔註 95〕（明）王夫之：〈公孫丑上篇（二三）〉《讀四書大全說・孟子》，收入船山全書編輯委員會編校：《船山全書》第六冊（湖南（長沙）：嶽麓書社，1991 年 12 月第一版），卷 8，頁 946。

〔註 96〕（明）王夫之：《尚書引義・大禹謨一》（長沙：岳麓書社，2011 年 1 月），卷 1，頁 262。

〔註 97〕同上註。

容已；道心者，動靜之實，成材建位之富有，和順而爲光輝之自發也。〔註 98〕

然則若將道心與人心判然其爲二則又非也。因此王夫之固曰互藏其宅，交發其用。陰陽變合而有動靜。所未動靜者，乃因陰陽之變合也。故人心者，其陰陽變合因無性之自質而翕闢之不容已；道心者，其動靜之有其性之實，故心之表現使人成材且建位於天地之間，故富有，和順而爲人性之光輝之自發。

孟子曰「乃若其情，則可以爲善矣」，可以爲善，則亦可以爲不善也。【說見後篇。】唯其不能即善，故曰「可以爲善」。如固然其善，則不待「爲」而抑不僅「可」矣。若惻隱等心，則即此一念便是善，不但「可以爲善」也。〔註 99〕

孟子曰「乃若其情，則可以爲善矣」，從此具可以爲善，則亦知情之可以爲不善。唯其不能即善，故曰「可以爲善」。如情本然即善，則不待「爲」善而抑不只有言「可」以爲善。若情是由惻隱等道心而發，則即此一念之發便已是善，不只言「可以爲善」。

統性情之心，虛靈不昧，何有不正，而初不受正。抑或以以視、以聽、以言、以動者爲心，則業發此心而與物相爲感通矣，是意也，誠之所有事，而非正之能爲功者也。蓋以其生之於心者傳之於外，旋生旋見，不留俄頃，即欲正之，而施功亦不徹也。〔註 100〕

能統性情之心，是虛靈不昧，有性之實於其中，故何有不正。然而此心初不受正，抑或以視、以聽、以言、以動之「人心」爲心，則生發此無性之空洞無君之心，而與物相爲感通矣，此乃是意也。王夫之云：「天自有其至常，人以私意度之則不可測。神，非變幻無恆也，天自不可以情識計度，據之爲常，誠而已矣。〔註 101〕」天之至常乃所謂道，其與心之實之性之內涵相通，

〔註 98〕（明）王夫之：《尚書引義・大禹謨一》（長沙：岳麓書社，2011 年 1 月），卷 1，頁 266。

〔註 99〕（明）王夫之：〈滕文公上篇（四）〉《讀四書大全説・孟子》，收入船山全書編輯委員會編校：《船山全書》第六冊（湖南（長沙）：嶽麓書社，1991 年 12 月第一版），卷 8，頁 964。

〔註 100〕（明）王夫之：〈聖經（九）〉《讀四書大全説・大學》，收入船山全書編輯委員會編校：《船山全書》第六冊（湖南（長沙）：嶽麓書社，1991 年 12 月第一版），卷 1，頁 400。

〔註 101〕（明）王夫之：〈天道篇〉《張子正蒙注》，收入船山全書編輯委員會編校：《船山全書》第十二冊（湖南（長沙）：嶽麓書社，1991 年 12 月第一版），卷 2，頁 68。

非人心不正之意可以明白，所謂誠是人心依性中本具天德產生清明虛靈之作用，並非情之所可計度。因此王夫之認爲誠之所有事，若非具有性之實之心之神所發，則不能完成其功效。不正乃因其生之於心之生生動能而非生於性之實，傳之於外，旋生旋見，短暫不留，即欲正此心，而所施之功亦不夠徹底。

> 若孟子言「今人乍見」而生其心者，則爲不能存養者言爾。若存心養性者，一向此性不失，則萬物皆備於我，即其未見孺子入井時，愛雖無寄，而愛之理充滿不忘，那纔是性用事的體撰。他寂然不動處，者怵惕惻隱、愛親敬長之心，油然炯然，與見孺子入井時不異。非猶夫喜、怒、哀、樂之情，當未發時，雖可以喜、可以怒、可以哀樂，而實無喜怒哀樂也。〔註 102〕

孟子言「今人乍見」而生其心者，則爲一般不能存養之平常人而言。若能存心養性，其仁義理智之性一向不失，則萬物皆備於我，即其未見孺子入井時，愛之情雖無寄，但其愛之理充滿於心而不忘，那才是性用事之體撰。當其心寂然不動之處，怵惕惻隱、愛親敬長之心油然炯然與見孺子入井時不異。不如人心之喜、怒、哀、樂之情，因當其心未發時，雖可以喜、可以怒、可以哀樂，而實無喜怒哀樂之私意也。

> 大抵不善之所自來，於情始有而性則無。孟子言「情可以爲善」者，言情之中者可善，其過、不及者亦未嘗不可善，以性固行於情之中也。情以性爲幹，則亦無不善；離性而自爲情，則可以爲不善矣。惻隱、羞惡、辭讓、是非之心，固未嘗不入於喜、怒、哀、樂之中而相爲用，而要非一也。〔註 103〕

大致而言，不善之所自來是於情開始有，而性則無不善之可能。王夫之云：「乃若節『乃若其情』三句，應『可以爲善可以爲不善』一說，言彼所言『可以爲善』者情也，非性也。情則不必善而但可以爲善，然使之爲善者，豈非性乎？故以此益知性之善也。〔註 104〕」「可以爲善」者情也，非性也。乃因情則

〔註 102〕（明）王夫之：〈滕文公上篇（四）〉《讀四書大全說・孟子》，收入船山全書編輯委員會編校：《船山全書》第六冊（湖南（長沙）：嶽麓書社，1991 年 12 月第一版），卷 8，頁 964。

〔註 103〕同上註，頁 965。

〔註 104〕（明）王夫之：〈告子・孟季子章〉《四書箋解・孟子六》，收入船山全書編輯委員會編校：《船山全書》第六冊（湖南（長沙）：嶽麓書社，1991 年 12 月第一版），卷 10，頁 342。

不一定善而但可以為善，然使之為善者，是性。故以此益知性之本善。孟子言「情可以為善」者，言情之中者可善，其過、不及者亦未嘗不可善，乃因心之發性本行於情之中。情以性為主幹，則亦與性同為無不善；若情離性而自為情，則可以為不善矣。惻隱、羞惡、辭讓、是非之心，本未嘗不入於喜、怒、哀、樂之中而相為用，而要非一也。

> 性，無為也；心，有為也。無為固善之性，於有為之心上發出，此是滿腔仁義禮智之性，在者裏見其錐末。【亦為受囊故。】〔註 105〕

性，本無為，因其為心之實體；心，則有為者，因其乃生發不測之神。無為本有善之性於其中，於有為之心上發出，此是滿腔仁義禮智之性，在此裏見其錐末。

> 要此四者之心，是性上發生有力底。乃以與情相近，故介乎情而發。【惻隱近哀，辭讓近喜，羞惡、是非近怒。】性本於天而無為，心位於人而有權，是以謂之心而不謂之性。若以情言，則為情之貞而作喜怒哀樂之節【四端是情上半截，為性之尾。喜怒哀樂是情下半截，情純用事。】者也。情又從此心上發生，而或與之為終始，或與之為擴充，【擴充則情皆中節。】或背而他出以淫濫無節者有之矣。故不得竟謂之情，必云情上之道心，斯以義協而無毫髮之差爾。〔註 106〕

惻隱、辭讓、羞惡、是非四者之心，是於性上發生有力。因與情相近，故介於情而發。但此四者之實本源於天之命而無為，心位於人身而有此主權，故稱作心而不稱作性。若以情言，則為情之貞定於性而作喜怒哀樂有節。四端之心是情上半截，為性之尾。喜怒哀樂是情下半截，情純用於事。情又從此心上發生，而或與心之發為終始，更或與之為擴充，所謂擴充者，情皆有性之中節。或違背性而他出，以淫濫無節亦有之矣。故不得只謂之情，必云情上之道心，此意義相協而無毫髮之差。

> 發而始有、未發則無者謂之情，乃心之動幾與物相往來者，雖統於

〔註 105〕（明）王夫之：〈滕文公上篇（四）〉《讀四書大全說・孟子》，收入船山全書編輯委員會編校：《船山全書》第六冊（湖南（長沙）：嶽麓書社，1991 年 12 月第一版），卷 8，頁 964。

〔註 106〕（明）王夫之：〈公孫丑上篇（二三）〉《讀四書大全說・孟子》，收入船山全書編輯委員會編校：《船山全書》第六冊（湖南（長沙）：嶽麓書社，1991 年 12 月第一版），卷 8，頁 946。

> 心而與性無與。即其統於心者，亦承性之流而相通相成，然終如筍之於竹，父之於子，判然爲兩箇物事矣。〔註 107〕

心之發而始有、未發則無，此乃謂之情，情是心之動幾與物相往來者，雖統於心之已發而與性無相與。即情統於心，亦應如心之承性之流而相通相成，不然終如筍之於竹，父之於子，判然爲兩箇物事，而無交涉，無影響。

> 孟子竟說此四者是仁義禮智，既爲仁義禮智矣，則即此而善矣。即此而善，則不得曰「可以爲善」。惻隱即仁，豈惻隱之可以爲仁乎？有擴充，無造作。若云惻隱可以爲仁，則是惻隱內而仁外矣。若夫情，則特可以爲善者爾。可以爲善者，非即善也，若杞柳之可以爲桮棬，非杞柳之即爲桮棬也。性不可戕賊，而情待裁削也。【前以湍水喻情，此以杞柳喻情。】蓋告子杞柳、湍水二喻，意元互見。故以知惻隱、羞惡、恭敬、是非之心，性也，而非情也。夫情，則喜、怒、哀、樂、愛、惡、欲是已。〔註 108〕

告子曰：「性，猶杞柳也；義，猶桮棬也。以人性爲仁義，猶以杞柳爲桮棬。〔註 109〕」告子認爲人之性好比是杞柳之木材一樣，其中並未涵仁義之善，而仁義就好比是由杞柳之木製成的桮棬器具一樣。將以人性之仁義道德當作像製作杞柳木材的桮棬器具之模型，用外力的方式改變人性，使其表現仁義。但孟子反駁告子，故孟子曰：「子能順杞柳之性而以爲桮棬乎？將戕賊杞柳而後以爲桮棬也？如將戕賊杞柳而以爲桮棬，則亦將戕賊人以爲仁義與？率天下之人而禍仁義者，必子之言夫！〔註 110〕」孟子回應告子，若如告子之說法，首先，能順杞柳之性，不透過人工改造，而就能以杞柳造成桮棬嗎？抑或是透過人工戕賊杞柳後，才能造成桮棬呢？如果須將杞柳予以斧斲知人工方式，才能將杞柳作成桮棬之模型，那麼若依告子之比喻，欲用人爲方式扭曲

〔註 107〕（明）王夫之：〈滕文公上篇（四）〉《讀四書大全說．孟子》，收入船山全書編輯委員會編校：《船山全書》第六冊（湖南（長沙）：嶽麓書社，1991 年 12 月第一版），卷 8，頁 964。

〔註 108〕（明）王夫之：〈告子上篇（一一）〉《讀四書大全說．孟子》，收入船山全書編輯委員會編校：《船山全書》第六冊（湖南（長沙）：嶽麓書社，1991 年 12 月第一版），卷 10，頁 1065。

〔註 109〕（宋）朱熹：〈告子上〉《四書章句集注．孟子》（台北：大安出版社，1999 年 12 月），卷 11，頁 455。

〔註 110〕同上註。

矯揉人之性，讓人性表現仁義，就一定可以達成嗎？孟子則主張仁義是內發於人性，不是後天造成的，因此孟子心目中的性必不是中性的材料義之性。誠如告子之說，則仁義將不是由人性自然而發，而是由人爲造作而成。因此，站在孟子之立場，若依告子之說看待人性之仁義，便是領導天下人禍害仁義，使人性本有之仁義成爲不實而虛僞之物。

王夫之認爲孟子既言仁義禮智是人性本有之善，既已以四者爲善，則不得再曰「可以爲善」。故惻隱本身便是仁之表現，何必再說惻隱之可以爲仁。因此對仁義禮智之心應是有擴充，而無造作。若云惻隱可以爲仁，則是惻隱在性內而仁在性外。但王夫之認爲若言情，則可以特別說明情「可以爲善」。所謂可以爲善者，代表情本不一定爲善，如同杞柳之可以爲桮棬，但非杞柳不界任何外力改變即等同於桮棬。性自是天然有善，故不可透過仁爲之造作而戕賊，但情內則本不具善爲本質，故待外力與人工之裁削。王夫之認爲告子之湍水與杞柳應比喻爲情。而告子杞柳、湍水二喻，意亦元可以互相參見。故可以知惻隱、羞惡、恭敬、是非之心，乃性中本具也，故不是情也。所謂的情，則喜、怒、哀、樂、愛、惡、欲是已。

> 故曰「性猶杞柳也」，則但言才而已。又曰「性猶湍水也」，則但言情而已。又曰「生之謂性」，知覺者同異之情、運動者攻取之才而已矣。又曰「食色性也」，甘食悅色亦情而已矣。其曰「仁，內也」，則固以愛之情爲內也；愛者七情之一，與喜怒哀樂而同發者也。

〔註111〕

告子所言「性猶杞柳也」，只是言才而已。其又曰「性猶湍水也」，則是言情而已。其又曰「生之謂性」，其是人之知覺視爲同異之情、能運動生生者是爲攻取之才。其又曰「食色性也」，乃是言甘食悅色之情，而食色非人性之本質。其又曰「仁，內也」，則固以愛之情爲內，其不明白愛屬七情之一，其與喜怒哀樂而同爲心之發者，非心之內亦非心之外，而是心與物交所產生。

> 孟子不曾將情、才與性一例，竟直說個「善」字，本文自明。曰「〔情〕可以爲善」，即或人「性可以爲善」之說也；曰「若夫爲不善，非才之罪」，即告子「性無不善」之說也。彼二說者只說得情、才，便將

〔註111〕（明）王夫之：〈告子上篇（二）〉《讀四書大全說．孟子》，收入船山全書編輯委員會編校：《船山全書》第六冊（湖南（長沙）：嶽麓書社，1991 年 12 月第一版），卷 10，頁 1053。

> 情、才作性，故孟子特地與他分明破出，言性以行於情、才之中，而非情、才之即性也。〔註112〕

孟子不曾將情、才與性是為一例，竟直說個「善」字，本文自明。曰「可以為善」，即人「性可以為善」之說；曰「若夫為不善，非才之罪」，此即告子「性無不善」之說也。告子說得情、才，都將情、才看作性，故孟子特地與他分明破出，言性以行於情、才之中，而非情、才之即性也。

> 孟子曰:「若夫為不善，非才之罪也。」不善非才罪，罪將安歸耶？《集註》云「乃物欲陷溺而然」，而物之可欲者，亦天地之產也。不責之當人，而以咎天地自然之產，是猶舍盜罪而以罪主人之多藏矣。毛嬙、西施，魚見之而深藏，鳥見之而高飛，如何陷溺魚鳥不得？牛甘細草，豕嗜糟糠，細草、糟糠如何陷溺人不得？然則才不任罪，性尤不任罪，物欲亦不任罪。其能使為不善者，罪不在情而何在哉！〔註113〕

孟子曰:「若夫為不善，非才之罪也。」若不善非才罪，那罪將安歸於何處？《集註》云「乃物欲陷溺而然」，但而行氣之物人可欲，因其乃天地氣化之所生，其本身並無不善。若須負起此不善之責則是人，而何以歸咎於天地自然之產，此如同捨盜之罪而歸罪主人於其家中藏太多寶物而陷盜於罪。毛嬙、西施之美，魚見之而深藏，鳥見之而高飛，如何陷溺陷溺於魚鳥不得？牛甘細草，豕嗜吃糟糠，細草、糟糠皆是牛豕維持生命之物，如何陷溺人不得？然則萬物之才不應擔此不善之罪，而性更無須擔罪，物欲亦無罪。其能使為不善者，其罪就在情字上！

> 告子之流既不足以見吾心固有之性，而但見夫情之乘權以役用夫才，億為此身之主，遂以性之名加之於情。釋《孟子》者又不察於性之與情有質無質、有恆無恆、有節無節之異，乃以言性善者言情善。夫情苟善，而人之有不善者又何從而生？乃以歸之於物欲，則亦老氏「五色令人目盲，五音令人耳聾」之緒談。抑以歸之於氣，則誣一陰一陽之道以為不善之具，是將賤二殊，厭五實，其不流於釋氏「海漚」、「陽燄」之說者幾何哉！〔註114〕

〔註112〕（明）王夫之：〈告子上篇（一一）〉《讀四書大全說・孟子》，收入船山全書編輯委員會編校：《船山全書》第六冊（湖南（長沙）：嶽麓書社，1991年12月第一版），卷10，頁1064。

〔註113〕同上註，頁1066。

〔註114〕同上註，頁1068。

告子之輩既不足以見吾心本固有仁義禮智之性，而但見夫情之乘權以役用人身才，並認情爲此身之主，遂將性之名加之於情之上。解釋《孟子》者又未精察性和情兩者之有質無質、有恆無恆、有節無節不同之處，乃以言性善者言情善。若情善，而人之有不善者又何從而生？就只是歸之於物欲，若如此則同於老氏「五色令人目盲，五音令人耳聾」之緒談。抑或是將罪歸之於氣，則誣一陰一陽之道，並將道視爲不善之具，此是賤太和之氣陰陽二殊，厭五行之實，故亦流於釋氏「海漚」、「陽燄」之說。

> 若夫人之有道心也，則「繼之者善」，繼於一陰一陽者也。【動靜猶用，陰陽猶財。】一陰一陽，則實有柔、剛、健、順之質。【二實，實此者。五殊，殊受其實以成質。木柔、金剛、火健、水順。】柔、剛、健、順，斯以爲仁、義、禮、智者也。【惻隱柔之端，羞惡剛之端，恭敬健之端，是非順之端。】當其感，用以行而體隱；當其寂，體固立而用隱。用者用其體，故用之行，體隱而實有體。體者體可用，故體之立，用隱而實有用。顯諸仁，顯者著而仁微；藏諸用，用者著而藏微。微雖微，而終古如斯，非瞥然乘機之有，一念緣起之無。故曰始顯繼藏，天命流行，物與无妄也。〔註115〕

若夫人之有道心也，則「繼之者善」，繼於天之一陰一陽之生物不息者也。天之氣其一陰一陽則實有柔、剛、健、順之質。前所言之二實，即實此者。所謂五殊，則殊受其二實以成質。則木柔、金剛、火健、水順。，此柔、剛、健、順，斯以爲仁、義、禮、智者也。故惻隱柔之端，羞惡剛之端，恭敬健之端，是非順之端。當心之感，用以行而性之體隱；當心之寂，體固立而用隱而藏。心之用乃用其體，故心動而用之行，其性之體隱，但爲實有體。體者體其可用，故體之立，用隱而實有其用。所謂顯諸仁，顯者乃用之著而仁之體微；藏諸用，則是體立而用者著卻藏而隱微。心依性之體發用之道心雖微，而終古如斯，非有輕易有被情之乘機以主持之有，亦無一念緣於外物而起。故曰人生之初性始顯而繼藏之於心爲其實，若能依心之實表現，則順此天命流行，心之與物相交，皆物與无妄。

> 木不待人斲，而曲直也固然；火不待人煬，而炎上也固然；金不待人治，而從革也固然；水不待人導，而潤下也固然。不待孺子之

〔註115〕（明）王夫之：《尚書引義・大禹謨一》（長沙：岳麓書社，2011年1月），卷1，頁264。

> 入井，而慈以愍者固存；不待爾汝之相加，而嚴以正者固存，不待擯介之交接，而肅以雝者固存；不待善惡之雜進，而晰以辨者固存。物止感息，而已有據，見於天壤，而物有徵，各正性命，其有或妄者哉！則以知道心之與人心，如是其差以別矣。〔註 116〕

木不待人雕飾，而曲直也固然；火不待人烘烤，而火炎向上也固然；金不待人冶煉，而從革也固然；水不待人導，而就下而潮溼、不枯乾也固然。不待孺子之入井，而慈以憐恤之心者固存；不待小人之相加，而嚴以正者固存，不待遺棄間隔之交接，而恭敬而溫和者固存；不待善惡之交雜進入，而明晰以辨者固存。因此物止而感息，而己有據於性之實，見於天壤，而萬物之有徵於天命流行，並各正其性命，其有或妄者哉！由此可以知道心之與人心，如此之有差別。

> 若夫人之實有其理以調劑夫氣而效其陰陽之正者，則固有仁義禮智之德存於中，而爲惻隱、羞惡、恭敬、是非之心所從出，此則氣之實體，秉理以居，以流行於情而利導之於正者也。若夫天之以有則者位置夫有物，使氣之變不失正，合不失序，【如耳聽目視，一時合用而自不紊。】以顯陰陽固有之撰者，此則氣之良能，以範圍其才於不過者也。理以紀乎善者也，氣則有其善者也，【氣是善體。】情以應夫善者也，才則成乎善者也。故合形而上、形而下而無不善。
>
> 〔註 117〕

人身中實有其理以調劑其氣之動而效於內在純善的陰陽之正理，則固於其形氣之中有仁義禮智之德存於其間，而其心效於仁義理智而動便有惻隱、羞惡、恭敬、是非之心所從出，此乃氣之實體秉理以自居，其氣之流行於情中而且利導情合於正。若夫天之以有天則者之位置創造形氣萬有之物，更使氣之變不失正，合不失序，藉以顯陰陽固有之和合之正理，此乃氣之良能之大用，更可藉此正理範圍其才而不過也。故氣之理使氣紀乎善，故氣則有其善者也，而情乃應理而可善，才則具體表現氣之理使其成乎善。故合形而上、形而下

〔註 116〕（明）王夫之：《尚書引義・大禹謨一》（長沙：岳麓書社，2011 年 1 月），卷 1，頁 266。

〔註 117〕（明）王夫之：〈告子上篇（二）〉《讀四書大全說・孟子》，收入船山全書編輯委員會編校：《船山全書》第六冊（湖南（長沙）：嶽麓書社，1991 年 12 月第一版），卷 10，頁 1053～1054。

而無不善。故其言「是以天命之性，不離乎一動一靜之閒，而喜怒哀樂之本乎性、見乎情者，可以通天地萬物之理。〔註 118〕」

> 乃應夫善，則固無適【音「的」】應也；成乎善，則有待於成也。無適應，則不必於善；湍水之喻。有待於成，則非固然其成；【杞柳之喻。】是故不可竟予情才以無有不善之名。若夫有其善，固無其不善，所有者善，則即此爲善，氣所以與兩閒相彌綸，人道相終始，唯此爲誠，唯此爲不貳，而何杞柳、湍水之能喻哉！故曰「誠者天之道」，「立天之道，曰陰與陽」而已；二氣。「誠之者人之道」，「立人之道，曰仁與義」而已。仁生氣，義成氣。又安得尊性以爲善，而謂氣之有不善哉！〔註 119〕

乃情與性之相應並無固定之應，因此言情之可以爲善，而不言情一定爲善；若欲使情成乎善，則有待性之導而可成。無固定之應，則不一定爲善，故以湍水喻之。情之有待性之成，則因其非本然有善之內涵於其中，故又須藉由氣之才完成之。因此不可將不善之罪名歸於情才。故氣之誠體有其善，固無其不善，所有者善，則即此爲善，氣所以與兩閒相彌綸，人道相終始，只因有此誠，唯此誠體之爲物不貳，豈告子以杞柳、湍水之能喻哉！故曰「誠者天之道」，「立天之道，曰陰與陽」，天道只此陰陽二氣而已。「誠之者人之道」，「立人之道，曰仁與義」人道只此仁義而已。故天道之陰陽對應人身則爲性之仁義，仁生氣，義成氣。又怎能得尊性以爲善，而說氣有不善！

> 人有其氣，斯有其性；犬牛既有其氣，亦有其性。人之凝氣也善，故其成性也善；犬牛之凝氣也不善，故其成性也不善。氣充滿於天地之閒，即仁義充滿於天地之閒；充滿待用，而爲變爲合，因於造物之無心，故犬牛之性不善，無傷於天道之誠。在犬牛則不善，在造化之有犬牛則非不善。氣充滿於有生之後，則健順充滿於形色之中；而變合無恆，以流乎情而效乎才者亦無恆也，故情之可以爲不善，才之有善有不善，無傷於人道之善。〔註 120〕

〔註 118〕（明）王夫之：〈各篇大旨〉《讀四書大全說·中庸》，收入船山全書編輯委員會編校：《船山全書》第六冊（湖南（長沙）：嶽麓書社，1991 年 12 月第一版），卷 2，頁 451。

〔註 119〕（明）王夫之：〈告子上篇（二）〉《讀四書大全說·孟子》，收入船山全書編輯委員會編校：《船山全書》第六冊（湖南（長沙）：嶽麓書社，1991 年 12 月第一版），卷 10，頁 1054。

〔註 120〕同上註，頁 1054。

人有其氣，此氣中必有其性；犬牛亦如此。人之創生其凝氣也善，故其成性亦善；犬牛之凝氣不善，表其才不善，故其成性亦不善。天之氣充滿於天地之間，即天地之氣其中之德的仁義亦充滿於天地之間；氣之充滿待用，而其陰陽爲變爲合，乃因於造物之無心，並無一定要造出何種形氣之物，故犬牛之性不善，並無傷於天道之誠，因爲不善與善之物皆是合於氣創物之常道所生。在犬牛之身言則不善，在造化之角度而言有犬牛則非不善。氣充滿於形氣之創造的有生之後，則因物物有天地乾坤之德，故健順充滿於形色之中；天之陰陽變合雖無依定之方向，此再人深表現則是流乎情而效乎才者亦無恆，故情之可以爲不善，才之有善有不善，但兩者亦無傷於人道之善，因爲人身中仍有性善之實，若能使性行於情，效乎才，則善亦不滅。

> 唯其爲然，則非吾之固有，而謂之「鑠」。金不自鑠，火亦不自鑠，金火相構而鑠生焉。鑠之善，則善矣，助性以成及物之幾，而可以爲善者其功矣。鑠之不善，則不善矣，率才以趨溺物之爲，而可以爲不善者其罪矣。〔註 121〕

唯其爲然，則情非吾之固有，而謂之「鑠」。金不自鑠，火亦不自鑠，金火相構而外鑠生。外鑠善，則情善矣，因此外鑠助性以成心之及物之幾不流於攻取，而可以爲善者乃此外鑠之功。但外鑠亦有不善，則情之表現亦不善，情之表現不善則會率人身之才以趨溺於物之爲，因此可以爲不善者乃情之罪，非才之罪，因人之才並不會主動表現惡。

> 才之所可盡者，盡之於性也。能盡其才者，情之正也；不能盡其才者，受命於情而之於蕩也。惟情可以盡才，故耳之所聽，目之所視，口之所言，體之所動，情苟正而皆可使復於禮。亦惟情能屈其才而不使盡，則耳目之官本無不聰、不明、耽淫聲、嗜美色之咎，而情移於彼，則才以舍所應效而奔命焉。〔註 122〕

才之所可盡於善者，乃因其盡之於性也。能盡其才者，因情之正也，表性行於情中；不能盡其才者，受命於情而使才之表現蕩而無方。只有情可以盡才，故耳之所聽，目之所視，口之所言，體之所動，情苟正而皆可使回復於禮之

〔註 121〕（明）王夫之：〈告子上篇（一一）〉《讀四書大全說・孟子》，收入船山全書編輯委員會編校：《船山全書》第六冊（湖南（長沙）：嶽麓書社，1991 年 12 月第一版），卷 10，頁 1067。

〔註 122〕同上註，頁 1067。

表現。亦惟情能委屈其才而不使之盡情表現，若如此則耳目之官本無不聰、不明、耽淫聲、嗜美色之咎，是因情移才於彼，則才以捨所應效而奔命焉。

> 蓋惻隱、羞惡、恭敬、是非之心，其體微而其力亦微，故必乘之於喜怒哀樂以導其所發，然後能鼓舞其才以成大用。喜怒哀樂之情雖無自質，而其幾甚速亦甚盛。故非性授以節，則才本形而下之器，蠢不敵靈，靜不勝動，且聽命於情以爲作爲輟，爲攻爲取，而大爽乎其受型於性之良能。〔註 123〕

蓋惻隱、羞惡、恭敬、是非之道心，體微而其力亦微，故必乘之於喜怒哀樂之情上以導正其所發，然後能鼓舞才以成大用。然而喜怒哀樂之情雖無自質，而其變合之幾甚速，其力亦甚盛。故須藉由性授之以節制。然而才本形而下之器，其本性蠢而不敵心之靈，故只欲藉由性之良能運用之，則是無法生發其功，以致靜不勝動。故若才且聽命於變合之力盛且速之情，而以情爲止其動，爲攻、爲取，而大大違失於氣質之才受於性之良能規範之意，而無法成爲可造之才。

> 愚於此盡破先儒之說，不賤氣以孤性，而使性託於虛；不寵情以配性，而使性失其節。竊自意可不倍於聖賢，雖或加以好異之罪，不敢辭也。〔註 124〕

王夫之於此盡破先儒之說，認爲不應賤氣以孤性，而使性託於虛；不專寵情以配性，而使性失其節。王夫之自意可不倍於聖賢，雖或加以好異之罪，不敢辭也。

> 敦化不息，而屈伸一誠。然則死者人心之息，而非道心之終與！人心乘動靜以爲生死，道心貞陰陽以爲儀象。乾坤毀而無易，陰陽五性泯而無道，抑且無人。動靜伏而偶無人，有此一日矣。陰陽匱而永無道，無此一日也。天下必無此一日，其以此爲心，其以此爲宗也哉！〔註 125〕

氣化之天敦化不息，而氣之屈伸乃太和之誠。然則死者人心之息，而非天命

〔註 123〕（明）王夫之：〈告子上篇（一一）〉《讀四書大全說・孟子》，收入船山全書編輯委員會編校：《船山全書》第六冊（湖南（長沙）：嶽麓書社，1991 年 12 月第一版），卷 10，頁 1067。

〔註 124〕同上註，頁 1068。

〔註 125〕（明）王夫之：《尚書引義・大禹謨一》（長沙：岳麓書社，2011 年 1 月），卷 1，頁 266。

之德的道心之結束！因人心乘動靜之幾以爲生死，道心貞定陰陽以爲儀象。若陰陽乾坤毀而則無易之生生，陰陽、五行之性泯而無生生之道，抑且無人之創生。若動靜伏而未起則而偶無人之創生，有此情形之可能。但若言陰陽二氣匱乏而永無生生之道，則若言此情形則無可能發生，因爲天道乃於穆不已。故以此道心爲心，更以此爲人心之宗！

第十一章　格致相因

曾昭旭云：「第一步格物，即此心已遇一物而欲推致其誠以貫於此物矣，於此即須先求對此物之認識了解，即所謂學問也。學問自非逐物之事，而必以此心固有之仁義之思爲其本，故曰『思辨輔之，所思所辨皆其所學問之事』也，此爲以對象爲主，而對之求了解之階段。第二步致知則此心已了解此物，已能將此物理圓融地納於吾心之全體大用中而無扞格矣，於是心思復居主一，學問者只以配合，故云『所學問者乃以決其思辨之疑』也。此爲能所貫通，末合於本之階段。第三步致知在格物，即此心已能直貫於此物，而主動自由地運用上以成道德事業矣。故曰『以耳目資心之用，而使有所循也』此爲本貫於末，而德業完成之階段。綜此三步，即外王學之工夫次第也。按前賢於格物致知，未有作如此解者，唯船山能於內聖工夫規模大成之後，能開此生面也。〔註1〕」此乃曾昭旭先生歸納王夫之格物致知之步驟，透顯出王夫之格物重視形氣世界物物之理，因爲道在氣中，故認知要從物開始，然而亦因爲道在氣中，故耳目之聞見非認識「一以貫之」之道的方法，而是要透過思之作用揀擇所認知形氣之物。故不會執象逐物而遺其理。認知氣化流行世界之道後，反身而誠，則萬物皆備於己身之性理，此即明此身之明德，物我非二，故人待物可以達精義入神之境地，於日用人倫間之道不可須臾離，率性行道不輟。

〔註 1〕 曾昭旭：《王船山哲學》（台北：遠景出版，1983 年 2 月），頁 476。

第一節　形神物相遇，知覺乃發

王夫之云：「曰『聖人生知，固不待多學而識』，則愚所謂荒唐迂誕之邪說也。〔註2〕」王夫之不認爲聖人之生而知之，而不待多學而識。其又云：「但言義理，則對事物而言之。既云義理之昭著，則自昭著以外，雖未及於事物之蕃變，而亦有非生所能知者矣，故朱子云『聖人看得地步闊。』〔註3〕」言義理則是對事物而言之。既云義理之昭著，則表示義理藉事物而自昭著以外，然而氣化流行事物之滋生變化，故事物之義理日新月異，豈有生而即所能知者。《論語》：「七十而從心所欲，不踰矩。〔註4〕」朱子云：「程子曰：『孔子生而知之也，言亦由學而至，所以勉進後人也。……知天命，窮理盡性也。耳順，所聞皆通也。從心所欲，不踰矩，則不勉而中矣。』〔註5〕」即使聖人如孔子亦是透過學而不斷精進自己之道德，而可以從心所欲，不踰矩。

> 耳有聰，目有明，心思有睿知，入天下之聲色而研其理者，人之道也。聰必歷於聲而始辨，明必擇於色而始晰，心出思而得之，不思則不得也。豈驀然有聞，瞥然有見，心不待思，洞洞輝輝，如螢乍曜之得爲生知哉！果爾，則天下之生知，無若禽獸。故羔雛之能親其母，不可謂之孝，唯其天光乍露，而於己無得也。今乃曰生而知之者，不待學而能，是羔雛賢於野人，而野人賢於君子矣。〔註6〕

人之感官之耳有聰，目有明，而人之心之思有睿知，乃是因爲入天下之聲色於其身，而能藉由物之聲色而研其義理，此乃人之道。耳之聰必經歷於聲音之入而始辨，目之明必擇於色而始清晰，心出思而得此，不思則不得。故豈突然有聞，瞥然有見，心不待思，則是洞洞輝輝，此如螢火之乍明乍曜，豈可得此爲

〔註2〕（明）王夫之：〈衛靈公篇（三）〉《讀四書大全說・孟子》，收入船山全書編輯委員會編校：《船山全書》第六冊（湖南（長沙）：嶽麓書社，1991年12月第一版），卷6，頁818。

〔註3〕（明）王夫之：〈述而篇（九）〉《讀四書大全說・論語》，收入船山全書編輯委員會編校：《船山全書》第六冊（湖南（長沙）：嶽麓書社，1991年12月第一版），卷5，頁706。

〔註4〕（宋）朱熹：〈爲政第二〉《四書章句集注・論語》（台北：大安出版社，1999年12月），卷1，頁71。

〔註5〕同上註。

〔註6〕（明）王夫之：〈季氏篇（一一）〉《讀四書大全說・論語》，收入船山全書編輯委員會編校：《船山全書》第六冊（湖南（長沙）：嶽麓書社，1991年12月第一版），卷7，頁850～851。

所謂生知！若眞如此，則天下之生知之人，如同禽獸之羔雛能親其母，此乃不可謂之孝，因其孝乃天光乍露，而於己身而無所得也，是偶合於道。若今乃曰生而知之者，不待學而能，則是視羔雛賢於野人，而視野人賢於君子矣。

> 聖人於此，業以生知自命，而見夫生知者，生之所知，固不足以企及乎己之所知，若曰「我非但生知，而所求有進焉者」，特其語氣從容，非淺人之所測耳。……乃疑古今有生而即聖之人，亦陋矣夫！〔註7〕

聖人於此，繼承並以生知自命，而見其生知者，乃生之所知，固不足以趕上於己之所知，若曰「我非但生知，而所求有進焉者」，特聖人之語氣從容，此乃非學識智謀粗陋之人之所能測料。若疑古今有生而即聖之人，則亦陋矣！

> 今乃倒行逆施，恃其才之可取給於俄頃，以淺量夫道之不過如是而別無可疑，乃執此仿佛乎道者以咸執爲己德，曰吾之爲德弘矣，非硜硜孤信其心者也；吾之於道無疑矣，非有所隱深而不可知者也。乃居德於弘，則正心誠意之不講，而天下之大本以遺；自謂無疑於道，則格物致知之不用，而天地之化育，其日遷於吾前者，具忘之矣。此其所以爲「子張氏之儒」，而「難與並爲仁」矣。夫子嘗告之曰「主忠信，徙義」。忠信以爲主，無誇弘也；徙義則日新無固信也。而奈何其不喻也！〔註8〕

若信生知而無須學，則是倒行逆施，恃其才之可取給於俄頃，以淺度量道之深。認爲生知者不過如是而別無可疑，乃執著仿佛於道，並將道全執爲己身之德，並曰吾之爲德弘矣，有此想法即是鄙陋而頑固且孤信其心之人。若因對於道無所疑，就認爲道非有所隱深而不可知，便自居己身之德於弘，則於正心誠意之不講，此乃讓天下之大本之道以遺。或自稱己無疑於道，則於格物致知之不用，而天地之化育日變動於吾前者，具忘之而不知學。因此生知而不學，並非聖人所爲，王夫之認爲氣稟良善之聖人皆知學，更何況凡夫俗子的眾人。

〔註7〕（明）王夫之：〈述而篇（九）〉《讀四書大全說・論語》，收入船山全書編輯委員會編校：《船山全書》第六冊（湖南〔長沙〕：嶽麓書社，1991年12月第一版），卷5，頁706。

〔註8〕（明）王夫之：〈子張篇（一）〉《讀四書大全說・論語》，收入船山全書編輯委員會編校：《船山全書》第六冊（湖南〔長沙〕：嶽麓書社，1991年12月第一版），卷7，頁880。

> 蓋本文之旨，原以考學之成，而非泛論人品。使其抑學揚行，則當云雖其未學，亦與學者均矣。子夏到底重學，以破一切高遠之說，謂此親賢盡倫之事，人有妄謂其無假於學者，而我必謂非務學之至者不足與此。則天下豈有不學而能之聖賢哉？〔註 9〕

王夫之在意考究學習之成，而非只是泛論人品。因特重人品而使其貶抑學習，只單純讚美表揚德行，則當云雖其未學，亦與學者均矣。子夏是重學之人，以破除一切高遠不務實學之說。人有妄稱親賢盡倫之事無假藉於學，而王夫之必謂非致力於學無法至於此。故天下豈有不學而能的聖賢。王夫之認爲天下絕無所謂「生知」而不待學之人，因此人一定須透過「學」而後可成德。因此氣質之才並不足依恃，即便是氣質清明如聖人者，仍須透過學而盡其才之用。

> 「在」云者，言大學教人之目雖有八，其所學之事雖繁重廣大，而約其道則在三者也。《大學》一篇，乃是指示古之大學教人之法，初終條理一貫之大旨，非夫子始爲是書建立科條，以責學者。〔註 10〕

《大學》教人之條目有八，而所學之事雖繁重廣大，但此八條目收束其道在於「明明德」、「親民」、「止於至善」三者。朱熹注：「此三者，大學之綱領也。〔註 11〕」故王夫之云：「知斯三者爲大學之綱領，則凡從事於學者，誠不容不勉盡其所〔當〕爲者矣。〔註 12〕」而《大學》乃是指示古之大學教人之法，初終條理一貫之大旨。〈大學章句序〉云：

> 大學之書，古之大學所以教人之法也。蓋自天降生民，則既莫不與之以仁義禮智之性矣。然其氣質之稟或不能齊，是以不能皆有以知其性之所有而全之也。一有聰明睿智能盡其性者出於其閒，則天必命之以爲億兆之君師，使之治而教之，以復其性。此伏羲、神農、

〔註 9〕（明）王夫之：〈學而篇（五）〉《讀四書大全說・論語》，收入船山全書編輯委員會編校：《船山全書》第六冊（湖南〔長沙〕：嶽麓書社，1991 年 12 月第一版），卷 4，頁 590。

〔註 10〕（明）王夫之：〈聖經（五）〉《讀四書大全說・大學》，收入船山全書編輯委員會編校：《船山全書》第六冊（湖南〔長沙〕：嶽麓書社，1991 年 12 月第一版），卷 1，頁 397。

〔註 11〕（宋）朱熹：《四書章句集注・大學》（台北：大安出版社，1999 年 12 月），頁 5。

〔註 12〕（明）王夫之：〈經〉《四書訓義・大學》（長沙：岳麓書社，2011 年 1 月），第一冊，卷 1，頁 45。

黃帝、堯、舜，所以繼天立極，而司徒之職、典樂之官所由設也。〔註 13〕

大學之書，古之大學所以教人之法也。朱子云：「大學者，乃大人之學。〔註 14〕」大學所教育乃希望人可以成德行高尚、志趣高遠的人。因從天命降於生民，其所與人以仁義禮智之性。但人之氣質所稟則不能齊一，因此氣質不善者不能皆知其本性之善，所以亦不知應透過後天的學習與修養努力保全之。因此當一有所稟氣質聰明睿智，且能盡其本性之善者出於眾民之間，則天必命此氣稟善而能盡其性者，成爲億兆眾民之君師，使其治理和教育人民，以恢復人民在初生時天所命之善良本性。此乃伏羲、神農、黃帝、堯、舜之所以承受天命，而爲人民的君師和榜樣的原由，也是教育人民的官職之所以設立的理由。《大學》云：

古之欲明明德於天下者，先治其國；欲治其國者，先齊其家；欲齊其家者，先脩其身；欲脩其身者，先正其心；欲正其心者，先誠其意；欲誠其意者，先致其知；致知在格物。〔註 15〕

由上所知，知止於至善是大學教人成德之目標，欲「知」至善爲何，則須透過致知之功夫，然而致知之方則在於格物。王夫之云：「『定向』者，必欲明明德於天下，乃至欲致其知而必格物以爲始。〔註 16〕」所謂「定向」表爲學必先知止於至善乃爲學之目標。而「定向」需先透過「明明德」。而朱子注「明明德」：「明，明之也。明德者，人之所得乎天，而虛靈不昧，以具眾理而應萬事者也。但爲氣稟所拘，人欲所蔽，則有時而昏；然其本體之明，則有未嘗息者。故學者當因其所發而遂明之，以復其初也。〔註 17〕」朱子認爲天所命之「明德」乃人本然之樣貌，此「明德」乃具眾理而可虛靈不昧應萬事。但因人生而有此形氣之身，此深之氣稟會產生人欲而遮蔽人「明德」之表現。人身本體「明德」之明並未嘗止息，故人需透過學復其生之初之明。而王夫

〔註 13〕（宋）朱熹：〈大學章句序〉《四書章句集注．大學》（台北：大安出版社，1999 年 12 月），頁 1。

〔註 14〕同上註，頁 5。

〔註 15〕（宋）朱熹：《四書章句集注．大學》（台北：大安出版社，1999 年 12 月），頁 4。

〔註 16〕（明）王夫之：《禮記章句．大學》（長沙：岳麓書社，2011 年 1 月），第二冊，卷 42，頁 1470。

〔註 17〕（宋）朱熹：《四書章句集注．大學》（台北：大安出版社，1999 年 12 月），頁 5。

之認爲必欲明明德於天下，則須致其知，而欲致其知則必由格物以爲始。程伊川云：

> 隨事觀理，而天下之理得矣。天下之理得，然後可以至於聖人。君子之學，將以反躬而已矣。反躬在致知，致知在格物。〔註 18〕

所謂格物便是隨事觀理，而天下之理得。而君子之學，則是物格之後，將以反躬於己身之性理。所謂反躬即是明德，而明明德之方在致知，而致知之源頭則在隨事觀理，而天下之理得的格物之功。

> 夫明德之事，始於格物致知，而詩之言「如切如磋」者，則以道君子之學，講習其文，討論其義，必悉通於物理，如治骨角者之去粗以求精，其功不已也。〔註 19〕

王夫之進一步說明：明德之事，是始於格物致知。如《詩經》所言之「如切如磋」，主在說明君子必先格物致知來通曉物理，再透過講習其文與討論其義的人爲學習，便會如同治骨角者之切磋以去粗以求精，則學之功效才會不已。

> 賢人之學以格物致知爲始而以修其身，格致皆以修也。蓋格物致知者至善之極則，聖人以此爲德之至盛，而學者之始事必自此始焉，所謂知止爲始也。下學上達，其致合一，無繩墨可改，彀率之可變也。〔註 20〕

賢人之學是以格物致知爲開始，並藉此以修其身，而格物與致知皆可以修身。而格物致知所欲追求之目標乃在於至善之極則，聖人認爲此至善之則爲德之至盛，欲學之人開始之事必自追求至善爲始，此即所謂知止爲始之義。人透過下學而可上達至善之極則，下學上達之方其實合一，此乃無繩墨可改，彀率之可變。學如何開始？

> 人之有性，函之於心而感物以通，象著而數陳，名立而義起，習其故而心喻之，形也，神也，物也，三相遇而知覺乃發。〔註 21〕

〔註 18〕（宋）程顥、程頤：《二程集．河南程氏遺書》（台北：漢京文化，1983 年 9 月），卷 25，頁 316。

〔註 19〕（明）王夫之：〈傳第三章〉《四書訓義．大學》（長沙：岳麓書社，2011 年 1 月），第一冊，卷 1，頁 60。

〔註 20〕（明）王夫之：《禮記章句．中庸》（長沙：岳麓書社，2011 年 1 月），第二冊，卷 31，頁 1291。

〔註 21〕（明）王夫之：〈太和篇〉《張子正蒙注》，收入船山全書編輯委員會編校：《船山全書》第十二冊（湖南（長沙）：嶽麓書社，1991 年 12 月第一版），卷 1，頁 33。

人身有性理之全，內含之於心中。心之神思感物以通，透過象著而數之陳列，人認識此物後，立物之名而物之義亦產生，若人習久則心見通曉萬物之義，因此內心之神透過身之形體感官與外物相接，三相遇而知覺始發，進而產生認識作用。

在天而爲象，在物而有數，在人心而爲理。古之聖人，于象數而得理也，未聞于理而爲之象數也。于理而立之象數，則有天道而無人道。【疑邵子。】〔註22〕

人需藉由身體之感官認識外物，進而引發認知內心人本有之性理。故對心之外而言，在天而爲象，在物而有數。對人心之內而言，則在人心而爲理。而古之聖人從象數而得人心之理，從未聽聞可於理而成爲象數。所謂于理而立之象數，則有天道之陰陽創生萬物而無人道之格物致知之人文化成義。

《書》曰：「顧諟天之明命。」天之爲命，雖行於無聲無臭之中，而凡民物之化，治亂之幾，則未嘗不麗於形色，故言「常目在之」可也。自家所有之理，固將不假於物，而何以可使在目前耶？〔註23〕

爲何要藉由外物產生認知作用？如《書》曰：「顧諟天之明命。」因此天之爲命，「神者以誠有之太和感動萬物，而因材各得，物自變矣。〔註24〕」神之誠是行於無聲無臭之中，太和之氣陰陽之體創生萬物，而萬物因此創生各得其形氣之材，也各自轉變成不同樣態。而人之耳目感官是無法感受到無形的神之誠，但王夫之認爲無法藉由感官感受，不可認爲此即不是眞實存在，如其云：「明有所以爲明，幽有所以爲幽；其在幽者，耳目見聞之力窮，而非理氣之本無也。老、莊之徒，於所不能見聞而決言之曰無，陋甚矣。〔註25〕」因爲耳目見聞之力有其限度，只能認識有形顯而明之物，無法認識無形隱而幽

〔註22〕（明）王夫之：《思問錄內篇》，收入船山全書編輯委員會編校：《船山全書》第十二冊（湖南（長沙）：嶽麓書社，1991年12月第一版），頁403。

〔註23〕（明）王夫之：〈衛靈公篇（九）〉《讀四書大全說・論語》，收入船山全書編輯委員會編校：《船山全書》第六冊（湖南（長沙）：嶽麓書社，1991年12月第一版），卷6，頁825。

〔註24〕（明）王夫之：〈天道篇〉《張子正蒙注》，收入船山全書編輯委員會編校：《船山全書》第十二冊（湖南（長沙）：嶽麓書社，1991年12月第一版），卷2，頁70。

〔註25〕（明）王夫之：〈大易篇〉《張子正蒙注》，收入船山全書編輯委員會編校：《船山全書》第十二冊（湖南（長沙）：嶽麓書社，1991年12月第一版），卷7，頁272。

卻眞實具體之神之誠體中之理氣，固不可於所不能見聞而決言之曰無。然而凡是民物之化，治亂之幾，則未嘗不麗於顯而明之形色萬物萬事中，故言「常目在之」可也。而人心之實的所有之理，本應假於物，而可以使之呈現在感官耳目之前，人才有辦法認識與應對之。

> 識知者，五常之性所與天下相通而起用者也。知其物乃知其名，知其名乃知其義，不與物交，則心具此理，而名不能言，事不能成。赤子之無知，精未徹也；愚蒙之無知，物不審也。自外至曰客。〔註26〕

所謂識知乃人心中五常之性與天下事物相通而起用者。即前所謂「形也，神也，物也，三相遇而知覺乃發」，故可以知其物乃知其名，知其名乃知其義。心若不與物交，即便人心中具此理，但因無知識之起，故名不能言，事不能成。所謂赤子之無知，乃因爲出生時間未久，而精未徹；所謂愚蒙之無知，乃因爲對於物之不審。此兩種情形都是所謂自外而至者曰客，表示物是物，性是性，心是心三者各自獨立，而主體心中之五常之性，因無物而未起識知之作用。

> 內心合外物以啓，覺心乃生焉，而於未有者知其有也；故人於所未見未聞者不能生其心。〔註27〕

人內心之神合外物以啓其知覺作用之覺心，可以由已知推擴至未知，但若人從出生便未見未聞，則不能生其心知覺之認識作用。

> 耳與聲合，目與色合，皆心所翕闢之牖也，合，故相知；乃其所以合之故，則豈耳目聲色之力哉！故輿薪過前，群言雜至，而非意所屬，則見如不見，聞如不聞，其非耳目之受而即合，明矣。〔註28〕

人身之感官之耳須與物合而有聲，目與須與物合而有色，然而感官欲有聲與色之知覺產生，必藉由心之神透過耳目之感官與物接而合，故可相知。故耳

〔註26〕（明）王夫之：〈太和篇〉《張子正蒙注》，收入船山全書編輯委員會編校：《船山全書》第十二冊（湖南（長沙）：嶽麓書社，1991年12月第一版），卷1，頁18。

〔註27〕（明）王夫之：〈可狀篇〉《張子正蒙注》，收入船山全書編輯委員會編校：《船山全書》第十二冊（湖南（長沙）：嶽麓書社，1991年12月第一版），卷9，頁364。

〔註28〕（明）王夫之：〈大心篇〉《張子正蒙注》，收入船山全書編輯委員會編校：《船山全書》第十二冊（湖南（長沙）：嶽麓書社，1991年12月第一版），卷4，頁146。

目之感官是心翕闢之牖，主要功用在於與物接觸，而心之神藉耳目而有聲色之力。故當輿薪過前或是群言雜至，若此非心之意所欲知曉者，則心之神並未施其用於耳目之官，則見如不見，聞如不聞，故非耳目之感官有接受，則物便會與之相合，而產生耳目之力。故「受聲色而能知其固然，因恃為己知，而不察知所從生，陋矣。〔註 29〕」因此人應明白耳目之感官接受物而產生聲色之力而能知，乃因其心知本然有神之作用可以使耳目之官產生作用，若不知此，則會依恃耳目感官當作己之知覺，而不察此知覺作用所從生之處。

> 知象者本心也，非識心者象也。存象於心而據之為知，則其知者象而已；象化其心而心唯有象，不可謂此為吾心之知也明矣。見聞所得者象也，知其器，知其數，知其名爾。若吾心所以制之之義，豈彼之所能昭著乎！〔註 30〕

人能認知物之象中之理，乃因本心有與太和之氣本質相通的神之作用，故並非由物之表象反識其心。人不能只是將形物之象存於心中，而不透過心之神印證其心之性理，便以存象之知據而為知，則人透過物之象也只知其物之象而已，並未得物之理。故象化其心而心唯有象，此不可謂為吾心之知。此象存其心只是見聞所得之知其器、知其數、知其名。故須透過吾心所以制之之義，彼物之理才能昭著！

> 物之有象，理即在焉。心有其理，取象而證之，無不通矣。若心所不喻，一繇於象，而以之識心，則徇象之一曲而喪心之大全矣。故乍見孺子入井，可識惻隱之心，然必察識此心所從生之實而後仁可喻。若但據此以自信，則象在而顯，象去而隱，且有如齊王全牛之心，反求而不得者矣。〔註 31〕

王夫之認為物之有象，理即在此象之中。然而人心之性中本有其理，透過耳目感官取象而由心證之，固無不通。若不明白須透過心所喻，而只是單純藉耳目繇於象，並認為耳目感官即可完全認識物象中之理即為心中之理，則此乃是徇物象之一偏而喪心中性理之大全。故突然見孺子入井，可藉此識惻隱之心，因此必察識心中實理之性而後可明白仁之理。若但單據此察識物象之

〔註 29〕（明）王夫之：〈大心篇〉《張子正蒙注》，收入船山全書編輯委員會編校：《船山全書》第十二冊（湖南（長沙）：嶽麓書社，1991 年 12 月第一版），卷 4，頁 146。

〔註 30〕同上註，頁 145。

〔註 31〕同上註。

耳目以自信其所識者爲物之全體，則物象在而心之性理顯，象去而心之性理隱，此乃有如齊王欲得見全牛之心，反求之而不得。

> 隨見別白曰知，觸心警悟曰覺。隨見別白，則當然者可以名言矣。觸心警悟，則所以然者微喻於己，即不能名言而已自了矣。知者，本末具鑒也。覺者，如痛癢之自省也。知或疎而覺則必親，覺者隱而知則能顯。〔註 32〕

羅光云：「這又進到理性之名和直覺之知。普通以知覺爲感覺之知，王夫之在這一段文裡則把知和覺分開：知爲『隨見別自』即是遇事知道分別，佛家稱爲『了別知』。遇事知道分別，便能用名指出所知的物和事。覺爲『觸心警悟』，即是直覺，『如痛癢之自省也』，痛癢爲親身的感覺，對於別的事物，人也能直覺。直覺必親，『覺則必親』，而且隱微，不可名言。凡是直覺之知，乃是體會和體驗，沒有言詞可以表達出來，『不能名言而已自了矣。』如自己了然於心。然不能名言。〔註 33〕」王夫之論知和覺得差別，表示其對於知識、感覺都是十分重視。王夫之重視人對現實形氣世界萬物的認識，故致知之方則在於格物。

> 物之有本末，本者必末之本，末者必本之末。以此言本末，於義爲叶。而子游之言本末也則異是，以大且精者爲本，小且粗者爲末。乃不知自其形而上者言之，則理一也，而亦未嘗不以事之大小分理之大小。若以其形而下者言之，則彼此各有其事，各有其用，各有其時，各有其地，各有其功，各有其效，分致而不相爲成，安得謂大且精者爲小者之本乎哉？〔註 34〕

王夫之認爲若言「物之有本末，本者必末之本，末者必本之末。」以此言本末，其義可合。若以子游「大且精者爲本，小且粗者爲末」來論本末則義有未安。若自物其形而上之本言之，則皆爲太極一通理，故理一也。而亦未嘗不以事之大小，來分理之大小。王夫之云：「無一事之不有體，則無一物之可

〔註 32〕（明）王夫之：〈中庸序〉《讀四書大全說・中庸》，收入船山全書編輯委員會編校：《船山全書》第六冊（湖南（長沙）：嶽麓書社，1991 年 12 月第一版），卷 2，頁 449。

〔註 33〕羅光：〈王夫之的知識論〉，《哲學與文化》第 8 卷第 8 期（1981 年 8 月），頁 525。

〔註 34〕（明）王夫之：〈子張篇（四）〉《讀四書大全說・論語》，收入船山全書編輯委員會編校：《船山全書》第六冊（湖南（長沙）：嶽麓書社，1991 年 12 月第一版），卷 7，頁 886。

與天違也。〔註 35〕」每一物皆有其所以然之因爲其體，而此體即是此物之理，而此「理者，物之同然，事之所以然也。顯著於天下，循而得之，非若異端孤守一己之微明，離理氣以爲道德。〔註 36〕」此形而上所以然之理一，是萬事萬物皆同然之理，人之心中亦具有此理，此即人身之明德，但人不可依恃有此明德，便不知藉由認識形氣萬物而學此所以然之理。若以其形而下者之末言之，則形氣世界中彼此各有其事，每事皆各有其用，各有其時，各有其地，各有其功，各有其效，各事件皆有其分致條理，無法完全互相補充，互相成全。因此事不論大或小，若就形而上而言，則理一。就形而下而言，事各有其理，各有其功效，各有其獨立的價值與意義，無法互相取代對方的重要性，由此可知，王夫之重視形上理一的統一性，亦重視形氣世界萬殊的獨特意義與價值。高拱云：

物，氣之爲。則，理之具。有物必有則，是此氣即此理也。〔註 37〕

因爲「理在氣中」故形氣之事物中，物各有其則，乃因理之具於此形氣之中。各物都有其特殊之理，各有其用，各自有獨立的價值。薛瑄云：

天下之物眾矣，豈能遍格而盡識哉！惟因其所接者，量力循序以格之，不疏以略，不密以窮，澄心精義，以徐察其極。今日格之，明日格之，明日又格之，無日不格之。潛體積玩之久，沈思力探之深。已格者卜不敢以爲是而自居，未格者，不敢以爲難而遂厭。如是之久，則塞者開，蔽者明。理雖在物，而吾心之理則與之潛會而無不通。始之通，見一物各一理，通之極也，則見於萬物爲一理。朱子所謂「眾物之表裡精粗無不到，而吾心之全體大用無不明」者，可得而識之。〔註 38〕

薛瑄認爲天下事物無窮無盡，所以對於萬物之理，只能「循序以格之」這段話將格物的過程和結果闡述相當明白。日日格「物之理」，持之以恆，操之以

〔註 35〕（明）王夫之：〈天道篇〉《張子正蒙注》，收入船山全書編輯委員會編校：《船山全書》第十二冊（湖南（長沙）：嶽麓書社，1991 年 12 月第一版），卷 2，頁 66。

〔註 36〕（明）王夫之：〈至當篇〉《張子正蒙注》，收入船山全書編輯委員會編校：《船山全書》第十二冊（湖南（長沙）：嶽麓書社，1991 年 12 月第一版），卷 5，頁 194。

〔註 37〕（明）高拱：《高拱論著四種》，（北京：中華書局，1993 年 7 月），頁 213。

〔註 38〕（明）薛瑄：《薛文清公讀書錄》，收入《薛瑄全集》（山西：山西人民出版社，1990 年 8 月），卷 2，頁 1066。

漸，不間斷地探求、積累，此乃致知之過程，經時日之久，必能達到對於事物之理的融會心通。張學智云：

> 王夫之的「格物而後知致〔註 39〕，中間有三轉折」這三轉折即物格、「致知」(統一的致知活動中的一個步驟，加引號以示區別)、知至。物格表示格物活動的完成，在格物中得到具體對象之理。這是第一步，這第一步是格物到致知的過渡，格物爲致知準備了材料，這材料包括對象的表現，也包括從對象上得到的條理、法則等。實際上表象與條理應該有不同的獲致方式。表象是純直觀的，即孟子所謂「物交物則引之而已」，進入主題意識的就是事物呈現給主體的那個樣子。主體對它不增加什麼。只是把這種表象作爲主體的認知活動據以切割、拼貼的材料。而條理、法則則是抽象的，它不能從直觀獲得，得到它必是主體運用已有的知識對將要處理的感性材料加以抽象、類比、推理等的結果。所以嚴格說，除了在感覺表象的層次上談論格物，只要進入較爲抽象的領域，離開耳目感官對外物的直接採攝，任何格物都能說與致知關聯。〔註 40〕

王夫之云：「而方格致之始，固事在求知，亦終不似俗儒之記誦講解以爲格物，異端之面壁觀心以爲致知，乃判然置行於他日，而姑少待之也。〔註 41〕」格物致知之初始，本爲求認知萬事萬物，但終不似俗儒以記誦講解支離之方認此爲格物。如王夫之所言「誠不息，神無間，盡誠合神，純於至善，而德盛化神，無不成矣。有爲者以己聞見之知，倚於名法，設立政教，於事愈繁，於道愈缺，終身役役而不能成，惡足以知其妙哉！〔註 42〕」無心無爲者，由己身心之神體悟氣化至誠不息神而無間的創造動力，並明白藉由學以盡誠合神，修養自己進而達純於至善之目標，故能德盛化神而無事不成。有心有爲者，反而是憑藉己身耳目感官的聞見之知，倚於有形之名法，而設立政教，

〔註 39〕 筆者認爲：若依王夫之原典「若分言之，則格物之成功爲物格，『物格而後知至』，中間有三轉折。」，可知此「致」自應作「至」。

〔註 40〕 張學智：〈從格物到致知：王夫之知識論探微，收入夏劍欽著：《王夫之研究文集》(石家莊市：河北教育出版社，1995 年 10 月)，頁 138～139。

〔註 41〕 (明) 王夫之：〈傳第六章 (一)〉《讀四書大全說・大學》，收入船山全書編輯委員會編校：《船山全書》第六冊 (湖南 (長沙)：嶽麓書社，1991 年 12 月第一版)，卷 1，頁 410。

〔註 42〕 (明) 王夫之：〈天道篇〉《張子正蒙注》，收入船山全書編輯委員會編校：《船山全書》第十二冊 (湖南 (長沙)：嶽麓書社，1991 年 12 月第一版)，卷 2，頁 70。

若不知把握氣化之誠理，其面對日常之事處理起來只會愈發繁雜，對於學道則會愈學越少，終身役於耳目感官所認知的形氣之物，反而不能成。

此外，王夫之認爲致知是不可如異端之面壁觀心，從虛無中探求頓悟。

> 故曰「《易》有太極」，乾、坤合於太和而富有日新之無所缺也。……亦以明（頁 273）夫無所謂無，而人見爲無者皆有也。屈伸者，非理氣之生滅也；自明而之幽爲屈，自幽而之明爲伸；運於兩間者恒伸，而成乎形色者有屈。彼以無名爲天地之始，滅盡爲眞空之藏。猶瞽者不見有物而遂謂無物，其愚不可瘳已。〔註 43〕

其言「神化雖隱，變合雖賾，而皆本物理之固然，切生人之利用，故不可厭惡。〔註 44〕」太和之氣神化雖隱而無形跡，而形物之變合雖賾而神妙，但皆本物理之固然。而《易》之太極中乾、坤合於太和創生萬物，故富有日新之無所缺，並切合於人之利用，故不可厭惡。雖然太和創生之作用並無法由耳目感官認知，但人明白此無，非所謂無，因人見爲無者，其實皆爲眞實之有。如理氣之屈伸者，並非理氣之生滅。所謂自明而之幽爲屈，自幽而之明爲伸；運於兩間者恒伸，而成乎形色者有屈。但佛教以無名爲天地之始，滅盡爲眞空之藏。此乃如瞽者因爲眼盲無法見物，因看不見有物，而遂謂無物。

> 天下之物無涯，吾之格之也有涯。吾之所知者有量，而及其致之也不復拘於量。顏子聞一知十，格一而致十也。子貢聞一知二，格一而致二也。必待格盡天下之物而後盡知萬事之理，既必不可得之數。是以《補傳》云「至於用力之久，而一旦豁然貫通焉」，初不云積其所格，而吾之知已無不至也。知至者，「吾心之全體大用無不明」也。則致知者，亦以求盡夫吾心之全體大用，而豈但於物求之哉？〔註 45〕

天下之物無涯，吾格物則有涯。莊子云：「吾生也有涯，而知也无涯。以有涯隨无涯，殆已；已而爲知者，殆而已矣。〔註 46〕」生命有限，知識無限，以

〔註 43〕（明）王夫之：〈大易篇〉《張子正蒙注》，收入船山全書編輯委員會編校：《船山全書》第十二冊（湖南（長沙）：嶽麓書社，1991 年 12 月第一版），卷 7，頁 272～273。

〔註 44〕同上註，頁 273。

〔註 45〕（明）王夫之：〈聖經（一〇）〉《讀四書大全說．大學》，收入船山全書編輯委員會編校：《船山全書》第六冊（湖南（長沙）：嶽麓書社，1991 年 12 月第一版），卷 1，頁 403。

〔註 46〕（清）王先謙：〈養生主第三〉《莊子集解》（台北：世界書局，2003 年 10 月），卷 1，頁 26。

有限追索無限，生命便會感到困頓疲乏。而王夫之則認爲吾人格物應明白所知之物有量的問題，但及其致知，則不應拘限於格了多少物量。故其舉顏子聞一知十，格一而致十也。子貢聞一知二，格一而致二的例子。若必待格盡天下之物，然後盡知萬事之理，則因天下之物無涯，故既必不可得其數。因此《補傳》所云「至於用力之久，而一旦豁然貫通焉」，故其不云須積其格物之量，而言用力之久一但豁然貫通物之本之形上理一之通理，則吾所知已無不至也。因王夫之言「物之理本非性外之理。〔註 47〕」故所謂知至乃在「吾心之全體大用無不明」，則致知者乃在求盡吾心之全體大用，即明白吾心中所存之性與物之本形而上之理一相合，皆爲太極之通理，故格物乃非在於物之數量上求，而是在物之本質上用力達豁然貫通之功。曾守仁云：「船山承認萬物無涯，而格物之工夫有限，所以欲格盡萬事萬物的思索方向自不能通（必不可得之數）。正因爲格物之知所成就者在於德性，德性所追究的是質而非量（致之也不復拘於量，故所致知者要落於窮盡吾心之全體大用，將『一定數量』的事理鍛鍊、涵養主體之心。……也惟有藉著此心之圓熟，方有『一旦豁然貫通焉』的飛躍。〔註 48〕」

> 風雷無形而有象，心無象而有覺，故一舉念而千里之境事現於俄頃，速於風雷矣。心之情狀雖無形無象，而必依所嘗見聞者以爲影質，見聞所不習者，心不能現其象。性則純乎神理，凡理之所有，皆性之所函，寂然不動之中，萬象賅存，無能禦也。是以天之命，物之性，本非志意所與；而能盡其性，則物性盡，天命至，有不知其所以然者而無不通。蓋心者，翕闢之幾，無定者也；性者，合一之誠，皆備者也。〔註 49〕

自然界之風雷是無形而有象，然人之心則是無象而有覺，故當心念一起則千里之境於俄頃中事現於心，其速更甚於風雷。因此人心之情狀因只有覺而無形無象，故必依其耳目感官所嘗見聞之物以爲影質，若於耳目感官之見聞所

〔註 47〕（明）王夫之：〈泰伯篇（六）〉《讀四書大全說・論語》，收入船山全書編輯委員會編校：《船山全書》第六冊（湖南〈長沙〉：嶽麓書社，1991 年 12 月第一版），卷 5，頁 719～720。

〔註 48〕曾守仁：〈試論船山思想中之智識成分：一個學術史面相的考察〉，《中國文化月刊》，第 300 期（2005 年 12 月），頁 34～35。

〔註 49〕（明）王夫之：〈誠明篇〉《張子正蒙注》，收入船山全書編輯委員會編校：《船山全書》第十二冊（湖南〈長沙〉：嶽麓書社，1991 年 12 月第一版），卷 3，頁 134。

不曾學習者，心因無法起其知覺，故不能現其象。然人心之性理則純乎氣化之神理，凡故神理之所有的物性，皆人性之所函，在心未與物相感的寂然不動之中，其實萬象賅存，無能禦也。因此天所命的物之性，本非人之志意所與；若人能盡其性，則物性亦可盡，當天命至，則雖有不知其所以然者，但人之性無所不通。因此人心與物接，因有攻取而有陰陽翕闢之幾的情之產生，故心乃動而無定者。但人心中所含之實即性，性乃與天之誠相合是一，故性中萬有之理皆備。

> 天下唯無性之物，人所造作者，【如弓劍筆硯等。】便方其有體，用故不成，待乎用之而後用著。仁義，性之德也。性之德者，天德也，其有可析言之體用乎？當其有體，用已現；及其用之，無非體。蓋用者用其體，而即以此體爲用也。故曰「天地絪緼，萬物化生」，天地之絪緼，而萬物之化生即於此也。學者須如此窮理，乃可於性命道德上體認本色風光，一切俗情妄見，將作比擬不得。〔註 50〕

王夫之云：「太虛，一實者也。故曰『誠者天之道也』。用者，皆其體也。故曰『誠之者人之道也』。〔註 51〕」太虛此一實體，於天地之絪緼而萬物之化生，此即所謂「誠者天之道也」。此乃說明太虛即體即用，其化生之用乃在表現氣化之體。而天下之物皆太虛所創生，故物皆有此體用相涵之性。而天下只有人所造作之物才無物之性，既無性便無體，只有物用，物用亦待乎用之而後用著。但人身之仁義乃性之德，此得之於天之所命，天德也，故不可析言之體用。當其有體，用已現；及其用之，無非體。而用者用其體，即以此體爲用。故學者須如此體用相涵爲一窮其理，乃可於自身性命道德上體認太虛所命之天德本色風光，此乃所謂「誠之者人之道也」，至於一切俗情妄見，將作比擬不得。故王夫之云：「物理雖未嘗不在物，而於吾心自實。吾心之神明雖己所固有，而本變動不居。若不窮理以知性，則變動不居者不能極其神明之用也固矣。〔註 52〕」

〔註 50〕（明）王夫之：〈梁惠王上篇（二）〉《讀四書大全說．孟子》，收入船山全書編輯委員會編校：《船山全書》第六冊（湖南〔長沙〕：嶽麓書社，1991 年 12 月第一版），卷 8，頁 894～895。

〔註 51〕（明）王夫之：《思問錄內篇》，收入船山全書編輯委員會編校：《船山全書》第十二冊（湖南〔長沙〕：嶽麓書社，1991 年 12 月第一版），頁 402。

〔註 52〕（明）王夫之：〈盡心上篇（二）〉《讀四書大全說．孟子》，收入船山全書編輯委員會編校：《船山全書》第六冊（湖南〔長沙〕：嶽麓書社，1991 年 12 月第一版），卷 10，頁 1105～1106。

> 天地之道，所性之德，即凡可學可識者，皆一也。故朱子曰「天下之物，莫不有理」。理一而物備焉，豈一物一理，打破方通也哉？〔註 53〕

天地之道，物所性之德，此即凡可學可識者，皆一也。此理一的天地之道，乃存於人心之中，爲人性之德。故反求心之性之德則物備於己，豈一物一理，打破方通。

> 「天命」，天之命我者也。凝乎心而至善有恒，萬物皆備於我，於己取之而已，故格物致知，非逐物而失己也。〔註 54〕

「天命」乃天之命於我者。而此天命凝乎心而至善有恒，因此天德之性，故萬物皆備於我，萬物中之理可以於己取之，故格物致知，非逐物而失己之性。

> 人物各成其蕞然之形，性藏不著而感以其畛，故見物爲外，見己爲內，色引其目而目蔽於色，聲引其耳而耳蔽於聲，因以所見聞者爲有，不可見聞者爲無，不能如天地之陰陽渾合，包萬物之屈伸而無所蔽也。〔註 55〕

人物依氣化陰陽比例不同產生各種不同的蕞然之形，物性藏不顯著，而感應有以其限制，故只能由形體爲判斷標準，見之物爲外，見己爲內，當物之美色引其目，而目蔽於此美色中，悠揚悅耳之聲引其耳而耳蔽於悠揚悅耳之聲，耳目感官皆是因其所見聞者爲眞實存有，不可見聞者爲無而不存，故耳目感官不能如天地之陰陽渾合之神，可包萬物之屈伸生死之大化而無所蔽，亦無拘局於形物之身，而失去生生創造之可能。

> 物引不動，經緯自全，方謂之思。故曰「萬物皆備於我」。不覩不聞中只有理，原無事也。無事而理固可思，此乃心官獨致之功。今人但不能於形而上用思，所以不知思之本位，而必假乎耳目以成思，則愚先言盡天下人不識得心，亦盡天下人不會得思也。〔註 56〕

〔註 53〕（明）王夫之：〈衛靈公篇（三）〉《讀四書大全說・孟子》，收入船山全書編輯委員會編校：《船山全書》第六冊（湖南（長沙）：嶽麓書社，1991 年 12 月第一版），卷 6，頁 819。

〔註 54〕（明）王夫之：《禮記章句・中庸》（長沙：岳麓書社，2011 年 1 月），第二冊，卷 31，頁 1287。

〔註 55〕（明）王夫之：〈可狀篇〉《張子正蒙注》，收入船山全書編輯委員會編校：《船山全書》第十二冊（湖南（長沙）：嶽麓書社，1991 年 12 月第一版），卷 9，頁 363。

〔註 56〕（明）王夫之：〈告子上篇（二六）〉《讀四書大全說・孟子》，收入船山全書編輯委員會編校：《船山全書》第六冊（湖南（長沙）：嶽麓書社，1991 年 12 月第一版），卷 10，頁 1093。

耳目感官接觸外物引之虜心，而心不妄動而逐物而失其性體爲內涵，故人倫事物之經緯自全，此方謂之思。故可言「萬物皆備於我」。耳目感官之不覩不聞中只有無形之天理，原無形氣之事物。雖無形氣之事物，而無形之理本可透過心之思的作用認知，此乃心官獨致之功。今人但不能於無形之形而上理來用思，所以不知思之本位，而以爲一定要假借於耳目感官之知覺認識作用以成思，則盡天下人不識得心之官獨致之作用，故盡天下人不會得思，而循物歆交引，逐物而失己性。

> 既釋仁義之心與知覺運動之心雖同而實異，今此又概言心而即已別乎小體。若以此所言心爲仁義之心，則仁義爲實有而思爲虛位。若以此爲知覺運動之心，而何以又云知覺運動之心，俗儒亦求之，異端亦求之，而不但大人也？愚固曰「於同顯異，而後可於異明同」也。〔註 57〕

仁義之心與知覺運動之心雖同爲氣化所生而其內涵有異，今此所言之心已別乎小體之耳目感官。因爲此所言心乃爲仁義之心，則仁義爲心中所含性理之實有，而思之作用爲虛位，主在表現性體之內涵。若以此爲耳目感官的知覺運動之心，而何以又另云一知覺運動之心，故俗儒亦求之，異端亦求之，而不僅是大人也？王夫之認爲「於同顯異，而後可於異明同」也。

> 只緣後世佛、老之說充斥天下，人直不識得個心，將此知覺運動之靈明抵代了。其實者知覺運動之靈明，只喚作耳目之官。釋氏謂之見性、聞性，又喚他做性。雖說來分裂，則似五官有五性，其實此靈明之隨體發用者，未嘗不一。〔註 58〕

只緣後世佛、老之說充斥天下，因佛老之學說，而使人直不識得個心，並將此知覺運動之靈明稱作心。其實知覺運動之靈明，只能充作耳目之官。然而釋氏謂此耳目之官爲見性、聞性，又喚他做性。若由此說，好似人心可以分裂，則似五官就有五性，其實此心之靈明乃隨性體發用，故未嘗不一。

> 孟子於此，昌言之曰「心之官則思」，今試於當體而反考之。知爲思乎，覺爲思乎，運動爲思乎？知而能知，覺而能覺，運動而能運動，

〔註 57〕（明）王夫之：〈告子上篇（二六）〉《讀四書大全說・孟子》，收入船山全書編輯委員會編校：《船山全書》第六冊（湖南〔長沙〕：嶽麓書社，1991 年 12 月第一版），卷 10，頁 1090。

〔註 58〕同上註，頁 1090。

待思而得乎，不待思而能乎？所知、所覺、所運動者，非兩相交而相引者乎？所知所覺、以運以動之情理，有不蔽於物而能後物以存、先物而有者乎？【所知一物，則止一物。如知鳩爲鳩，則蔽於鳩，不能通以知鷹。覺、運動亦如之。審此，則此之言心，非知覺運動之心可知已。】〔註59〕

孟子「心之官則思」，今試於當體而反考之：知可稱爲思乎，覺爲稱爲思乎，運動爲思乎？知而能知，覺而能覺，運動而能運動，此三者乃待思之作用灌注其中而可得。其所知、所覺、所運動者，須兩相交引而作用使顯，故所知所覺、以運以動之情理，無法不蔽於物而能後物以存、更不能先物而有，如所知一物，則止一物。例如：知鳩爲鳩，則蔽於鳩，無法通而知鷹。覺、運動亦如同知之作用一樣。明白此理，則知此處所言之心，非知覺運動之心。王夫之云：「《集註》『全體此心』四字，恰與『端』字對說。孟子之學，大旨把內外、精粗看作一致，故曰『萬物皆備於我』。『萬物皆備於我』，萬事皆備於心也。〔註60〕」故並非特只於物見理，而是要人於吾心之理則與之潛會而無不通，並知其性外無理，進而讓吾心皆備萬物之性理現於前。王夫之云：「乃所謂心，則亦自人固有之心備萬物於我者而言之。〔註61〕」

乃君子所學者，皆以見之言行，被之民物者也，而道散於萬事，各有其理而或不相貫通，必有主焉。道可變，而所主者不變。貞之己，加之民，應之於事，皆此主以爲眾善之統宗，則必求之於吾心焉。心有其可盡，而有所不盡，則雖爲其事，而無以成一事之始終，心有其至實，而或不以實，則雖可見功，而非爲功於身世之實效。君子於所學所行者，極用其心，以窮理而求合於理，必因其誠，以循物而無違於物。〔註62〕

〔註59〕（明）王夫之：〈告子上篇（二六）〉《讀四書大全說・孟子》，收入船山全書編輯委員會編校：《船山全書》第六冊（湖南（長沙）：嶽麓書社，1991年12月第一版），卷10，頁1090。

〔註60〕（明）王夫之：〈公孫丑上篇（二〇）〉《讀四書大全說・孟子》，收入船山全書編輯委員會編校：《船山全書》第六冊（湖南（長沙）：嶽麓書社，1991年12月第一版），卷8，頁941。

〔註61〕（明）王夫之：〈第二十五章（一）〉《讀四書大全說・中庸》，收入船山全書編輯委員會編校：《船山全書》第六冊（湖南（長沙）：嶽麓書社，1991年12月第一版），卷3，頁553。

〔註62〕（明）王夫之：〈學而第一〉《四書訓義・論語》（長沙：岳麓書社，2011年1月），第一冊，卷5，頁260。

君子所學，乃從可見之言行，或是充塞天地之民物開始，此乃因道散見於萬事萬物之中，物各有其理而或不相貫通，但人事物中必有其主，此主乃人事物皆有之所以然之理，即太極通理之道，此亦人事物皆可相通者。太極通理之道可藉由萬物之形而有具體之變化，但物物之中所主之道卻恆而不變，故物變亦通極於道。人格物即是形神與物相接，但須透過貞定己身之主，加之民，應之於事，而身之主乃以爲眾善之統宗，欲得身之主則必求之於吾心。心有其可盡與不盡者，則雖爲其事，而無以成一事之始終；心有其至實之性，而或不以其性之實，則雖可見功，但此功對於其身之修養並無實際之效。故君子於所學所行，應該極用其心，以窮理而求合於太極之通理，若欲達此目的必因其心中所具性之誠理，藉此以循物而無違於物。

> 淺則據離明所得施爲有，不得施爲無，徇目而心不通；妄則誣有爲無……。〔註63〕

人之識淺則依據可見之離明所得施爲實有，不得施幽而不顯者爲無，人若徇耳目感官，則心之思之作用不顯，則心不通而無法窮萬物之理；甚至因無法知理而妄，則誣實有之理陰部可見不可聞故稱之爲無。

> 而孔子之所以聲入心通，無疑於天下之理，而爲萬事萬物之權衡，以時措而咸宜者，一其下學上達者之條理蚤成也。學不厭、教不倦，下學之功也。乃即此以學而即此以達，則唯盡吾性之善、充吾心之義而無不達矣。故其爲學，始於格物、致知，而要於明德之明。孟子曰「萬物皆備於我矣」，則物之所自格者，即吾德之本明者也。以盡吾心皆備之物，而天下之是非得失，無不待我以爲權衡，此孔子所謂「可與權」者。【養氣則可與立，知言乃可與權。】乃以應夫仕、止、久、速之幾，如日月之明，容光必照，而廓然其無疑矣。〔註64〕

《論語》：「六十而耳順〔註65〕」。朱子云：「聲入心通，無所違逆，知之之至，

〔註63〕（明）王夫之：〈太和篇〉《張子正蒙注》，收入船山全書編輯委員會編校：《船山全書》第十二冊（湖南（長沙）：嶽麓書社，1991年12月第一版），卷1，頁30。

〔註64〕（明）王夫之：〈公孫丑上篇（一八）〉《讀四書大全說・孟子》，收入船山全書編輯委員會編校：《船山全書》第六冊（湖南（長沙）：嶽麓書社，1991年12月第一版），卷8，頁939。

〔註65〕（宋）朱熹：〈爲政〉《四書章句集注・論語》（台北：大安出版社，1999年12月），卷1，頁70～71。

不思而得也。〔註 66〕」王夫之認爲孔子之所以聲入心通，與事物無所違逆，無疑於天下之理，而爲萬事萬物之權衡，以時措而咸宜者，乃因其下學上達者之條理早成。因爲孔子學不厭、教不倦，下學之功也。藉此以學而即此以達，其可盡其性之善、充心之義而無不達。故其爲學，開始於格物、致知，而要於明其身之明德。而孟子曰「萬物皆備於我矣」，則是物之所自格，此即吾德之本明也。以盡吾心皆備之物，而天下之是非得失，無不待我以爲權衡，此孔子所謂「可與權」者，即是透過物格，萬皆備於心，故可依心中性理權衡萬事，而無不通達於道。故孔子乃以應夫仕、止、久、速之幾，如日月之明，容光必照，而廓然其無疑矣。

> 且夫言之不足以盡道者，唯其爲形而下者也。起居動靜之威儀，或語或默之節度，則尤形而下之枝葉也。雖天理流行於其中，而於以察理也，愈有得筌蹄而失魚兔之憂。夫子以姊之喪，拱而尚右，而門人皆學之，是學者固未嘗不於動靜語默觀聖人。乃得其拱而不得其所以拱，其執象以遺理，更有甚於執言者。則子又將曰「予欲不動不靜不語不默」哉！〔註 67〕

言語不足以盡道，乃因言語爲形而下者。而生活之起居動靜之威儀，或語或默之節度，則尤爲形而下之枝葉也。雖然天理流行於其行下之器物中，而人應於物以察理，但因人亦受耳目感官聞見之拘局，若依此考察物理，而愈有得筌蹄而失魚兔之憂。孔子以姊之喪，拱而尚右，而門人皆從觀察孔子之行而學之，學者固未嘗不於動靜語默觀聖人。若只是從耳目感官之見聞觀之，則只是得其拱，而不得其所以拱之所以然之理，此即執象以遺理，更有甚於執言而遺理者。則孔子單由人只執於可見之言行，而望天理之流行乃於不睹不聞中，故又將曰「予欲不動不靜不語不默」哉！故王夫又云：「有形有象之後，執形執象之異而不知其本一。〔註 68〕」

〔註 66〕（宋）朱熹：〈爲政〉《四書章句集注・論語》（台北：大安出版社，1999 年 12 月），卷 1，頁 71。

〔註 67〕（明）王夫之：〈陽貨篇（八）〉《讀四書大全說・論語》，收入船山全書編輯委員會編校：《船山全書》第六冊（湖南（長沙）：嶽麓書社，1991 年 12 月第一版），卷 7，頁 869。

〔註 68〕（明）王夫之：〈可狀篇〉《張子正蒙注》，收入船山全書編輯委員會編校：《船山全書》第十二冊（湖南（長沙）：嶽麓書社，1991 年 12 月第一版），卷 9，頁 378。

> 非別有一天，則「一以貫之」。如別有清虛無爲之天，則必別有清虛無爲之道，以虛貫實，是「以一貫之」，非「一以貫之」也。此是聖學、異端一大界限，故言道者必愼言天。〔註69〕

王夫之云非別有一天，則「一以貫之」。如別有清虛無爲之天，則必別有清虛無爲之道，此乃以虛貫實，是「以一貫之」，非孔子所謂「一以貫之」也。此是聖學、異端一大界限，故言道者必愼言天。故孔子所欲學者明白其學乃在以天理流行之道「一以貫之」於其所學之萬事萬物中。

> 至誠者，以其表裏皆實言也。無息者，以其初終不閒言也。表裏皆實者，抑以初終無閒，故曰「至誠無息」，而不曰至誠則不息。「可一言而盡」者，天載之藏無妄也。「其爲物不貳」者，天行之健不息也。藏諸用而无妄者，顯諸仁而抑不息，故曰道可一言而盡而爲物不息。道以幹物，物以行道，【道者化之實，物者化之用。】不曰道不雜二而生物不測也。道者本也，物者體也，化也。道統天，體位天，而化行天也。嗚呼！言聖、言天，其亦難爲辭矣，而更益之妄乎？〔註70〕

王夫之認爲言道者必愼言天，而所謂至誠之道，以其表裏皆實。所謂無息者，以其初至終皆不閒。表裏皆實又初終無閒，故曰「至誠無息」，而不曰至誠則不息，用「無」表無始無終，乃因天道之誠乃形而上絕對普遍之義。而所謂「可一言而盡」者，只天載之藏乃無妄而不添一絲人爲。所謂「其爲物不貳」者，意指天行之健不息。當天道藏其誠於諸用，故无妄者，當其顯諸仁創物，而抑不息，故曰道可一言而盡而爲物不息。道於物上表現其用，而物藉其身以行道，不曰道不雜二而生物不測也。因爲道者之爲本也，物者形體也，乃道之所化。道統天，以天爲體位，而氣化之生生以行天之創造。

> 蓋格物者知性之功，而非即能知其性；物格者則於既格之後，性無不知也。故朱子以曾子之唯一貫者爲徵。「一以貫之」，物之既格也，而非多學而識之即能統於一以貫也。窮理格物只是工夫，理窮物格

〔註69〕（明）王夫之：〈里仁篇（一五）〉《讀四書大全說．論語》，收入船山全書編輯委員會編校：《船山全書》第六冊（湖南（長沙）：嶽麓書社，1991年12月第一版），卷4，頁641。

〔註70〕（明）王夫之：〈第二十六章（三）〉《讀四書大全說．中庸》，收入船山全書編輯委員會編校：《船山全書》第六冊（湖南（長沙）：嶽麓書社，1991年12月第一版），卷3，頁560～561。

> 亦格物窮理之效。乃至於表裏精粗無不豁然貫通之日，則豈特於物見理哉！吾心之皆備夫萬物者固現前矣。〔註 71〕

格物者，乃爲知性之功，而非立即能知其性；須透過物格者，則在其既格之後，性無不知也。故朱子以曾子所謂一貫之說來證明此說可立。所謂「一以貫之」，乃物之既格，但此卻非多學而識之即能統於一以貫。因爲窮理格物只是工夫，理窮物格也只是格物窮理之功效。但要達到表裏精粗無不豁然貫通之日。如其所言：「聖賢之道則是『一以貫之』，異端則是以一貫之。他一字小，聖賢一字大。他以一爲工夫，屈抑物理，不愁他不貫；聖賢以一爲自得之驗，到貫時自無不通。〔註 72〕」聖賢以其同於萬物而本一的天地之道所凝在於其心的性之德，此「一理」貫通於萬物中，故此「一理」是大到可以涵括萬事萬物的無限之大，故聖賢以一爲自得之驗，到貫時自無不通。然而異端則是執著於己身之「一理」欲貫通萬事萬物之萬理，則不可，故其「一」字是有拘局之小。故朱子曰「天下之物，莫不有理」。然而明白天地之道理與我性中之天德同，故萬物皆備於我，明白無須一物一理打破此觀念，方可通天下萬物於一理。朱子和薛瑄格物致知之目的，並不只在窮一事一物之理，而更在窮極致統體之理，此理是使眾物成其爲眾物，吾心成其爲吾心的所以然之理，即所謂達到「知至」明知止於「至善」之終極目標。所以若一旦貫通此「統體一理」，便自然眾物皆通，吾心自明，故「格物致知到豁然貫通處，即所謂『天下無性外之物』，而性無不在也。〔註 73〕」，以及「知至，乃知性之天。〔註 74〕」

> 子曰「女以予爲多學而識之者與」，又曰「予一以貫之」，凡兩言「以」。「以」者用也，謂聖功之所自成，而非以言乎聖功之已成也。然則夫子自志學以來，即從事於「一以貫之」，而非其用功在多，得悟在一也。若云「向之多學而得者，始有以知其一本而無二」，則夫子之

〔註 71〕（明）王夫之：〈盡心上篇（二）〉《讀四書大全說・孟子》，收入船山全書編輯委員會編校：《船山全書》第六冊（湖南（長沙）：嶽麓書社，1991 年 12 月第一版），卷 10，頁 1105。

〔註 72〕（明）王夫之：〈離婁下篇（一一）〉《讀四書大全說・孟子》，收入船山全書編輯委員會編校：《船山全書》第六冊（湖南（長沙）：嶽麓書社，1991 年 12 月第一版），卷 9，頁 1019。

〔註 73〕（明）薛瑄：《薛文清公讀書錄》，收入《薛瑄全集》（山西：山西人民出版社，1990 年 8 月），卷 1，頁 1299。

〔註 74〕同上註，卷 3，頁 1359。

> 能「一以貫」者，其得力正在「多學而識」，子貢之所曰「然」者，正有以見聖功之本原，而何以云「非也」？則揆之聖言，豈不爲背戾耶？〔註75〕

《論語》:「子曰:『參乎！吾道一以貫之。』曾子曰:『唯。』子出。門人問曰:『何謂也？』曾子曰:『夫子之道，忠恕而已矣。』〔註76〕」《論語》:「子曰:『賜也，女以予爲多學而識之者與？』對曰:『然，非與？』曰:『非也，予一以貫之。』」朱子云:

> 謝氏曰:「聖人之道大矣，人不能遍觀而盡識，宜其以爲多學而識之也。然聖人豈務博者哉？如天之於眾形，匪物物刻而雕之也。故曰:『予一以貫之。』『德輶如毛，毛猶有倫。上天之載，無聲無臭。』至矣！」尹氏曰:「孔子之於曾子，不待其問而直告之以此，曾子復深諭之曰『唯』。若子貢則先發其疑而後告之，而子貢終亦不能如曾子之唯也。二子所學之淺深，於此可見。」愚按:夫子之於子貢，屢有以發之，而他人不與焉。則顏曾以下諸子所學之淺深，又可見矣。〔註77〕

孔子曰「女以予爲多學而識之者與」，又曰「予一以貫之」，凡兩言「以」。「以」者表用，謂聖功之所自成之因，而非以言乎聖功之已成。然則孔子自志學以來，即從事於「一以貫之」之學，而非其用功在多識，而在得悟在「一」之道。若云「向之多學而得者，始有以知其一本而無二」，則會誤解夫子之能「一以貫」者，乃在於「多學而識」，由此便會誤導學者，逐物失己。然而聖人所學之道大，人不能遍觀而盡識，宜其以爲多學而識之，雖孔子亦有得力於「多學而識」，但子貢之所曰「然」者，無以見聖功之本原。而子貢又何以云「非也」？則是揣測、審度聖言，豈不爲與孔子之道相背戾。然而孔以即使有得力於多學而識，但其本意仍在求得「一以貫之」之道，此即曾子根器之高，故能理解。

〔註75〕（明）王夫之:〈衛靈公篇（三）〉《讀四書大全說・孟子》，收入船山全書編輯委員會編校:《船山全書》第六冊（湖南（長沙）:嶽麓書社，1991年12月第一版），卷6，頁818。

〔註76〕（宋）朱熹:〈里仁第四〉《四書章句集注・論語》（台北:大安出版社，1999年12月），卷2，頁96。

〔註77〕（宋）朱熹:〈衛靈公第十五〉《四書章句集注・論語》（台北:大安出版社，1999年12月），卷8，頁225～226。

> 到此方識得喜怒哀樂未發之中。蓋吾之性，本天之理也，而天下之物理，亦同此理也。天下之理無不窮，則吾心之理無不現矣。吾心之理無不現，則雖喜怒哀樂之未發而中自立焉。萬物之皆備於我者，誠有之而無妄也。此非格物未至者所可知之境界，故難一一爲眾人道爾。〔註 78〕

若能「一以貫之」豁然貫通，到此方識得人心中喜怒哀樂未發之中。此「中」如其所言「大中者，陰陽合德，屈伸合機，萬事萬理之大本也。知之而必至於是以爲止，知乃至其極也。〔註 79〕」故吾之性之「中」本天之理，而天下之物理，亦同此天之理也。若能達知此大中之境，則天下之理無不窮，則吾心之理亦無不現矣。若吾心之理無不現，則雖喜怒哀樂之未發而中自立於天下之達道。而萬物則皆備於我，若實有之而無妄也。而此乃格物之未至者所無法可知之境界，只能藉由心之領悟，故更難一一爲眾人道。

> 不學而能，必有良能；不慮而知，必有良知。喜怒哀樂之未發，必有大本；斂精存理，翕氣存敬，庶幾遇之。墮氣黜精以喪我而息肩者，不知有也。〔註 80〕

人本有不學而能，必有良能；不慮而知，必有良知。當人之喜怒哀樂之未發，必有大本之「中」。當人收斂其精以存理於心，翕其身之血氣以存敬，庶幾遇之。若是墮氣黜精以喪我而息肩者，不知有此性體之「中」也。程伊川云：「君子之學，在於意必固我既亡之後，而復於喜怒哀樂未發之前，則學之至也。〔註 81〕」

第二節　眞知不因見聞而發

鄭元注《大學》之「致其知」之「知」爲：「知謂知善惡吉凶之所終始也。

〔註 78〕（明）王夫之：〈盡心上篇（二）〉《讀四書大全說・孟子》，收入船山全書編輯委員會編校：《船山全書》第六冊（湖南（長沙）：嶽麓書社，1991 年 12 月第一版），卷 10，頁 1105。

〔註 79〕（明）王夫之：〈中正篇〉《張子正蒙注》，收入船山全書編輯委員會編校：《船山全書》第十二冊（湖南（長沙）：嶽麓書社，1991 年 12 月第一版），卷 4，頁 162。

〔註 80〕（明）王夫之：《思問錄內篇》，收入船山全書編輯委員會編校：《船山全書》第十二冊（湖南（長沙）：嶽麓書社，1991 年 12 月第一版），頁 407。

〔註 81〕（宋）程顥、程頤：《二程集・河南程氏遺書》（台北：漢京文化，1983 年 9 月），卷 25，頁 317。

〔註 82〕」而其注所謂「格物」則是「格，來也。物，猶事也。其知於善深，則來善物；其知於惡深，則來惡物，言是事緣人所好來也。〔註 83〕」故其於下續注：「致或爲至。〔註 84〕」由上可知《大學》藉格物致知而所欲教人者，乃道德範疇的善之事。王夫之反對朱子「格物、致知只是一事」的說法。

> 朱子說「格物、致知只是一事，非今日格物，明日又致知」，此是就者兩條目發出大端道理，非竟混致知、格物爲一也。……若統論之，則自格物至平天下，皆止一事。【如用人理財，分明是格物事等。】若分言之，則格物之成功爲物格，「物格而後知至」，中閒有三轉折。藉令槩而爲一，則廉級不清，竟云格物則知自至，竟删抹下「致」字一段工夫矣。〔註 85〕

朱子說「格物、致知只是一事，非今日格物，明日又致知」，此是就者兩條目發出大端道理，並非竟自將混致知、格物爲一。王夫之認爲若就理論整體性，觀而統論之，則自格物至平天下皆只是一事。若爲方便理論說解，分而言之，則格物之成功爲物格，「物格而後知至」中間有「三轉折」。王夫之所謂的「三轉折」即是格物、致知、知至〔註 86〕。王夫之反對將此「三轉折」視爲一體，若三者混爲一談，則表示對於格物之次序考察不清。若再云「格物則知自至」，則是抹去「致」字，此段致知之重要工夫。張學智云：

> 致知是第二步。王夫之所謂的致知，不是格物的自然延伸，而是人有意識的知識活動。他所謂致知，指在所得的物理上進行純粹內省活動，如想像、類比、推理等，致知強調的是以上內省活動的過程，對比朱熹對致知的解說，王夫之更強調致知的主動性，它對於具體事物的增加與引申。……朱熹的格物指窮理，致知指知識能力的充廣，朱熹所謂致知能力只容受外來知識的能力。它對於外來知識被動的接受，格物到致知是一自然的過程。而這一點正是王夫之所反對的。他憂慮的是，若把格物到致知看作連續的、自然的獲得的，

〔註 82〕（漢）鄭元注、（唐）孔穎達等正義：《禮記正義・大學》，收入《十三經注疏》，（台北：藝文印書館，1993 年），卷 60，頁 983。

〔註 83〕同上註。

〔註 84〕同上註。

〔註 85〕（明）王夫之：〈聖經（一〇）〉《讀四書大全說・大學》，收入船山全書編輯委員會編校：《船山全書》第六冊（湖南（長沙）：嶽麓書社，1991 年 12 月第一版），卷 1，頁 402。

〔註 86〕筆者認爲「知至」即是知止於至善。

便會把這中間的步驟混一看，抹煞人主動地求知的重要性。〔註 87〕

王夫之十分看重「致」字，反對朱熹將此的功夫泯除。因爲此功夫代表人主動學而求知的人文義。故王夫之認爲若非致知，則物無所裁，而容易因爲了格物而格物，忘記所欲格物之目的在於物中通理之道，而落入役於耳目感官所認知的形氣之物，對日常之事處理起來只會愈發繁雜，對於學道則會愈學越少，忘卻學之目標在於至善之氣化之「理一」。所謂的致知，則是格形氣之各物中虛而無形之物理，進而使其心生其智之明，並再利用心之神思之智推理、類比、歸納，進而得以窮究隱於各形氣物之理中之氣化通理之道。

和者於物不逆，樂者於心不厭，端，所自出之始也。道本人物之同得而得我心之悅者，故君子學以致道，必平其氣，而欣於有得，乃可與適道；若操一求勝於物之心而視爲苦難，早與道離矣。〔註 88〕

王夫之釋張載「和樂，道之端乎」。其言所謂和者乃接於物時不與之逆，所謂樂者乃接物於心而不厭。「道之端」之「端」表示所自出之始也。而道本人物之同得於氣化之所生，故物中有道乃得我心之悅者，故君子透過格物致知之學以致道，若能得道，則必平其氣，而欣於有得，乃可與享受道；若操持一求勝於物之心，而視與物相處爲苦難，則早與道離矣。

夫子列學之全功以示人曰：學者之所學者道也。一日由之者此道，終身由之者此道；一事有一事之道，合萬事而統之道。遵之以行，而人道立，天道亦不遠。苟非其道，則人失其倫，物失其理。而可勿志於道乎？〔註 89〕

孔子列學之全功以示人曰：學者之所學者在於道也。一日由此道學，則終身由此道。然而一事有一事之道，合萬事，而統曰之道。遵道以行，而人道立，天道亦不遠。若是不依此道，則人失其倫，物失其理。而可勿志於道乎？

萬物之所自生，萬事之所自立，耳目之有見聞，心思之能覺察，皆

〔註 87〕 張學智：〈從格物到致知：王夫之知識論探微〉，收入夏劍欽著：《王夫之研究文集》（石家莊市：河北教育出版社，1995 年 10 月），頁 139。

〔註 88〕 （明）王夫之：〈誠明篇〉《張子正蒙注》，收入船山全書編輯委員會編校：《船山全書》第十二冊（湖南（長沙）：嶽麓書社，1991 年 12 月第一版），卷 3，頁 136。

〔註 89〕 （明）王夫之：〈述而第七〉《四書訓義．論語》（長沙：岳麓書社，2011 年 1 月），第一冊，卷 11，頁 483。

> 與道爲體，知道而後外能盡物，內能成身；不然，則徇其末而忘其本矣。〔註90〕

萬物之所由生，萬事之所自立，人耳目之有見聞之功能，心思有能覺察之作用，皆游氣化生生之道所生，到本存於萬事萬物之中，故皆本以道爲體，知此氣化之道而後外能盡物之用，內能讓人完成修身成己；不然則人只是徇其有形有限之末的小體之異而忘其身有無形無限生之本源的道。

> 釋氏不審，謂之見性、聞性。乃不知到見聞上，已離了性，只在魂魄上爲役，如水入酒中，一齊作酒味矣。蓋形而上之道，無可見，無可聞，則唯思爲獨效。形而下之有色有聲者，本耳目之所司，心即闌入而終非其本職，思亦徒勞而不爲功。故可見可聞者謂之物，而仁義不可謂之物，以其自微至著，乃至功效已成，而終無成形。若夫食、色等，則皆物也。是故唯思仁義者爲思，而思食色等非思也。〔註91〕

釋氏不審，稱性爲見性、聞性。乃不知到見聞上，已離了性之主體，使性只在魂魄上爲役。如水入酒中，一齊作酒味矣。所謂形而上之道，無可見，無可聞，則唯思可以獨效。而形而下之有色有聲者，本耳目感官之所職掌，心即擅自進入欲職掌之，而終非其可司之本職，故思亦徒勞而不爲功。故可見可聞者謂之物，而性體之仁義不可謂之物，因爲性體自微至著，欲透過心之認知涵養，乃至功效已成，但性體卻終無成形。至於食、色等，則皆爲物。因此唯思仁義者爲思，而所謂思食色等非心之思的作用表現，而是知覺運動之表現。

> 言道體之無涯，以耳目心知測度之，終不能究其所至，故雖日之明，雷霆之聲，爲耳目所可聽覩，而無能窮其高遠；太虛寥廓，分明可見，而心知固不能度，況其變化難知者乎！是知耳目心知之不足以盡性道，而徒累之使疑爾。心知者，緣見聞而生，其知非眞知也。〔註92〕

〔註90〕（明）王夫之：〈大心篇〉《張子正蒙注》，收入船山全書編輯委員會編校：《船山全書》第十二冊（湖南（長沙）：嶽麓書社，1991年12月第一版），卷4，頁148～149。

〔註91〕（明）王夫之：〈告子上篇（二六）〉《讀四書大全說・孟子》，收入船山全書編輯委員會編校：《船山全書》第六冊（湖南（長沙）：嶽麓書社，1991年12月第一版），卷10，頁1092～1093。

〔註92〕（明）王夫之：〈大心篇〉《張子正蒙注》，收入船山全書編輯委員會編校：《船山全書》第十二冊（湖南（長沙）：嶽麓書社，1991年12月第一版），卷4，頁146～147。

王夫之認爲爲學乃在於學道，以道一以貫之於所學。而言道體之無涯且無形無狀，故以耳目心知測度之，終不能窮究其所至，故即使有日之明，雷霆之聲，爲耳目之所可聽覩，但人終究無法窮其高遠之極；太虛寥廓，其爲眞實存有者，分明可見，但人心之知固不能測度，更何況太虛之陰陽變化更是難知者！若知耳目心知之有其限制，而不足以盡性道，而只是累積聞見而多學而識只是使心之疑惑更多。然而心知者，若緣見聞而生，其知非爲學於道之眞知也。

> 此眞知之符也。志者專一，知於所知也。忘生死則渾然一天，寓於形而有喜怒，寓於庸則有生殺，因物而起，隨物而止，無不宜而人不能測其極矣。〔註93〕

此眞知所要符驗之事。是要透過志之專一，而知於所知也。其所欲知乃在忘生死則渾然一天道而已。人因寓於形體，而此形體與物觸，而產生攻取之情而有喜怒，人寓於日用之庸則有生殺，此皆因物而起，隨物而止，即使能應對無不宜，人之耳目感官亦不能測其極矣。

> 張子說「心能盡性，性不知撿其心」，其大義微言，自難與章句之儒道。張子原不將「心」字代「人」字，「性」字代「道」字。心者，人之能弘道者也。若性之與道，在大儒眼底，從條理粲然中，看得血脈貫通，故不妨移近一層與人說。道體自流行於天下，而與吾性相附麗，唯人有性，故天下之道得與己而相親。此張子之所以言性也。「心能盡性」，性盡則道以弘矣。「性不知撿其心」，故道無繇以弘人也。性涵道，則道在性中，【乃性抑在道中，此不可煞說。】而非性即道、道即性也。〔註94〕

張子說「心能盡性，性不知撿其心」乃是以「性」字代「道」字。心者，人之能弘道之因。若性之與道，在張子眼底，是從氣化之條理粲然中，看得血脈貫通，故不妨以「性」字代「道」移近一層與人說。道體自因氣化而流行於天下，而與吾性相附麗，天下之萬物中唯人有性之天德，故天下之道得與

〔註93〕（明）王夫之：〈大宗師〉《莊子解・內篇》（長沙：岳麓書社，2011年1月），卷6，頁160。

〔註94〕（明）王夫之：〈衛靈公篇（一七）〉《讀四書大全說・論語》，收入船山全書編輯委員會編校：《船山全書》第六冊（湖南（長沙）：嶽麓書社，1991年12月第一版），卷6，頁832。

己而相親。此即張載之所以言通同於道之性也。而「心能盡性」，乃因心有思之官之作用，透過思之效用而性可盡，性盡則道可以弘。若由「性不知撿其心」此路徑言，故道無繇以弘人也。而性涵道，則道在性中，而不可言性即道、道即性也。因爲道須要透過心之盡性，才可弘而成。君子所欲學之道，則透過心思認心中之性，即可學於道。而耳目之官所得之知非眞知，故不應執於象而遺理。

> 誠有其理，則自知之，如耳目口鼻之在面，暗中自知其處，不假聞見之知。〔註95〕
>
> 萌者，所從生之始也。見聞可以證於知已知之後，而知不因見聞而發。德性誠有而自喻，如暗中自指其口鼻，不待鏡而悉。〔註96〕
>
> 德性者，非耳目口體之性，乃仁義禮智之根心而具足者也。常存之於心，而靜不忘，動不迷，不倚見聞言論而德皆實矣。〔註97〕

萌之意表示人從生之始，即有此德性之知。而耳目感官之見聞則在人證於知已身具此德性之知之後，才有其知覺認知作用之展現，因爲王夫之認爲人心之致知是不因見聞而發。心中實有此有此天德之性理，此乃仁義禮智之根心而具足誠之萬理，因根於己身之心則故不假於耳目口體之聞見之知便自知之，且此天德之性理常存之於心，心若依此而表現動之幾，則此心於寂然不動而靜時不忘性理之實，與物接感而動時不迷於物而依此性理表現正確之判斷，故無須倚見聞言論，便能做出合於天德之表現，故心之德性皆可具體實行於氣化世界。如程伊川云：「聞見之知非德性之知。物交物則知，非內也，今之所謂博物多能者是也。德性之知，不假聞見。〔註98〕」

> 乃或疑乍見孺子將入于井而有惻隱之心，仁義亦因耳目之交物而生

〔註95〕（明）王夫之：〈天道篇〉《張子正蒙注》，收入船山全書編輯委員會編校：《船山全書》第十二冊（湖南（長沙）：嶽麓書社，1991年12月第一版），卷2，頁69。

〔註96〕（明）王夫之：〈大心篇〉《張子正蒙注》，收入船山全書編輯委員會編校：《船山全書》第十二冊（湖南（長沙）：嶽麓書社，1991年12月第一版），卷4，頁145。

〔註97〕（明）王夫之：〈天道篇〉《張子正蒙注》，收入船山全書編輯委員會編校：《船山全書》第十二冊（湖南（長沙）：嶽麓書社，1991年12月第一版），卷2，頁72。

〔註98〕（宋）程顥、程頤：《二程集・河南程氏遺書》（台北：漢京文化，1983年9月），卷25，頁317。

於心。則又不然。彼所言者，謂盡人而皆有，猶牿亡者之夜氣，天眞未泯，偶一見端。彼唯心失其官以從役於耳目，則天良雖動，亦必借彼以爲功，非有根也。若大人先立其大，則不忍人之心充實在中，而當其乍見孺子入井之時，亦必不與行道之人怵然一驚、惕然一懼者同矣。〔註 99〕

乃或疑突然見一孺子將入於井，而人有惻隱之心，仁義之性亦好似因由耳目之交物，而生於心中。其時則又不然。若言人亦乃因耳目之交而生，此所言者，謂盡人而皆有，和以待學。此說法亦猶牿亡者之夜氣，因所謂夜氣乃平旦清明之氣，自入夜至於平旦，因人未與外界事物相接觸，故而產生清明純淨之氣，而因無外物之干擾，此時良知最易呈現。亦如天眞未泯之赤子之心，此說乃偶一見端。此說法會使心失其官之主宰身之作用，心以從役於耳目感官之知覺，則天良雖動，其內無主體，故亦必借彼之外物才以爲功，此表仁義非有根於心也。若大人先立其大體，則不忍人之心充實在身中，而當其乍見孺子入井之時，亦必不與行道之路人一樣只是怵然一驚、惕然一懼。

且當乍見孺子入井之時，則惻隱之心，因目而動。若其當未見孺子入井之時，君子之思以存夫仁者，豈如思食者之幻立一美味於前，思色者之幻立一美色於前，此內視內聽，亦屬耳目之官，不屬心。而亦幻立一孺子入井之事，而作往救之觀【去聲耶？釋氏用觀，只用耳目】。〔註 100〕

且當乍見孺子入井之時，則其惻隱之心，因目而動，且心之思亦運作於耳目感官中，使其耳目感官之作用表現出道德之認知。當未見孺子入井之時，君子之思亦存仁之性體於中。如思食者之幻立一美味於前，思色者之幻立一美色於前，此內視內聽，亦屬耳目之官，不屬心。故心若無仁義之性體，而亦幻立一孺子入井之事，而作往救之觀之。

天下有其事而見聞乃可及之，故有堯，有象，有瞽瞍，有舜，有文王，幽、厲，有三代之民，事迹已著之餘，傳聞而後知，遂挾以證

〔註 99〕 （明）王夫之：〈告子上篇（二六）〉《讀四書大全說‧孟子》，收入船山全書編輯委員會編校：《船山全書》第六冊（湖南（長沙）：嶽麓書社，1991 年 12 月第一版），卷 10，頁 1093。

〔註 100〕 同上註，頁 1093。

性，知爲之梏矣。德性之知，循理而及其原，廓然於天地萬物大始之理，乃吾所得於天而即所得以自喻者也。〔註 101〕

天下有具體之事迹者則見聞之知乃可認知，故有堯，有象，有瞽瞍，有舜，有文王，幽、厲，有三代之民，其事迹已顯著而爲人所知之餘，其事迹便會透過耳目感官之傳聞而使後人知曉古人之事迹，若由事迹以證性，則眞知爲之梏亡。因爲德性之知，非藉由耳目感官所認知之物象而得其理，而是循物之理而溯其原，而所認知之理乃廓然於天地萬物大始之理，及所謂的太虛之誠理，此太虛之誠藉氣化命於人身，爲其心之實理，故德性之知乃吾所得於天，而即所得以自喻者。

身，謂耳目之聰明也。形色莫非天性，故天性之知，由形色而發。知者引聞見之知以窮理而要歸於盡性；愚者限於見聞而不反諸心，據所窺測恃爲眞知。徇欲者以欲爲性，耽空者以空爲性，皆聞見之所測也。〔註 102〕

身之感官即所謂耳目之聰明也。然而此身之形色中，本具有天之氣中條理之天性，故天性之知，亦須藉由形色之感官接觸外物而發。知者引聞見之知以窮理，而要歸於盡其心中所涵之天性。但愚者侷限於耳目感官之見聞，而不知反求於心之神，而只依據其耳目所窺測，並恃此爲眞知。此乃徇欲者以欲爲性，耽空者以空爲性，皆聞見之所測也，皆非眞正所謂學之格物窮理之意。

眾人之聰明明威，皆天之所降神也。故既存聖人藏密之神，抑必存眾人昭著之神。天載者，所以推行於物性，而物性莫非天載也。天之神理，無乎不察，於聖人得其微，於眾人得其顯，無往而不用其體驗也。〔註 103〕

眾人之心有聰明明威，皆氣化之天之其所降神於人爲心。故既存於聖人有藏密之神，抑必存於眾人有此昭著之神。天所載之者，其所以推行於物之性中，而物性莫非天載也。若能以心之思天之神理，無乎不察，即可產生眞知，於聖人得其微，於眾人得其顯，無往而不用其心之思體驗之。

〔註 101〕（明）王夫之：〈大心篇〉《張子正蒙注》，收入船山全書編輯委員會編校：《船山全書》第十二冊（湖南（長沙）：嶽麓書社，1991 年 12 月第一版），卷 4，頁 144～145。

〔註 102〕同上註，頁 148。

〔註 103〕（明）王夫之：〈天道篇〉《張子正蒙注》，收入船山全書編輯委員會編校：《船山全書》第十二冊（湖南（長沙）：嶽麓書社，1991 年 12 月第一版），卷 2，頁 72～73。

> 以性之德言之，人之有知有能也，皆人心固有之知能，得學而適遇之者也。若性無此知能，則應如夢，不相接續。故曰「唯狂克念作聖」。念不忘也，求之心而得其已知已能者也。〔註 104〕

若以性之德言之，人本有知有能，因皆人心固有之知能，而曾守仁云：

> 「得學而適遇之」，學其實是一種引出的方式——引出人性中固有善性。並且船山進一步以不間斷性，強調性善之固有，正因爲人具有如此善性，故可接續作出「量」的擴充。著眼於自身之性，學者從某個程度而言少，雖學得之於外，但並不打成兩截，卻都在進一步開啓靈明本性以澄明、廓清，印證此心之理。〔註 105〕

因此若人之性中無此德性之知能，則藉格物博求之於事物，以會通其理，應如夢與現實之不相接續。故曰「唯狂克念作聖」，當此念不忘，則反求之於人之本心中之實理，而得其先天而本已知已能之德性之知，此之乃不萌於後天的見聞之知。

> 《中庸》說人道章，更不從天論起，義例甚明。於此更著「聖人」二字，尤爲顯切。德性者，天道也。【亦在人之天道。】德性之尊者，聖人之道也。「尊德性」者，君子之功也。〔註 106〕

《中庸》說人道章，更不從天論起，義例甚明。其說人道乃由人之率其性而言，故言道乃於「聖人」二字，尤爲顯切。所謂德性者乃天道所命於人身，而人受之者也。所謂德性之尊者，乃聖人之行道有得，故稱之爲聖人之道。然而所謂「尊德性」者，乃君子之功，因君子透過尊此德性來自於天，於格物窮理中求道之德，致知而明此德與性體相符，故知此應顯現於人，故透過心表現性體而可努力行道。

> 至如《或問》小註所引《語錄》，有謂「父子本同一氣，只是一人之身分成兩個」爲物理，於此格去，則知子之所以孝，父之所以慈。如此迂誕鄙陋之說，必非朱子之言而爲門人所假託附會者無疑。天

〔註 104〕（明）王夫之：〈第二十七章（三）〉《讀四書大全說・中庸》，收入船山全書編輯委員會編校：《船山全書》第六冊（湖南（長沙）：嶽麓書社，1991 年 12 月第一版），卷 3，頁 565。

〔註 105〕曾守仁：〈試論船山思想中之智識成分：一個學術史面相的考察〉，《中國文化月刊》，第 300 期（2005 年 12 月），頁 27。

〔註 106〕（明）王夫之：〈第二十七章（一）〉《讀四書大全說・中庸》，收入船山全書編輯委員會編校：《船山全書》第六冊（湖南（長沙）：嶽麓書社，1991 年 12 月第一版），卷 3，頁 562。

下豈有欲為孝子者，而癡癡呆呆，將我與父所以相親之故去格去致，必待曉得當初本一人之身，而後知所以當孝乎？即此一事求之，便知吾心之知，有不從格物而得者，而非即格物即致知審矣。〔註 107〕

王夫之不認同《或問》小註所引《語錄》中提到「父子本同一氣，只是一人之身分成兩個」認此為物理並於此格去，則知子之所以孝與父之所以慈之理。王夫之認為天下豈有欲當孝子之人，會癡癡呆呆去格去致自己與父之所以相親之故，而曉得當初本一人之身，父生己而後知所以當孝其父。其實人之孝父，並無須藉物之格而後明此理，因此乃德性之知無須假於聞見之格物，即從孝之一事求之，便知吾心具有此德性之知，故德性之知不從格物而得者，而非即格物即致知。

是故孝者不學而知，不慮而能，慈者不學養子而後嫁，意不因知而知不因物，固矣。唯夫事親之道，有在經為宜，在變為權者，其或私意自用，則且如申生、匡章之陷於不孝，乃藉格物以推致其理，使無纖毫之疑似，而後可用其誠。此則格致相因，而致知在格物者，但謂此也。〔註 108〕

由上之論可知，孝者乃人不學而知，不慮而能的德性之知之良知良能。而慈者乃不學養子而後嫁，其意不因於格物而知，而其知亦不假於物而得。故只有事親之道，有在經為宜，在變為權者，有時或因私意自用，則且如申生、匡章之陷於不孝，乃因其欲藉格物以推致其理，但無法推致纖毫之疑似，故其最終所可用乃其身之心中所得於天的性之誠理，由德性之知求得其對待親人至孝之理。此則所謂格致相因，而致知在格物者。王夫之就由規矩與巧之關係來說明格致互用之意。

孟子曰：「梓匠輪輿，能與人規矩，不能使人巧。」規矩者物也，可格者也；巧者非物也，知也，不可格者也。巧固在規矩之中，故曰「致知在格物」；規矩之中無巧，則格物、致知亦自為二，而不可偏廢矣。〔註 109〕

〔註 107〕（明）王夫之：〈聖經（一〇）〉《讀四書大全說．大學》，收入船山全書編輯委員會編校：《船山全書》第六冊（湖南（長沙）：嶽麓書社，1991 年 12 月第一版），卷 1，頁 402～403。

〔註 108〕同上註，頁 403。

〔註 109〕同上註，頁 403～404。

孟子曰：「梓匠輪輿能與人規矩，不能使人巧。〔註 110〕」孟子認爲木工與造輪造車箱之工匠只能教給人各種有形的法度規矩，卻，無法教人們無形的巧思。朱子云：「尹氏曰：規矩，法度可告者也。巧則在其人，雖大匠亦末如之何也已。蓋下學可以言傳，上達必由心悟，莊周所論斲輪之意蓋如此。〔註 111〕」尹焞註解：規矩、法度是可告人者。而巧思則在工匠本人經驗之體悟，即便是有名的大匠亦不知把此多年所得之巧思語人。並藉此引申到修養工夫，「下學」之格物，乃可告人之規矩、法度；然「上達」必由心體悟爲無法藉由有線之言語告人之「巧」。如「莊周所論斲輪之意」。

> 桓公讀書於堂上，輪扁斲輪於堂下，釋椎鑿而上，問桓公曰：「敢問公之所讀者何言邪？」公曰：「聖人之言也。」曰：「聖人在乎？」公曰：「已死矣。」曰：「然則君之所讀者，古人之糟魄已夫！」桓公曰：「寡人讀書，輪人安得議乎！有說則可，無說則死。」輪扁曰：「臣也，以臣之事觀之。斲輪，徐則甘而不固，疾則苦而不入。不徐不疾，得之於手而應於心，口不能言，有數存焉於其間。臣不能以喻臣之子，臣之子亦不能受之於臣，是以行年七十而老斲輪。古之人與其不可傳也死矣，然則君之所讀者，古人之糟魄已夫。」〔註 112〕

陳鼓應譯：「公在堂上讀書。輪扁在堂下斫車輪，放下錐鑿走上前來，問桓公說：『請問，公所讀的是什麼書。』公說：『是聖人之言。』問說：『聖人在嗎？』桓公說：『已經死了。』輪扁說：『那麼你所讀的，是古人的糟粕了！』桓公說：『寡人讀書，輪人怎能隨便議論！說得出理由還可以，說不得理由就要處死。』輪扁說：『我用我所從事的事來觀察。斫車輪，慢了就鬆滑而不堅固，快了就滯澀而難入。不慢不快，得心應手，口裏說不出來，有奧妙的技術存在其間。我不能告訴我的兒子，我的兒子也不能繼承我，所以七十歲了還在斫輪。古時人和他所不能傳授的，都已經消失了，那麼你所讀的，就是古人的糟粕。』〔註 113〕」由上可知，王夫之認爲「巧」乃非有形之物，故非耳目

〔註 110〕（宋）朱熹：〈盡心下〉《四書章句集注・孟子》（台北：大安出版社，1999 年 12 月），卷 14，頁 513。

〔註 111〕同上註。

〔註 112〕（清）王先謙：〈天道第十三〉《莊子集解》（台北：世界書局，2003 年 10 月），卷 4，頁 121～122。

〔註 113〕陳鼓應註譯：〈天道〉《莊子今註今譯（上冊）》（台北：臺灣商務印書館，1998 年 10 月），頁 395。

感官之格物可以得知。但因爲「巧」必定在「規矩」之物中，故仍要透過格物的工夫，才得以體悟，但要就由心官德性之知不執著於物之形，進而於努力接觸萬事萬物過程中，要「體」其中無形「物物一太極」的之「巧」，達到致知的物之理即心之理的「心物是一」之貫通之目的。而非只是重視外在形氣之物的形式之理的規矩與法度。如張立文云：「此人製造輪輿的規矩，是客體對象物，可傳授給弟子，弟子也可掌握。匠人的純熟技巧，是主體智慧的結晶，屬於知的範圍。既不能直接傳授，也不能格。純熟技巧可以體現在規矩之中，但規矩本身不是技巧。〔註 114〕」

> 「大匠能與人以規矩，不能使人巧。」巧者，聖功也，博求之事物以會通其得失，以有形象無形而盡其條理，巧之道也。格物窮理而不期旦暮之效者遇之。〔註 115〕

王夫之藉由「大匠能與人以規矩，不能使人巧。」說明所謂巧者，乃聖人之功，其藉格物博求之於事物，以會通其得失，張立文云：「兩者相分不雜，這種區別表現在主體認識過程中功能、作用、階段的不同。〔註 116〕」王夫之云：「大匠之巧，莫有見其巧者也。無感之興，莫有見其興者也。『明發不寐，有懷二人』，尋過去也。『視于無形，聽於無聲』，豫未來也。舍其過去未來之心，則有親而不能事，況天下之亹亹者乎？〔註 117〕」大匠之巧乃無形無狀之天理，故莫有見其巧者。而所謂無感之興，表其興乃心之德性之知，爲心之實理，故莫有見其興者。所謂「明發不寐，有懷二人」，乃在尋過去之物。「視于無形，聽於無聲」，則是豫於未來也。人須捨其欲由過去未來之事中格其理之心，若不捨此執著於聞見之知之心，天下之人勤勉不倦於格物之聞見之知欲求得孝慈之理，則成有親而不能事之亂象。故王夫之藉由以格有形象之物，求得無形之理而盡其條理，此乃巧之道也。聖人努力格物窮理，但不期短時間有其效用，因爲藉聞見之知而格物，其所得之理有其限制。而同時代之學者黃宗羲亦與王夫之有相同的看法，黃宗羲云：

〔註 114〕張立文：《中國哲學範疇發展史（人道篇）》（台北：五南圖書，1997 年 1 月），頁 558。

〔註 115〕（明）王夫之：《思問錄內篇》，收入船山全書編輯委員會編校：《船山全書》第十二冊（湖南（長沙）：嶽麓書社，1991 年 12 月第一版），頁 409。

〔註 116〕張立文：《中國哲學範疇發展史（人道篇）》（台北：五南圖書，1997 年 1 月），頁 558。

〔註 117〕（明）王夫之：《思問錄內篇》，收入船山全書編輯委員會編校：《船山全書》第十二冊（湖南（長沙）：嶽麓書社，1991 年 12 月第一版），頁 414。

> 規矩熟而巧生，巧即在規矩之中，猶上達即在下學之中。學者離卻人倫日用，求之人以上，是離規矩以求巧也。〔註 118〕

黃宗羲「規矩」熟而「巧」生。如同莊子「庖丁解牛〔註 119〕」，庖丁從一開始解牛是「技」的境界，經年累月地努力，最終達到「神」之無形境界。黃宗羲所言「人倫日用」之事物，即所謂的「規矩」之「物」，其以爲「上達」之「巧」即在「下學」之人倫日用的「規矩」之中，故其明確指出道德本體之巧就在人倫日用之事物之規矩。黃宗羲云：

> 道無形體。精義入神，即在灑掃應對之內，巧即在規矩之中，上達即在下學，不容言說，一經道破，便作光景玩弄，根本便不帖帖地。〔註 120〕

因爲「精義入神」的「巧」之「道」並無形體，而其凝於「灑掃應對」之人倫日用「規矩」之內。此工夫須於人倫日用的眞實生活中實踐而體貼之，故「不容言說」，「一經道破」便有執著工夫形式，而成爲相對待的修養工夫。

> 明夫人之生也，皆天命流行之實，而以其神化之粹精爲性，乃以爲日用事物當然之理，無非陰陽變化自然之秩敘，有不可違。〔註 121〕

> 天下之義理，皆吾心之固有；涵泳深長，則吾心之義理油然自生。得之自然者，皆心也；其不自然者，則唯其非吾心之得也。〔註 122〕

明白人之生也，皆由天命流行之實而來，而氣化之天以其神化之粹精以爲人之性，而天下之義理，皆吾心之固有，故性乃以爲日用事物當然之理，涵泳深長，則吾心之義理油然自生，無非陰陽變化自然之秩敘，有不可違。而其不自吾心之義理油然自生者，則唯其非吾心之本性之得。

> 灑掃應對，形也。有形，則必有形而上者。精義入神，形而上者也。

〔註 118〕（明）黃宗羲：〈梓匠輪輿章〉《孟子師說》，收入《黃宗羲全集》第一冊（杭州：浙江古籍出版社，2005 年 9 月增訂版），卷 7，頁 159。

〔註 119〕（清）王先謙：〈養生主第三〉《莊子集解》（台北：世界書局，2003 年 10 月），卷 1，頁 26～29。

〔註 120〕（明）黃宗羲：〈道則高矣章〉《孟子師說》，收入《黃宗羲全集》第一冊（杭州：浙江古籍出版社，2005 年 9 月增訂版），卷 7，頁 158。

〔註 121〕（明）王夫之：〈乾稱篇〉《張子正蒙注》（《船山全書（十二）》，湖南（長沙）：嶽麓書社，1991 年 12 月第一版），卷 9，頁 351。

〔註 122〕（明）王夫之：〈離婁下篇（一〇）〉《讀四書大全說‧孟子》，收入船山全書編輯委員會編校：《船山全書》第六冊（湖南（長沙）：嶽麓書社，1991 年 12 月第一版），卷 9，頁 1019。

然形而上，則固有其形矣。故所言治心修身、詩書禮樂之大教，皆精義入神之形也。灑掃應對有道，精義入神有器。道爲器之本，器爲道之末，此本末一貫之說也。〔註 123〕

須求「精義」學問才不會成妄。灑掃應對乃形而下者。有形而下之末，則必有形而上之本。精義入神乃形而上者。故言治心修身、詩書禮樂之大教，皆形而上之本之精義入神之形。而灑掃應對之形而下者中必有其形而上之道，故形而上精義入神之道中有器。道爲器之本，器爲道之末，此本末一貫之說也。道乃形而上的太極之通理。亦爲人心中所含之實理。王夫之云：「橫渠之所云『精義入神』者，則明善是已。〔註 124〕」

「謂之」者，從其謂而立之名也。「上下」者，初无定界，從乎所擬議而施之謂也。然則上下无殊畛，而道器而道器无異體，明矣。天下惟器而已矣。道者器之道，器者不可謂之道之器也。〔註 125〕

王夫之言「謂之」者乃從其稱謂而立之名。所謂「上下」者，乃初無定界，從於所欲擬議，進而施之與上下之謂。然則上下亦无不同畛域，故雖稱作道、器，其名有別，但道器並無異體，皆以太虛之氣爲體，明矣。故天下惟器而已。道者乃器中之道，而器者不可謂之道之器，因爲道器無先後之別，只有體現之形態有異。

形而上者，非无形之謂。既有形矣，有形而後有形而上。无形之上，亘古今，通萬變，窮天窮地，窮人窮物，皆所未有者也。故曰：「惟聖人然後可以踐形。」踐其下，非踐其上也。〔註 126〕

故形而上者，並非無形之謂。因爲既以有形來論形上下，則有形而後有形而上。既言無形之上，則亘古今，通萬變，窮天窮地，窮人窮物，皆所未有此無形之上者也。故曰：「惟聖人然後可以踐形。」聖人所見者乃踐其下，非踐

〔註 123〕（明）王夫之：〈子張篇（四）〉《讀四書大全說・論語》，收入船山全書編輯委員會編校：《船山全書》第六冊（湖南（長沙）：嶽麓書社，1991 年 12 月第一版），卷 7，頁 885～886。

〔註 124〕（明）王夫之：〈第二十章（一四）〉《讀四書大全說・中庸》，收入船山全書編輯委員會編校：《船山全書》第六冊（湖南（長沙）：嶽麓書社，1991 年 12 月第一版），卷 3，頁 525。

〔註 125〕（明）王夫之：〈繫辭上傳第十二章〉《周易外傳》，收入船山全書編輯委員會編校：《船山全書》第一冊（湖南（長沙）：嶽麓書社，1991 年 12 月第一版），卷 5，頁 1027。

〔註 126〕同上註，頁 1028。

其上也。太虛之氣存在有無兩間，而非形之上下，太虛之氣無乃其氣之未聚，太虛之氣有乃其氣之以聚，有無乃同在氣一層面聚散升降變化不已，而不以形上形上論之，乃因以形上下論之，便會落入形上之無形者爲空、爲無之陋。

> 聖賢之所謂道，原麗乎事物而有，而事物之所接於耳目與耳目之得被於事物者，則有限矣。故《或問》以目不及見、耳不及聞爲言，而朱子又引《尚書》「不見是圖」以證之。夫事物之交於吾者，或有睹而不聞者矣，或有聞而不睹者矣，且非必有一刻焉爲睹聞兩不至之地，而又豈目之槩無所睹，耳之槩無所聞之謂哉？則知雲峰所云「特須臾之頃」者，其言甚謬。蓋有多歷年所而不睹不聞者矣。唯其如是，是以不可須臾離也。〔註 127〕

聖賢之所謂道，因爲無形無狀，故原本應麗乎事物而有，而事物之所接於耳目，欲藉由耳目之達到於事物者，仍是有限。故《或問》以目不及見、耳不及聞爲言，而朱子又引《尚書》「怨豈在明，不見是圖」以證之。此句本出自《五子之歌》，內容是指夏朝國君太康的五個弟弟的詩歌。太康被后羿打敗後。太康的五位弟弟和母親被趕到洛河後作《五子之歌》，先敘失國之事，以表示悔改。此句指人常犯錯誤招來怨恨，並非都是明顯的大的過錯。而往往是由小事引起的。因此應在細微難見的地方注意克服，不使小錯變成大錯，使人怨恨。然而朱子藉此句話告訴我們：事物細微難見的地方應注意克服，故要努力學習。因此事物之交於吾之耳目之官，有的是睹而不聞，有的是有聞而不睹，且不一定有一刻何有睹聞兩不至之地，而又豈目之槩無所睹，耳之槩無所聞之謂哉？則知雲峰所云「特須臾之頃」者，其言甚謬。因有許多事物並不及人之耳目，故有歷年所而不睹不聞之物多。雖然是如此，但是道仍是不可須臾離。故如《中庸》「道也者，不可須臾離也，可離非道也。〔註 128〕」朱子云：「道者，日用事物當行之理，皆性之德而具於心，無物不有，無時不然，所以不可須臾離也。若其可離，則爲外物而非道矣。〔註 129〕」

〔註 127〕（明）王夫之：〈第一章（一一）〉《讀四書大全說・中庸》，收入船山全書編輯委員會編校：《船山全書》第六冊（湖南（長沙）：嶽麓書社，1991 年 12 月第一版），卷 2，頁 462。

〔註 128〕（宋）朱熹：《四書章句集注・中庸》（台北：大安出版社，1999 年 12 月），頁 22。

〔註 129〕同上註，頁 23。

>「弗見」、「弗聞」，微也；「體物不可遺」，顯也。……弗見弗聞者，即以言夫體物者也。體物不遺者，乃此弗見弗聞者體之也。〔註 130〕

「弗見」、「弗聞」，指道之微而不易聞見；「體物不可遺」，指道之顯於形下之器物中。弗見弗聞者，須透過體物而可知曉道。所謂體物不遺，乃於此道之弗見弗聞者上體之。

>形而下者只是物，體物則是形而上。形而聞者也。形而上者，弗見弗聞者也。如一株柳，其爲枝、爲葉可見矣，其生而非死，亦可見矣。所以體之而使枝爲枝，葉爲葉，如此而生，如彼而死者，夫豈可得而見聞者哉？〔註 131〕

形而下者只是器之物，體物則是體物中形而上之道。形而下之物是可睹可聞者。而形而上之道，乃弗見弗聞者。如同一株柳，其爲枝、爲葉乃形而下之器物，故可見矣，其生而非死，亦可由其枝葉表現，亦可見。所以要體之者，乃是使枝爲枝，葉爲葉，如此而生，如彼而死，物物所以然之理的道，故豈可得而見聞者哉？

>物之體則是形。所以體夫物者，則分明是形以上那一層事，故曰「形而上」。然形而上者，亦有形之詞，而非無形之謂。則形形皆有，即此弗見弗聞之不可遺矣。〔註 132〕

形而下的物之體是有形。所以欲體物則分明是形以上層之事，故曰「形而上」。然形而上者，亦有「形」之詞，故非所謂由無形上體之。則形形皆有此形而上者，即此弗見弗聞之不可遺任何一有形之物。

>不可見、不可聞者之體物不遺，鬼神之性情固然。此弗見弗聞之體物不遺，以使物得之爲物者，則其功效也。三句全寫性情，而功效則在言外，不可以體物不遺爲功效。〔註 133〕

天地透過神之陽氣之靈的生生，鬼之陰氣之靈凝結，故可創生萬事萬物，此天地陰陽之神中有其理，而萬物必經此理而產生稱此理爲道，此即所謂不可見不可聞之道。如果天地間沒有鬼神之性情之生生不測，則宇宙間即如同枯

〔註 130〕（明）王夫之：〈第十六章（一）〉《讀四書大全說・中庸》，收入船山全書編輯委員會編校：《船山全書》第六冊（湖南（長沙）：嶽麓書社，1991 年 12 月第一版），卷 2，頁 504。

〔註 131〕同上註，頁 504～505。

〔註 132〕同上註，頁 505。

〔註 133〕同上註。

木，死灰一般，沒有生機。故不可見、不可聞者之體物不遺，此乃鬼神性情本然如此。鬼神藉由弗見弗聞之體物不遺，可以使物得其所以爲物之理存在於天地之間，此乃鬼神之功效也。三句全寫鬼神之性情，而功效乃是鬼神之性情使物物有所以爲物之理，則此功效之意在言外，故不可以「體物不遺」之創生萬物之具體之形爲功效。而人欲透過格物所習得之物理盡而達到致知之境地，便是要透過鬼神體物不遺之功效，從物物中領會不睹不聞中的天地之道。

> 此不可見聞者，物物而有。直是把一理會株柳去，則儘量只在可見可聞上去討，急切間如何能曉得者裏面有那弗見弗聞底是怎麼生。及至到祭祀上，卻得通箇消息。〔註 134〕

> 乃此理氣之洋洋者，下逮於天下之人，固亦時與之相遇，特習而不察，繇而不知，窮視聽於耳目之間，而要亦何嘗遠人而託於希微之際也？故曰：「誠之不可揜如此夫！」〔註 135〕

《中庸》：「子曰：「鬼神之爲德，其盛矣乎！視之而弗見，聽之而弗聞，體物而不可遺。使天下之人齊明盛服，以承祭祀。洋洋乎！如在其上，如在其左右。詩曰：『神之格思，不可度思！矧可射思！』夫微之顯，誠之不可揜如此夫。〔註 136〕」朱子云：「愚謂以二氣言，則鬼者陰之靈也，神者陽之靈也。以一氣言，則至而伸者爲神，反而歸者爲鬼，其實一物而已。爲德，猶言性情功效。鬼神無形與聲，然物之終始，莫非陰陽合散之所爲，是其爲物之體，而物所不能遺也。其言體物，猶易所謂幹事。……齊之爲言齊也，所以齊不齊而致其齊也。明，猶潔也。洋洋，流動充滿之意。能使人畏敬奉承，而發見昭著如此，乃其體物而不可遺之驗也。孔子曰：『其氣發揚于上，爲昭明焄蒿悽愴。此百物之精也，神之著也』，正謂此爾。……誠者，眞實無妄之謂。陰陽合散，無非實者。故其發見之不可揜如此。〔註 137〕」藉由《中庸》之原文與朱熹注可得知：此不可見聞者，乃物物皆有之理。但若是執於理會株柳，

〔註 134〕（明）王夫之：〈第十六章（二）〉《讀四書大全說・中庸》，收入船山全書編輯委員會編校：《船山全書》第六冊（湖南（長沙）：嶽麓書社，1991 年 12 月第一版），卷 2，頁 505。

〔註 135〕同上註，頁 506。

〔註 136〕（宋）朱熹：《四書章句集注・中庸》（台北：大安出版社，1999 年 12 月），頁 33。

〔註 137〕同上註。

人之格物則是只在可見可聞上去討，這樣如何能曉得者物裏有那弗見弗聞之氣化生生之道。若藉由祭祀之禮讓人明白格物欲體物之道是比較容易讓人明白，因爲祭祀之禮的氛圍能使人畏敬奉承，而發見昭著道之體物而不可遺之驗，故孔子曰：「其氣發揚于上，爲昭明焄蒿悽愴。此百物之精也，神之著也」藉此之言，王夫之認爲好似能夠在祭祀上與生物不測之鬼神通箇消息。然而此理氣之洋洋，其實下及於天下之人，因爲天氣化流行不息，故人平時無時不受日生之氣，而氣中之鬼神本亦時與人相遇，但人特因習而不察，由其生而不知，只欲藉由窮視聽於耳目之間欲知鬼神之事，殊不知此鬼神何嘗遠人，人卻藉口推託鬼神須於希微隱而不顯之際來感應體悟之。其實鬼神乃天地生生之誠，是最眞實無妄者。其透過陰陽合散所生氣化萬物表現其誠，故無非爲實。然而鬼神之誠體之發見，乃不可掩藏，因其早顯現於氣化生生不已的萬物之中。此故曰：「誠之不可揜如此夫！」

> 恃聰明聞見，而不存神以體實理，其教人必抑人從己，其自爲學必矜妙悟而不求貫通，怠於精義，必成乎妄也。〔註 138〕

若依恃己身感官耳目聰明之聞見，而不明物之理本非性外之理，不知以存心之神體物中合於道之形上太極實理。若如此則其教人必抑人從己，其爲學必自矜滿於華而不實之妙悟而不求豁然貫通物之實理，故怠於求精義，其學問必成於妄而不實。

> 若夷與尹，非其知之不眞也，知其所至，而未極乎物之所至，則至其所知，而或未中乎幾之莫知。其不能從容於仕、止、久、速合一無滯之義也，亦極其所極，而未達乎無用不極之妙。《易》曰：「精義入神，以致用也。」「窮神知化，德之盛也。」事始於精義，則下學皆有可學之資；化極於窮神，則雖夷與尹不足以盡其上達之妙。然則孟子之所以學孔子者，一言以蔽之曰，知言而已矣。〔註 139〕

夷與尹之知爲眞知，因知其所至，且物之未至，則已至其所知於物之上，但或尚未完全掌握氣化流行陰陽之氣幾，故其餘氣化之時位上，上不能從

〔註 138〕（明）王夫之：〈可狀篇〉《張子正蒙注》，收入船山全書編輯委員會編校：《船山全書》第十二冊（湖南（長沙）：嶽麓書社，1991 年 12 月第一版），卷 9，頁 380。

〔註 139〕（明）王夫之：〈公孫丑上篇（一八）〉《讀四書大全說．孟子》，收入船山全書編輯委員會編校：《船山全書》第六冊（湖南（長沙）：嶽麓書社，1991 年 12 月第一版），卷 8，頁 939。

容於仕、止、久、速合一無滯之義，亦極其所極，而未達乎無用不極之妙。《易・繫辭下傳》云：「尺蠖之屈，以求信也。龍蛇之蟄，以存身也。精義入神，以致用也。利用安身，以崇德也。過此以往，未之或知也。窮神知化，德之盛也。〔註 140〕」所謂「精義入神，以致用也」乃下學之事始於精義，精研事物之微義。所謂「窮神知化，德之盛也」則人藉此下學之資助其許上達到神妙的境地，若無夷與尹之人，則不足以盡其上達之妙。然則孟子之所以學孔子者，一言以蔽之曰知言，所謂「知言」即是「精義入神」而已矣。

> 以實理爲學，貞於一而通於萬，則學問思辨皆逢其原，非少有得而自恃以止也。自益益人，皆唯盡其誠，而非在聞見作爲之間，此存神之所以百順也。〔註 141〕

以求豁然貫通之太極實理爲學，貞於一而可達通於萬，則學問思辨皆逢其原，不會因爲少有得而自恃以此爲止也。故自益益人，皆在盡其天道之誠，而非在聞見之分殊之物理作爲之間，此乃存人心之神之不妄動而所以不拘於徇物而百順。

> 非物理之應得，任聞見之小辨以言動，則此動雖始非不善而終成乎惡，謂之過。非心者，非其初心，非誠者，非心之實得。【敔按：心者，自盡之心；誠者，實有之理，忠信是也。】〔註 142〕

非格物所應得之實理，而止任小體之聞見之辨而言動，此動之初雖非不善但因無實理存於人心之中而終成乎惡，即謂之過。所謂非心者乃非人生之初存有太極之通理的之心；而所謂非誠者乃此格物所得非心之實得之理。

> 既言「學必至於知化」，又云舍氣無象、非象無意，以見知化之學，非索之於虛空變幻之中，即此形形色色庶物人倫之理，無一義之不精，無一物之不體，則極盡乎氣之良能而化即在是，此至誠之所以無息。彼不誠無物者，以介然之悟，立幻妄之教，指休歇爲究竟，事至物遷而不能繼，性之不盡而欲至於命，其狂愚甚矣。〔註 143〕

〔註 140〕（宋）朱熹：《周易本義》（台北：大安出版社，1999 年 7 月），卷 3，頁 256。

〔註 141〕（明）王夫之：〈可狀篇〉《張子正蒙注》，收入船山全書編輯委員會編校：《船山全書》第十二冊（湖南（長沙）：嶽麓書社，1991 年 12 月第一版），卷 9，頁 379。

〔註 142〕同上註，頁 381。

〔註 143〕同上註，頁 361。

故「學必至於知化」，而且捨氣則無象、非象則無意，以此可見知化之學，並非於虛空之無的變幻之中探求，而應於接近此形形色色庶物人倫之理，當無一義之不精，無一物之不體，則極盡乎其心氣之良能，豁然貫通而道之太極通理於心。故「化」之理即在此，而此乃太和之氣和合生化萬物至誠之所以無息之道。若言彼不誠無物，而以與誠有間隔之悟，立幻妄之教，指休歇爲究竟解脫，則事至物遷而不能繼天道之善，性之不盡而欲至於命，其狂愚甚矣。故其言：「窮理盡性而命可至，精義入神而用可利，善之至矣。〔註 144〕」

第三節　學思並進

王夫之云：「其尊德性也，天之所以與我者有良知焉，故萬物之理可歷焉而即覺，則日涵泳其已知者而不昧，『溫故』也。其道問學也，以三千、三百之委曲，因時而有斟酌，必日知其所未知，而後義盡得其無窮『知新』也。〔註 145〕」王夫之說明學之有兩路徑，其一，尊德性也，即透過天之所以與我者有良知，即心之思之作用，自律地故透過內在之思，而萬物之理可經歷即覺知，若能日涵泳其已知之性體所萬物皆備者而不昧於物之攻取，此即所謂「溫故」也。其二，所謂道問學，乃他律的方式，透過外物三千、三百之委曲，因時而有斟酌，必努力日知其所未知，多學而識是之，多與物接，則義盡而得其無窮，此乃所謂「知新」也。

子曰：「溫故而知新，可以爲師矣。〔註 146〕」朱子云：「言學能時習舊聞，而每有新得，則所學在我，而其應不窮，故可以爲人師。若夫記問之學，則無得於心，而所知有限，故學記譏其『不足以爲人師』，正與此意互相發也。〔註 147〕」王夫之提出爲學求知之方乃思之溫故與學之知新兩方法並進而有功。

抑曰「心之官則思，思則得之」，「此天之所與我者」。心官能思，所

〔註 144〕（明）王夫之：《禮記章句・大學》（長沙：岳麓書社，2011 年 1 月），第二冊，卷 42，頁 1473。

〔註 145〕（明）王夫之：〈第二十七章〉《四書訓義・中庸三》（長沙：岳麓書社，2011 年 1 月），第 1 冊，卷 4，頁 209～210。

〔註 146〕（宋）朱熹：〈爲政第二〉《四書章句集注・論語》（台北：大安出版社，1999 年 12 月），卷 1，頁 74。

〔註 147〕同上註。

> 以思而即得，得之則爲「故」矣。此固天之所與我者，而豈非性之成能乎？〔註 148〕

由「心之官則思，思則得之」、「此天之所與我者」，可知心官能思，所以思而即可得，乃因此得之則爲「故」，此「故」本天之所與我者，而豈非性之成能乎？故王夫之云「『故學之』，『復習之』，雖格物之功，而心恆識乎理而不忘，則實存心之切務也。〔註 149〕」故多學而識物之理，進而常復習與心之「故」相應，雖格物之功，而心恆識乎理而不忘，則實存心之切務也。

> 視之所該最廣，除睡時無有不視。容之爲功最密，除盛德之至者，一刻忘下便不得「溫」。以此九者詳求之日用之閒，豈復有無事之時哉？而何憂妄想之生！不得已而姑云有閒時，則君子固有讀書窮理之功，而用其思於學。學、思固分致之功，而方學即思所學。乃所云「視思明，聽思聰，疑思問」者，固已該乎方學之思爲言。是君子終日於此九者，該動靜，統存發，而更不得有無事之時矣。〔註 150〕

孔子曰：「君子有九思：視思明，聽思聰，色思溫，貌思恭，言思忠，事思敬，疑思問，忿思難，見得思義。〔註 151〕」朱子云：「視無所蔽，則明無不見。聽無所壅，則聰無不聞。色，見於面者。貌，舉身而言。思問，則疑不蓄。思難，則忿必懲。思義，則得不苟。程子曰：『九思各專其一。』謝氏曰：『未至於從容中道，無時而不自省察也。雖有不存焉者寡矣，此之謂思誠。』〔註 152〕」九思雖各有專一之事，但之內涵可通於一誠，此誠即是天道。王夫之認爲目之視之所該最廣，除人睡眠時無有不視。容之爲功最密，除盛德之至者，一刻忘下，便不得「溫」。以此九思者詳求之日用之閒，則無時無刻不努力，豈復有無事之時哉？而又何憂有妄想之生！當不得已而姑且云有閒之時，則

〔註 148〕（明）王夫之：〈第二十七章（三）〉《讀四書大全說・中庸》，收入船山全書編輯委員會編校：《船山全書》第六冊（湖南（長沙）：嶽麓書社，1991 年 12 月第一版），卷 3，頁 565。

〔註 149〕（明）王夫之：《禮記章句・中庸》（長沙：岳麓書社，2011 年 1 月），第二冊，卷 31，頁 1301～1302。

〔註 150〕（明）王夫之：〈季氏篇（一三）〉《讀四書大全說・論語》，收入船山全書編輯委員會編校：《船山全書》第六冊（湖南（長沙）：嶽麓書社，1991 年 12 月第一版），卷 7，頁 855。

〔註 151〕（宋）朱熹：〈季氏第十六〉《四書章句集注・論語》（台北：大安出版社，1999 年 12 月），卷 8，頁 242。

〔註 152〕同上註。

君子本有讀書窮理之功，而用其思於學。而學、思本爲分致之功，但方學即思所學，則是爲學之法。如其所云「視思明，聽思聰，疑思問」者，此句固已該乎方學便方思。是故君子終日於此九者，此爲學功夫該動靜、統存發，而更不得有無事之時。

> 聞見，習也；習之所知者，善且有窮，況不善乎！盡性者，極吾心虛靈不昧之良能，舉而與天地萬物所從出之理合而知其大始，則天下之物與我同源，而待我以應而成。故盡孝而後父爲吾父，盡忠而後君爲吾君，無一物之不自我成也；非感於聞見，顧名思義，觸事求通之得謂之知能也。〔註 153〕

所謂聞見即習，習之所知，雖善且有窮盡之時，更況不善！所謂盡性者，即是極盡吾心虛靈不昧之良能，而舉與天地萬物所從出於天之理相合，而知其性體之內涵與萬物之理同出於氣化之陰陽和合之道，則天下之物與我同源，而待我以應而物可成。故透過盡孝而後父爲吾父，盡忠而後君爲吾君，無一物之不自我而成也。故此乃非感於聞見而得，顧名思義，若是觸事而可求通之得，謂之知能。

> 孩提之童之愛其親，親死而他人撫育之，則愛他人矣。孟子言不學不慮之中，尚有此存，則學慮之充其知能者可知。斷章取此以爲眞，而他皆妄，洵夏蟲之於冰也。〔註 154〕

孩提之童愛其親，親死而他人字之，則愛他人。不可由此言，孟子不學不慮之中，會因爲時空環境改變影響其天生良能，故想透過學在加以擴充學慮之充其知能。若斷章取此以爲眞，而他皆妄，則如洵夏蟲之於冰也。王夫之認爲不學不慮者部會因時空環境改變而使其消失。此情況應該是因親人死亡，而其親人之對象改變，故其以侍奉父母之孝的對象有移易，但其不學不慮之良能並不會因爲親人死亡而削減或消逝。

> 夫子曰：致知之途有二：曰學，曰思。學則不恃己之聰明，而一唯先覺之是效；思則不循古人之陳迹，而任吾警悟之靈。乃二者不可

〔註 153〕（明）王夫之：〈大心篇〉《張子正蒙注》，收入船山全書編輯委員會編校：《船山全書》第十二冊（湖南（長沙）：嶽麓書社，1991 年 12 月第一版），卷 4，頁 144。

〔註 154〕（明）王夫之：《思問錄內篇》，收入船山全書編輯委員會編校：《船山全書》第十二冊（湖南（長沙）：嶽麓書社，1991 年 12 月第一版），頁 414。

偏廢，而必相資以爲功。……學非有礙於思，而學愈博則思愈遠；思正有功於學，而思之困則學必勤。〔註 155〕

孔子曰：致知之途有二：曰學，曰思。《論語》云：

子曰：「學而不思則罔，思而不學則殆。」〔註 156〕

朱子云：「不求諸心，故昏而無得。不習其事，故危而不安。程子曰：『博學、審問、慎思、明辨、篤行五者，廢其一，非學也。』〔註 157〕」所謂學若不求諸心則會因爲單純思慮太過，而昏而無所得。若不習其事理，則是憑空思慮，故危而不安。朱子說明孔子「學而不思則罔，思而不學則殆」之本意是博學、審問、慎思、明辨、篤行同時並用。而王夫之認爲學則是不可依恃己身所不學不慮之聰明，而一唯其所先覺知者並以此爲效驗，透過不斷的學習以累積知識。故若運用心之思則可不循古人之陳迹，而任吾警悟之靈明，可以藉由學之積累經驗而做推理與判斷。故二者不可偏廢，而必相資助以爲有功。故學非有礙於心之思，當學愈廣博則心之思愈遠大；而思正有功於學，故因爲當思之困則學必勤。

盡吾心以測度其理，乃印之於古人，其道果可據爲典常乎？抑未可據而俟裁成者也？則學不容不博矣。乃敏斷之士，信心已甚，而信古輕，但念慮之所通，而即欲執爲是。而不知先我而得者，已竭其思；倣古而行者，不勞而獲。非私意所強求，而曲折以求通，則乍見爲是，而旋疑其非，爲殆而已矣。〔註 158〕

如盡吾心之性理以測度物之理，乃印證於古人之所知，其學問之道果可據爲經典之常理乎？抑未可以依據而等待有裁成者也？因此學不容不博矣。敏斷之士，乃因信心已太甚，而信古於輕，但因其念慮之所通，而即欲執以爲是。乃不知先我而得者，固已竭其心之思；倣效古人而行者，固不勞而獲。雖非私意所強求，而曲折以求通，則徒然見爲是者，而又立刻疑此其非，此求學之方乃危險而不安。此即孔與所謂「思而不學則殆」之義。

〔註 155〕（明）王夫之：〈爲政第二〉《四書訓義・論語二》（長沙：岳麓書社，2011 年 1 月），第一冊，卷 6，頁 301。

〔註 156〕（宋）朱熹：〈爲政第二〉《四書章句集注・論語》（台北：大安出版社，1999 年 12 月），卷 1，頁 75。

〔註 157〕同上註。

〔註 158〕（明）王夫之：〈爲政第二〉《四書訓義・論語二》（長沙：岳麓書社，2011 年 1 月），第一冊，卷 6，頁 301。

學於古，而法則具在，乃度之於吾心，其理果盡於言中乎？抑有未盡而可深求者也？則思不容不審也。乃純固之士，信古已過，而自信輕，但古人有其言，而吾即效其事。乃不知自顯而入於微，自常而推於變者，必在我而審其從違；而率然效之，則於理昧其宜，而事迷其幾，爲罔而已矣。〔註159〕

當人只學於古，而古人之法則具在，乃藉此揣度之於吾心，此理果盡於言中乎？抑有未盡而可深求者也？則於此則思不容不審於其所學之理。此乃純固之士，因爲信古已太過，而自信太輕，但古人有其言，而吾以古人之法即效現今之事。乃不知其時萬物之理自顯之物理而入於微之道，自氣化之常而推於氣化之變，此常道與心之性理相符合，固必在我心之性理中，以此審其從或違則可。若人心不明此理，率然效之，則於理昧其所宜之義，而事迷其陰陽之動幾，爲迷惑、困惑而已矣。此即孔子所謂「學而不思則罔」之意。

王夫之認爲敏斷之士，乃因信心已太甚，而信古於輕，太重視念慮之所通，而執之以爲是，因爲沒有學之博佐證其思之正確與否，求學之方乃危險而不安。純固之士，信古太過，而自信輕，故凡事都要透過外界的經驗做判斷，其心之性理失去求知的主導權，故會逐物而不之反思。

心所從來者，日得之以爲明，雷霆得之以爲聲，太虛絪縕之氣升降之幾也。於人，則誠有其性即誠有其理，自誠有之而自喻之，故靈明發焉；耳目見聞皆其所發之一曲，而函其全於心以爲四應之眞知。知此，則見聞不足以累其心，而適爲獲心之助，廣大不測之神化，無不達矣。此盡性知天之要也。〔註160〕

人心所從來者，乃形神物三者起知覺之作，因此由日得之以爲明，由雷霆得之以爲聲，此物之所處皆是太虛絪縕之氣升降之幾而產生。於人，則誠有其性，因有從太虛氣化條理凝於人身者，故誠有其理，此因自天之誠而有，故人自喻之，因自喻知，故主動表現心之誠理，故靈明發焉。然而耳目見聞皆

〔註159〕（明）王夫之：〈爲政第二〉《四書訓義・論語二》（長沙：岳麓書社，2011年1月），第一冊，卷6，頁301。

〔註160〕（明）王夫之：〈大心篇〉《張子正蒙注》，收入船山全書編輯委員會編校：《船山全書》第十二冊（湖南（長沙）：嶽麓書社，1991年12月第一版），卷4，頁147。

其所發之一偏並無普遍性，而耳目見聞之作用乃藉由函其全於心，透過心之思以爲四應之眞知。若能明白此理，則見聞不足以累其心，而可自得獲心之助，使心之作用可廣大不測通於神化，而無物不達矣。此即所謂盡性知天之要也。

> 形之所發，莫非天也；物變之不齊，亦莫非天也：兩相攻取而順逆之見生焉。若能知性知天，則一理之所貫通有眞是，而無待是非之兩立以相比擬，因天理之固然而不因乎聞見，則無恃以自矜其察矣。〔註 161〕

人之形體乃生發於天，但天有氣化之陰陽變合時位之異，故產生萬物之善惡不齊，此亦天之所爲。而人會因己身氣質而在面對萬有不同之物之形產生己身之好惡，而有攻取之情況，進而有順逆之見產生。若能知己性乃天所命之實理，即可知天，則此性善之實理乃天所命之理故可貫通於所有形氣萬物中等同於此之理，而無待與物之是非之兩立，才可相比擬。因爲天理之本然乃幽而隱，故不因乎聞見，人若由己身小體之耳目感官面對外物之形，故有所謂的是非對立，此乃則自矜其察。

> 取緣己之不足，攻緣己之有餘。所不足、所有餘者，氣也，非理也。氣不足，則理之來復易；氣有餘，則將與理扞格而不受其復。唯奉理以御氣，理足在中而氣不乘權，斯可發而亦可收，非天理流行充足者不能也。〔註 162〕

人對於外物之抉擇，會受己身耳目感官之喜好而有攻取之情，故取緣己之不足，攻緣己之有餘者。而人身有所不足、所有餘者，乃是氣也，而非理也。因爲人身之理由氣化之天凝其氣中條理命之於人，故無所欠。而所謂氣不足，則理之來復易；氣有餘，則將與理扞格而不受其復。因此只奉理以御氣，理足在中而氣不乘權而控制人身之耳目感官處物而無擇，若能依理行氣，心之可發而亦可收，非天理流行充足者不能也。

> 目所不見之有色，耳所不聞之有聲，言所不及之有義，小體之小也。

〔註 161〕（明）王夫之：〈大心篇〉《張子正蒙注》，收入船山全書編輯委員會編校：《船山全書》第十二冊（湖南（長沙）：嶽麓書社，1991 年 12 月第一版），卷 4，頁 148。

〔註 162〕（明）王夫之：〈雍也篇（七）〉《讀四書大全說・論語》，收入船山全書編輯委員會編校：《船山全書》第六冊（湖南（長沙）：嶽麓書社，1991 年 12 月第一版），卷 5，頁 669。

至於心而無不得矣；思之所不至而有理，未思焉耳。故曰「盡其心者知其性」。心者，天之具體也。〔註 163〕

有目所不見之有色，有耳所不聞之有聲，此表耳目之感官有其限制，言其有所不及之義，此即是小體之「小」也。至於大體之心則無不得。而所謂思之所不至而有其理，此乃因心未思，而非心不能知其理。故曰「盡其心者知其性」。心者，乃天之神的具體表現。

不思而亦得，故釋氏謂之現量。心之官不思則不得，故釋氏謂之非量。耳目不思而亦得，則其得色得聲也，逸而不勞，此小人之所以樂從。心之官不思則不得，逸無所得，勞而後得焉，此小人之所以憚從。釋氏樂獎現量，而取耳爲圓通，耳較目爲尤逸。正小人懷土懷惠、唯逸乃諺之情，與徵聲逐色者末雖異而本固同，以成乎無忌憚之小人也。〔註 164〕

不思而亦得，故釋氏稱之「現量〔註 165〕」。王夫之云：「現量乃圓成實性顯現影子，然猶非實性本量。〔註 166〕」故不思而得者非性之實所含之實理，而是虛幻之影。王夫之云：「非量是偏計性妄生。〔註 167〕」所以耳目不思而亦可得，所的之聲色乃是性之偏而非思於性體所欲得，則其得色、得聲也，安逸而不勞苦，此小人之所以樂從。而心之官不思則不得，安逸而無所得，勞苦而後

〔註 163〕（明）王夫之：《思問錄內篇》，收入船山全書編輯委員會編校：《船山全書》第十二冊（湖南（長沙）：嶽麓書社，1991 年 12 月第一版），頁 401。

〔註 164〕（明）王夫之：〈告子上篇（二五）〉《讀四書大全說・孟子》，收入船山全書編輯委員會編校：《船山全書》第六冊（湖南（長沙）：嶽麓書社，1991 年 12 月第一版），卷 10，頁 1088。

〔註 165〕王夫之云：現量乃圓成實性顯現影子，然猶非實性本量。（明）王夫之：〈（六）三量〉《相宗絡索》（長沙：岳麓書社，2011 年 1 月），頁 538。

王夫之云：「現量」現者，有現在義，有現成義，有顯現眞實義。現在，不緣過去作影。現成，一觸即覺，不假思量計較。顯現眞實，乃彼主體性本自如此，顯現無疑，不參虛妄。前五於塵境與根合時，即時如實覺知是現在本等色法，不待忖度，更無疑妄，純是此量。第六唯於定中獨頭意識細細研究，極（晷）〔畧〕迴色法，乃眞實理，一分是現量。又異同時意識與前五和合覺了實法，亦是一分現量。第七所執非理，無此量。第八則但末那妄執爲量。第八本即如來藏，現量不立，何況比非。故《頌》但言性，不言境量。（明）王夫之：〈（六）三量〉《相宗絡索》（長沙：岳麓書社，2011 年 1 月），頁 536～537。

〔註 166〕（明）王夫之：〈（六）三量〉《相宗絡索》（長沙：岳麓書社，2011 年 1 月），頁 538。

〔註 167〕同上註。

可得，此小人之所以害怕從事之。釋氏樂獎現量，而取耳爲圓通，因爲耳較目爲更喜安逸。這正是小人懷土懷惠〔註 168〕之溺其所處之安與貪利且唯逸乃諺之情，此兩者與徵聲逐色者之表現雖有不同，小人所表現之情況雖有異，但事件所產生之原因與本質固同，因此以成乎做事不受道德約束而無忌憚爲惡之小人也。

> 學者于此須破盡俗陋之見，特地與他正個疆界：只思義理便是思，便是心之官；思食思色等，直非心之官，則亦不可謂之思也。〔註 169〕

學者于此須破盡俗陋之見，特地與正疆界：思之作用專屬於認知義理之性體，故思義理，便是心之官；若思食思色等，直非心之官，故亦不可謂之思也。

> 視聽之明，可以攝物，心知之量，可以受物，於是而可以知物之不足而我之有餘，則不徇物以自替其大矣。〔註 170〕

視聽之明，可以攝物，乃因其具耳目心知之小體，但此見聞覺知則有其限量；而心官之思，其本自清虛一大之道體，故心知之量，可以容受萬物。由此可知若只藉小體之耳目感官之知覺作用於物上求理，則有其侷限而不足之處，若能加上從心官之思的作用，善用心之內涵之性於物上求理則可游刃有餘，而不拘執於物外之形體，而物內之誠理，故人格物窮理時，不應以小體之耳目聞見之知而徇物，並以聞見之知替代其大體的心官可無限量容受物理之思之德性之知的作用。

> 離明，在天爲日，在人爲目，光之所麗，乃著其形。有形則人得而見之，明也。〔註 171〕

〔註 168〕子曰：「君子懷德，小人懷土。君子懷刑，小人懷惠。」朱子云：「懷德，謂存其固有之善。懷土，謂溺其所處之安。懷刑，謂畏法。懷惠，謂貪利。君子小人趣向不同，公私之間而已。尹氏曰『樂善惡不善，所以爲君子；苟安務得，所以爲小人。』」（宋）朱熹：〈里仁第四〉《四書章句集注‧論語》（台北：大安出版社，1999 年 12 月），卷 2，頁 96。

〔註 169〕（明）王夫之：〈告子上篇（二六）〉《讀四書大全說‧孟子》，收入船山全書編輯委員會編校：《船山全書》第六冊（湖南（長沙）：嶽麓書社，1991 年 12 月第一版），卷 10，頁 1092。

〔註 170〕（明）王夫之：〈大心篇〉《張子正蒙注》，收入船山全書編輯委員會編校：《船山全書》第十二冊（湖南（長沙）：嶽麓書社，1991 年 12 月第一版），卷 4，頁 151。

〔註 171〕（明）王夫之：〈太和篇〉《張子正蒙注》，收入船山全書編輯委員會編校：《船山全書》第十二冊（湖南（長沙）：嶽麓書社，1991 年 12 月第一版），卷 1，頁 28。

> 無形則人不得而見之，幽也。無形，非無形也，人之目力窮於微，遂見爲無也。心量窮於大，耳目之力窮於小。〔註 172〕

若就人之耳目感官之聞見論之，離明在天爲日，在人爲目，其光之所麗，乃著於其形。因有形則人得而見之，故謂之明也。若無形則人不得而見之，所謂幽也。而無形只是因爲人之目力窮於微，並非眞無形而受限人之目力窮於微，遂見而稱之爲無。但心之官其思之量窮於大，乃因萬物皆備於性體中，而人之耳目之聞見之力窮於小，故容易受外物之形體限制，而決定其認知的過程、內容與結果。

> 夫知之之方有二，二者相濟也，而抑各有所從。博取之象數，遠證之古今，以求乎盡理，所謂格物也。虛以生其明，思以窮其隱，所謂致知也。非致知，則物無所裁而玩物以喪志；非格物，則知非所用而蕩智以入邪。二者相濟，則不容不各致焉。〔註 173〕

求知之之方有二，二者相資助也，而抑各有所從之方向。其一爲格物，格物之方在於博取之《易經》的象與數，《周易》以天、日、山、澤等爲象，初、上、九、六類爲數，此《易》代表博取人生所有物事之變化，並遠證之古今之法，以求乎盡物之理，此即所謂格物也。所以，王夫之格物乃就物而窮盡其理。故王夫之認爲若非致知，則物無所裁，而容易因爲了格物而格物，忘記所欲格物之目的在於物中的誠之理，而落入耳目感官小體之物欲而玩物以喪其本該知止於至善之氣化之「理一」。故知之方法二，即是所謂的致知，則是格形氣之各物中虛而無形之物理，進而使其心生其智之明，並再利用心之神思之智推理、類比、歸納，進而得以窮究隱於各形氣物之理中之氣化之誠道，此即所謂致知也。何謂「玩物以喪志」？

> 不思而得，不勞而可有功；而蔽於物，則雖勞而亦無益。聲色之麗耳目，一見聞之而然，雖進求之而亦但然。爲物所蔽而蔽盡於物。豈如心之愈思而愈得，物所已有者無不表裏之具悉，耳目但得其表。物所未有者可使之形著而明動哉！〔註 174〕

〔註 172〕（明）王夫之：〈太和篇〉《張子正蒙注》，收入船山全書編輯委員會編校：《船山全書》第十二冊（湖南（長沙）：嶽麓書社，1991 年 12 月第一版），卷 1，頁 28。

〔註 173〕（明）王夫之：《尚書引義・說命中二》（長沙：岳麓書社，2011 年 1 月），卷 3，頁 312。

〔註 174〕（明）王夫之：〈告子上篇（二五）〉《讀四書大全說・孟子》，收入船山全書編輯委員會編校：《船山全書》第六冊（湖南（長沙）：嶽麓書社，1991 年 12 月第一版），卷 10，頁 1088。

耳目之官不思而得，且不勞而可有功，則其得色得聲也；但若就耳目之聞見之學，而心之官不思，表示學無揀擇只任其感官之喜好，故因而蔽於物，則即便勞而亦無益。聲色之麗乃因有耳目之聞見，當耳目一見聞之而然，雖進求之而亦但然。心之清明之神爲物所蔽，而蔽乃盡於物。故耳目聞見之知不如心之愈思而愈得其知，將物之已有者無不表裏之全部了解透徹，若由耳目聞見，只得其表，未得其裡之道。物所未有者可使之「形著而明動」〔註 175〕哉！牟宗三云：

「誠」是一個道德詞語，但是，這個道德詞語是在存有論的意義上說，是在形而上的意義上說。所以說：「形則著，著則明，明則動，動則變，變則化。」形、著、明、動、變、化六個字，表現一個存有論的過程（ontological process）、本體宇宙論的過程（onto-cosmological process）「誠」是體，是一個存有論義的實體（ontological reality），或者說是一個形而上的實體（metaphysical reality）。有體作本，就可以形。本是內在的，有諸中者，必形於外。內部充實，一定往外表現。形，通往外表現，著就是彰著明朗，著才能明，明就能動，能動才能變，變才能化。形、著、明、動、變、化，這是最漂亮的宇宙觀，光明俊偉的宇宙觀。〔註 176〕

王夫之認爲人若只藉由耳目聞見之知無法求得物理中之誠體，故不明物之形、著、明、動生生變化之道，故格物便失去意義，若藉由心官之思則可以透過性理之標準，感應物中之誠，故可以不蔽於物，而不會玩物喪志，進而更可以盡物之大用。

程子自讀史，一字不遺，見人讀史，則斥爲「玩物喪志」。「玩物喪

〔註 175〕《中庸・第二十三章》：「其次致曲，曲能有誠，誠則形，形則著，著則明，明則動，動則變，變則化，唯天下至誠爲能化。」朱子云：「其次，通大賢以下凡誠有未至者而言也。致，推致也。曲，一偏也。形者，積中而發外。著，則又加顯矣。明，則又有光輝發越之盛也。動者，誠能動物。變者，物從而變。化，則有不知其所以然者。蓋人之性無不同，而氣則有異，故惟聖人能舉其性之全體而盡之。其次則必自其善端發見之偏，而悉推致之，以各造其極也。曲無不致，則德無不實，而形、著、動、變之功自不能已。積而至於能化，則其至誠之妙，亦不異於聖人矣。」（宋）朱熹：〈第二十三〉《四書章句集注・中庸》（台北：大安出版社，1999 年 12 月），頁 43～44。

〔註 176〕牟宗三：《宋明儒學的問題與發展》（台北：聯經出版社，2003 年 12 月），頁 146～147。

志」者，以學識爲學識，而俟一貫於他日者也。若程子之讀史，則一以貫乎所學所識也。若不會向「一以貫之」上求入處，則學識徒爲玩物。古人之學，日新有得，必如以前半截學識，後半截一貫，用功在學識，而取效在一貫，是顏子早年不應有「亦足以發」之幾，而夫子在志學之年，且應不察本原，貿貿然求之，而未知所歸也。〔註 177〕

程子自讀史，一字不遺，見人讀史，則斥爲「玩物喪志」。所謂「玩物喪志」者，乃是以學識爲學識，而等待一貫於他日者也。但若程子之讀史，則是與孔子相同明白思之道裡，乃是一以貫乎所學所識。若不會向「一以貫之」上求入處，則學識只是學識對於學道者無益，更甚至有害，而徒爲玩物。古人之學，日新有得，必如以前半截學識，即是王夫之所謂的「學」，而所學得之見聞之知，需透過「思」而可得物物一貫之理，即是天地人物之通理之道，故後半截在求一貫，故應用功在學識，但最終須明白取效在一貫，是顏子早年不應有「亦足以發」之幾，而夫子在志學之年，且應不察本原，貿貿然求之，而未知所歸也。

物身者，以身爲物而爲道所用，所謂以小體從大體而爲大人也，不以道用其耳目口體之能，而從嗜欲以沉溺不反，從記誦以玩物喪志，心盡於形器之中，小人之所以卑也。〔註 178〕

物身者，乃是以身爲物而爲道所用，所謂以小體之耳目之官聽命於大體之心之官，若能如此即爲大人。小人之所以卑賤，乃因不由道用其耳目口體之能，反而從嗜欲於食色而沉溺不反，並從記誦以耳目於玩物喪志，心則只盡於形器之物中，而不知以心之官來思性理中的仁義之實。故只藉由聞見之耳目來格物而不知搭配心之官致知之思，則會玩物喪志。但若無具體感官之格物，則無法實際檢驗形器萬物中具誠之理，而易蕩智以流於虛邪之中。故格物致知二者相濟互輔，則容易各達其知止於至善之功。

天不息而大公，一於神，一於理，一於誠也。大人以道爲體，耳目

〔註 177〕（明）王夫之：〈衛靈公篇（三）〉《讀四書大全說・孟子》，收入船山全書編輯委員會編校：《船山全書》第六冊（湖南（長沙）：嶽麓書社，1991 年 12 月第一版），卷 6，頁 819。

〔註 178〕（明）王夫之：〈大心篇〉《張子正蒙注》，收入船山全書編輯委員會編校：《船山全書》第十二冊（湖南（長沙）：嶽麓書社，1991 年 12 月第一版），卷 4，頁 149。

> 口體無非道用，則入萬物之中，推己即以盡物，循物皆得於己，物之情無不盡，物之才無不可成矣。〔註 179〕

氣化之天生生不息而大公，其一貫之於神，一貫之於理，一貫於誠也，三者相通而無別，因皆是氣化之體之內容。大人以道爲體，而耳目口體之小者無非爲道所用，則入萬物之中，推己之情以盡物，循物皆可得於己，因心之性理乃萬理皆具，物之情無不盡，物之才亦無不可成。

> 故不待思而得者，耳目之利也；不思而不得者，心之義也；義謂有制而不妄悅人。「而蔽於物」者，耳目之害也；「思則得」者，心之道也。故耳目者利害之府，心者道義之門也。〔註 180〕

故不待思而得者，乃耳目之利也；不思而不得者，心中性體之義也；義謂有制而不妄悅人。王夫之云：「義者，心所喻之物則也；知者，仁所發見之覺也。〔註 181〕」所謂義者，乃心所喻之物則，因爲心中本具仁義禮智爲性體內涵，而思之作用乃效性而動，故格物致知之思所得者即是物則之義。

> 知所以求窮乎神，義所以求善其化。知之盡，義之精，大明終始，無事審察，隨時處中而不立矩則。惟純體陰陽之全德，則可陰，可陽，可陽而陰，可陰而陽，如春溫而不無涼雨，秋肅而不廢和風，不待知知，不求合義矣。然使非全體天地陰陽之德，則棄知外義以遯於空感，洸洋〔自恣〕，又奚可哉！〔註 182〕

知爲仁之所發見，故知乃求窮乎氣化之神，而義乃心之喻物於則，故義求乎善之萬物變化。若知之盡則窮神，義之精則知化，則可大明事物之終始，無事審察，隨時處性體之中而不立矩則。王夫之云：「經者，人物事理之大本；反者，反而求乎心之安也。止此倫物，而差之毫釐則失其正，無不正則無不

〔註 179〕（明）王夫之：〈大心篇〉《張子正蒙注》，收入船山全書編輯委員會編校：《船山全書》第十二冊（湖南（長沙）：嶽麓書社，1991 年 12 月第一版），卷 4，頁 149。

〔註 180〕（明）王夫之：〈告子上篇（二五）〉《讀四書大全說・孟子》，收入船山全書編輯委員會編校：《船山全書》第六冊（湖南（長沙）：嶽麓書社，1991 年 12 月第一版），卷 10，頁 1088。

〔註 181〕（明）王夫之：〈至當篇〉《張子正蒙注》，收入船山全書編輯委員會編校：《船山全書》第十二冊（湖南（長沙）：嶽麓書社，1991 年 12 月第一版），卷 5，頁 203。

〔註 182〕（明）王夫之：〈神化篇〉《張子正蒙注》（《船山全書（十二）》，湖南（長沙）：嶽麓書社，1991 年 12 月第一版），卷 2，頁 80～81。

精，非隨事察察之爲精也。〔註 183〕」經者乃人物事理之大本；反者，反而求乎心之安。格物致知亦在人倫事物中學與思，而若應對差之毫釐則失其仁義之正，若無不正則無不精，並非隨事察察之爲精也。因爲倫物中有其一以貫之之道。氣化之神具純體陰陽之全德，不孤陰亦不孤陽，故則可陰，可陽，可陽而陰，可陰而陽，如春溫之陽中而不無陰之涼雨，秋肅之陰中而不廢和風之陽，不待知則知，亦無須求合義，則物順其則而變化不已。然使非全體天地陰陽之德，則所謂絕聖棄知並以義爲外，以遯於空無之中，則格物致知之意不顯。

> 以此求之，傳文「天下之物莫不有理」八字，未免有疵。只此洒掃應對進退、禮樂射御書數，約略旁通，已括盡脩齊治平之事。自此以外，天下之物，固莫不有理，而要非學者之所必格。若遇一物而必窮之，則或如張華、段成式之以成其記誦詞章之俗儒，或且就翠竹黃花、燈籠露柱索覓神通，爲寂滅無實之異端矣。〔註 184〕

天下之物，本莫不有其理，但並無要學者之所必一一格之。若遇一物而必窮之，則如張華、段成式成爲只會記誦詞章之俗儒，或且就翠竹黃花、燈籠露柱索等平常事物諸中尋覓神通，此則落入異端爲寂滅無實。王夫之言「而蔽於物」者，乃耳目之害也；「思則得」者，心之道。故耳目者乃會造成利益和損害官能之府，心者則是入道義之門，透過心之思可得道義。

> 「學而時習之，不亦說乎！有朋自遠方來，不亦樂乎！人不知而不慍，不亦君子乎！」人性之善徵矣。故以言徵性善者，【知性，乃知善不易以言徵也。】必及乎此而後得之。誠及乎此，則若火之始然，泉之始達，道義之門啓而常存。若乍見孺子入井而怵惕惻隱，乃梏亡之餘僅見于情耳。其存不常，其門不啓；或用不逮乎體，或體隨用而流；乃孟子之權辭，非所以徵性善也。〔註 185〕

《論語》:「學而時習之，不亦說乎！有朋自遠方來，不亦樂乎！人不知而不

〔註 183〕（明）王夫之：〈神化篇〉《張子正蒙注》（《船山全書（十二）》，湖南（長沙）：嶽麓書社，1991 年 12 月第一版），卷 2，頁 98。

〔註 184〕（明）王夫之：〈補傳〉《讀四書大全說・大學》，收入船山全書編輯委員會編校：《船山全書》第六冊（湖南（長沙）：嶽麓書社，1991 年 12 月第一版），卷 1，頁 408。

〔註 185〕（明）王夫之：《思問錄內篇》，收入船山全書編輯委員會編校：《船山全書》第十二冊（湖南（長沙）：嶽麓書社，1991 年 12 月第一版），頁 401。

慍，不亦君子乎！〔註 186〕」朱子云：「學之爲言效也。人性皆善，而覺有先後，後覺者必效先覺之所爲，乃可以明善而復其初也。」故此處之「學」與王夫之所言之「思」相近，此所學乃爲道德範疇之知，透過思之作用反饋性體，故後覺效於先覺而得之道理，藉此一而再再而三地反覆學之，則可以明善而復其初。而王夫之前有言「聞見，習也；習之所知者，善且有窮，況不善乎！〔註 187〕」此所謂「習」乃聞見之習。故王夫之此言藉由學之思其聞見之習，可以使人性之善徵矣。因爲知性者，乃知善不易以言徵也，故以言徵性善者，及乎學而時習而後得之。若可如此，可明白人之性中有善，則其表現能如火之始然，泉之始達，而此道義之門啓而常存。但在乍見孺子入井而產生怵惕惻隱，若是人性已經梏亡之餘，其所表現之怵惕惻隱亦僅見於情，此情非性體之行於其間。若其道義存之不常，心門不啓；或心之用不及乎性體，或性體隨用而流，不爲心之主體；此乃孟子之變通之言辭，非所以爲徵性善而發者也。

> 所以知「天之與我者」，專爲心言，而非耳目之所得共者。此與《集註》異。蓋天之所與我者性也，孟子固曰「耳之於聲，目之於色，君子不謂性也」。蓋耳目之官，元因體而有，而耳目之體，則資養而成；雖天命之，而不得外物之養以助於有生之後，則亦不得有其聰明。此唯心爲天所與我，而耳目不得與也。心思之得於天者，不待取而與；耳目之得於天者，則人取之而後天與之也。〔註 188〕

由上所言心乃道義之門，所以知「天之與我者」，專爲心言，而非耳目之所得共者。蓋天之所與我者乃善性，因此孟子固曰「耳之於聲，目之於色，君子

〔註 186〕朱子云：「學之爲言效也。人性皆善，而覺有先後，後覺者必效先覺之所爲，乃可以明善而復其初也。……學之不已，如鳥數飛也。……既學而又時時習之，則所學者熟，而中心喜說，其進自不能已矣。程子曰『習，重習也。時復思繹，浹洽於中，則說也。』又曰：『學者，將以行之也。時習之，則所學者在我，故說。』謝氏曰：『時習者，無時而不習。坐如尸，坐時習也；立如齊，立時習也。』」（宋）朱熹：〈學而第一〉《四書章句集注・論語》（台北：大安出版社，1999 年 12 月），卷 1，頁 61。

〔註 187〕（明）王夫之：〈大心篇〉《張子正蒙注》，收入船山全書編輯委員會編校：《船山全書》第十二冊（湖南（長沙）：嶽麓書社，1991 年 12 月第一版），卷 4，頁 144。

〔註 188〕（明）王夫之：〈告子上篇（二五）〉《讀四書大全說・孟子》，收入船山全書編輯委員會編校：《船山全書》第六冊（湖南（長沙）：嶽麓書社，1991 年 12 月第一版），卷 10，頁 1089。

不謂性也」。孟子所以不言耳目，乃因其表現非全爲天德之所與，又因有氣化運行陰陽比例造成形氣清濁與厚薄的限制。蓋耳目之官，元因形氣之身體而有，而耳目之體，則藉由外在形氣資養而成；雖天命之，因形氣之陰陽比例已定，故不得藉外物之養以助於有生之後，則亦不得有其聰明。此乃心爲天所與我，而耳目不得與也。故心官之思之得於氣化之天之神之作用，故先天本自足，不待取外物資助其心；但耳目之得於天者，則是人取之於天而後天藉由外物與之。

> 「先立乎其大者，則小者不能奪。」耳目不能奪，而況於物！「物交物則引之」，則耳目且受奪而不得守其官，求其從心之令也豈可得乎！始於小體而終於物，則小人之且失其人理。先以大體，則小體從令而物無不順，此大人所以備物而誠。〔註 189〕

因爲思乃盡得於天者，而耳目之得於天則是人取之於天而後天藉由外物與之。故人之學應該以思之官能爲根本，王夫之言「先立乎其大者，則小者不能奪。」若立思爲身之主，則耳目不能奪思之位，何況於外物！故當「物交物則引之」，則耳目暫且受奪而不得守其官能，攻取而逐物，故欲求之從心之令也豈可得乎！因此若不立其大，而是始於小體，則最終於逐物而玩物喪志，則小人之且失其爲人之理。故應先以大體，則小體從令，而與物接應對無不順，此大人所以備物而誠。因此格致面對外物之學，亦須透過立其大，使人之心思部會隨耳目見聞而失其主導地位，而使學識範疇遠離道德，玩物喪志。

> 德者，性之撰，誠之實也。待事而德顯，仁義禮知之名乃立焉，而此諸德者靜不昧而動資之用，具諸性而生於心者也。故能知發強剛毅爲義之德，則知義之非外矣；能知齊莊中正爲禮之德，則知禮之非後起矣。故喜怒哀樂未發之時，仁義義禮知無象可見，無功可名，而此諸德者並育並行於中，昭澈具在，所謂「活潑潑地」者也。
>
> 〔註 190〕

所謂德乃性之撰而誠之實。德無形而隱，待事而德顯，則由此使仁義禮知之名乃立，而此性體之諸德者心未發之靜不昧，而心之動已發則資之用，性體

〔註 189〕（明）王夫之：〈告子上篇（二五）〉《讀四書大全說．孟子》，收入船山全書編輯委員會編校：《船山全書》第六冊（湖南（長沙）：嶽麓書社，1991 年 12 月第一版），卷 10，頁 1089。

〔註 190〕（明）王夫之：《禮記章句．中庸》（長沙：岳麓書社，2011 年 1 月），第二冊，卷 31，頁 1309。

本具萬物之諸性理而生於心者。故性理之表現爲外能知發強剛毅爲義之德，故知義之非外矣；能知齊莊中正爲禮之德，則知禮之非後起。義禮皆本於心之性體，故喜怒哀樂未發之時，仁義義禮知無象可見，無功可名，但此諸德者卻早已並育並行於中，昭澈具在，此即所謂「活潑潑地」者也。

> 法象中之文理，唯目能察之，而所察者止於此；因而窮之，知其動靜之機，陰陽之始，屈伸聚散之通，非心思不著。〔註 191〕

王夫之言：「心思倚耳目以知者，人爲之私也；心思寓於神化者，天德也。〔註 192〕」法象中之文理，唯眼睛能察視之，而其所察者止於事物之形體。趁勢想進一步窮物中無形之理，並知其動靜之機與陰陽之始和萬物氣聚氣散之屈伸變化聚散之道，若不藉由心之官之神的思之作用則無法體悟。

> 盡心思以窮神知化，則方其可見而知其必有所歸往，則明之中具幽之理；方其不可見而知其必且相感以聚，則幽之中具明之理；此聖人所以知幽明之故而不言有無也。言有無者，徇目而已；不斥言目而言離者，目其靜之形，【敔按：成形則靜。】離其動之用也。【敔按：藏用於動。】蓋天下惡有所謂無者哉！於物或未有，於事非無；於事或未有，於理非無；尋求而不得，怠惰而不求，則曰無而已矣。甚矣，言無之陋也！【敔按：此即前章形不形之所從來也。】〔註 193〕

盡心思可以以窮神知化，明白萬物中皆以氣化之道爲物物之準則，故方其可見此物，則知氣聚則氣必散，其有所來必有歸往，則知物之形顯明之中具幽而隱之氣化條理。方其不可見，則知其必且陰陽之氣相感而使氣聚生成萬物，而此幽而隱爲不顯中之中具氣聚而明之理。此乃聖人立其大體，所以知幽明之故而不言有無也。若言有無者，則是徇耳目小體而已；不摒棄言目而言離者，目只能觀其陰之氣之靜所成之形，故離陽之氣動之創生作用也。蓋天下怎有所謂無者，而是只有氣之隱顯得不同！格物致知時，若不明此理，則落

〔註 191〕（明）王夫之：〈太和篇〉《張子正蒙注》，收入船山全書編輯委員會編校：《船山全書》第十二冊（湖南（長沙）：嶽麓書社，1991 年 12 月第一版），卷 1，頁 29。

〔註 192〕（明）王夫之：〈天道篇〉《張子正蒙注》，收入船山全書編輯委員會編校：《船山全書》第十二冊（湖南（長沙）：嶽麓書社，1991 年 12 月第一版），卷 2，頁 71。

〔註 193〕（明）王夫之：〈太和篇〉《張子正蒙注》，收入船山全書編輯委員會編校：《船山全書》第十二冊（湖南（長沙）：嶽麓書社，1991 年 12 月第一版），卷 1，頁 29。

入「在物或未有，於事非無；於事或未有，於理非無」的追索有無之困境，而忘卻其欲明白之氣化之道。因此尋求而不得，而怠惰而不求，最終則曰無而已矣。於此求知，則落入虛無之空中，忘卻形氣世界之森羅萬象乃是各具主體地展現氣化之道不同樣態。對王夫之而言，形氣之物其所從來自有其因，此所以然之因，便是格物致知之重點，若藉由心之思體物而明「所以然者」，乃知氣化形物即是道在氣中之體現。

> 釋氏唯以現量爲大且貴，則始於現量者，終必緣物。現量主受故。故釋氏雖不緣物而緣空，空亦物也。有交引故。唯始於吾所受於天之明德而求盡其量，則當體無窮而不倚於物。故聖學雖盡物之性，而要無所倚：則以現量之光，的然著明，而已著則亡；不能持。心思之用，闇然未能即章，而思則日章；先難而後獲，先得而後喪，大小貴賤之分，繇此以別。〔註194〕

釋氏唯以現量爲大且貴，則始於現量者，終必緣物。因爲王夫之有言「不思而亦得，故釋氏謂之現量」既然不透過心官之思，表示只透過耳目感官之聞見，因此所謂「現者，有現在義，有現成義，有顯現眞實義。現在，不緣過去作影。現成，一觸即覺，不假思量計較。顯現眞實，乃彼主體性本自如此，顯現無疑，不參虛妄。」所以現量即是顯現物之現在存在之樣態，而透過耳目感官認識之情狀，但其中並無性體，而其又言「現量乃圓成實性顯現影子，然猶非實性本量。」現量是認識現在事物之樣態，而不知其中有氣化之常道，由於釋氏緣「空」而不言形氣之「物」，故其依現量所認識的乃是圓成實性虛幻而不具體之「影子」，而無氣化之理爲實體之實有的存在。故釋氏雖不緣物卻緣空，因爲強調現量，故其緣「空」，其實「空」亦爲物也。既然「空」亦爲物，與物便有交引之故。格物若始於吾所受於天之明德而求盡其量，則需透過心之官思之作用，因爲心體之量無窮大，則當體無窮，而可不倚於物。故聖學雖盡物之性，但而要立其大體而無所倚於物。則以釋氏現量之光，雖的然著明，但若此現量之幻影已著則氣化之理亡，而不能持此虛幻之影爲物之理。心思之用，雖闇然無形未能顯揚，但若能常以心之官之思格物則日顯其用，所謂先難而後獲，先得而後喪，而大小之體其貴賤之分，繇此以別。

〔註194〕（明）王夫之：〈告子上篇（二五）〉《讀四書大全說・孟子》，收入船山全書編輯委員會編校：《船山全書》第六冊（湖南（長沙）：嶽麓書社，1991年12月第一版），卷10，頁1089。

> 目眚則空中生華，風眩則蟬鳴於耳，雖事所可有，而以無爲有，非其實也。妄人之說，不仰觀俯察，鑒古知今，而唯挾偶然意見所弋獲，而據爲道教與之同也。疾風迅雷，非常之甚矣。而共見共聞，陰陽之正，運於太虛，人不能察爾，放君伐暴，成非常之事；制禮作樂，極非常之觀，皆體陰陽必然之撰，曉然與天下後世正告之而無思不服。〔註 195〕

眼睛長了遮蔽視線的病，因眼不見外物，便空中生華，至於風眩則蟬鳴於耳，由此可知耳目見聞之知並不可靠，甚至會妄於臆測，雖事所可有，而以無爲有，本非其實情之然。而妄人之說，則是不仰觀俯察萬物，不懂鑒古知今，而唯挾偶然之靈光乍現，以爲意見所獲，而據爲道教與之同也。王夫之言疾風迅雷，乃非常之甚。而人之耳目可共見共聞，然而陰陽之正，運於太虛，人不能藉由耳目之聞見以察，故放君伐暴，成非常之事；而制禮作樂，極非常之觀，此皆體陰陽必然之撰，氣化之常必會發生之事，若欲曉然此理，與天下後世正告之，則無思不服。

> 傳言，述之爲教也；學行，模仿以飾其行也。資聞見以求合於道，可以寡過，非心得也，故夫子亦但以爲可以得祿之學。〔註 196〕

王夫之釋張載「聞而不疑則傳言之，見而不殆則學行之」，其言當聞而不疑則傳言以遵循之爲教；見而不殆則學行之透過模仿以修飾其行也。故藉由資聞見之知以求合於心之道，則可以寡過，故非心之思不得，故夫子以爲此乃可以得善之學。

> 流俗以逐聞見爲用，釋、老以滅聞見爲用，皆以聞見爲心故也。昧其有無通一之性，則不知無之本有，而有者正所以載太虛之理。此盡心存神之功，唯聖人能純體之，超乎聞見，而聞見皆資以備道也。〔註 197〕

〔註 195〕（明）王夫之：〈動物篇〉《張子正蒙注》，收入船山全書編輯委員會編校：《船山全書》第十二冊（湖南（長沙）：嶽麓書社，1991 年 12 月第一版），卷 3，頁 108。

〔註 196〕（明）王夫之：〈中正篇〉《張子正蒙注》，收入船山全書編輯委員會編校：《船山全書》第十二冊（湖南（長沙）：嶽麓書社，1991 年 12 月第一版），卷 4，頁 179。

〔註 197〕（明）王夫之：〈可狀篇〉《張子正蒙注》，收入船山全書編輯委員會編校：《船山全書》第十二冊（湖南（長沙）：嶽麓書社，1991 年 12 月第一版），卷 9，頁 364。

因格物致知未先立其大體，善用心官之思獨致之功，故流俗逐聞見之知而爲用，而釋、老則是滅聞見之知以爲用，兩者皆是以聞見之知任作心官之思的原因。昏昧於追求有無通一之性，而不知感官耳目所無法聞見之「無」則是本「有」之太虛之氣之實體，而耳目得以聞見之「有」者，乃是正所以承載太虛之理的形氣之物。若能以此可盡心存神之功，但唯聖人能透過學而純體此理，可超乎聞見之限，並聞見皆資助其備道而學已有成。

> 大抵格物之功，心官與耳目均用，學問爲主，而思辨輔之，所思所辨者皆其所學問之事。致知之功則唯在心官，思辨爲主，而學問輔之，所學問者乃以決其思辨之疑。「致知在格物」，以耳目資心之用而使有所循也，非耳目全操心之權而心可廢也。〔註198〕

大抵格物之功，心官之思與耳目之聞見均用，故學問爲主，而思辨輔之，其心之所思所辨者，皆其所學問之事。張立文云：「格物相當於感性認識過程，即依靠耳目心等官感知客體對象物，以獲得知性認識爲主，思辨的理性認識爲輔的認識階段，這是格物的功能。〔註199〕」

然而致知之功，則只在心官之思，其以思辨爲主，而學問輔之，所學問者乃以心之思決其思辨之疑。張立文云：「致知相當於理性認識過程，心官依據感性材料、感性認識進行邏輯推理，以上升爲理性認識。但致知的理性認識也不離學問等感性經驗，邏輯推理或理性認識過程出現的疑問，不能靠邏輯推理或理性認識自身來解決，而需要學問的經驗知識或感性經驗來解決，這就蘊含著對於格物的感性學問與致知的理性思辨統一過程的認識。這個統一認識的兩個階段，是主體認識的深入進程。〔註200〕」王夫之認爲所謂「致知在格物」，則是以耳目資心之用而使有所循也，非耳目之官全操心之權而主宰之，若如此則心官可廢也。

> 朱子「若閒時不思量義理」一段，說得來別。求其大旨，則所謂學思並進而已，故終以「博學、審問、愼思、明辨」，則明其爲學之事。《中庸》說「愼思」，乃就學而言思，以思其所學也，與此「思」字

〔註198〕（明）王夫之：〈聖經（一〇）〉《讀四書大全說．大學》，收入船山全書編輯委員會編校：《船山全書》第六冊（湖南（長沙）：嶽麓書社，1991年12月第一版），卷1，頁404。

〔註199〕張立文：《中國哲學範疇發展史（人道篇）》（台北：五南圖書，1997年1月），頁558。

〔註200〕同上註。

> 別。若非思所學，只驀地思去，其有所思也，孔子既云「以思無益」；倘不持一道理，空著去想，是釋氏之以坐斷一切爲眞參實究矣。〔註 201〕

朱子「若閒時不思量義理」一段，說得來別。求其言之大旨，則所謂學思並進而已，而最終以「博學、審問、愼思、明辨」，則明其爲學之事。《中庸》說「愼思」，乃就學而言心之官之思，以思其所學之聞見皆合於性之德，與此朱子之「思」字有別。若不思量義理於所學，只驀地思去，即使有所思，孔子亦云「以思無益」；若不持一道理，空著去想，則是如同釋氏之以坐斷一切爲眞參實究矣，從空中求知。

> 道之隱者，非無在也，如何遙空索去？形而上者隱也，形而下者顯也。纔說箇形而上，早已有一「形」字爲可按之跡、可指求之主名，就者上面窮將去，雖深求而亦無不可。唯一槩丟抹下者形，只就籠統向那沒邊際處去搜索，如同如釋氏之七處徵心，全不依物理推測將去，方是索隱。〔註 202〕

道之隱者，非無在，皆麗於器物也，如何遙空索去？所謂形而上者隱也，形而下者顯也。才說箇形而上，早已有一「形」字爲按跡可循、故可指求之主名，就者形上面窮將去，雖努力深求而亦無不可。唯一槩丟抹去此形字，籠統向那沒邊際處去搜索，如釋氏之七處徵心，與朱子之「若閒時不思量義理」相同，便全不依物理推測將去，此方是索隱。

> 此「隱」字不可貶剝，與下「費而隱」「隱」字亦大略相同，其病自在「索」上。索者，強相搜求之義。如秦皇大索天下，直繇他不知椎擊者之主名，橫空去搜索。若有跡可按，有主名可指求，則雖在伏匿，自可擒捕，不勞索矣。〔註 203〕

「隱」字不可貶剝，因乃爲道之隱，而與「費而隱」之「隱」字亦大略相同，索隱之病自在「索」上。所謂索者，強相搜求之義。如張良令力士操鐵椎狙

〔註 201〕（明）王夫之：〈季氏篇（一三）〉《讀四書大全說・論語》，收入船山全書編輯委員會編校：《船山全書》第六冊（湖南（長沙）：嶽麓書社，1991 年 12 月第一版），卷 7，頁 855。

〔註 202〕（明）王夫之：〈第十一章（一）〉《讀四書大全說・中庸》，收入船山全書編輯委員會編校：《船山全書》第六冊（湖南（長沙）：嶽麓書社，1991 年 12 月第一版），卷 2，頁 490。

〔註 203〕同上註。

擊秦始皇於博浪沙，而秦始皇大索天下，直繇他不知椎擊者之主名，横空去搜索。若有跡可按圖索驥，有主名可指求，則雖在伏匿，自可以擒捕，不勞索。

又如老氏刪下者「可道」「可名」的，別去尋箇「綿綿若存」。他便說有，我亦無從以證其無；及我謂不然，彼亦無執以證其必有。則如秦皇之索張良，彼張良者，亦未嘗不在所索之地界上住，說他索差了不得；究竟索之不獲，則其所索者之差已久矣。〔註 204〕

又如老氏刪下者「可道」「可名」的，王夫之認為將「道」字刪別去，再尋箇「綿綿若存」之「無」。老氏即便說此「綿綿若存」之「無」為有，而王夫之認為無從以證其無。而就王夫之而言，其與老氏不同，雖然太虛之無形，但可以證其必有。則如秦皇之索張良，彼張良者，亦未嘗不在於秦皇所索之地界上住，說他索差了不得；究竟索之者不獲，還是其所索者之差已久矣。若不明道隱而實有，則是從形上強索其空，一無所得。

目所不見，非無色也；耳所不聞，非無聲也；言所不通，非無義也。故曰「知之為知之，不知為不知」。知有其不知者存，則既知有之矣；是知也。因此而求之者，盡其所見，則不見之色章；盡其所聞，則不聞之聲著；盡其所言，則不言之義立。雖知有其不知，而必因此以致之，不迫於其所不知而索之。此聖學異端之大辨。〔註 205〕

由上道之隱而可知：目所不見，非無色也；耳所不聞，非無聲也；言所不通，非無義也。故曰「知之為知之，不知為不知」。若依聞見之知格物致知則應明白有其聞見所不能知者存，則既知有此，才是眞知也。由此之理而求之者，藉由耳目聞見學，但透過心思之功，則可：盡其所見，則不見之色章；盡其所聞，則不聞之聲著；盡其所言，則不言之義立。雖由耳目之聞見求知有其不知者，但仍必由此聞見為始以致之，而不可不迫於其所不知之「隱」而強索之。此乃聖學異端之大辨。

事即物也，格物者非記誦詞章區區於名物象數之迹，窮年不殫，亦

〔註 204〕（明）王夫之：〈第十一章（一）〉《讀四書大全說・中庸》，收入船山全書編輯委員會編校：《船山全書》第六冊（湖南（長沙）：嶽麓書社，1991 年 12 月第一版），卷 2，頁 491。

〔註 205〕（明）王夫之：《思問錄內篇》，收入船山全書編輯委員會編校：《船山全書》第十二冊（湖南（長沙）：嶽麓書社，1991 年 12 月第一版），頁 401。

身所有事之物必格也。日求其所未知，析理益精，知之至也。節文日謹，慮事益密，物之格也。〔註206〕

事即物，格物並非盡全副心力在於記誦詞章或認知區區於名物象數之迹，因爲物之無限，所以即便窮年亦格之不盡於人自身生命中所有事之物。若能努力每日日新又新求其所未知，而析理更加精密，此乃知之至也。

若云格物以外言，致知以內言，內外異名而功用則一，夫物誠外也，吾之格之者而豈外乎？功用既一，又云「致知在格物」，則豈可云格物在格物，致知在致知也？〔註207〕

若視格物爲向外求知，致知爲內求明德，則只是內外異名，但兩者功用是一。因物在外，看似物之本的氣化誠理在人身之外，但吾人格物所欲窮者乃氣化之誠理，而非格身之外的形氣之物。故格物、致知兩者功用既同爲知氣化之誠理，而又云「致知在格物」，此意義不是所謂格物在格物，致知在致知之意。而是因爲欲達致知之結果，需透過對外界事物之格，等物格之後，便能反求內在之明德。如程伊川云：「『致知在格物』，非由外鑠我也，我固有之也。因物有遷，迷而不知，則天理滅矣，故聖人欲格之。〔註208〕」

累者，累之使樂於見聞之小爾，非欲空之而後無累也。內者，心之神，外者，物之法象。法象非神不立，神非法象不顯。多聞而擇，多見而識，乃以啓發其心思而會歸於一，又非徒恃存神而置格物窮理之學也。此篇力辨見聞之小而要歸於此，張子之學所以異於陸、王之孤僻也。〔註209〕

因爲物所累，而使見聞之知會局限人之生命，但不應認爲將此耳目之聞見消除而空之就會無累於心。因爲人身之內者即心之神，而人身之外即物之法象。法象若吾人心之神不立，人心之神若無具體形氣之法象則無法顯現

〔註206〕（明）王夫之：《禮記章句・中庸》（長沙：岳麓書社，2011 年 1 月），第 2 冊，卷 31，頁 1303。

〔註207〕（明）王夫之：〈聖經（一〇）〉《讀四書大全說・大學》，收入船山全書編輯委員會編校：《船山全書》第六冊（湖南（長沙）：嶽麓書社，1991 年 12 月第一版），卷 1，頁 402。

〔註208〕（宋）程顥、程頤：《二程集・河南程氏遺書》（台北：漢京文化，1983 年 9 月），卷 25，頁 316。

〔註209〕（明）王夫之：〈大心篇〉《張子正蒙注》，收入船山全書編輯委員會編校：《船山全書》第十二冊（湖南（長沙）：嶽麓書社，1991 年 12 月第一版），卷 4，頁 147。

其功用。因此格物之方應該是多聞而擇，多見而識，乃以啓發其心思之神而會歸萬物之理於一理。故人不應只是依恃虛無之存神修養，而棄置具體於形氣之物上求眞理之學習方法。故人應明白「神，非變幻不測之謂，實得其鼓動萬物之理也；不貳，非固執其聞見之知，終始盡誠於己也。此至誠存神之實也。〔註210〕」

> 合內外者，化之神也，誠之幾也。以此爲知，則聞之見之而知之審，不聞不見而理不亡，事即不隱，此存神之妙也。〔註211〕

合物之內外者，氣化之神也，亦誠之陰陽生生之幾也。若學以此爲知，則就可聞之見之後，透過心之思之，則知之明矣。若有不聞不見者，但其理不亡，於事即不隱，此乃存神之妙也。格物致知須學思並進，通此有無兩間，才能獲得眞知。曾守仁云：

> 「格物以致知」，大抵上是一個爲學的方式，「聖人之教，不過即物窮理，即文見道。〔註212〕」從知識的學習積累與人事上的修養鍛鍊，逐一抽繹其中的原則事理，此中則同時蘊含著心官的學思涵養之功，而最終達致道德。《大學》所以教人，正是在建立起一套爲學的次第規模（次第而有始終，規模則涵攝知行），成就大人之德業者。〔註213〕

曾守仁指出王夫之爲學次第而有始終，規模則涵攝知行，以成就大人之德業者。

> 子夏此語，極是平實樸滿，見得仁處，而深以戒夫枯坐觀心、求之寂靜而不知所止宿者。故明道言「徹上徹下」，其意亦謂即下即上，不當舍下而別求上。故將古今聖賢修道之教授學者，而使之深求焉，仁即此中而在，直到與天地萬物爲一體，也只在此中。其言十全警

〔註210〕（明）王夫之：〈天道篇〉《張子正蒙注》，收入船山全書編輯委員會編校：《船山全書》第十二冊（湖南（長沙）：嶽麓書社，1991年12月第一版），卷2，頁70。

〔註211〕（明）王夫之：〈大心篇〉《張子正蒙注》，收入船山全書編輯委員會編校：《船山全書》第十二冊（湖南（長沙）：嶽麓書社，1991年12月第一版），卷4，頁146。

〔註212〕（明）王夫之：〈子罕第九〉《四書訓義・論語》（長沙：岳麓書社，2011年1月），第二冊，卷13，頁570。

〔註213〕曾守仁：〈試論船山思想中之智識成分：一個學術史面相的考察〉，《中國文化月刊》，第300期（2005年12月），頁35。

> 切，可謂體用俱彰。乃諸子不察，猶且立一存心爲主，而以學、問、志、思爲賓，則是學、問、志、思之外，別有仁焉，而不在其中矣。〔註214〕

子夏此語，極是平實樸滿，見得仁處，其深戒枯坐觀心此索隱之功，而不求之寂靜而以知所止應在至善。故明道稱子夏之言「徹上徹下」，明道之意亦稱謂即下即上，即是不當捨形下而別求形上，王夫之則是以有無隱顯代表舊說之形上下。故子夏此說則將古今聖賢修道之教授予以學者，而使之可深求，若明白學思並進，則在見聞有形之器後，以心之官之思之，則仁即此中而在，若能透過學思之功，直到明白性中之體，與萬物皆同爲太虛之氣，故己身與天地萬物爲一體，也只在此中。故子夏之言十全警切，亦可謂體用俱彰。但諸子不察，猶且立一存心爲主，而以學、問、志、思爲賓，則是學、問、志、思之外，以爲別有仁焉，而不在形氣之中矣。

> 朱子說仁是「心之德，愛之理」。博學、切問者，求知其理也。篤志、近思者，求其有得於心也。只此斬截作解，便與子夏之意脗合。「仁在其中」者，言仁本在所學、所志、所問、所思之中，於此體仁而力行之，則天理爛熟，存之於己，而不患其與仁相背矣。不然，或將外馳以求仁，而反失之身心事理之中，非徒無益而又害之矣。通程、朱之微言，以求子夏之大義，盡於此耳。〔註215〕

朱子說仁是「心之德，愛之理」。藉由博學、切問之功夫，以求知物之理也。而篤志、近思之功夫，以求其理乃有得於心也。只此斬截作解，便與子夏之仁在心、物之中之意脗合。所謂「仁在其中」者，言仁本在所學、所志、所問、所思之事物中，因爲道器是一，器承載道之隱使其顯，於事物中此體仁，進而力行之，透過力行反覆驗證此仁，若有不足再透過學之補充其所缺，若能依此努力體現仁德，率性爲道，則天理爛熟，存之於己，而不患此所得之知與仁相背矣。若是人爲仁外且物外者則不然，或將外馳逐耳目之聞見而玩物喪志或憑空索隱以求仁，而反失之身心事理之中，非徒無益而又害之矣。通程、朱之微言，以求子夏之大義，盡於此耳。

〔註214〕（明）王夫之：〈子張篇（二）〉《讀四書大全說・論語》，收入船山全書編輯委員會編校：《船山全書》第六冊（湖南（長沙）：嶽麓書社，1991年12月第一版），卷7，頁883～884。

〔註215〕同上註，頁884。

第四節　習與性成

王夫之承認人形氣之身有另一氣稟之性的存在，而此氣稟之耳目口鼻之小體之性是成就人道德光輝的可能。人若能好好運用氣化陰陽五行變合滋養此耳目口鼻的小體之性，使形氣之身健康茁壯，藉此表現天命所降人之性理，則天命之日降可使人之性透過習之過程得以日生其德。方志華云：「『學』是人在一陰一陽的天道流行中，主動地秉性之誠去繼天之善，是操存著性之創生；而『習』是天的日命於人，人必要領受的性之凝成。故在生命歷程中，性之日生日成而言，人往往是隨著環境變化而有各種習焉不察的習性凝成，唯有在人之形質日漸成熟，性的創生之幾也日漸操存於己時，人是即學即習，人性承天之善而習性也無不善。〔註 216〕」

> 「一陰一陽之謂道」，不可云二也。自目其合則一，自其分則多寡隨乎時位，繁賾細密而不可破，亹亹而不窮，天下之數不足以紀之。〔註 217〕

所謂「一陰一陽之謂道」，不可將陰陽二分，因爲陰陽在太虛之氣中渾合無間。從合之角度見之則一，若由分之角度則陰陽比例之多寡會隨氣化時位變換而有不同，繁賾細密而不可破，亹亹創生而不窮，故天下之萬物之數不足以紀之。

> 故成之者人也，繼之者天人之際也，天則道而已矣。道大而善小，善大而性小。道生善，善生性。道无時不有，无動无靜之不然，无可无否之不任受。善則天人相續之際，有其時矣。善具其體而非能用之，抑具其用而无與爲體，萬彙各有其善，不相爲知，而亦不相爲一。性則斂於一物之中，有其量矣。有其時，非浩然无極之時；有其量，非融然流動之量。故曰「道大而善小，善大而性小」也。〔註 218〕

一陰一陽之道所成之人，所謂繼之者是指於天即氣化之道創生的本體，在命

〔註 216〕方志華：〈王夫之的「學」「習」思想對孟、荀天人關係思想之融攝〉，《實踐學報》第 31 期（2000 年 6 月），頁 310。

〔註 217〕（明）王夫之：《思問錄内篇》，收入船山全書編輯委員會編校：《船山全書》第十二冊（湖南（長沙）：嶽麓書社，1991 年 12 月第一版），頁 427。

〔註 218〕（明）王夫之：〈繫辭上傳第五章〉《周易外傳》，收入船山全書編輯委員會編校：《船山全書》第一冊（湖南（長沙）：嶽麓書社，1991 年 12 月第一版），卷 5，頁 1006。

於人之際，人所稟天道之善。就天人之關係而言，天道大而天道生生之善小，因為天道生生本體是善之根原。而天道生生之善大，人所稟之性小，因為人性所稟天道之善會受到形氣之身的限制無法無窮盡地表現。而天道創生不已即生善，天道氣化條理之善凝於人身而生性。天道具普遍義與無限義，故任何時候都在，亦無所謂動靜之別，更是無所不受。人身中所各稟之善，是天人相續之際，於氣化創生之道凝合之時間點上之差異。而善以天道為其本體，但因善無形體，故不能直接表現其用。無形之善仍有其用，但無一物可以全與善為體，因為形氣之萬彙受限於形質，只能各有其善且互不相為知，亦不相為一。由此可知，性之發生乃是透過氣化天道之善理凝斂於一人身中，故人所得之善有量之區限。陰陽創生之道凝合人，因各有時間差，故個人非具有浩然無極之時；有善量之限制，因此人性之善非融然流動之無限量。故王夫之說「道大而善小，善大而性小」。

> 先儒言有氣稟之性。性凝於人，可以氣稟言；命行於天，不可以氣稟言也。如稻之在畝，忽然被風所射，便不成實，豈禾之氣稟有以致之乎？氣有相召之機，氣實召實，氣虛召虛；稟有相受之量，稟大受大，稟小受小。此如稻之或早、或遲，得粟或多、或少，與疾原不相為類。風不時而粟虛於穗，氣不淑而病中於身，此天之所被，人莫之致而自至，故謂之命，其於氣稟何與哉！〔註219〕

先儒言有氣稟之性。而性即是氣化之道將其條理凝於人身，故可以氣稟言；而命乃是行於天之氣化流行，不限於一人之身，故不可以氣稟言。如稻在田畝，忽然被風所射，便無法結成稻穗，並非稻禾之氣稟導致於此。氣化流行有所謂氣幾相召之情形，氣之實召實，氣之虛召虛；氣稟有相受於天道善之量，氣稟大則可受大之善量，氣稟小則受小之善量，此乃氣化流行時陰陽二氣比例造成氣稟有大小不同之故，此即如同稻之或早、或遲，得粟或多、或少，此乃稻禾相受於天道之氣稟的種之美惡問題所造成與外在傳入的疾病，原不相為類。如同外在之風不時，而粟虛於穗；天之氣不善，而使病入於身，此乃外在天命之所被，非人能自招而自至，故謂之天命，此則與內在氣稟無關，天命亦非人所能努力改變的範疇。

〔註219〕（明）王夫之：〈雍也篇（一七）〉《讀四書大全說・論語》，收入船山全書編輯委員會編校：《船山全書》第六冊（湖南（長沙）：嶽麓書社，1991 年 12 月第一版），卷 5，頁 676～677。

> 氣稟之所凝者，在有其區量、有所忻合上生出不善來。有區量，有忻合，則小。小即或偏，偏即或惡。與形始之性，以未有區量而無所忻合，天只公共還他箇生人之理，無心而成化，唯此則固莫有大焉者矣。〔註 220〕

氣化流行陰陽二氣凝於人身之氣稟，因所凝合陰陽比例不同，故所受天道之善有其區量，而當具有不同區量之善的氣稟與外物相接而感時，會執著其身之氣稟之忻合而有喜怒哀樂之情，若無以性中之善爲絕則外物標準，進而可能生出不善來。因爲善有區量、情有忻合，故人之氣稟對顯無限之天道與善則小。由於氣稟之小有可能產生氣之偏的情形，氣之偏亦即可能爲惡。因此王夫之云：「天唯其大，是以一陰一陽皆道，而無不善。氣稟唯小，是以有偏。天之命人，與形俱始。人之有氣稟，則是將此氣稟凝著者性在內。孟子所言，與形始者也。程子所言，氣稟之所凝也。〔註 221〕」天之唯大，因一陰一陽皆道之表現且無不善。人之氣稟唯小，乃因人是創生於某一氣化之時，而有區量之善，因爲善之量有限制，而人行爲表現有過與不及，故有氣之偏戾的可能。人出生之始同俱天命氣化條理之善與形氣之身。所謂氣稟之性，即是氣化流行凝合形氣之身，因爲理在氣中，故此形氣之身同時蘊藏天命所凝於人的氣化條理之性，亦即孟子所言，性與形始者；亦爲程子所言，氣稟之所凝也。然而人身氣稟於始生之時，因爲人尚無行爲表現，故未受氣稟之形質所限，而無所謂善之區量大小的問題，亦無所謂情之忻合的好惡執著。再者，由於人之性理於始生之時，此性理本爲天所賦予，故無不善，因此天只公共還他箇生人之理，無心而成化，唯此則固莫有大焉者矣。

> 程子以氣稟屬之人，若謂此氣稟者，一受之成侀而莫能或易。孟子以氣稟歸之天，故曰「莫非命也」。終身而莫非命，終身而莫非性也。時時在在，其成皆性；時時在在，其繼皆善；蓋時時在在，一陰一陽之莫非道也。〔註 222〕

程子認氣稟屬之於人，並認爲氣稟乃一受之成侀則莫能或易。但孟子則將氣稟歸之於天所賦予，故曰「莫非命也」。而王夫之順孟子之言進一步說明：因

〔註 220〕（明）王夫之：〈滕文公上篇（二）〉《讀四書大全說・孟子》，收入船山全書編輯委員會編校：《船山全書》第六冊（湖南（長沙）：嶽麓書社，1991 年 12 月第一版），卷 8，頁 960。

〔註 221〕同上註，頁 959。

〔註 222〕同上註，頁 960。

爲天道不息，故天命不息，人終身皆受天命，故氣稟亦終身可謂天命之性。因此天命不只單純在命氣化條理之善於人身，更會命氣於人身滋養其氣稟。人之氣稟與氣化條理之性皆屬人性，兩者同存於一人之身，故無二性，兩者渾合無間，即是所謂氣質之性。由此可言天命時時在在，人承天命，故依天不息之所命，人繼之而所成者，即是氣稟之性；天命時時在在，因此人亦繼承天道所命之善，即是人性之善；蓋天命時時在在，乃皆爲一陰一陽之道所創生。

> 蓋孟子即於形而下處見形而上之理，則形色皆靈，全乎天道之誠，而不善者在形色之外。程子以形而下之器爲載道之具，若杯之盛水，杯有方圓而水有異象。乃以實求之，則孟子之言，較合於前聖之旨。蓋使氣稟若杯，性若水，則判然兩物而不相知。唯器則一成不改，而性終託於虛而未有質也，《易》又何以云「成之者性」哉？〔註 223〕

孟子所謂的性善是於人生之初其形而下之氣質之身處見形而上之氣化之條理，則形氣之身的形色皆靈，則全乎天道之誠，而所謂不善者在則在人身形色之外。程子則以形而下氣稟之器爲載道之具，如同杯之盛水，杯有方圓而使所盛之水表現出不同之象。若以氣化之實求之，則孟子之言，較合於前聖之旨。王夫之認爲將氣稟視若杯、性視若水之比喻，則兩者本質不同，故無法相合，判然爲兩物，而不相知，此說並不合於前所言人之氣稟與性理皆同源於太虛之氣之說。若依杯與水比喻，則氣稟與性截然二分，氣稟之器則一成不改，而性之水終託於與己異質異層之虛而未有與其渾合的眞實之質，若依此說，則《易》又何以云「成之者性」哉？

> 夫「莫之致而至者」命也，則無時無鄉，非可執有生之初以限之矣。氣稟定於有生之初，則定於有生之初者亦氣稟耳，而豈命哉？〔註 224〕

所謂「莫之致而至者」爲命，指命乃無時無鄉，並非可執於有生之初以限之矣。王夫之云：「夫性者生理也，日生則日成也。則夫天命者，豈但初生之頃

〔註 223〕（明）王夫之：〈滕文公上篇（二）〉《讀四書大全說・孟子》，收入船山全書編輯委員會編校：《船山全書》第六冊（湖南（長沙）：嶽麓書社，1991 年 12 月第一版），卷 8，頁 961。

〔註 224〕（明）王夫之：〈雍也篇（一七）〉《讀四書大全說・論語》，收入船山全書編輯委員會編校：《船山全書》第六冊（湖南（長沙）：嶽麓書社，1991 年 12 月第一版），卷 5，頁 676。

命之哉！但初生之頃命之，是持一物而予之於一日，俾牢持終身以不失。天且有心以勞勞於給與，而人之受之，一受其成侀而無可損益矣。〔註 225〕」因爲人氣質之性乃是與天道互感而不息的生生之理，藉由天氣滋養而身之日生則氣質之性可日成。而天命豈於初生之頃命之於人身，只是初生之頃命其天理之善，是特定持於一物而予善於初生之日，使人可以牢持終身以不失。然而天且有心不斷勞勞給與，而人則於有生之日亦可不斷受此天之命，一受其成侀而性中之善則無可損益矣。王夫之又云：「然天所成之人而爲性者，則固但有元、亨、利、貞，以爲仁、義、禮、智；而見端於人者，則唯有惻隱、羞惡、辭讓、是非之心而已矣。自形而上以徹乎形而下，莫非性也，莫非命也，則亦莫非天也。〔註 226〕」王夫之認爲天所成之人而爲性者，乃由天之元、亨、利、貞爲人身之仁、義、禮、智；可見者則人惻隱、羞惡、辭讓、是非之心的表現。故自人身之形而上以徹乎形而下，莫非性，莫非命，則亦莫非天。因此王夫之認爲氣稟雖定於有生之初，但人性中之善不會減少，而且氣稟非命，當日降之天命無限，而人承繼天命之善與氣，使陰陽固定比例之氣稟有可變化之契機。

> 天無究竟地位。今日之化，無缺無滯者，爲已得。明日之化，方來未兆者，爲其未得。觀天之必有未得，則聖人之必有未得，不足爲疑矣。大綱說來，夫子「十五志學」一章，以自顯其漸進之功。若密而求之，則夫子之益得其未得者，日日新而不已，豈一有成型，而終身不舍乎？〔註 227〕

天無究竟地位，今日之化並無任何之缺滯於某物，爲氣化之已得。而明日之化，方來未有氣幾之朕兆者，則爲氣化之未得。由上可知，觀於天，因氣化不斷，故必有未得；對聖人而言，有生之日，所受天命不斷，故亦必有未得，因此人不應於未得中而有所懷疑。夫子「十五志學」一章，是自顯其志學漸進之功。若於心之密求之，則夫子之日益進取欲得所未得者，唯有日新不已，

〔註 225〕（明）王夫之：《尚書引義・太甲二》（長沙：岳麓書社，2011 年 1 月），卷 3，頁 299。

〔註 226〕（明）王夫之：〈滕文公上篇（二）〉《讀四書大全說・孟子》，收入船山全書編輯委員會編校：《船山全書》第六冊（湖南（長沙）：嶽麓書社，1991 年 12 月第一版），卷 8，頁 960～961。

〔註 227〕（明）王夫之：〈述而篇（七）〉《讀四書大全說・論語》，收入船山全書編輯委員會編校：《船山全書》第六冊（湖南（長沙）：嶽麓書社，1991 年 12 月第一版），卷 5，頁 705。

故豈於出生之初一有成型，而終身不舍乎？王夫之云：「夫天之生物，其化不息。初生之頃，非無所命也。何以知其有所命？無所命，則仁、義、禮、智無其根也。幼而少，少而壯，壯而老，亦非無所命也。何以知其有所命？不更有所命，則年逝而性亦日忘也。〔註 228〕」因為天之生物，其氣化不息。初生之頃，人身所受非無所命。何以知天有所命？若吾無所命，則人仁、義、禮、智之性則無其根源。而人從幼而少，少而壯，壯而老，亦非無天所命也。何以知天有命？若不是天有所命，則人會因為年華之逝而性善亦因生命之歷程中受到許多外界事物的考驗，而日忘其所生之出之善。因此王夫之反對「朱子以『有生之初，氣稟一定而不可易者』言命，自他處語，修大全者誤編此。胡光大諸公，直恁粗莽！〔註 229〕」人始生之性善之量不會減少，但行為表現則會受到天命日新之事物考驗，而於道德實踐時有「性亦日忘」之退步情況。

> 孟子亦止道「性善」，卻不得以篤實、光輝、化、不可知全攝入初生之性中。《中庸》說「昭昭」之天，「無窮」之天，雖無間別，然亦須分作兩層說。此處漫無節奏，則釋氏「須彌入芥子」、「現成佛性」之邪見，皆緣此而生。愚每云「性日生，命日受」，正於此處分別。在天之天「不貳」，在人之天「不測」也。〔註 230〕

王夫之認為孟子亦止於說出「性善」之論點，卻不能將所謂人之篤實、光輝、氣化與不可知之未得，全攝入初生之性中，因為人氣質之性於現實形氣世界的表現，會受天命不息而日降之氣與善而有所改變。而《中庸》所說「昭昭」之天與「無窮」之天，雖無間別，但亦須分作兩層來說明。則釋氏「須彌入芥子」、「現成佛性」之邪見，皆緣此而生。王夫之反對「現成」之善性，因「性日生，命日受」，正於此處可見「昭昭」之天與「無窮」之天有分別。因此在天之天是生生不息之誠的為物「不貳」，在人之天的性之善理則是會受天命之不貳而生生變化「不測」。

> 夫射者之有巧力，力固可練，巧固可習，皆不全緣資稟；而巧之視

〔註 228〕（明）王夫之：《尚書引義．太甲二》（長沙：岳麓書社，2011 年 1 月），卷 3，頁 299～300。

〔註 229〕（明）王夫之：〈雍也篇（一七）〉《讀四書大全說．論語》，收入船山全書編輯委員會編校：《船山全書》第六冊（湖南（長沙）：嶽麓書社，1991 年 12 月第一版），卷 5，頁 676。

〔註 230〕（明）王夫之：〈離婁下篇（九）〉《讀四書大全說．孟子》，收入船山全書編輯委員會編校：《船山全書》第六冊（湖南（長沙）：嶽麓書社，1991 年 12 月第一版），卷 9，頁 1017～1018。

> 力，其藉於學而不因於生也爲尤甚。總緣用功處難，學之不易得，庸人偷惰，便以歸之氣稟爾。〔註 231〕

射箭者之有巧力，其力固可練，而巧固可習，此皆不全天生之資稟。而巧之視力，其藉由學而不因於生也爲尤甚。卻總歸咎於用功處難，學之不易得，其實此乃庸人偷惰，便以歸之於氣稟。王夫之云：「夫射者之習爲巧也，固有內正外直、審幾發慮之功，學者之所必習，亦羿之所必習也。故人可使學爲羿，而豈羿之巧自性生，爲人事所必不至者哉！……聖人之道，人道也，君子之學，聖學也，亦安有此耶！〔註 232〕」王夫之舉射箭爲例，其認爲習乃是爲得巧，所謂巧，是本有於人身之內的正理，依此正理表現爲外之直，並因此有審幾發慮之功，此乃學者之所必習，亦后羿亦所必習也。故人雖可透過學成爲如后羿般之神射手，但卻誤以爲后羿之巧乃是從其自性中產生，爲人事所必不至者哉！其實后羿之巧非原自其天生氣稟之性，而是透過外物之習，變化氣質，而成所爲聖人之道之人道也，君子之學即聖學！

> 孟子曰：「人無有不善」，就其繼者而言也。「成之」，謂形已成，而凝於其中也。此則有生以後，終始相依，極至於聖而非外益，下至於牿亡之後猶有存焉者也。於是人各有性，而一陰一陽之道，妙合而凝焉。然則性也，命也，皆通極於道，爲「一之一之」之神所漸化，而顯仁藏用者。道大而性小，性小而載道之大以無遺。道隱而性彰，性彰而所以能然者終隱。道外無性，而性乃道之所函。是一陰一陽之妙，以次而漸凝於人，而成乎人之性。則全易之理不離乎性中，即性以推求之，易之蘊豈待他求象數哉！〔註 233〕

孟子曰：「人無有不善」，此乃就人繼天之命而言。所謂「成之」，乃人初生之時，身之形已成，而性凝於其中。有生以後，氣化條理之性善與氣稟之質終始相依，即使氣稟清明極至如聖人，亦無法再於兩相依存爲一體的氣質之性上增加任何東西，下至完全無法表現性理之善而牿亡之後，此氣質之性的性

〔註 231〕（明）王夫之：〈萬章下篇（二）〉《讀四書大全說‧孟子》，收入船山全書編輯委員會編校：《船山全書》第六冊（湖南（長沙）：嶽麓書社，1991 年 12 月第一版），卷 9，頁 1042。

〔註 232〕同上註，頁 1043。

〔註 233〕（明）王夫之：〈繫辭上傳第五章〉《周易內傳》，收入船山全書編輯委員會編校：《船山全書》第一冊（湖南（長沙）：嶽麓書社，1991 年 12 月第一版），卷 5 上，頁 526。

善之理與氣稟亦終始相依。於是人各有其性，皆一陰一陽之道所妙合而凝成者。然則性與命皆通極於天道之「一之一之」之神所漸化而顯仁藏用。所謂道大而性小，性小以載道之大而無遺。道無形，故隱微；性因有氣稟之質而可顯，然而性雖彰，而使性彰顯之所以然之因，乃是由於有終隱微而不可見的天道之氣化不息。因此道外無性，而性乃道之所函。若就人後天之性而言，道之一陰一陽之妙，是以分次下命而漸凝於人之身，故可成乎人之性。因此全易之理不離乎人之性中，即以性推求之，則易之蘊豈待他求象數哉！

專言性，則「三品」「性惡」之說興；溯言善，則天人合一之理得；概言道，則无善、无惡、无性之妄又熺矣。大者其道乎！妙者其善乎！善者其繼乎！壹者其性乎！性者其成乎！性可存也，成可守也，善可用也，繼可學也，道可合而不可據也。至於繼，而作聖之功蔑以加矣。〔註 234〕

王夫之認爲昔者專言性，則有性之「三品」與「性惡」之說興起；溯言善，則天人合一之時人得天之理；概言道，則无善、无惡、无性之妄說又興盛。所以大者乃天道之生生不息！所以妙者乃因天道之善乎！人承繼天道之善！所謂壹者，即是人只一氣質之性！氣質之性可成，乃因氣質之性中善之性理可存。所謂成，即是在於可以守此氣質之性中善之性理，而氣質之性中之善理可用，故繼之即可使氣稟透過學而成。然而人可以承天命與天道之善理合，但不可依據與憑藉此天道之善理而不學，因人仍須透過天命之日降氣與善，透過後天努力承繼天命，改變氣稟使之更完善。至於所謂繼，乃於人所以作聖之功上無以加矣。

「繼之者善也」善則隨多寡損益以皆適矣。「成之者性也」，性則渾然一體無形埒之分矣。〔註 235〕

「繼之者善也」，指天道之善透過命日降於人身，會隨其氣質陰陽比例之多寡損益，順合氣化之變。而「成之者性也」，人身其氣質之性則是外之形質與內之善理渾然一體，無所謂形埒之分，日受於天命之滋養。

繼善以後，人以有其生，因器以爲成性，非徒資晶耀以爲聰明，凝

〔註 234〕（明）王夫之：〈繫辭上傳第五章〉《周易外傳》，收入船山全書編輯委員會編校：《船山全書》第一冊（湖南〔長沙〕：嶽麓書社，1991 年 12 月第一版），卷 5，頁 1008。

〔註 235〕（明）王夫之：《思問錄內篇》，收入船山全書編輯委員會編校：《船山全書》第十二冊（湖南〔長沙〕：嶽麓書社，1991 年 12 月第一版），頁 427。

結以爲強力也。繼其健，繼其順，繼其行乎中者，繼者乃善也。行乎其中者，則自然不過之分劑，而可用爲會通者也。〔註236〕

繼善以後是指人有生命後，便有形質的器之身，而身與天命之善理，成其氣質之性，但人不可徒資天晶耀之善理，自以爲聰明，並認定凝結之善是天所賦予人之強力，而不學習。人應該繼天之善學其健，並繼天之理息其順，並繼天命之善，以行乎中，而無過與不及的氣之偏，此行爲表達即所謂繼者善。而人若可以行乎其中，有自然不過之分劑，則其行爲表現可用於會通萬事萬物。

成形成質有殊異而不相喻者，亦形氣偶然之偏戾爾。及其誠之已盡，亦無不同歸之理。蓋其始也皆一氣之伸，其終也屈而歸於虛，不相悖害，此鬼神合萬彙之往來於一致也。……如其驕吝未化，以善惡、聖頑相治而相亢，誠息而神不存，則可感者且相疑貳，而況不能相感者乎！〔註237〕

氣化之成形成質有殊異，而與外界事物相交引，此氣質之因稟受陰陽比例問題，產生情之忻合與天道之善不相喻者，此亦形氣偶然之偏戾。但當形氣死亡之日，其受天命之誠已盡，亦無不同歸之理。氣質與天道之善同始於太虛之氣的陽氣之伸而健動不息，其氣質凝成之終也同屈而歸於太虛之氣，始終變化之間陰陽不相悖害，此鬼神合萬彙之往來於一致也。然而氣質之驕吝未化，因而有善惡、聖頑相治而相亢之情形，故天道之誠而太虛之神不與此氣質之驕吝之身屈伸變化，則此氣質驕吝者與天道之誠善相疑貳，而氣質驕吝之未化者不能與天道之誠相感。

氣質之偏，則善隱而不易發，微而不克昌者有之矣，未有雜惡于其中者也。何也？天下固無惡也，志于仁則知之。〔註238〕

氣質驕吝之未化而不與天命之善相感，此即所謂氣質之偏，氣質之偏者與天道之善不相喻，則氣質之性中天道所命之善隱而不易發，天道之善微而不克

〔註236〕（明）王夫之：〈繫辭上傳第七章〉《周易外傳》，收入船山全書編輯委員會編校：《船山全書》第一冊（湖南〔長沙〕：嶽麓書社，1991年12月第一版），卷5，頁1012。

〔註237〕（明）王夫之：〈動物篇〉《張子正蒙注》，收入船山全書編輯委員會編校：《船山全書》第十二冊（湖南〔長沙〕：嶽麓書社，1991年12月第一版），卷3，頁106。

〔註238〕（明）王夫之：《思問錄內篇》，收入船山全書編輯委員會編校：《船山全書》第十二冊（湖南〔長沙〕：嶽麓書社，1991年12月第一版），頁426。

昌者有之矣。但王夫之認爲未有所謂氣稟之質與天道之善相雜，而使惡雜留於其氣質之性中者，此乃因天下之物事初創生之始，皆本無所謂惡，此於有志於仁者可知之。

> 孟子言性，孔子言習。性者天道，習者人道。《魯論》二十篇皆言習，故曰「性與天道不可得而聞也」。已失之習而欲求之性，雖見性且不能救其習，況不能見乎。《易》言「蒙以養正，聖功也」。養其習於童蒙，則作聖之基立於此。氏人不幸而失教，陷入於惡習，耳所聞者非人之言，目所見者非人之事，日漸月漬於里巷村落之中，而有志者欲挽回於成人之後，非洗髓伐毛，必不能勝。惡他人之惡，不如惡在我。昔日之所知、所行、所聞、所見，高洋治亂絲，拔刀斬之，斯爲直截。但於其中揀擇可爲、不可爲，而欲姑存以便所熟習，終其身於下愚而已。〔註 239〕

有志於仁者可知之，孟子言性，孔子言習。性者乃天道之所賦予之天命，而習者乃人道之所努力之過程。而《魯論》二十篇皆言人道之「習」，故曰「性與天道不可得而聞也」，代表人道之習是人應努力的部分，天道與天道所賦予之性非人所應過問者。若已失之習而欲求天道所命之性，雖知己身有天道所命之性，亦不能救其人道之習，更何況不知己身有天道之善性者，則更無法透過習以增亦其氣質之性中之善。而《易》言「蒙以養正，聖功也」，因此養氣質之性，其習應於童蒙之時開始，此則作聖之基立於此。但因人不幸失教於習，反陷入於惡習，因此其耳所聞者非人當聽之言，目所見者非人所當知之事，再於日漸月漬惡習於里巷村落之中，若有志而欲挽回於成人之後，則非洗髓伐毛，必不能勝任此重責大任。所謂惡他人之惡，不如惡在我者，應從己身去其惡習開始。將昔日不合於善之所知、所行、所聞、所見，如同高洋治亂絲，拔刀斬之，斯爲直截。故人應於習之中揀擇可爲、不可爲，而欲姑存可爲者，以便於熟習天道之善，若不能如此，則終其一生有如下愚之人，不知透過習，以改變其氣質。王夫之云：「蓋以人事言之，以初終爲本末；以天理言之，以體用爲本末。而初因於性之所近，終因乎習之所成。〔註 240〕」

〔註 239〕（明）王夫之：《俟解》，收入船山全書編輯委員會編校：《船山全書》第十二冊（湖南（長沙）：嶽麓書社，1991 年 12 月第一版），頁 494。

〔註 240〕（明）王夫之：〈八佾篇（一）〉《讀四書大全說．論語》，收入船山全書編輯委員會編校：《船山全書》第六冊（湖南（長沙）：嶽麓書社，1991 年 12 月第一版），卷 4，頁 614。

蓋以人事言之，人以初終爲人生命歷程之本末；若以天理言之，以體用爲創生歷程之本末。人乃於初生之時，因接受於天命之善理爲其性故相近，但於人生命之終，則因習於天命之善理日降之用，故性之所成，人各有異。故子曰：「性相近也，習相遠也。〔註 241〕」

《集註》「氣質清明，義理昭著」，是兩分語。「氣質清明」以人言，「義理昭著」以理言。非「氣質清明」者，則雖義理之昭著而不能知；然非義理之昭著者，則雖「氣質清明」，而亦未必其知之也。

〔註 242〕

王夫之解釋《集註》中「氣質清明，義理昭著」，應是兩分語。所謂「氣質清明」以人之氣稟之質言，所謂「義理昭著」以事物之理言。不是「氣質清明」者，則雖然天之義理之昭著，而不能與天理相喻；不是天之義理之昭著，即使「氣質清明」，而亦未必能知之也。

但言義理，則對事物而言之。既云義理之昭著，則自昭著以外，雖未及於事物之蕃變，而亦有非生所能知者矣，故朱子云「聖人看得地步闊」。〔註 243〕

王夫之認爲「氣質清明」亦未必天之義理昭著。因爲義理是指人所面對的外在之事物而言。所謂義理之昭著，則是自昭著於身以外，然而氣化日新其變，故無所謂天生而能知事物之蕃變，故夫子強調後天之「習」，卻不強調先天之「氣質清明」，因此朱子云「聖人看得地步闊」。

子曰：性無不相近，而抑有不相近者。雖然，亦僅有之耳。其惟上智乎：納之於至惡之習，而必不受也；迫之以不得已，而委曲以化於善也。其惟下愚乎：導之以至善之習，而必不從也；督之以不敢爲，而變詐以讎其姦也。此則習之所不能移乎！而天下之爲上智者幾何人？爲下愚者幾何人？其可歸過於性而不愼所習哉！〔註 244〕

王夫之云：「氣麗於質，則性以之殊，故不得必於一致，而但可云「相近」。

〔註 241〕（宋）朱熹：〈陽貨〉《四書章句集注‧論語》（台北：大安出版社，1999 年 12 月），卷 9，頁 246。

〔註 242〕（明）王夫之：〈述而篇（九）〉《讀四書大全說‧論語》，收入船山全書編輯委員會編校：《船山全書》第六冊（湖南（長沙）：嶽麓書社，1991 年 12 月第一版），卷 5，頁 706。

〔註 243〕同上註。

〔註 244〕（明）王夫之：〈陽貨第十七〉《四書訓義‧論語十七》（長沙：岳麓書社，2011 年 1 月），第二冊，卷 21，頁 902～903。

乃均之爲笛，則固與簫、管殊類，人之性所以異於犬羊之性，而其情其才皆可以爲善，則是嫛乎善不善之異致，而其固然者未嘗不相近也。〔註245〕」無形太虛之氣麗於有形之質，但太虛之氣其氣化之理入於萬有不同的有形之質中，所表現之性有殊，故不得必於一致，但可云「相近」。如同均之爲笛，則本來與簫、管不同類，如人之性所以異於犬羊之性，但其情其才皆可以爲善，則是兩者不同不在於氣稟之異，而是在於表現之行爲善不善之異，而就萬物之本然論之，萬物之性皆同出於太虛之氣的氣化之理，故未嘗不相近。王夫之進一步說明，夫子雖言性無不相近，而抑有所謂不相近者。就氣化之常而言，大多數之人皆可透過習於天命日降之氣與善改變氣稟之質，但氣化有常必有變，氣化之變亦是涵攝於氣化常道之中，故上智與下愚即是氣化之變。子曰：「唯上智與下愚不移。〔註246〕」王夫之認爲惟上智之人受納至惡之習，而必有所不受也；當其被惡習所迫有不得已，則會委曲以使此惡習化於善。反之，惟下愚之人，雖導之以至善之習，卻必不從於此；當督促之使其不敢爲惡，則會變詐以讎其姦。因此上智與下愚是無法透過習以移其氣稟之質。但王夫之認爲天下之人何其多，但天下之爲上智者幾何人？爲下愚者幾何人？氣化之變的情形是佔少數。因此大多數人是介於上智與下愚之間，屬於氣化之常中氣質可變者，固不可不愼於所習！

> 子曰，強出於性也，而生乎氣，有以性之剛正者而作其氣焉，有以氣之偏至者而迷其性焉，此不可不辨也。今而之所欲知之強，果何謂乎？夫氣之偏至，則因乎地矣，若吾性中剛正所生之氣，則任道之資，學者所尚，而地不足以限之也。而將問南方之強與？南方之氣中剛而外柔，遂相習而爲南方之強矣。而將問北方之強與？北方之氣悍發而難制，遂相習而爲北方之強與。抑而知習俗之不可以移入，而變化氣質之自能全吾性之堅貞以無所屈，爲學者任道之全功，而將知此以務而知所當勉與？〔註247〕

〔註245〕（明）王夫之：〈陽貨篇（一）〉《讀四書大全說・論語》，收入船山全書編輯委員會編校：《船山全書》第六冊（湖南（長沙）：嶽麓書社，1991年12月第一版），卷7，頁859。

〔註246〕（宋）朱熹：〈陽貨〉《四書章句集注・論語》（台北：大安出版社，1999年12月），卷9，頁246。

〔註247〕（明）王夫之：〈第十章〉《四書訓義・中庸》（長沙：岳麓書社，2011年1月），第一冊，卷二，頁122。

《中庸》云：「子路問強。子曰：『南方之強與？北方之強與？抑而強與？寬柔以教，不報無道，南方之強也，君子居之。衽金革，死而不厭，北方之強也，而強者居之。故君子和而不流，強哉矯！中立而不倚，強哉矯！國有道，不變塞焉，強哉矯！國無道，至死不變，強哉矯！』〔註 248〕」王夫之解釋夫子所謂的「強」是出於氣稟之性，但此氣稟之性是由身之血氣而生。有以先天氣稟之剛正者，其剛正之表現歸咎於其身之血氣，也有後天因善之區量與情之忻合所產生氣質之偏，而有不中正之情形，反迷失其本性之善者，然而此兩種情形並不相同，故不可不分辨之。而此所欲知之強，是因爲後天地理風土之因素所產生氣之偏至，而人之氣稟中本具剛正所生之氣，則可以透過天道之命之資，或尙於學，使地理風土之因素不足以限制氣稟之表現。所謂南方之強，本南方之氣稟中有剛而外柔，遂與南方之風土相習而爲南方之強。所謂北方之強，本北方之氣稟悍發而難制，遂與北方之風土相習而爲北方之強。這兩種情形，是先天本有在加上後天之習，而使本有氣稟之特質更爲強烈。王夫之云：「然則而之所當強者，其唯君子乎！君子知習俗之不可陷而意氣之不可恃也，以爲吾性之中，自有卓然不撓之理；而吾學之正，自有永貞其守之能。〔註 249〕」然則人所應當加強者，唯君子明白此理！君子知若人本無此氣稟之性，則習俗不可陷人於特別地理之風土民情，此外，意氣亦不可依恃，以爲吾性之中，應本自有卓然不撓之天理之善；而所謂吾學之正，在於自有永貞其守之能。因此君子明白習俗之不可以移人，乃因變化氣質之功在於人自能守全吾性之堅貞而無所屈之性善，此爲學者任道之全功，在於知人應秉持本有之善理，並務於其所當努力而習者，亦知所當勉而做者。

> 人之唯其意之所發而爲不善者，或寡矣，即有之，亦以無所資籍、無所印證而不昌，其夫失已著，尚可革也。效唯其所發而爲不善者，過也，非惡也。聞惡人之言，因而信之，則成乎惡而不可救。故君子於人之不善，矜其自爲之過而望其改，其聽惡人之言而效之，則深惡而痛絕之。也豈敢殺其君，子豈忍殺其父，皆有導之者也，導之者，皆言之有故，行之有利者也。國有鄙夫，家有敗類，以其利

〔註 248〕（宋）朱熹：〈第十章〉《四書章句集注・中庸》（台北：大安出版社，1999 年 12 月），頁 27。

〔註 249〕（明）王夫之：〈第十章〉《四書訓義・中庸》（長沙：岳麓書社，2011 年 1 月），第一冊，卷 2，頁 123。

口強有力成人之惡，習焉安焉，遂成乎下愚不移，終不移於善矣。故聖人所以化成天下者，習而已矣。〔註 250〕

人意之所發而爲不善者，或寡矣，即有之，此亦以無所資藉、無所印證，此爲人不昌其本性之善之因，雖其過失已著，但尚可透過習以革其過。王夫之云：「然則『狎于弗順』之日，太甲之性非其降衷之舊；『克念允德』之時，太甲之性又失其不義之成。惟命之不窮也而靡常，故性屢移而異。抑惟理之本正也而無固有之疵，故善來復而無難。未成可成，已成可革。性也者，豈一受成侀，不受損益也哉？故君子之養性，行所無事，而非聽其自然，斯以擇善必精，執中必固，無敢馳驅而戲渝已。〔註 251〕」然則所謂「狎于弗順」之日，此所指的太甲之性並非太甲初生之時天命所降之衷；而所謂「克念允德」之時，則是指太甲氣稟之性由於有不義之習而產生過失。人只有透過習於無窮而靡常之天命，氣稟之性才有屢移而異之可能。天命之理本正，亦無固有之疵，故透過習使天命不息之善理來復於人氣稟之性並不難。故習可使人未得之未完成之性善可成，而形已成之氣稟之性可革。因此氣質之性，豈一受成侀，不受損益也哉？故君子養性，在於行所無事，但非聽其自然，而是應於人事上擇善必精，執中必固，無敢馳驅而戲渝已。因此王夫之認爲效於心意之所發而爲不善者，雖是人之過也，但此尚非至於惡之地步。但當人習於聞惡人之言，卻不知擇，因而信之，進而習之，則是成乎惡而不可挽救。故君子對於人有不善，憐憫其自爲之過，更盼望此人能改過遷善。但若是知道人有聽惡人之言而效之，君子覺得此乃深惡痛絕之事。故臣豈敢殺其君，子豈忍心殺其父，須透過教導之習，所教導者皆言之有故，行之有利於善者。當國有鄙夫，家有敗類，此強而有力利於成人之惡，此即所謂惡之習焉安焉，若是如此，遂使人如同氣化之變的下愚之人，氣質永不移，故於生命之終了亦不移於善。因此聖人化成天下之方在習而已矣。

習與性成者，習成而性與成也。使性而無弗義，則不受不義；不受不義，則習成而性終不成也。使性而有不義，則善與不善，性皆實有之，有善與不善而皆性，氣稟之有，不可謂天命之無。氣者天，

〔註 250〕（明）王夫之：《俟解》，收入船山全書編輯委員會編校：《船山全書》第十二冊（湖南〈長沙〉：嶽麓書社，1991 年 12 月第一版），頁 494。

〔註 251〕（明）王夫之：《尚書引義・太甲二》（長沙：岳麓書社，2011 年 1 月），卷 3，頁 301。

> 氣稟者稟於天也。故言性者，户異其說。今言習與性成，可以得所折中矣。〔註252〕

王夫之云：「『性』，謂形氣之化質也。《書》曰：『習與性成。』〔註253〕」《書》所謂習與性成者，乃是習成而使形氣之化質與成也。欲使人之性無不義，則不受不義；若只是不受不義，即使習可成而形氣之化質亦終不成。因爲形氣之化質若有不義，則是因爲善與不善，在氣質之性中本皆實有可善與不善之因，因爲氣質之性本具純善之性理與陰陽比例不同之形質，可爲善與不善皆是氣質之性中之本有此可能性，而不可謂天命本無賦予於人。氣質之性中的氣稟乃由天之陰陽二氣之氣幾命於人者，故言性者，有言性善、有言性惡者，各戶異其說。而今言氣稟之性其善與惡之表現，乃來自後天之習之所成。故王夫之認爲「習與性成」之說法則可以折中各說。

> 乃人之清濁剛柔不一者，其過專在質，而於以使愚明而柔彊者，其功則專在氣。質，一成者也，故過不復爲功。氣，日生者也，則不爲質分過，而能　爲　功於質。且質之所建立者，固氣矣。氣可建立之，則亦操其張弛經緯之權矣。氣日生，故性亦日生。【生者氣中之理。】性本氣之理而即存乎氣，故言性必言氣而始得其所藏。
>
> 〔註254〕

人氣質之性中有氣稟清濁剛柔不一，亦有天命氣化條理之性善，若有過則應專在此氣稟清濁剛柔不一的形質上論，因氣稟使人有愚明而柔彊之表現，但若論爲善之功，則專在於氣。質乃於人出生時一成者，故其過不復爲功。而氣乃日生者，則不爲質分而有過，反而能爲功於形質。且形質之所建立乃本於氣。氣可建立之，故亦可操其張弛經緯之權。天之氣日生，故性爲氣之條理亦隨氣而日生。而性本氣之理故亦存於形氣之質中，故言性必言氣而始得其所藏。

> 質者，性之府也；性者，氣之紀也；氣者，質之充而習之所能御者

〔註252〕（明）王夫之：《尚書引義・太甲二》（長沙：岳麓書社，2011年1月），卷3，頁299。

〔註253〕（明）王夫之：《禮記章句・王制》（長沙：岳麓書社，2011年1月），第一冊，卷5，頁333。

〔註254〕（明）王夫之：〈陽貨篇（一）〉《讀四書大全說・論語》，收入船山全書編輯委員會編校：《船山全書》第六冊（湖南（長沙）：嶽麓書社，1991年12月第一版），卷7，頁860。

> 也。然則氣效於習，以生化乎質，而與性爲體，故可言氣質中之性；而非本然之性以外，別有一氣質之性也。〔註 255〕

形質乃性之府；性爲氣之條理法則；氣是形質之充，而透過習之所能御此形質者。然則氣效於外物之習，以生化乎形質之氣稟，此透過習之氣養之，且可與氣質之性中性理之善爲體，故可言氣質中之性；而昔者所言，非本然之性善以外，另有一氣質之性。

> 生之初，人未有權也，不能自取而自用也。惟天所授，則皆其純粹以精者矣。天用其化以與人，則固謂之命矣。生以後，人既有權也，能自取而自用也。自取自用，則因乎習之所貫，爲其情之所歆，於是而純疵莫擇矣。〔註 256〕

人之性乃生理，故人之生命欲延續必經透過外物滋養其氣稟之性。王夫之云：「夫所取之精，所用之物者，何也？二氣之運，五行之實也。二氣之運，五行之實，足以爲長養，猶其足以爲胎孕者，何也？皆理之所成也。陰陽之化，運之也微，成之也著。小而滴水粒粟，乍聞忽見之天物，不能破而析之以畫陰陽之畛，斯皆有所翕合焉。陰爲體而不害其有陽，陽爲用而不悖其有陰；斯皆有所分劑焉。川流而不息，均平專一而歆合。二殊五實之妙，翕合分劑於一陰一陽者，舉凡口得之成味，目得之成色，耳得之成聲，心得之成理者皆是也。是人之自幼訖老，無一日而非此以生者也，而可不謂之性哉？〔註 257〕」人爲何要取精，用物？如同陰陽二氣之運，五行生生不息創造萬物。而萬物提供人類取用，使生命得以延續，如同透過母親受胎懷孕，長養子息以繁衍人類，使之生生不息。此皆氣化之理所成。無形陰陽二氣之化，雖氣運隱微，但其所成就之萬物卻顯。小如滴水、粒粟，乍聞忽見之天物，亦不能破而析之以畫分陰陽之畛域，此皆陰陽二氣之幾有所翕合而生。陰陽二氣創生萬物之過程，陰爲體而不害其有陽，陽爲用而不悖其有陰，但陰陽二氣皆有所分劑而不亂。氣化川流而不息，氣化長養萬物均平專一而歆合。二殊五實之妙，在於翕合分劑於陰陽二氣之比例而創生各式各樣的萬物，舉凡口得之成味，

〔註 255〕（明）王夫之：〈陽貨篇（一）〉《讀四書大全說・論語》，收入船山全書編輯委員會編校：《船山全書》第六冊（湖南（長沙）：嶽麓書社，1991 年 12 月第一版），卷 7，頁 861。

〔註 256〕（明）王夫之：《尚書引義・太甲二》（長沙：岳麓書社，2011 年 1 月），卷 3，頁 300～301。

〔註 257〕同上註，頁 300。

目得之成色，耳得之成聲，心得之成理者，皆此陰陽二氣所生。是人之自幼到老，無一日不是此陰陽二氣所生者，而日生之生理可不謂之性哉？當人出生之初，人未有權可擇，故不能自取物而自用之。惟有生之初透過天所授陰陽純粹之精賦予人，故人之生命由此而生。而天用其氣化之精賦予人之作用，即稱作命。但人有生以後，已有可抉擇用物之權，故能自取而自用氣化所生之萬物。然而人自取自用之標準，則會因乎己身之習而貫穿於物之擇，若是不知習於天理之善，則會執著合於耳目口鼻小體之喜好之情的歆合，對於物之純疵則莫擇而取。故王夫之云：「若夫二氣之施不齊，五行之滯於器，不善用之則成乎疵者，人日與媮暱苟合，據之以爲不釋之欲，則與之浸淫披靡，以與性相成，而性亦成乎不義矣。〔註 258〕」陰陽二氣之施不齊，而五行之滯於形器，若人不善用之則成乎疵者，而人日與物之媮暱苟合，據之以爲不釋之欲，則與物之浸淫披靡，習以與性相成，而性則成乎不義。

> 有在人之幾，有在天之幾。成之者性，天之幾也。初生之造，生後之積，俱有之也。取精用物而性與成焉，人之幾也。初生所無，少壯日增也。苟明乎此，則父母未生以前，今日是已；太極未分以前，目前是已。懸一性於初生之頃，爲一成不易之侀，揣之曰：「無善無不善」也，「可以爲善可以爲不善」也，嗚呼！豈不妄與！〔註 259〕

有在人之幾與在天之幾之別。在天之幾是陰陽二氣變合創生萬物之朕兆；在人之幾則是指人之氣稟與外物感應，對外物之選擇攻取之用。人初生之時，氣化條理透過天命凝於形質中，人因此有氣質之性，此即在天之陰陽二氣之幾。但天道不息，故天之氣幾在初生之造與有生後俱有之，還會繼續積累其氣幾之影響於人身，因爲透過天之幾命日降其善理，命日生萬物供人取用滋養其氣稟之形質。而人有生之後，爲滋養其生理而取精用物，性與之成，此乃人陰陽之幾，即所謂情也。但人之初生無此陰陽之幾，但此陰陽二氣之幾於少壯後日增。若明白此理，則父母未生吾人以前，今日是已；太極未分萬物未造以前，目前是已。若不明白此理，則懸一性於初生之頃，爲一成不易之侀，並揣測而言之曰：「無善無不善」、「可以爲善可以爲不善」，王夫之認爲此乃完全抹殺人文化成之努力！豈不妄歟！

〔註 258〕（明）王夫之：《尚書引義・太甲二》（長沙：岳麓書社，2011 年 1 月），卷 3，頁 301。

〔註 259〕同上註，頁 302。

後天之性，亦何得有不善？「習與性成」之謂也。先天之性天成之，後天之性習成之也。乃習之所以能成乎不善者，物也。夫物亦何不善之有哉？【如人不淫，美色不能令之淫。】取物而後受其蔽，此程子之所以歸咎於氣稟也。雖然，氣稟亦何不善之有哉？【如公劉好貨，太王好色，亦是氣稟之偏。】然而不善之所從來，必有所自起，則在氣稟與物相授受之交也。氣稟能往，往非不善也；物能來，來非不善也。而一往一來之閒，有其地焉，有其時焉。化之相與往來者，不能恆當其時與地，於是而有不當之物。物不當，而往來者發不及收，則不善生矣。〔註 260〕

王夫之云：「但以其天者著之，則無不善；以物之交者興發其動，則不善也。故物之不能蔽，不能引，則氣稟雖偏，偏亦何莫非正哉？〔註 261〕」王夫之認爲先天之性乃氣化之天所創生，則無不善。後天之性，亦何得有不善？乃因外物之交者興發而動其性中善之恒理，則不善也，故若與外物交而能不蔽，能不受其引，則先天氣稟雖偏，偏亦何莫非正哉？而欲達到氣稟之偏亦正，則須透過「習與性成」之功，即先天之性天成之，後天之性習成之也。而習之所以能成乎不善者在於外界之物。而物亦何不善之有哉？若就物之本身無所謂善與不善，惡乃發生於人之取物而後受其蔽，程子將此惡歸咎於氣稟。但王夫之認爲氣稟得於天故無不善。然而不善之所從來，必有所自起，則在於氣稟與物相授受之交，人執於氣稟小體之喜好而與外物產生歆合之情。而氣稟能往，往非不善也；物能來，來非不善也。而一往一來之閒，氣化之幾有其地，有其時之變化。王夫之云：「夫情，稱乎時者也；事，因乎位者也。〔註 262〕」故人感於物所產生的情之忻合之變化即是氣化流行產生時之問題；人與事接，此即是氣化流行所產生位之問題。因此人內在之情與外界之事都會影響人習之善惡。然而所謂的事與物都是屬於氣化流行之範疇，亦人無法

〔註 260〕（明）王夫之：〈滕文公上篇（三）〉《讀四書大全說・孟子》，收入船山全書編輯委員會編校：《船山全書》第六冊（湖南（長沙）：嶽麓書社，1991 年 12 月第一版），卷 8，頁 962。

〔註 261〕（明）王夫之：〈滕文公上篇（二）〉《讀四書大全說・孟子》，收入船山全書編輯委員會編校：《船山全書》第六冊（湖南（長沙）：嶽麓書社，1991 年 12 月第一版），卷 8，頁 960～961。

〔註 262〕（明）王夫之：〈睽〉《周易外傳》，收入船山全書編輯委員會編校：《船山全書》第一冊（湖南（長沙）：嶽麓書社，1991 年 12 月第一版），卷 3，頁 915。

掌控者，當此氣化之相與往來者，人若依其身性理之善爲行事準則而可恆於恰當應對之時位，若不然，則於此應對進退與取捨中又於交互作用產生更多時位不當之事與物。因事物不當，而一往一來時，人之氣稟與事物之發不及收，則不善亦從此產生。

> 造化無心，而其生又廣，則凝合之際，質固不能以皆良。……氣之在天，合離呼吸、剛柔清濁之不同，亦乘於時與地而無定。故偶值乎其所不善，則雖以良質而不能有其善也。〔註263〕

天道造化無心而其生又廣，則陰陽二氣凝合之際，氣稟之質固不能以皆良。而氣化在天，人之合離呼吸與剛柔清濁之不同，亦乘於天之氣化之時與地而無定。故偶然遇乎其所不善，則雖氣稟之良質亦不能有其善。王夫之不把不善歸於氣稟之良善與否，而是在於人所遇之氣化流行的時位問題。

> 故六畫皆陽，不害爲〈乾〉；六畫皆陰，不害爲〈坤〉。乃至孤陽、畸陰，陵蹂雜亂而皆不害也。其凶咎悔吝者，位也。乘乎不得已之動，而所值之位不能合符而相與於正，於是來者成蔽，往者成逆，而不善之習成矣。業已成乎習，則薰染以成固有，雖莫之感而私意私欲且發矣。〔註264〕

《易》之六畫皆陽，不害爲〈乾〉；六畫皆陰，亦不害爲〈坤〉。乃至孤陽、畸陰，陵蹂雜亂而皆不害於氣化之生生。而《易》之凶咎悔吝者，乃是由於氣化之位。乘乎氣化不得已之動，而此時所値氣化之位不能合符，而相與之於正，於是物之來者成人情之蔽，往者成人情之逆，而此人情之蔽與逆成不善之習。若不善已成乎習，則薰染人以成固有，雖未與物感而私意私欲則已發於隱微不形之中。

> 夫陰陽之位有定，變合之幾無定，豈非天哉？惟其天而猝不與人之當位者相值，是以得位而中乎道者鮮。故聖人之乘天行地者，知所取舍以應乎位，其功大焉。〔註265〕

〔註263〕（明）王夫之：〈陽貨篇（一）〉《讀四書大全說・論語》，收入船山全書編輯委員會編校：《船山全書》第六冊（湖南〔長沙〕：嶽麓書社，1991年12月第一版），卷7，頁858。

〔註264〕（明）王夫之：〈滕文公上篇（三）〉《讀四書大全說・孟子》，收入船山全書編輯委員會編校：《船山全書》第六冊（湖南〔長沙〕：嶽麓書社，1991年12月第一版），卷8，頁962。

〔註265〕同上註，頁962。

太虛之氣陰陽之位有定，氣化時陰陽二氣變合之幾無定位，有定無定位皆同爲天道之表現。但天道運行有突然不與人之當位者相符合者，因此能得位，且與物接時的表現合乎中道之人非常少。故唯聖人能乘氣化而與天地行，因而對於外物能知所取捨，以符合氣化流行之理之恒而不亂之恰當時位，其功大焉。

> 先天之動，亦有得位，有不得位者，化之無心而莫齊也。然得位，則秀以靈而爲人矣；不得位，則禽獸草木、有性無性之類蕃矣。既爲人焉，固無不得位而善者也。〔註 266〕

萬物創生之前，先天之動亦有得位與有不得位之別，乃因氣化本無心而莫齊。然得氣化之位，則秀以靈而爲人矣；不得位，則爲禽獸草木、有性無性之類蕃矣。人得已爲人，本皆於先天之動，便已得位而可謂善。

> 後天之動，有得位，有不得位，亦化之無心而莫齊也。得位，則物不害習而習不害性。不得位，則物以移習於惡而習以成性於不善矣。此非吾形、吾色之咎也，亦非物形、物色之咎也，咎在吾之形色與物之形色往來相遇之幾也。〔註 267〕

後天之動，有得位，有不得位，亦化之無心而莫齊也。所謂得位，則表外物不害於人之習而習則不害於性之成。所謂不得位，則表人與物接而人執著於耳目口鼻之小體產生情之忻合以移習於惡，而習以成性於不善。此本非吾形、吾色之咎，亦非氣化之物形、物色之咎，其咎則在於吾之形色與物之形色往來相遇變合氣幾之時，是否有當位。

> 言動者，己之加人者也，而緣視聽以爲之則，無有未嘗見之、未嘗聞之而以言以動者也。習於所聞，驗以所見，而信以心之所然，則其言固有物，行固有恒。仁者之於此，裕如矣。言惟己言也，動惟己動也，操之也約，持之也有據，則精焉、一焉，而天理無有不得者矣。〔註 268〕

王夫之：「所謂己者，則視、聽、言、動是已。是四者，均己所以保固其仁之

〔註 266〕（明）王夫之：〈滕文公上篇（三）〉《讀四書大全說・孟子》，收入船山全書編輯委員會編校：《船山全書》第六冊（湖南（長沙）：嶽麓書社，1991 年 12 月第一版），卷 8，頁 963。

〔註 267〕同上註。

〔註 268〕（明）王夫之：《尚書引義・大禹謨二》（長沙：岳麓書社，2011 年 1 月），卷 1，頁 267。

體，發揮其仁之用者也。〔註269〕」人心之動，乃視、聽、言、動之加人者也，而緣於其先前視、聽、言、動之經驗以為其心動之則，故無有未嘗見之、未嘗聞之而以言以動。當人習於所聞，驗以所見，而信以為此為心之所然之則，而依此其言固有物，行固有恒。仁者之於此，裕如矣。言惟己言也，動惟己動也，操之也約，持之也有據，則心之動之擇物精焉、一焉，而於天理無有不得者矣。故此心之習乃依天理之則。

> 若夫健順、五常之理，則天所以生人者，率此道以生；而健順、五常非有質也，即此二氣之正、五行之均者是也。人得此無不正而不均者，既以自成其體，而不復聽予奪於天矣。則雖天之氣化不齊，人所遇者不能必承其正且均者於天，而業已自成其體，則於己取之而足。若更以天之氣化為有權而己聽焉，乃天自行其正命而非以命我，則天雖正而於己不必正，天雖均而於己不必均，我不能自著其功，而因仍其不正、不均，斯亦成其自暴自棄而已矣。〔註270〕

氣化之健順、五常之理，乃天所以生人而將此凝於人身，而人便率此道之善理以生。然而健順、五常乃氣化之條理故非有形質，而其內涵即是二氣之正、五行之均。人得氣化健順之理之無不正而無不均之內涵為氣質之性中之善理，當人已有此氣化健順之理而成於其形氣之身中，便自認有善而不會為惡，且不再聽於天命之日降，反有奪天命之善而有為惡之可能。雖然天之氣化不齊，人所遇之外物不一定是氣化得位之正且均的事物，而人在揀擇時，則依己身性中氣化之善理為標準，則取之已足以完成其氣質之性中生生之理的需求。但若人不知努力，而被動的以天之氣化為權，而天自行其正命，而非命於我，則氣化之天雖正，而於己卻不必正，氣化之天雖均，而於己不一定均，我不能自顯氣質之性中天理之善，而將不善歸咎於所遇外物之不正、不均，此亦成其自暴自棄而已矣。

> 唯物欲之交，或淺或深，不但聖、狂之迥異，即在眾人等夷之中，亦有不同者，則不得謂繇中發者之皆一致。然孔子固曰「習相遠也」。人之無感而思不善者，亦必非其所未習者也。【如從未食河豚人，終

〔註269〕（明）王夫之：《尚書引義・大禹謨二》（長沙：岳麓書社，2011 年 1 月），卷 1，頁 267。

〔註270〕（明）王夫之：〈盡心下篇（四）〉《讀四書大全說・孟子》，收入船山全書編輯委員會編校：《船山全書》第六冊（湖南（長沙）：嶽麓書社，1991 年 12 月第一版），卷 10，頁 1138。

> 不思食河豚。】而習者，亦以外物爲習也，習於外而生於中，故曰「習與性成」。此後天之性所以有不善，故言氣稟不如言後天之得也。【後天謂形生、神發之後，感於天化而得者。】〔註271〕

唯人於物欲之交有或淺或深之不同，不只於聖、狂之物欲表現迥異，即使眾人之輩，對物欲之表現亦大有不同，然此情形，則表示不可說因氣質之性中有氣化善理，故由此所發之情皆一致。然孔子本有言「習相遠也」。人之無感而有思不善之情形，亦必非其有所未習。所謂習者，亦以外物爲習，習於外而生於性之中，故曰「習與性成」。此後天之性之所以有不善，若言氣稟，倒不如言後天外物之得是否合於氣化之正位。

> 夫子曰：知天人之際者，可以知性；察善惡之幾者，在辨其習。性之於人至矣哉！而習之於人亦切矣哉！均是生也，均是氣也，均是人之生也，均是氣之理也，二氣之良能，五行之精秀，理行乎氣而爲形，氣載夫理而爲心，夫不相近乎哉！堯、舜不廢食色之常，桀、蹠亦竊仁義之似，近焉，而何以成乎遠也？則習也。一人之迷其性而倡矣，眾人之忘其迷而和矣，能盡其性者鮮，不知其性者眾，馴而習之，則利於善，狎而習之，則安於惡，於是而遠矣。中材無獨立之志，利欲有百出之塗，遠矣。而可返之以同於善也，則又性也。此無疑於善惡之所自殊，而天人之分合亦可見矣。〔註272〕

由於外習會影響人是否爲善。故王夫之認爲夫子言：從知天人之際者，可以知人之性乃得天之善理而有；而欲察善惡之氣幾之變合，主要在辨別其外物之習。性對於人是很至關緊要！而外習對於人後天之善的表現亦切矣哉！對於人而言，其生也，均是氣化所生，而人性之中均具氣之理，固人身中本具二氣之良能與五行之精秀，而氣化之理行乎氣而爲人之形，故形氣之身載夫氣化之理而爲心，夫人性豈不相近乎哉！即使是聖人之堯、舜亦不廢食色之常，惡人之桀、蹠亦於性中有仁義之似，固可言性相近，而何以成乎遠也？則是因爲外物之習。當只是一人之迷失其性中之善理，而人卻倡導而不知阻攔，則便會導致眾人之忘其迷失其本性之善而隨之附和，故能盡其性之善理

〔註271〕（明）王夫之：〈滕文公上篇（二）〉《讀四書大全說．孟子》，收入船山全書編輯委員會編校：《船山全書》第六冊（湖南（長沙）：嶽麓書社，1991年12月第一版），卷8，頁961～962。

〔註272〕（明）王夫之：〈陽貨第十七〉《四書訓義．論語十七》（長沙：岳麓書社，2011年1月），第二冊，卷21，頁901～902。

者鮮矣，不知其性本具善理而可爲善者眾矣，見見大眾皆馴而習於不善，則以善爲利益之別，狎近於利而習之，此乃安於惡，而非習於善，於是性而漸遠矣。氣稟爲中材之人無獨立之志，而利欲有百出之途，故亦受於惡習，故離善遠。而可返於善之方法，則又須回歸於本性之善。此無疑人於善惡之表現所自異，而天人之分合亦可見。方志華云：「王夫之是在人性之學習活動中，由繼天之『學』而言性之創生活動：由天命而日成之『習』，而言性之凝成。在繼承天命的學習中，融合了孟荀言性之別，如此以學、習爲人性兩端之呈用，逼顯出天與人之間既自由、又有限制的不即不離的關係。〔註 273〕」

> 夫陽主性，陰主形。理自性生，欲以形開。其或冀夫欲盡而理乃孤行、亦似矣。然而天理人欲同行異情。異情者異以變化之幾，同行者同【行】於形色之實，則非彼所能知也。〔註 274〕

陽氣之健主掌性善之完成，而陰氣主形質之凝結。天理自本性中善而生，人欲則因小體耳目口鼻之形而開。天理與人欲本人氣質之性中並存而不悖，若冀望人欲盡，則天理則孤行。王夫之云：「欲而能反於理，不以聲色味貨之狎習相泥相取，一念決之而終不易。〔註 275〕」其實天理與人欲同行而異情。若人欲而能返於性中之善理，而不以耳目感官之小體與聲色味貨之狎習相泥相取，則其一念決之而終不易。因此所謂異情者，乃是天理人與之異是由於人與外物相遇產生的陰陽變化之幾的忻合之情；所謂同行者乃兩者同存於人身形色之實，則非彼所能知也。故由上所知天人之分合亦可由天理人欲同行異情中可知。

> 開則與神化相接，耳自爲心效日新之用；閉則守耳目之知而困於形中，習爲主而性不能持權。故習心之累，烈矣哉！〔註 276〕

〔註 273〕方志華：〈王天之的「學」「習」思想對孟、荀天人關係思想之融攝〉，《實踐學報》第 31 期（2000 年 6 月），頁 310。

〔註 274〕（明）王夫之：〈无妄〉《周易外傳》，收入船山全書編輯委員會編校：《船山全書》第一冊（湖南（長沙）：嶽麓書社，1991 年 12 月第一版），卷 1，頁 837。

〔註 275〕（明）王夫之：〈大易篇〉《張子正蒙注》，收入船山全書編輯委員會編校：《船山全書》第十二冊（湖南（長沙）：嶽麓書社，1991 年 12 月第一版），卷 7，頁 303。

〔註 276〕（明）王夫之：〈動物篇〉《張子正蒙注》，收入船山全書編輯委員會編校：《船山全書》第十二冊（湖南（長沙）：嶽麓書社，1991 年 12 月第一版），卷 3，頁 109。

耳目之形開則與氣化之神相接，耳自爲心效於氣化日新之用；耳目之形閉則守耳目之知而困於形中，心以習爲主，而性中之善理不能持權。故爲習心之累，烈矣哉！王夫之云：「不知物欲之蔽，亦有分數。如淫聲淺而美色深者，則去耳之欲亦易，未全昏也。〔註 277〕」因爲而物欲之蔽，乃蔽於耳目之習外物，即所謂「蔽固者爲習氣利欲所蔽〔註 278〕」，如淫聲淺而美色深者，則去耳之欲亦易，由此可知小體之耳目並未全昏也。

> 性存而後仁、義、禮、知之實章焉，以仁、義、禮、知而言天，不可也。成乎其爲體，斯成乎其爲靈。靈聚於體之中，而體皆含靈。若夫天，則未有體矣。〔註 279〕

人有生而性存，而後仁、義、禮、智之實可彰顯，若以仁、義、禮、智而言天，則不可也。仁、義、禮、智成乎與人性爲體，此成乎人身之靈。此仁、義、禮、智氣中之靈聚於形體之中，而形體皆含仁、義、禮、智之靈。若言天，則未有體矣。由此可知人耳目口鼻小體之形質中本具仁、義、禮、智之靈。

> 一人之身，居要者心也。而心之神明，散寄於五藏，待感於五官。肝、脾、肺、腎，魂魄志思之藏也，一藏失理而心之靈已損矣。無目而心不辨色，無耳而心不知聲，無手足而心無能指使，一官失用而心之靈已廢矣。〔註 280〕

人之身，居要位者乃心。而此心之神明，散寄於形質之五臟中，待與物感則心之神運行於五官。人身肝、脾、肺、腎，魂魄乃心之志思之藏也，此一藏若失其性理，則心之靈已損。然而無目而心不能辨色，無耳而心不能知聲，

〔註 277〕（明）王夫之：〈聖經（六）〉《讀四書大全說・大學》，收入船山全書編輯委員會編校：《船山全書》第六冊（湖南（長沙）：嶽麓書社，1991 年 12 月第一版），卷 1，頁 398。

〔註 278〕（明）王夫之：〈有德篇〉《張子正蒙注》，收入船山全書編輯委員會編校：《船山全書》第十二冊（湖南（長沙）：嶽麓書社，1991 年 12 月第一版），卷 6，頁 255。

〔註 279〕（明）王夫之：〈繫辭上傳第五章〉《周易外傳》，收入船山全書編輯委員會編校：《船山全書》第一冊（湖南（長沙）：嶽麓書社，1991 年 12 月第一版），卷 5，頁 1006。

〔註 280〕（明）王夫之：〈畢命〉《尚書引義》，收入船山全書編輯委員會編校：《船山全書》第二冊（湖南（長沙）：嶽麓書社，1991 年 12 月第一版），卷 6，頁 412。

無手足而心無能指使，但當耳目感官失其用，則心之靈亦已廢矣。因此心之靈固重要，若無形質亦無處藏此心之靈。

> 性，陽之靜也；氣，陰陽之動也；形，陰之靜也。氣浹形中，性浹氣中，氣人形則性亦人形矣。形之撰，氣也；形之理，則亦性也。形無非氣之凝；形亦無非性之合也。故人之性雖隨習遷，而好惡靜躁多如其父母，則精氣之與性不相離矣。繇此念之，耳目口體髮膚，皆爲性之所藏；日用而不知者，不能顯耳。鳶飛戾天，魚躍于淵；道之察上下，于吾身求之自見矣。〔註281〕

性乃陽之靜也；氣乃陰陽二氣之動也；形乃陰之靜也。氣浹於形中，性浹於氣中，氣入形則性亦入形矣。形乃陰陽二氣之撰，故爲氣也；形即氣，而氣中之理，則亦爲人之性也。形無非氣所凝；形亦無非性所合也。故人之性雖隨習而日遷，而好惡靜躁多如其父母，陰陽二之精氣與性本不相離。繇此可知，耳目口體髮膚之形皆人之性理之所藏；但人日用而不知，因性理吾形故不能顯。鳶飛戾天，魚躍于淵，天道之察上下，於吾身求之即可自見。

> 耳日日體互相增長以爲好惡，則淫矣。淫于眾人之淫，舍己而化之，則溺。耳目口體各止其所，節自具焉。不隨習以遷，欲其所欲，爲其所爲，有過則知，而節可見矣。〔註282〕

耳日日體互相增長以爲好惡，則淫於感官小體，而遺其性之大體。當淫於眾人之所淫，捨己性之善理而隨小體之耳目感官化之，則溺於淫。若能使「習氣熺然充滿于人間，皆吾思齊自省之大用【用大則體非妄可知。】勿以厭惡之心當之，則心洗而藏密矣。〔註283〕」因氣日生，故天命日降而善之習氣熺然充滿於人間，此皆吾心之思齊自省之大用，因此勿以厭惡之心當之，則可以心洗而藏於性之密。故耳目口體各止其所，而節自具焉。人可以不隨習以遷，而欲其所欲，爲其所爲，有過則知，而此小體之節可見矣。陳棋助云：「在個人生命歷程的不同階段中，他所發的取擇之用，有很大的差異。幼弱之時，人自己對事物的選擇，並沒有多大的決定權，而是隨著年歲漸長而日增，他對自己之性的形成也越能自主。另一方面，個體氣稟的特定結構與一定之偏

〔註281〕（明）王夫之：《思問錄內篇》，收入船山全書編輯委員會編校：《船山全書》第十二冊（湖南（長沙）：嶽麓書社，1991年12月第一版），頁407。

〔註282〕同上註，頁418。

〔註283〕同上註，頁424。

的傾向，會使人自然地從其所接觸的物類中，選擇（取）那些與自己的氣質較相近的同類者，而排斥（攻）異類。氣稟與外物感應而生選擇攻取之用，是爲『幾』；人之整體生命中，因物我交感之幾而生之『情之所歆』，這內外物我交相影響的作用，是爲『鑠』。隨生命的成長，人之性體上『鑠』成的忻合同異之情，也日益變化複雜，日趨曲折細微，如船山說：『情之始有者則甘食悅色，到後來蕃變流轉，則有喜怒哀樂愛惡欲之種種者。』個人之情所歆的對象特別會吸引人以取之，而其氣稟趨向追求該等物類的強度，也日益強烈，人在決定所欲取之物時的自主意識，也日愈明顯、堅固，此即持權有爲之『心』的作用越來越強。〔註 284〕」

> 湯，承夏俗之惡而新有商之民者也，其銘盤之言有曰：夫人無日而不思濯其身，亦無日而不思濯其心乎！因積怠之餘而念前此之不可不改也。苟於一日焉知所未知，行所求行，而勉其始新之力，則此日之身心已別矣。乃苟日新焉，而不容自已也；其繼也，承方新之氣，而知繼此之愈有其修也。嗣是而日日焉，已知而更有所知，已行而更有所行，而承以常新之功，則日日之進修益盛矣。乃一日日新焉而猶恐其衰也，雖功力之相接，而念終事之不可不勤也，嗣是而又日焉，知之盡而覺更有其可知，行之恒而覺更有其當行，而不異乎方新之始，則無日而志氣或竭矣。庶幾乎洗心如澡其身也，可以昭示臣民而作之則乎。〔註 285〕

湯承夏俗之惡而欲格惡而日新商之民，其於銘盤之言告誡百性：人應日思濯其身，亦日思濯其心！何謂濯其心，因人有積怠之餘，而對過往之惡習不改。假如於一日知其所未知，行所求行，勉己有始新之力，則此日身心已別昨日，此及所謂新也。此乃苟日新，而不容自己停止努力；所謂繼者乃是承日降方新之氣，而知繼此氣之善以修其身。承襲此而日日改變，對於已知之而更增加其所知，對已行之善而更能行善行，人若能承此常新之功，則日日進修增益人之德且日盛。但當只有一日日新而猶恐有衰，故日新之功力相接，而應知終事之不可不勤也，承襲此觀念而又日日增進之，則已知若盡而覺後更有

〔註 284〕陳棋助：〈王船山的人性論——以先天善性與後天習性之關係爲中心的討論〉，《興大中文學報》第 45 期（2010 年 12 月），頁 44～45。

〔註 285〕（明）王夫之：〈傳第一章〉《四書訓義・大學》（長沙：岳麓書社，2011 年 1 月），第一冊，卷 1，頁 54。

其可知者，行而有恒而則覺更有其當行之善，當日日如此，則人可以透過日新之習，與初生所成天命之善性不異，無一日志氣有竭。希冀人日日洗心如澡其身，湯藉此以昭示臣民並以身作則。

> 形氣者，亦受於天者也，非人之能自有也，而新故相推，日生不滯如斯矣。然則飲食起居，見聞言動，所以斟酌飽滿於健順五常之正者，奚不日以成性之善，而其鹵莽滅裂，以得二殊五實之駁者，奚不日以成性之惡哉？〔註286〕

形氣之身亦受於天之所命，非人之能自有，亦須與天命之日降新故相推，日生不滯。就飲食起居，見聞言動，則須斟酌飽滿受於健順五常之正物，則可以成性之善，若人鹵莽滅裂，所得之物乃二殊五實之駁者，則會日以成性之惡。

> 乃其所取者與所用者，非他取別用，而於二殊五實之外亦無所取用，一稟受於天地之施生，則又可不謂之命哉？天命之謂性，命日受則性日生矣。目日生視，耳日生聽，心日生思，形受以爲器，氣受以爲充，理受以爲德。取之多、用之宏而壯，取之純、用之粹而善；取之駁、用之雜而惡；不知其所自生而生。是以君子自彊不息，日乾夕惕，而擇之、守之，以養性也。於是有生以後，日生之性益善而無有惡焉。〔註287〕

人所取者與所用者應相爲一，而非他取而別用，因此人應於二殊五實之外者亦無所取用，人初生稟受於天地之命以施其生。天命之謂性，而天道不息，故天命在人有生之後到人死之前，皆日受之，則人氣質之性義成此天命之氣與善理而日生。人氣稟之小體其目日生視，耳日生聽，人心官亦日生思，人之形質受於天道氣化之凝而以爲器，氣受天命日充其形器之中，人日受天命氣化之善理以爲德。當人取天命之氣多而且用之宏，則人身可壯；若取之天道善理之純而用之粹以養其性則善。若人取之駁而用之雜而惡，則無法與天道之命相感，故不知其所自生而生。因此君子自彊不息，隨天命之不斷日乾夕惕修養自己，而對物之取擇之、守之以養其氣稟之性。君子於有生以後，日生之增其善，而是氣稟之表現無有惡。

〔註286〕（明）王夫之：《尚書引義・太甲二》（長沙：岳麓書社，2011年1月），卷3，頁302。

〔註287〕同上註，頁301。

嘗推論之：元在人而爲仁，然而人心之動，善惡之幾，皆由乎初念，豈元之定爲仁哉！謂人之仁即元者，謂〈乾〉之元也。自然之動，不雜乎物欲，至剛也；足以興四端萬善而不傷於物者，至和也；此乃體〈乾〉以爲初心者也。夫人無忌於羞惡，不辨於是非，不勤於恭敬，乃至殘忍刻薄而喪其惻隱，皆困於惰窳不振起之情，因仍私利之便，而與陰柔重濁之物欲相暱而安；是以隨物意移，不能自強而施強於物，故雖躁動煩勞，無須臾之靜，而心之偷惰，聽役於小體以懷安者，弱莫甚焉。唯其違乎〈乾〉之德，是以一念初起，即陷於非僻而成乎不仁。唯以〈乾〉爲元而不雜以陰柔，行乎其所不容已惻然一動之心，強行而不息，與天通理，則仁於此顯焉。故曰元即仁者，言〈乾〉之元也，健行以始之謂也。故唯〈乾〉之元爲至大也。〔註 288〕

聖人爲能知氣化陰陽變合之幾，表明白氣化的陽氣之乾元在人身而爲仁之理，然而人心之動，與物交產生善惡之幾，皆由乎初念，豈元之定爲仁哉！人之仁即陽氣之乾元。然而然之念自然之動，本不雜乎物欲，故至剛也；足以興仁義禮智之四端萬善而不傷於物，至乃所謂和也；此乃人之體以〈乾〉元之仁爲其初心。人無忌憚於羞惡，不辨於是非，不勤於恭敬，乃至於殘忍刻薄而喪其惻隱之乾元，皆是因困於惰窳不振起之情中，因其私利之便，而與陰柔重濁之物欲相狎相暱而安；心隨物而意移，不能自強於性之恒而施強於物，故心躁動煩勞而無須臾之靜，且心之偷惰而聽役於小體以懷安，心之擇物之權弱莫甚。唯其心違乎〈乾〉元之仁德，因此一念初起，即陷於邪惡不正而成乎不仁。唯以陽之〈乾〉爲元而不雜以陰柔，行乎其所不容已惻然一動之仁心，而此仁心應強行而不息與天通於氣化之理，則天之仁德於此顯焉。故曰乾之元即仁者，言陽氣之〈乾〉元，健行以始之謂。故唯人心之〈乾〉元爲至大，因其乃人行善之生生動力。

故唯聖人爲能知幾。知幾則審位，審位則內有以盡吾形、吾色之才，而外有以正物形、物色之命，因天地自然之化，無不可以得吾心順受之正。如是而後知天命之性無不善，吾形色之性無不善，即吾取

〔註 288〕（明）王夫之：〈乾〉《周易內傳》，收入船山全書編輯委員會編校：《船山全書》第一冊（湖南（長沙）：嶽麓書社，1991 年 12 月第一版），卷 1 上，頁 51。

> 夫物而相習以成後天之性者亦無不善矣，故曰「性善」也。〔註289〕

唯聖人能知氣化陰陽變合之幾，而常人則應透過學習而可知幾。因此所謂知幾則審所遇之物所値的氣化之時位是否恰當，若知審位，則對身之內，則有以盡吾形、吾色之才，對於身之外，則有以正物形、物色之氣化天命，因此天地自然之氣化流行，無不可以得吾心之性所順受於天之正理。王夫之云:「天地之塞，成吾之體，而吾之體不必全用天地之塞。故資萬物以備生人之用，而不以仁民之仁愛物。〔註290〕」如是而後知先天於天命之氣化天理之性無不善，而吾形色之氣稟之性亦無不善，即吾取物而相習以成後天之性者亦無不善，此先天之善到後天之成性的完整歷程，才可曰「性善」。陳棋助云：「在物我交感之幾相『鑠』而成的某些方面的歆合之情，被個人有心自覺地加以重複去表現，乃會使得凝於氣質以運之、生之的性理漸漸地形成特定的表現方式。人在有生之日，有意地一再重複表現某些物我相鑠而成之情，如此的生命活動動全體，總稱爲『習』。氣成人之質，而質還生氣，由於心知之用被個人取擇之物之氣，返滋其質，又會使得充盈於個人質體之氣，因鑠成習之過程而形成『習氣』；習氣的特定傾向，若到了自然而然就會表現的地步，便成『習氣』。〔註291〕」

> 末俗有習氣，無性氣。其見爲必然而必爲，見爲不可而不爲，以婞婞然自任者，何一而果其自好自惡者哉！皆習聞習見而據之，氣遂爲之使者也。習之中於氣，如瘴之中人，中於所不及知，而其發也，血氣皆爲之懑涌。故氣質之偏，可致曲也，嗜欲之動，可推以及人也，惟習氣移人爲不可復施斤削。嗚呼！今之父教其子，兄教其弟，師友之互相教者，何一而非習氣乎！苟於事已情定之際，思吾之此心此氣，何自而生？見爲不可已者，果不可已乎？見爲可不顧者，果可不顧乎？假令從不聞此，從不見此，而吾必不可不如此乎。吾性在氣之中，氣原以效性之用，而舍己以爲天下用，是亦可以悔矣。

〔註289〕（明）王夫之：〈滕文公上篇（三）〉《讀四書大全說・孟子》，收入船山全書編輯委員會編校：《船山全書》第六冊（湖南（長沙）：嶽麓書社，1991年12月第一版），卷8，頁963。

〔註290〕（明）王夫之：《思問錄內篇》，收入船山全書編輯委員會編校：《船山全書》第十二冊（湖南（長沙）：嶽麓書社，1991年12月第一版），頁407。

〔註291〕陳棋助：〈王船山的人性論——以先天善性與後天習性之關係爲中心的討論〉，《興大中文學報》第45期（2010年12月），頁45。

> 如其不能自覺，則日與古人可誦之詩、可讀之書相爲浹洽，而潛移其氣，自有見其本心之日。昧者不知，曰「吾之性氣然也」，人亦責之曰「其性氣偏也」。嗚呼！吾安得性中之生氣而與之乎。〔註 292〕

末俗有所謂習氣，無所謂性氣。所爲習氣乃見爲必然而必爲，見爲不可而不爲，以自任其性而爲，何一而果其自好自惡者哉！此習氣之養成皆因其過往之習聞習見而依據之，氣遂爲其所使。習之中於氣之情形，有如充滿山林間溼熱蒸鬱的毒氣之中人，其身處於此習氣中所不及知，但其心之發，血氣中之煩悶、鬱悶且湧而不息。故此氣質之偏，可透過修養改善，但嗜欲之動亦可推以及人，但習氣移人一但成習不可再施斧斤砍削，而是要透過很長的時間再改善之。但習氣不是只有惡，亦有善之習氣，如今之父教其子，兄教其弟，師友之互相教者，何一而非習氣乎！若於事已情定之際，透過心官之思吾之此心此氣，何自而生？藉此以判斷此習氣之善惡。若見爲不可已者，果不可已乎？見爲可不顧者，果可不顧乎？假使透過反思，明白自己應從不聞此，從不見此，而不見不聞，即可將習氣轉爲善。人性在氣稟之中，氣稟原可以爲性而效其用，若捨己之氣稟以爲天下用，是亦可以悔矣。如人不能自覺於此，則日與古人可誦之詩、可讀之書相爲浹洽，而欲潛移其氣稟，以爲自有見其本心之日。更愚昧不知，曰「吾之性氣然也」，即是將習氣誤爲性氣，故人亦責之曰「其性氣偏也」。嗚呼！若是有此誤解，則吾人安得氣質之性中氣稟之生氣而與之相習爲善。

> 乃氣可與質爲功，而必有其與爲功者，則言氣而早已與習相攝矣。是故質之良者，雖有失理之氣乘化以入，而不留之以爲害。然日任其質，而質之力亦窮，則逮其久而氣之不能爲害者且害之矣。蓋氣任生質，亦足以易質之型範。型範雖一成，而亦無時不有其消息。始則消息因仍其型範，逮樂與失理之氣相取，而型範亦遷矣。若夫緜不善以遷於善者，則亦善養其氣，至於久而質且爲之改也。故曰「居移氣，養移體」，氣移則體亦移矣。〔註 293〕

乃天日降之氣可與質爲功，而必有其與爲功者，則言氣之日降而早已與習相

〔註 292〕（明）王夫之：《俟解》，收入船山全書編輯委員會編校：《船山全書》第十二冊（湖南（長沙）：嶽麓書社，1991 年 12 月第一版），頁 493～494。

〔註 293〕（明）王夫之：〈陽貨篇（一）〉《讀四書大全說．論語》，收入船山全書編輯委員會編校：《船山全書》第六冊（湖南（長沙）：嶽麓書社，1991 年 12 月第一版），卷 7，頁 861。

攝爲一。因此質之良者，雖有失理之氣乘氣化之變以入，而不足以留之而以爲害。然而若日任其質之良，不知學習，而質之力則隨歲月移易亦窮，及其久而氣本不能爲害者卻漸害之。天任氣而生人之形質，人氣稟之形質在出生之初型範已成，但後天天日降之氣亦足以移易形質之型範。型範雖於生之初一成，但因命日降，故而亦無時不有其氣化之消息與其相感。始於氣化消息相感因受其氣稟型範之影響，其取擇會樂與失理之氣相取，而氣稟之質的型範亦隨此習而遷其善。若由不善之習以遷於其本然之善，但若善養其氣之人，擇善於取日降之氣中善習，至於久而質且爲之改也。故曰「居移氣，養移體」，氣移則體亦移矣。

乃其所以移之者，不可於質見功。質，凝滯而不應乎心者也。故唯移氣，斯以移體。其能於體而致其移養之所移者，肌肉、榮魄而已矣，則又體之賤者也。體移，則氣得其理，而體之移也以氣。乃所以養其氣而使爲功者何恃乎？此人之能也，則習是也。是故氣隨習易，而習且與性成也。〔註 294〕

言所以移之者不可於質見其習之功。因爲氣稟之形質乃凝滯而不應乎心者也。故可移在氣，移氣斯可以移體。而能於形質之體而致其移養之所移則是在肌肉與榮魄而已，則又體之賤者。欲使體移，則須藉由日降而得理之氣，故體之移也以氣。欲養其氣而使爲功者何恃乎？此乃人之能力可及，其方法則是習。因此人身之氣會隨習而易，而習且可以藉得理之氣使性得以成。

夫繁然有生，粹然而生人，秩焉紀焉，精焉至焉，而成乎人之性，惟其繼而已矣。道之不息於既生之後，生之不絕於大道之中，綿密相因，始終相洽，節宣相允，无他，如其繼而已矣。以陽繼陽，而剛不餒，以陰繼陰，而柔不孤；以陽繼陰，而柔不靡；以陰繼陽，而剛不暴。滋之无窮之謂恆，充之不歉之謂誠，持之不忘之謂信，敦之不薄之謂仁，承之不昧之謂明。凡此者，所以善也。則君子之所以爲功於性者，亦此而已矣。〔註 295〕

天氣化不息之運繁然有生，氣化之粹然而生人，氣化之序秩焉，氣化之理紀

〔註 294〕（明）王夫之：〈陽貨篇〉《讀四書大全說・論語》（《船山全書（六）》，湖南（長沙）：嶽麓書社，1991 年 12 月第一版），卷 7，頁 861。

〔註 295〕（明）王夫之：〈繫辭上傳第五章〉《周易外傳》，收入船山全書編輯委員會編校：《船山全書》第一冊（湖南（長沙）：嶽麓書社，1991 年 12 月第一版），卷 5，頁 1007。

焉，陰陽之精至焉，而成於人之性中，人惟繼之而已。王夫之云：「元、亨、利、貞者，〈乾〉之德，天道也。君子則爲仁、義、禮、信，人道也。理通而功用自殊，通其理則人道合天矣。『善之長』者，物生而後成性存焉，則萬物之精英皆其初初始純備之氣，發於不容已也。〔註 296〕」天道〈乾〉之德的元、亨、利、貞，在人身則爲人道之仁、義、禮、信。氣之善理通與氣化萬物，且使萬物功用自殊，此外，此人身亦有氣化通理之仁、義、禮、信，則是人道可合於天者。所謂「善之長」，乃物生而後氣化之通理於其成形後存於物中爲其性，而萬物之精英，而同於初初之始承天命所降之純備之氣，物性中有乾之德，故亦發於不容已。人藉由習此發於不容已萬物之精英的純備之氣，便可以變化氣質。天道不息於人既生之後，而且萬物之生不絕於此氣化大道中，人物相感綿密相因，始終相洽，節宣相允，无他，如人之繼此天道之善理而已。王夫之云：「人物有性，天地非有性。陰陽之相繼也善，其未相繼也不可謂之善。故成之而後性存焉，繼之而後善著焉。〔註 297〕」人繼善之法，乃有天人陰陽同類相繼，以其陽繼天氣之陽，而剛不餒，以其陰繼天氣之陰，而柔不孤；此外，更有天人之陰陽交互感應，以陽繼陰，而柔不萎靡；以陰繼陽，而雖剛不暴。王夫之云：「相繼者善，善而後習知其善，以善而言道，不可也，道之用，不僭、不吝，以不偏而相調。故其用之所生，无僭、无吝以无偏，而調之有適然之妙。妙相衍而不窮，相安而各得，於事善也，於物善也。若夫道，則多少陰陽，无所不可矣。〔註 298〕」人與天之相繼者在於天道之善，人之初生本已繼天道之善爲其性，透過後天之習可以知其本然之善，若以善而言道，不可，因爲善乃由天道所生。所謂道之用，在於陰陽相調而使添到所生之萬物得以不僭、不吝，以不偏。故人習於天道之用所生无僭、无吝以无偏之萬物，而陰陽有調，故物之正且均，故人習之則有適然之妙。人物相感之妙相衍而不窮，相安而各得，故人依其性中氣之通理於事、物皆善。故若言天道之所生之善，則不論多少陰陽之物，人取之无所不可。天道

〔註 296〕（明）王夫之：〈乾〉《周易內傳》，收入船山全書編輯委員會編校：《船山全書》第一冊（湖南（長沙）：嶽麓書社，1991 年 12 月第一版），卷 1 上，頁 59。

〔註 297〕（明）王夫之：〈繫辭上傳第五章〉《周易外傳》，收入船山全書編輯委員會編校：《船山全書》第一冊（湖南（長沙）：嶽麓書社，1991 年 12 月第一版），卷 5，頁 1006。

〔註 298〕同上註。

之滋生萬物无窮之謂恆，物之充於天地不歉之謂誠，天道持於陰陽之理創生之不忘之謂信，物物皆生敦之不薄之謂仁，物物承天道之善之不昧之謂明。凡此者，所以稱善也。則君子以天道所生之善爲功於性之習，亦此而已矣。

> 以德之成性者言之，則凡觸於事，興於物，開通於前言往行者，皆天理流行之實，以日生其性者也。「繼之者善」，而成之爲性者，與形始之性也；成以爲性，而存存以爲道義之門者，形而有之性也。〔註 299〕

人藉由天道所生萬物之善氣養其身之氣稟，進而習德之成性者，則凡人所觸於事，興於物，開通於前言往行者，皆合於天理流行之誠，藉此得以日生其性者也。「繼之者善」，而成之爲性者，與形始之性也。王夫之云：「甚哉，繼之爲功于天人乎！天以此顯其成能，人以此紹其生理者也。性則因乎成矣，成則因乎繼矣。不成未有性，不繼不能成。天人相紹之際，存乎天者莫妙于繼。然則人以達天之幾，存乎人者，亦孰有要於繼乎！〔註 300〕」人所以繼之爲功於天人之際！而天之日降氣之善以此顯其成人性之能，人以此紹其天命之生理者。氣質之性則因乎成，其可成則因乎繼與天之善。所謂天若不成則未有人生而有的氣質之性，若後天不繼則不能成此氣質之性。天人相紹之際，存乎天者莫妙于繼之功。然則人乃藉由習以達天之幾，天所降之善理存乎人之性，亦孰有要於繼乎！故成以爲性，存天之善理於氣稟中所存之性，以此爲道義之門，人形質中本有之性。

> 夫一陰一陽之始，方繼乎善，初成乎性，天人授受往來之際，止此生理爲之初始。故推善之所自生，而贊其德曰「元」。成性以還，凝命在躬，元德紹而仁之名乃立。天理日流，初終无間，亦且日生於人之心。唯嗜慾薄而心牖開，則資始之元，亦日新而與心遇，非但在始生之俄頃。〔註 301〕

〔註 299〕（明）王夫之：〈第二十七章（三）〉《讀四書大全說・中庸》，收入船山全書編輯委員會編校：《船山全書》第六冊（湖南（長沙）：嶽麓書社，1991 年 12 月第一版），卷 3，頁 565。

〔註 300〕（明）王夫之：〈繫辭上傳第五章〉《周易外傳》，收入船山全書編輯委員會編校：《船山全書》第一冊（湖南（長沙）：嶽麓書社，1991 年 12 月第一版），卷 5，頁 1007。

〔註 301〕（明）王夫之：〈乾〉《周易外傳》，收入船山全書編輯委員會編校：《船山全書》第一冊（湖南（長沙）：嶽麓書社，1991 年 12 月第一版），卷 1，頁 825～826。

夫天道始於一陰一陽，人方繼乎天道之善，於初成乎氣質之性中，天人授受往來之際，止人生理爲之初始。王夫之云：「夫生理之運行，極其爲量；迨其灌注，因量爲增。情不盡於所生，故生有所限；量本受於至正，故生不容乖。則既生以後，百年之中，閱物之萬，應事之賾，因事物而得理，推理而必合於生，因生而得仁，因仁而得義，因仁義而得禮樂刑政，極至於死而哀之以存生理於延袤者，亦盛矣哉！終日勞勞而恐不逮矣，何暇患焉！〔註 302〕」人生理之運行，先天之性有其區限之量；後天之性則迨取天道之善爲習之灌注，使性之善量爲增。情不盡於所生，故生有所限；性之善量本受於天道之至正之理，故於生不容乖。人之既生以後，百年之中，閱物之萬，應事之賾，人因事物而得其氣化之理，推物事中氣化之理而必合於其性中的生之理，人因有生而得天道之仁，因天道之仁而得事合宜之義，因仁義而得禮樂刑政，最終至於將死而哀，並欲存其生理以延長其生命！而終日勞勞而唯恐存其生理之不及，何暇擔憂生命之終已近焉！故推其生乃從善之所自生，而贊其性之德曰「元」。人有此生後，應習而成其氣稟之性以還於天，凝命在躬，元德紹於天而仁之名乃立。天理日用流行，初終无間，亦且天命日降故善日生於人之心。唯人嗜慾漸薄而心牖因形而開，則資始於天之元德，天之德善亦日新而與心遇，藉由後天之習，濟天之善，而非只在人始生之俄頃。

〔註 302〕（明）王夫之：〈无妄〉《周易外傳》，收入船山全書編輯委員會編校：《船山全書》第一冊（湖南（長沙）：嶽麓書社，1991 年 12 月第一版），卷 2，頁 889。

第十二章　德業一致

前章所謂格物致知之學乃在知性之德以通貫萬物之理，而王夫之言性是在形下氣化流行世界中，論天所命之性應與形氣之身的生命歷程緊密結合而不可分割，因此性善不再是形而上的高尚德性，而是對現實世界有具體眞實貢獻的德行表現，此乃強調王夫之雖繼承儒家傳統所重視的人文化成之道德義外，更希望把此人文化成之道德義實踐在形上形下是一氣化眞實的具體世界中。王夫之的「氣論」思想是繼承儒家道德與實踐並重之傳統而來，其詮釋經典以圓融貫通爲特色，其論述之角度乃繼承張橫渠以氣之主體論天人關係，並強調人道的重要。而本章主在論述王夫之修養之方與實踐之法，依循圓融貫通天人是一的特色爲寫作之主軸，闡述王夫之由天全授而人之繼其善，隨天命日降，再由人全歸而天之成其性之道德修養論。

第一節　存養與省察，先後互用

王夫之云：「心便扣定在一人身上，【受拘之故。】又會敷施翕受，【受蔽之故。】所以氣稟得以拘之，物欲得以蔽之，而格、致、誠、正亦可施功以復其明矣。〔註 1〕」人之創生乃因太和之氣凝聚成，氣中之神便扣定在一人形氣之身上爲之心，人初生之時尚未與外界之物相感，固有純善之赤子之心。但人隨天命之日降，心因承襲神之作用透過身之耳目感官接觸外

〔註 1〕（明）王夫之：〈聖經（一）〉《讀四書大全說・大學》，收入船山全書編輯委員會編校：《船山全書》第六冊（湖南（長沙）：嶽麓書社，1991 年 12 月第一版），卷 1，頁 395。

物而有交合，心有敷施翕受之動幾，一落入陰陽之動幾，便不一定純善無惡。因此人心會因身之氣稟得以拘之，與外物交時產生攻取之情，使其性中之善被物欲所蔽，唯有透過格、致、誠、正修養之功，才得以復其原本所固有之明德。

> 君子之學，唯知吾性之所有，雖無其事而理不閒。唯先有以蔽之，則人欲遂入而道以隱。故於此力防夫人欲之蔽，如朱子所云「塞其來路」者，則蔽之者無因而生矣。〔註 2〕

王夫之言「明是復性，須在心意知上做工夫。〔註 3〕」君子所謂學爲復性使人明其明德之功夫，其方法在去其蔽，而知吾性本有之善，當人不與外界事物相交，其性中善理亦從不閒。唯先有物蔽於心之明德，故人欲遂入而道隱而不顯。而君子復性明明德之學，乃於用力防人欲之蔽。

> 養心之功則在遏欲存理、靜存動察之學，廣術之功則在學問思辨、格物窮理之事。〔註 4〕

欲去人欲之蔽以復其明之方法乃在於養心，而養心之功則在遏人欲存性理於心，並在心未發之靜中存性理於心，於已發之動的意中行省察之學。王夫之續提所謂廣術之功，則在於前章所言的學問思辨、格物窮理之事。其言所謂「廣術之功」:「『心』字有『術』字在內，全體、大用，擴之而有其廣大，充之而有其篤實者也。此一『心』字，是孟子『萬物皆備於我』裏面流出來的。〔註 5〕」所謂的廣術，乃從孟子所言「萬物皆備於我」而來，透過格物致知而知人之性乃備萬物之理，而人擴充其心之神用，即是將性之仁德推及萬物，知化而與物同體。

> 蓋物格知至，則所好所惡者曲盡其變，不致恃其私意，而失之於偏；

〔註 2〕（明）王夫之：〈第一章（一一）〉《讀四書大全說・中庸》，收入船山全書編輯委員會編校：《船山全書》第六冊（湖南（長沙）：嶽麓書社，1991 年 12 月第一版），卷 2，頁 463。

〔註 3〕（明）王夫之：〈傳第二章〉《讀四書大全說・大學》，收入船山全書編輯委員會編校：《船山全書》第六冊（湖南（長沙）：嶽麓書社，1991 年 12 月第一版），卷 1，頁 405。

〔註 4〕（明）王夫之：〈梁惠王上篇（一一）〉《讀四書大全說・孟子》，收入船山全書編輯委員會編校：《船山全書》第六冊（湖南（長沙）：嶽麓書社，1991 年 12 月第一版），卷 8，頁 903。

〔註 5〕（明）王夫之：〈梁惠王上篇（一二）〉《讀四書大全說・孟子》，收入船山全書編輯委員會編校：《船山全書》第六冊（湖南（長沙）：嶽麓書社，1991 年 12 月第一版），卷 8，頁 907～908。

意誠心正，則所好所惡者一準於道，不致推私欲以利物，而導民於淫。故傳於好人所惡、惡人所好者，斥其「拂人之性」，而不言「拂人之情」也。〔註6〕

就廣術之功而言，物格知至則對於所好所惡者，能明白此對於物之好惡乃通於性中之理，故可曲盡其氣化流行中陰陽之變的萬物，使人心感物之時，不致於恃其私意，而有失之偏。另因養心之功乃遏欲存理、靜存動察之學，故在意誠心正修身後，則所好所惡之標準在於道，此道所指爲人心中性之善理，因此人不致推其私欲以利物，進而導民於淫。張立文云：「然而格物致知之主旨在誠意、正心。這樣，王夫之的格物致知論又回到了理學範疇體系中來。他所追求的理，既可以是程朱的天理，也可以是陸王的心，亦可以是王廷相和王夫之自身的氣。誠意、正心既是理學家心性論的重要環節，亦被作爲格物致知的中間環節，兩者相互圓通。〔註7〕」

總以人之有性，均也；而或能知性，或不能知性，則異。孟子自知其性，故一言以蔽之曰「善」，而以其知性者知天，則性或疑異而天必同，因以知天下之人性無不善，而曰「道一而已矣」。〔註8〕

王夫之認爲總以人之有性，此乃天之均。而有人能知性，有人不能知性，則造成結果之不同。透過格物致知明白天下無性外之物，故可以知性，如孟子自知其性，故一言以蔽之曰「善」。而以其知此身之性乃繼承氣化之天創造不以之神中條理之誠而來，故知性者知天，則人對性之認知或有疑異而天只有一故必同，因以知天下之人性無不善，而曰「道一而已矣」。故《傳》於「好人所惡、惡人所好者」，則直斥此違逆人之「性」，此「性」乃天下同然之善性之道，而好人所惡、惡人所好者乃依「道」而判，而非由各人好惡攻取之情爲準，故不言此爲違逆人之「情」。

意欲之私，限於所知而不恒，非天理之自然也。釋、老執一己之生滅，畏死厭難，偷安而苟息，曲學拘聞見之習而不通於神化，以自

〔註6〕（明）王夫之：〈傳第十章（四）〉《讀四書大全說・大學》，收入船山全書編輯委員會編校：《船山全書》第六冊（湖南（長沙）：嶽麓書社，1991年12月第一版），卷1，頁438。

〔註7〕同上註，頁867。

〔註8〕（明）王夫之：〈滕文公上篇（四）〉《讀四書大全說・孟子》，收入船山全書編輯委員會編校：《船山全書》第六冊（湖南（長沙）：嶽麓書社，1991年12月第一版），卷8，頁965。

> 畫而小成，邪正雖殊，其與道違一也。「道二，仁與不仁而已」，天與人之辨焉耳。〔註 9〕

人會有意欲之私，乃是受限於其所學之知識中，並未認知以性之恒爲身主體，故格物致知所得之知非天理之自然之眞知，此表其格致之學乃拘耳目感官的聞見之習，並未透過心之官思於本性之理，故無法通於天神化之誠，因此自畫而小成，邪而與天道相違而不仁。

> 誠意只在意上滿足無歉，未發意時，且別有正心、致知、格物之功。〔註 10〕

> 正心治靜而誠意治動。〔註 11〕

所謂誠意，只在已發之意上滿足而無歉於道。對於心之靜而未發於意者，則另有正心、致知、格物之修養功夫。且正心乃治心未發而靜之方，而誠意乃治心已發而動之法。

> 以實求之：中者體也，庸者用也。未發之中，不偏不倚以爲體，而君子之存養，乃至聖人之敦化，胥用也。已發之中，無過不及以爲體，而君子之省察，乃至聖人之川流，胥用也。未發未有用，而君子則自有其不顯篤恭之用。已發既成乎用，而天理則固有其察上察下之體。中爲體，故曰「建中」，曰「執中」，曰「時中」，曰「用中」；渾然在中者，大而萬理萬化在焉，小而一事一物亦莫不在焉。庸爲用，則中之流行於喜怒哀樂之中，爲之節文，爲之等殺，皆庸也。〔註 12〕

以性之實求之：中者體也，庸者用也。何謂已發之中，表示此已發之意的表

〔註 9〕（明）王夫之：〈至當篇〉《張子正蒙注》，收入船山全書編輯委員會編校：《船山全書》第十二冊（湖南（長沙）：嶽麓書社，1991 年 12 月第一版），卷 5，頁 211。

〔註 10〕（明）王夫之：〈盡心上篇（一一）〉《讀四書大全說・孟子》，收入船山全書編輯委員會編校：《船山全書》第六冊（湖南（長沙）：嶽麓書社，1991 年 12 月第一版），卷 10，頁 1119。

〔註 11〕（明）王夫之：〈離婁上篇（一○）〉《讀四書大全說・孟子》，收入船山全書編輯委員會編校：《船山全書》第六冊（湖南（長沙）：嶽麓書社，1991 年 12 月第一版），卷 9，頁 994～995。

〔註 12〕（明）王夫之：〈各篇大旨〉《讀四書大全說・中庸》，收入船山全書編輯委員會編校：《船山全書》第六冊（湖南（長沙）：嶽麓書社，1991 年 12 月第一版），卷 2，頁 451。

現乃是以無過不及之性為體，此即王夫之所言之誠意，君子乃透過動之省察而後可滿足而無歉於道，此乃至聖人之川流與物相感，皆所謂庸之用也。何謂未發之中，乃是以不偏不倚之性為體，君子透過正心、致知、格物之修養功夫於靜時存養性理，乃至聖人之敦化與物同體，此亦用也。當心之未發其體已存其用未顯，人以為未有用，其實君子則自知未發之中有其不顯篤恭之用。當心之已發則成乎其中之用，故可依性理之中通同天理者，為其可察上察下之體，並依此為審察萬物之判斷標準。因為已發中乃以中為體，故曰「建中」，曰「執中」，曰「時中」，曰「用中」；而未發時渾然在中者，乃萬物皆被於我，則大而萬理萬化在焉，小而一事一物，天理亦莫不在焉。所謂庸為用，則表中之體之流行於喜怒哀樂之中，為之約束節文而使無過與不及，為之分別親疏等殺而使倫常分明，此皆庸之用的表現。

> 《中庸》之言存養者，即《大學》之正心也；其言省察者，即《大學》之誠意也。《大學》云：「欲正其心者先誠其意。」是學者明明德之功，以正心為主，而誠意為正心加慎之事。則必欲正其心，而後以誠意為務；若心之未正，則更不足與言誠意。此存養之功，所以得居省察之先。蓋不正其心，則人所不知之處，己亦無以自辨其孰為善而孰為惡；且昏瞀狂迷，並所謂獨者而無之矣。〔註13〕

《中庸》所謂存養，乃在未發之中以不偏不倚之性為體，即《大學》之正心；《中庸》所謂省察，乃已發之情以無過不及之性為體，即《大學》之誠意。故「乃舉天下之芒然於此也：於未發也，無其實不能為之名，雖中節與，逐其末遂忘其本。謂未發者，一無有也，中節者，本無節而中即節也。庸詎知奠位於不睹不聞之頃，密藏萬有而不憂其不給，以至正而立為大中，流行於隱微顯見之際，會通典禮而不戾其所函，以至和而成乎各正。實有中也，實有和也。故君子之靜存動察，奉此以為大本達道也。〔註14〕」王夫之認為天下人對中和之看法之迷惘茫然而不清，如於未發也，無其性之實故不能為之名為心之未發之意，未發雖中節，則只是逐其末之表現，遂忘其本體乃為性之實。所謂未發者，一無有也；所謂中節者，乃本無節，因心以性體之中為

〔註13〕（明）王夫之：〈第三十三章（五）〉《讀四書大全說・中庸》，收入船山全書編輯委員會編校：《船山全書》第六冊（湖南〔長沙〕：嶽麓書社，1991年12月第一版），卷3，頁580。

〔註14〕（明）王夫之：〈喜怒哀樂之未發謂之中，發而皆中節謂之和〉《船山經義》（長沙：岳麓書社，2011年1月），頁664。

實即節。豈知性體早已奠位於不睹不聞之頃，性中密藏萬有之理，故不憂性之理無法供給心應於萬事萬物，以至正而立爲大中，氣化流行於隱微顯見之際，性之理可會通典禮而不戾其所函，以至和而是物成乎各正。心實有中，故心之表現意爲實有之和也。故君子之靜存動察，奉此性體之中以爲大本達道也。

然而《大學》云：「欲正其心者先誠其意。」此乃學者認爲欲達明明德之功，須以正心爲主，但誠其意乃正心加慎之事。王夫之云：「若誠其意者，須是金粟充滿，而用之如流水，一無吝嗇，則更不使有支撐之意耳。此則慎獨爲誠意扣緊之功，而非誠意之全恃乎此，及人所共知之後，遂無所用其力也。【雖至人所共知，尙有有其意而未有其事之時。意中千條百緒，統名爲意。】〔註 15〕」誠意乃正心加上慎獨，故誠意非只全恃於正心之功夫而已。何謂「獨」：「《禮記》凡三言慎獨，獨則意之先幾、善惡之未審者也。乃若虛靈不昧之本體，存乎在我，有善而無惡，有得而無失，抑何待揀其不善者以孤保其善哉？此以知明德之可言明，而不可言慎也。〔註 16〕」所謂「獨」則是意之先幾、善惡之未審者。若此「獨」是有虛靈不昧之性體，存乎在我之心中，有善而無惡，有得而無失，固本不待揀其不善者以孤保其善。因爲氣化之天透過神之創生其所命之明德，乃人天生本有，故可言明之即可得，而不可言慎。故透過格物致知可以明明德。但「獨」乃心未發意之先幾，非人之本有，善惡未判之狀態，故須透過審察，所以言慎之。故王夫之又云：「善惡，人之所知也。自善而惡，幾微之介，人之所不知也。斯須移易而已，故曰獨。〔註 17〕」善惡是顯而易見，故人之所知也。但自善而惡期間，有幾微之介，因爲隱微不顯，是人之所不知，更容易爲人所忽略，而從善到惡只須移易而已，便可以爲惡，故曰獨。

若已誠其意者，須是金粟充滿，而用之如流水，一無吝嗇之狀態，則表示無須再用審察使有支撐於意而不流於惡，故慎獨乃欲誠意前須扣緊之功

〔註 15〕（明）王夫之：〈傳第六章（二）〉《讀四書大全說・大學》，收入船山全書編輯委員會編校：《船山全書》第六冊（湖南（長沙）：嶽麓書社，1991 年 12 月第一版），卷 1，頁 412。

〔註 16〕（明）王夫之：〈傳第十章（五）〉《讀四書大全說・大學》，收入船山全書編輯委員會編校：《船山全書》第六冊（湖南（長沙）：嶽麓書社，1991 年 12 月第一版），卷 1，頁 438。

〔註 17〕（明）王夫之：《思問錄內篇》，收入船山全書編輯委員會編校：《船山全書》第十二冊（湖南（長沙）：嶽麓書社，1991 年 12 月第一版），頁 407。

夫，而非誠意則只全恃乎正心而已。因爲王夫之認爲學之重點在欲正其心，然後以誠意爲正心之要務。但若心之未正，則更不足以言誠意。但此存養正心之功，得透過愼於省察未發意之先幾的「獨」之爲先，以達正心之功。因此若不正其心，則人所不知之處，則己身亦無法自辨孰善孰惡，若是如此則昏瞖狂迷，此乃於此「獨」而無愼之因。

> 「閒居」者獨也，固人所不及知也；則夫君子之愼獨也，以人所不及知而已獨知之，故其幾尚託於靜，而自喻最明。〔註18〕

其另以「閒居」之獨處、獨居來訓「獨」，表示「獨」乃人本所不及知。王夫之認爲君子所愼之獨，是以人所不及知而已獨知之者，故「獨」之幾乃心未發意，故尚託於心之靜，此時因未受外界物之觸動，人自喻最明，最能體悟心中以性爲體。因此誠意爲正心之存養加愼之事，乃因「獨」之幾尚託於心之靜，而人自喻最明心之體乃性，而非耳目感官之小體，故於此時愼其獨，易收正心之效。王夫之云「愼獨之學，爲誠意者而發，亦何暇取小人而諄諄戒之耶？〔註 19〕」因愼獨之學爲誠意而發，誠意爲正心加愼之事，而正心之功就在存養。而其又云存養之功得居省察之先，故在此「獨」之幾時愼而擇，乃正其心以存養的最適當之時機。

> 《中庸》云「莫見乎隱，莫顯乎微」，謂君子之自知也。……誠意者之自知其意。如一物於此，十目視之而無所遁，十手指之而無所匿，其爲理爲欲，顯見在中，纖毫不昧，正可以施愼之之功。故曰：「其嚴乎！」謂其尚於此而謹嚴之乎！能致其嚴，則心可正而身可脩矣。其義備《中庸》說中，可參觀之。〔註20〕

《中庸》云因道之不顯，故於「莫見乎隱，莫顯乎微」仍要君子愼獨，而所謂「獨」乃以人所不及知而已獨知之者，故王夫之認爲君子之自知也。所謂誠意者表自知其意，如一物於此，十目視之而無所遁，十手指之而無所匿，其爲理、爲欲皆顯見於未發之中，因此「中」乃人性之德，故纖毫不昧，故正可以在此施謹嚴之功。故王夫之認爲尚於此而謹嚴，因能致其嚴，使此「獨」之意之先幾能誠而無惡，則心可正而身可脩矣。

〔註18〕（明）王夫之：〈傳第六章（八）〉《讀四書大全說・大學》，收入船山全書編輯委員會編校：《船山全書》第六冊（湖南（長沙）：嶽麓書社，1991 年 12 月第一版），卷 1，頁 419。

〔註19〕同上註，頁 418。

〔註20〕同上註，頁 419。

唯誠其意而毋自欺，則其意之好善惡惡也，如惡惡臭，如好好色，無乎不誠，而乃可謂之自謙。故君子必慎其獨，以致其誠之之功焉。〔註 21〕

王夫之認為誠其意在於毋自欺，其云：「戒一念之欺，自其念之起，至於念之成，亦無不然。若論其極，則自始教『格物』，直至『明明德於天下』，自『欲明明德於天下』立志之始，乃至天下可平，亦只於用功處見此五者耳。為學者當自知之。〔註 22〕」因「善惡之幾，決於一念；濡遲不決，則陷溺不振。〔註 23〕」因善惡之幾，決於一念，故言戒一念之欺，乃誠其意之法，可達明其身之明德，故能好於善與惡於惡。即使是惡惡臭、好好色之意皆無乎不誠，此即所謂「自謙〔註 24〕」。戒一念之欺，乃因愼獨之功，而使已發之意能誠。

愼字不可作防字解，乃縝密詳謹之意。惡惡臭，好好色，豈有所防哉？無不好，無不惡，即是愼。蓋此誠字，雖是用功字，原不與僞字對；僞者，欺人者也。乃與不誠為對；【如中庸言「不誠無物」之不誠。不誠則或僞，僞不僅於不誠。】不誠者，自欺者也；【不誠則自欺，自欺則自體不成，故無物。若僞，則反有僞物矣。】總為理不滿足，所以大槩說得去、行得去便休。〔註 25〕

王夫之認為愼獨之「愼」字不可作「防」字解，「愼」乃縝密詳謹之意。惡惡臭、好好色人之常情，豈有該防之道理。而所謂「無不好，無不惡」，即是「愼」之縝密詳謹之意，代表人在好惡之間須有謹愼之擇。蓋此「誠」字雖是修養

〔註 21〕（明）王夫之：〈傳第六章（四）〉《讀四書大全說・大學》，收入船山全書編輯委員會編校：《船山全書》第六冊（湖南（長沙）：嶽麓書社，1991 年 12 月第一版），卷 1，頁 414。

〔註 22〕（明）王夫之：〈聖經（七）〉《讀四書大全說・大學》，收入船山全書編輯委員會編校：《船山全書》第六冊（湖南（長沙）：嶽麓書社，1991 年 12 月第一版），卷 1，頁 398～399。

〔註 23〕（明）王夫之：〈大易篇〉《張子正蒙注》，收入船山全書編輯委員會編校：《船山全書》第十二冊（湖南（長沙）：嶽麓書社，1991 年 12 月第一版），卷 7，頁 303。

〔註 24〕王夫之云：「『自謙』云者，意誠也，非誠其意也。」（明）王夫之：〈傳第六章（四）〉《讀四書大全說・大學》，收入船山全書編輯委員會編校：《船山全書》第六冊（湖南（長沙）：嶽麓書社，1991 年 12 月第一版），卷 1，頁 414。

〔註 25〕（明）王夫之：〈傳第六章（二）〉《讀四書大全說・大學》，收入船山全書編輯委員會編校：《船山全書》第六冊（湖南（長沙）：嶽麓書社，1991 年 12 月第一版），卷 1，頁 411～412。

用功字，原不與「僞」字相對。所謂僞者，乃欺人者也。此「僞」字則與乃與不誠爲對。所謂不誠者，則表自欺者也，即是總在理上不滿足。

> 蓋心之正者，志之持也，是以知其恒存乎中，善而非惡也。心之所存，善而非惡。意之已動，或有惡焉，以陵奪其素正之心，則自欺矣。【意欺心。】唯誠其意者，充此心之善，以灌注乎所動之意而皆實，則吾所存之心周流滿愜而無有餒也，此之謂自謙也。【意謙心。】〔註 26〕

王夫之認爲心之正者，乃因其志之持，是以知其性之恒存乎心中，善而非惡也。故心之有性體所存，善而非惡。當心之發而意之已動，有可能有惡以陵奪其素正之心，此則所謂自欺。故只有誠其意者，以誠之性體充此心而善，並藉此心所充之誠善，灌注乎所動之意而皆具性體之實，則吾所存性體充實之心周流滿愜而無有餒而無力之時，此之謂自謙。

> 惡惡臭，好好色，是誠之本體。誠其意而毋自欺，以至其用意如惡惡臭、好好色，乃是工夫至到，本體透露。將此以驗吾之意果誠與否則可，若立意要如此，而徑以如惡惡臭、如好好色，則直是無下手處。〔註 27〕

惡惡臭，好好色即是誠之本體。而誠之本體及人心之性體。性體在人身，故其表現惡惡臭，好好色皆是人人同然者。所謂誠其意而可毋自欺，當心以志持性體恆存於中，以至其用意如惡惡臭、好好色皆有性體於此以發之情中，乃是工夫至到，本體透露。若於此性體之重充滿之意中驗吾之意果誠與否，則可，但若將善惡判準立於此意中，而徑以如惡惡臭、如好好色，則直是無下手處。

> 意或無感而生，【如不因有色現前而思色等。】心則未有所感而不現。【如存惻隱之心，無孺子入井事則不現等。】好色惡臭之不當前，人則無所好而無所惡。【雖妄思色，終不作好。】意則起念於此，而取境於彼。心則固有焉而不待起，受境而非取境。今此惡惡臭、好好色者，未嘗起念以求好之惡之，而亦不往取焉，特境至斯受，因

〔註 26〕（明）王夫之：〈傳第六章（五）〉《讀四書大全說・大學》，收入船山全書編輯委員會編校：《船山全書》第六冊（湖南（長沙）：嶽麓書社，1991 年 12 月第一版），卷 1，頁 415。

〔註 27〕同上註，頁 412。

以如其好惡之素。且好則固好，惡則固惡，雖境有閑斷，因伏不發，而其體自恆，是其屬心而不屬意明矣。〔註28〕

因爲意可無感於物而生，但心則未有所感於事物則不現其作用。好色惡臭之事物不當於人前，人耳目感官無觸於物，則心無所好而無所惡。但意則是無需外物之觸便起幻念於此，故取幻境於彼。心則人本固有而不待念而起，心可受現實之境，而非取於境而有所感。而今所謂惡惡臭、好好色者，乃心未嘗起幻念以求好之惡之，而心亦不主動前去取境，而特等境至心斯受，順此境之來，心以如其平日好惡之素判斷之。且好則固好，惡則固惡，雖事物之境有閑斷，因而使心有伏不發之時，但因其體自有性之恆，故可言此好色惡臭是其屬心之發，而不屬無恆體之意，可明矣。

今以一言斷之曰：意無恆體。無恆體者，不可執之爲自，不受欺，而亦無可謙也。乃既破自非意，則必有所謂自者。此之不審，苟務深求，於是乎「本來面目」、「主人翁」、「無位眞人」，一切邪說，得以乘閒惑人。聖賢之學，既不容如此，無已，曷亦求之經、傳乎？則愚請破從來之所未破，而直就經以釋之曰：所謂自者，心也，欲脩其身者所正之心也。〔註29〕

因前有言「意或無感而生」，故今以一言斷之曰：意無恆體。因爲意無以性爲恆體，固不可執之爲「自」，王夫之云：「所謂自者，心也，欲脩其身者所正之心也。」。自者爲心，而心以性之德爲其體。因此「意」不是心，故不受欺，而亦無可謙也。

欺者，凌壓之謂。〔註30〕

若要自謙，須愼獨，須毋自欺，須誠其意。〔註31〕

「自謙」即意誠，而因「意無恆體」，故此意無誠之性爲其體，故無須在意上

〔註28〕（明）王夫之：〈傳第六章（五）〉《讀四書大全說・大學》，收入船山全書編輯委員會編校：《船山全書》第六冊（湖南（長沙）：嶽麓書社，1991年12月第一版），卷1，頁415。

〔註29〕同上註。

〔註30〕（明）王夫之：〈傳第六章〉《四書箋解・大學》，收入船山全書編輯委員會編校：《船山全書》第六冊（湖南（長沙）：嶽麓書社，1991年12月第一版），卷1，頁115。

〔註31〕（明）王夫之：〈傳第六章（四）〉《讀四書大全說・大學》，收入船山全書編輯委員會編校：《船山全書》第六冊（湖南（長沙）：嶽麓書社，1991年12月第一版），卷1，頁414。

除弊，而應於意上審察，愼於所發動機之「獨」是否爲善，故要自謙，須愼獨。「毋自欺」表心不受凌壓，故對於心之修養功夫在於去其蔽，使之爲正，然心不正乃因意不誠，故又須於誠其意。

> 然意不盡緣心而起，則意固自爲體，而以感通爲因。故心自有心之用，意自有意之體。人所不及知而己所獨知者，意也。心則己所不睹不聞而恆存矣。乃己之睹聞，雖所不及而心亦在。乃既有其心，【如好惡等，皆素志也。】則天下皆得而見之，是與夫意之爲人所不及知者較顯也。故以此言之，則意隱而心著，故可云外。〔註 32〕

然意無恆體又不盡緣心之感而起，則意本自爲體，而或有時以心之感通爲其產生之因。若有時意乃因心之感而起，則心以意爲用，但意若不因心之感而起，則自有意之體。人所不及知而己所獨知之「獨」屬於意之範疇。心則是己所不睹不聞中亦有性體而恆存於其中。當己之所睹所聞，雖耳目感官之聞見有所不及，但因心有性之恆爲其體，故亦在。乃既有其心，則只要心之動有感應於天下，則皆得而見之，心若與意相比，心乃比意之爲人所不及知者較顯也。故以此言之，則意隱而心著，故可云心外。故此內外乃以顯著與否爲論斷。

> 蓋漫然因事而起，欲有所爲者曰意；而正其心者，存養有本，因事而發，欲有所爲者，亦可云意。自其欲有所爲者則同，而其有本、無本也則異。意因心之所正，無惡於志，如日與火之有光焰，此非人所得與，而唯明明德者則然。故《大學》必云「誠其意」，而不可但云誠意。〔註 33〕

因前所言「意無恆體」，故意乃「漫然」而無目的性地隨事而起。王夫之云：「自一事之發而言，則心未發，意將發，心靜爲內，意動爲外。又以意之肖其心者而言，則因心發意，心先意後，先者爲體於中，後者發用於外，固也。〔註 34〕」意乃自一事之發而言，則心靜未發爲內，意動將發爲外。若又以意

〔註 32〕（明）王夫之：〈傳第六章（七）〉《讀四書大全說・大學》，收入船山全書編輯委員會編校：《船山全書》第六冊（湖南（長沙）：嶽麓書社，1991 年 12 月第一版），卷 1，頁 417～418。

〔註 33〕（明）王夫之：〈子罕篇（三）〉《讀四書大全說・論語》，收入船山全書編輯委員會編校：《船山全書》第六冊（湖南（長沙）：嶽麓書社，1991 年 12 月第一版），卷 5，頁 729。

〔註 34〕（明）王夫之：〈傳第六章（七）〉《讀四書大全說・大學》，收入船山全書編輯委員會編校：《船山全書》第六冊（湖南（長沙）：嶽麓書社，1991 年 12 月第一版），卷 1，頁 417。

乃肖其心者而言，則因心而發意，故心先意後，心之爲先者，其爲體於內之中，後發之意爲用於外。心與意之關係，乃靜之體於內，動之於用外也。當已正其心且存養有本，因事而發並欲有所爲者，亦可稱爲意。因此只要心已發之動爲用者，便可稱作意，並不論其心之正與否。故從「欲有所爲」論之，則心與意兩者相同；但就已發中有無性之理爲其本質，則心與意兩者有異，因爲意乃無自體者，更會起幻念，自造其幻境。但當意乃因心之所正而發，則其意乃以性爲其恒體而發，並欲爲善而無惡於志，則如日與火之有光焰，此非人所得與者，唯有明天所命之於人之明德，才有此光輝之表現。故《大學》必云「誠其意」，而不可但云誠意。

> 蓋於學言之，則必存養以先立乎其本，而省察因之以受。則首章之先言戒懼以及愼獨者，因道之本然以責成於學之詞也。即《大學》「欲正其心」先於「欲誠其意」之旨。〔註 35〕

就學言之，則必先存養，而存養即正心之意，而正心則先立乎其本，進而可省察意誠，故因之以受。因所謂正心之立乎其本，乃在於以道加愼於意之先幾之「獨」，故《中庸》首章之先言戒懼以及愼獨者，此乃以道之本然來求成於學之詞也。故《大學》亦言「欲正其心」先於「欲誠其意」之旨。

> 此《章句》於首章有「既嘗戒懼」之說，而《大學》所謂「毋自欺」者，必有其不可欺之心；此云「無惡於志」者，必有其惡疚之志。如其未嘗一日用力於存養，則凡今之人，醉夢於利欲之中，直無所欺而反得慊，無所惡而反遂其志矣。故《大學》以正心次脩身，而誠意之學則爲正心者設。《中庸》以道不可離，蚤著君子之靜存爲須臾不離之功，而以愼獨爲加謹之事。此存養先而省察後，其序固不紊也。〔註 36〕

《中庸》「既嘗戒懼〔註 37〕」指君子既常戒懼，而於「獨」尤加謹愼，所以遏

〔註 35〕 （明）王夫之：〈第三十三章（五）〉《讀四書大全說・中庸》，收入船山全書編輯委員會編校：《船山全書》第六冊（湖南（長沙）：嶽麓書社，1991 年 12 月第一版），卷 3，頁 581。

〔註 36〕 同上註，頁 580。

〔註 37〕 《集注》：「獨者，人所不知而己所獨知之地也。言幽暗之中，細微之事，跡雖未形而幾則已動，人雖不知而己獨知之，則是天下之事無有著見明顯而過於此者。是以君子既常戒懼，而於此尤加謹焉，所以遏人欲於將萌，而不使其滋長於隱微之中，以至離道之遠也。」（宋）朱熹：《四書章句集注・中庸》（台北：大安出版社，1999 年 12 月），頁 23。

人欲於將萌，而不使人欲滋長於隱微之中。《大學》「毋自欺〔註 38〕」乃是禁止心之知為善以去惡，而未有性之實於其中。而《中庸》「無惡於志〔註 39〕」此乃言無愧於本心，此為君子慎獨之事。「既嘗戒懼」、「毋自欺」、「無惡於志」三者都注重於慎於他人所不及知而己獨知之「獨」之功夫。因《大學》以先正心，再次為脩身，而誠意之學則為正心者設。至於《中庸》以道不可須臾離，故君子之靜存亦為須臾不離之功，而存養須以慎獨為加謹之事，於意之先幾縝密詳謹，以確定其所存為善，存養其善後，誠意而可以以此為省察功夫之標準。故存養先而省察後，其序固不紊也。

> 《大學》云：「意誠而後心正。」要其學之所得，則當其靜存，事未兆而念未起，且有自見為正而非必正者矣。動而之於意焉，所以誠乎善者不欺其心之正也，則靜者可以動而不爽其靜，夫乃以成其心之正矣。然非用意於獨之時一責乎意，而於其存養之無閒斷者為遂疎焉。〔註 40〕

《大學》有云：「意誠而後心正。」因誠其意而學有所得，則當心之未發時應靜存此道之本然，故於事未有兆而念未起之時，則可自見心因為誠其意而為正，但心卻非必正者。當心之動而之於意，所以誠乎善者不欺，此為其心之正也，當心之靜者若已經意誠，則可以於動時仍不爽其靜之誠，乃因學之修養而成其心之正。而並非只有在心之因事動而用意於其先幾之獨之時，才審求於意，而本應於其靜而意誠之時便存養之，且無間斷。

〔註 38〕《大學》：「所謂誠其意者：毋自欺也，如惡惡臭，如好好色，此之謂自謙，故君子必慎其獨也！」《集注》：「誠其意者，自脩之首也。毋者，禁止之辭。自欺云者，知為善以去惡，而心之所發有未實也。謙，快也，足也。獨者，人所不知而己所獨知之地也。言欲自脩者知為善以去其惡，則當實用其力，而禁止其自欺。使其惡惡則如惡惡臭，好善則如好好色，皆務決去，而求必得之，以自快足於己，不可徒苟且以殉外而為人也。然其實與不實，蓋有他人所不及知而己獨知之者，故必謹之於此以審其幾焉。」（宋）朱熹：《四書章句集注・大學》（台北：大安出版社，1999 年 12 月），頁 10。

〔註 39〕《中庸》：「《詩》云：『潛雖伏矣，亦孔之昭！』故君子內省不疚，無惡於志。君子之所不可及者，其唯人之所不見乎。」《集注》：「無惡於志，猶言無愧於心，此君子謹獨之事也。」（宋）朱熹：《四書章句集注・中庸》（台北：大安出版社，1999 年 12 月），頁 52～53。

〔註 40〕（明）王夫之：〈第三十三章（五）〉《讀四書大全說・中庸》，收入船山全書編輯委員會編校：《船山全書》第六冊（湖南（長沙）：嶽麓書社，1991 年 12 月第一版），卷 3，頁 581。

知動之足以累靜，而本靜之所得以治動。乃動有息機，而靜無閒隙；動有靜，而靜無動；動不能該靜，而靜可以該動；則論其德之成也，必以靜之無閒為純一之效。蓋省察不恆，而隨事報功；存養無期，而與身終始。故心正必在意誠之後，而不言之信、不動之敬，較無惡之志而益密也。此省察先而存養後，其序亦不紊也。〔註 41〕

因為知道若心動其意未誠，乃足以累靜而未發之中，不以不偏不倚之性為體。而且本心之靜存養不偏不倚之性之所得可以治心動以發之意使之過無不及。但心動之意有止息其動機之時，而心靜未發不偏不倚性體之「中」無閒隙；故動有靜之可能，而靜則無動之時；動之意若無愼其獨審察其善惡，則不能同於心靜之未發性體之中。但而心靜未發之不偏不倚之「中」卻可以該動之意，並為其體，使已發之情達到過無不及之可能。則論道德之完成，必以靜之無閒性體之「中」為純一之效，以治意之動。然而治動乃透過省察不恆，而隨事報功；當意之未發則存養心靜未發不偏不倚之「中」而無限期，即同於自身生命之終始。故欲心正必在意誠之後，而不言之信、不動之敬，較無惡之志而益密。此省察先而存養後，其序亦不紊也。

象者心所設，法者事所著。……必言象法者，以凡人未有事而心先有其始終規畫之成象，此陰陽之序，善惡之幾，君子所必審察也。〔註 42〕

象之存在乃透過耳目感官之認識與心之神相合而識乃發，故象為心所設。形氣萬事萬物之法，乃透過事而顯著。所以言象法者，認為凡人未有事之起，而心已先有其始終規畫之成象，因此氣化動幾其陰陽之序與善惡之幾，乃君子為學所必審察。

意者，人心偶動之機，類因見聞所觸，非天理自然之誠，故不足以盡善。而意不能恒，則為善為惡，皆未可保。〔註 43〕

〔註 41〕（明）王夫之：〈第三十三章（五）〉《讀四書大全說・中庸》，收入船山全書編輯委員會編校：《船山全書》第六冊（湖南（長沙）：嶽麓書社，1991 年 12 月第一版），卷 3，頁 581。

〔註 42〕（明）王夫之：〈有德篇〉《張子正蒙注》，收入船山全書編輯委員會編校：《船山全書》第十二冊（湖南（長沙）：嶽麓書社，1991 年 12 月第一版），卷 6，頁 256。

〔註 43〕（明）王夫之：〈中正篇〉《張子正蒙注》，收入船山全書編輯委員會編校：《船山全書》第十二冊（湖南（長沙）：嶽麓書社，1991 年 12 月第一版），卷 4，頁 167。

如其云：「天理、人欲，只爭公私誠僞。如兵農禮樂，亦可天理，亦可人欲。春風沂水，亦可天理，亦可人欲。纔落機處即僞。夫人何樂乎爲僞，則亦爲己私計而已矣。〔註 44〕」纔落「機」處即屬人之僞，故心之動而爲意者，乃人心偶動之機，因身之耳目感官見聞所觸於物而產生，而此心之動非由天理自然之誠之性體而來，故不足以盡善。因爲意之產生乃由人心偶動而來，故意之變動不能有性體之恒爲其標準，因此人若依意之表現爲情則爲善或爲惡，皆未可保。

> 凡不善者，皆非固不善也。其爲不善者，則只是物交相引，不相值而不審於出耳。惟然，故好勇、好貨、好色，即是天德、王道之見端；而惻隱、羞惡、辭讓、是非，苟其但緣物動而不緣性動，則亦成其不善也。孟子此處，極看得徹。蓋從性動，則爲仁、義、禮、智之見端；但緣物動，則惻隱、羞惡、辭讓、是非，且但成乎喜、怒、哀、樂，於是而不中節也亦不保矣。〔註 45〕

凡意所生之不善，皆非心本不善。其心之爲不善，則只是因受物交相引，不相值而不審於意之所出。因此若審此意之動幾若善，則其所表現好勇、好貨、好色之情即是天德，而王道亦可見於此幾之端倪。然若惻隱、羞惡、辭讓、是非之心，即使其緣物而動，而非緣於仁義理智之性而動，則亦會成其不善。王夫之認爲孟子於此處，看得極徹。因此心從性動，則惻隱、羞惡、辭讓、是非爲仁、義、禮、智之見端；但心緣物動，則惻隱、羞惡、辭讓、是非但成乎喜、怒、哀、樂之情，且於此未有性理之「中」爲其體，故不中節，則善亦不保。

> 雖極世之所指以爲惡者，【如好貨、好色。】發之正，則無不善；發之不正，則無有善。發之正者，果發其所存也，性之情也。發之不正，則非有存而發也，物之觸也。〔註 46〕

若人所指以爲會惡之情，若其心由性體而發故正，則意誠，則無不善。若心非由性體而發，受物觸而交引，故不正，則無有善。心發之正者，果發其未發之所存的性體之中，故此已發之情乃性之情，此則爲善之情。心之發未依

〔註 44〕（明）王夫之：〈先進篇（一一）〉《讀四書大全說・論語》，收入船山全書編輯委員會編校：《船山全書》第六冊（湖南（長沙）：嶽麓書社，1991 年 12 月第一版），卷 6，頁 763。

〔註 45〕（明）王夫之：〈滕文公上篇〉《讀四書大全說・孟子》（《船山全書（六）》，湖南（長沙）：嶽麓書社，1991 年 12 月第一版），卷 8，頁 960。

〔註 46〕同上註，頁 961。

靜存之性理而來，只受耳目感官之觸物而交引出之情，則不正，此則流於惡。

> 《章句》云「夫豈有所倚著於物」，一「物」字，定何所指，小註中自有兩說：其云「為仁繇己而繇人乎哉」，則是物者，與己對者也；其云「不靠心力去思勉」，則是物者，事也。兩說似乎難通。乃孟子曰「物交物」，則外物與己耳目之力而皆謂之物，蓋形器以下之統稱也。〔註 47〕

《中庸》之《章句》云：「夫豈有所倚著於物」，此處「物」字，則是其云「為仁繇己而繇人乎哉」，故所謂物者乃是與己相對者；其又云「不靠心力去思勉」，則物者為事。物和事兩說，好似難通。但王夫之認為孟子曰「物交物」，則外物與己之耳目之力皆謂之物，故所謂「物」乃是形器以下之統稱，故不論是事或物或人身之耳目感官皆屬形器之物。因此意之動其不善乃來自於事或物之交引其耳目感官，而使心發不正之情。

> 意者，心所偶發，執之則為成心矣。聖人無意，不以意為成心之謂也。蓋在道為經，在心為志，志者，始於志學而終於從心之矩，一定而不可易者，可成者也。意則因感而生，因見聞而執同異攻取，不可恒而習之為恒，不可成者也。故曰學者當知志意之分。〔註 48〕

意者乃心所偶發，因感於物而生，而耳目見聞而執於物之語其身之喜好之同異與否，而有所攻與取，若執於此攻取之情之則為成心。聖人無意，非無意之動，而是不以意為成心。在道稱作「經〔註 49〕」，在人心則此有恆之心稱作志。志者乃始於志學，而學成則意之發終於從心之「矩〔註 50〕」，固有一定而

〔註 47〕（明）王夫之：〈第三十二章（一）〉《讀四書大全說・中庸》，收入船山全書編輯委員會編校：《船山全書》第六冊（湖南（長沙）：嶽麓書社，1991 年 12 月第一版），卷 3，頁 572。

〔註 48〕（明）王夫之：〈大心篇〉《張子正蒙注》，收入船山全書編輯委員會編校：《船山全書》第十二冊（湖南（長沙）：嶽麓書社，1991 年 12 月第一版），卷 4，頁 150。

〔註 49〕王夫之云：「經者，人物事理之大本；反者，反而求乎心之安也。止此倫物，而差之毫釐則失其正，無不正則無不精，非隨事察察之為精也。」（明）王夫之：〈神化篇〉《張子正蒙注》（《船山全書（十二）》，湖南（長沙）：嶽麓書社，1991 年 12 月第一版），卷 2，頁 98。

〔註 50〕王夫之云：「矩，天則也。範圍天地之化，屈伸行止，無往而不在帝則之中，奚其踰！」（明）王夫之：〈三十篇〉《張子正蒙注》，收入船山全書編輯委員會編校：《船山全書》第十二冊（湖南（長沙）：嶽麓書社，1991 年 12 月第一版），卷 6，頁 234。

不可易其恆，故此意乃藉由學而成。但此意之動非由性之體所發，故不可恆，若不知志於學則不可成者也。故曰學者當知志、意之分。

> 意之所發，或善或惡，因一時之感動而成乎私；志則未有事而豫定者也。意發必見諸事，則非政刑不能正之；豫養於先，使其志馴習乎正，悅而安焉，則志定而意雖不純，亦自覺而思改矣。〔註 51〕

因意無恆體，故其所發，或善或惡，又因一時之感動而依耳目感官之小體爲判準故而成乎私。如其言：「萬化之屈伸，無屈不伸，無伸不屈。耳目心知之微明，驚其所自生以爲漚合，疑其屈而歸於無，則謂凡有者畢竟歸空，而天地亦本無實有之理氣，但從見病而成眚。其云『同一雨而天仙見爲寶，羅刹見爲刀』，乃盜賊惡月明、行人惡雨濘之偷心爾，是蔽其用於耳目口體之私情，以己之利害爲天地之得喪，因欲一空而銷隕之，遂謂『一眞法界本無一物』，則溺其志以求合，而君父可滅，形體可毀，皆其所不恤已。〔註 52〕」天地萬化之屈伸變化，因爲陰陽和合之神之作用而產生，且無孤陰孤陽之變，而陰氣特色在屈而凝而陽氣在伸而發，故無屈不伸，無伸不屈。但當人之耳目心知之微明，而未明其明德在身，故不知其身之性與天地萬物同體且氣散理在其中不亡滅，故驚其所自生以爲是轉瞬即逝、虛幻難捉之漚合，故疑陰氣之屈而歸於無，則認爲凡有形可見之事物最終畢竟歸於空無，而且認爲天地亦本無實有之理氣，若從此觀點論之，則從見病而成眚。當其云「同一雨而天仙見爲寶，羅刹見爲刀」，乃如同盜賊惡月明、行人惡雨濘之偷心，此即是心蔽其用於耳目口體之私情，並以己之利害爲天地之得喪，雌此想要一「空」而銷隕此私情，遂謂「一眞法界本無一物」，此則消沒其內心之志，使心蔽其

王夫之又云：「故孤陽不生，獨陰不成，至清則隘，至和則不恭，太和之氣，健順不偏，大中之理，仁義不倚。君子之道，出處語默之不齊，命官取友之無黨，高明沉潛之相濟，中道之矩，神化之所以行也。若應所同而違所異，則小人之道矣。惟其中無主而量不宏，以谷神爲妙用而不以誠也。」（明）王夫之：〈有德篇〉《張子正蒙注》，收入船山全書編輯委員會編校：《船山全書》第十二冊（湖南（長沙）：嶽麓書社，1991 年 12 月第一版），卷 6，頁 265。案：所謂「矩」乃氣化天理命於人性之中道。

〔註 51〕（明）王夫之：〈中正篇〉《張子正蒙注》，收入船山全書編輯委員會編校：《船山全書》第十二冊（湖南（長沙）：嶽麓書社，1991 年 12 月第一版），卷 4，頁 189。

〔註 52〕（明）王夫之：〈大心篇〉《張子正蒙注》，收入船山全書編輯委員會編校：《船山全書》第十二冊（湖南（長沙）：嶽麓書社，1991 年 12 月第一版），卷 4，頁 154。

用於耳目口體之私情，欲以耳目感官求合於外物，若將形氣世界之物消泯於空無，則君父可滅，形體可毀，因人倫日用皆其所無須顧念者。王夫之認爲人心之志則未有事而先豫定以其性體爲心之主體。意之所，必可見諸事，但因其或善或惡，則非政刑不能正之；但志乃以性爲體，而豫存養性理於先，使其志馴習乎正，與物事相接悅而安。當志定而意雖不純，亦可透過性體之自覺而透過心官的思之作用而改之。

> 特心之爲幾，變動甚速，而又不能處於靜以待擇，故欲盡心者無能審其定職以致功。審者心也。以其職審，故不能自審。是故奉性以著其當盡之職，則非思而不與性相應；【知覺皆與情相應，不與性應。以思御知覺，而後與性應。】〔註 53〕

特因心之陰陽和合之動爲幾，其變動甚速，故若欲使其爲善，則不能只是被動消極地處於心之靜而未發之狀態以待擇者，故欲盡其心之用者，不能以心本有之知覺作用審意之發，以達到功效。因所謂審者，乃心爲之。若以心本有知覺作用來審意，故不能達到自審之功效。因此心之審意應該奉性以顯著其當盡之職分，若欲使心奉性審意，則非思而不與性相應，故應該透過心之官之思的作用來審意。

> 朱子之意，本以存養之功無間於動靜，而省察則尤於動加功：本緣道之流行無靜無動而或離，而隱微已覺則尤爲顯見……然不可離者，相與存之義也。若一乘乎動，則必且有擴充發見之功，而不但不離矣。〔註 54〕

依朱子之意，存養之功無間於動靜之時，而省察則尤於動時加功。此說本緣於道之流行本無靜無動而或有須臾離之時，當人隱微已覺則道尤爲顯見。然不可離者，表道相與存。當心一乘乎動，若心中已存有道爲實，則心之動皆爲爲道而善之表現，固心有擴充發見之功，而不但不離於道。故「且動之所省者意也，意則必著乎事矣。意之發爲喜也，勸民者也；發爲怒也，威民者也。民之於君子也，不能喻其靜存之德，而感通於動發之幾。喜怒不爽於節

〔註 53〕（明）王夫之：〈盡心上篇（三）〉《讀四書大全說・孟子》，收入船山全書編輯委員會編校：《船山全書》第六冊（湖南（長沙）：嶽麓書社，1991 年 12 月第一版），卷 10，頁 1107。

〔註 54〕（明）王夫之：〈第一章（一四）〉《讀四書大全說・中庸》，收入船山全書編輯委員會編校：《船山全書》第六冊（湖南（長沙）：嶽麓書社，1991 年 12 月第一版），卷 2，頁 467。

以慊其所正之志，則早已昭著其好惡之公，而可相信以濫賞淫刑之不作，其勸其威，民之變焉必也。〔註 55〕」因此心之動之所省察者爲意，而意則必藉由事而顯。意之發爲喜也，則君子勸民者；意之發爲怒也，君子威民者。人民對於君子而言，是不能通曉君子靜存之德，而可感通於動發之幾。因此君子其喜怒乃不爽於節，以滿足其所正之志，則其早已昭著其好惡之公，而可相信濫賞淫刑之事不會產生，君子之勸與威使民改變爲善。

> 「莫見乎隱，莫顯乎微」，自知自覺於「清明在躬、志氣如神」者之胸中。即此見天理流行，方動不昧，而性中不昧之眞體，率之而道在焉，特不能爲失性者言爾。則喜怒哀樂之節，粲然具於君子之動幾，亦猶夫未發之中，貫徹純全於至靜之地。而特以靜則善惡無幾，而普徧不差，不以人之邪正爲道之有無，天命之所以不息也；動則人事乘權，而昏迷易起，故必待存養之有功，而後知顯見之具足，率性之道所以繇不行而不明也。一章首尾，大義微言，相爲互發者如此。《章句》之立義精矣。〔註 56〕

從《中庸》「莫見乎隱，莫顯乎微〔註 57〕」、《禮記》「清明在躬、志氣如神〔註 58〕」可知天理流行於人事物之中，不可須臾離，故方動不昧。而此天理流行

〔註 55〕（明）王夫之：〈第三十三章（六）〉《讀四書大全說・中庸》，收入船山全書編輯委員會編校：《船山全書》第六冊（湖南〔長沙〕：嶽麓書社，1991 年 12 月第一版），卷 3，頁 582。

〔註 56〕（明）王夫之：〈第一章（一二）〉《讀四書大全說・中庸》，收入船山全書編輯委員會編校：《船山全書》第六冊（湖南〔長沙〕：嶽麓書社，1991 年 12 月第一版），卷 2，頁 465。

〔註 57〕《中庸》：「莫見乎隱，莫顯乎微，故君子愼其獨也。」《集注》：「獨者，人所不知而己所獨知之地也。言幽暗之中，細微之事，跡雖未形而幾則已動，人雖不知而己獨知之，則是天下之事無有著見明顯而過於此者。是以君子既常戒懼，而於此尤加謹焉，所以遏人欲於將萌，而不使其滋長於隱微之中，以至離道之遠也。」（宋）朱熹：〈第一章〉《四書章句集注・中庸》（台北：大安出版社，1999 年 12 月），頁 22～23。

〔註 58〕《禮記・孔子閒居》：「天有四時，春秋冬夏，風雨霜露，無非教也。地載神氣，神氣風霆，風霆流形，庶物露生，無非教也。清明在躬，氣志如神，嗜欲將至，有開必先。」注曰：「清明在躬，氣志如神謂聖人也，耆欲將至，謂其王天下之期將至也。神有以開之，必先爲之聲賢知之輔佐若天將降時雨山川爲之先出雲矣。」疏曰：「清明至德也。……清明在躬者，清謂清靜，明謂顯著。謂聖人清靜光明之德，在於躬身。氣志如神者，氣志變化微妙如神。」（漢）鄭元注、（唐）孔穎達等正義：《禮記正義・孔子閒居》，收入藝文印書館編：《十三經注疏》第五冊（台北：藝文印書館，1993 年），卷 51，頁 862。

之道乃隱微不易見，聖人知反躬於己，可得知心未發的「性中不昧之眞體」之「中」便是道也。人率此性體而動則道在焉，但此特不能爲失其性者言爾。人心之動則爲喜怒哀樂之情，此情若存有性體爲之節，則其表現粲然具於君子之動幾，而此動幾純善，故亦猶夫未發之中，乃貫徹純全於至靜之地。然而特以心之靜則善惡無陰陽和合之幾，故合於善之道而普徧不差，不應以人表現之邪正之情判斷道之有無，因爲天命之所以不息。然而氣化流行不已，故陰陽和合之幾動則人事乘權，而昏迷易起，故必待心之存養之有功，使人之心正而後知顯見其心原本具足天理之德，當人率其性爲道。故人因無實踐之行故不明其所以緜乃是己身中本具的性之德。

> 故「性」、「道」，中也；「教」，庸也。「修道之謂教」，是庸皆用中而用乎體，用中爲庸而即以體爲用。故《中庸》一篇，無不緣本乎德而以成乎道，則以中之爲德本天德，【性道。】而庸之爲道成王道，天德、王道一以貫之。是以天命之性，不離乎一動一靜之閒，而喜怒哀樂之本乎性、見乎情者，可以通天地萬物之理。如其不然，則君子之存養爲無用，而省察爲無體，判然二致，將何以合一而成位育之功哉？〔註59〕

所謂「性」、「道」，即性之體中也；而「教」，所謂庸之用。「修道之謂教」，表庸皆用中，即是用於其體，用中爲庸，表示此庸即以體爲用，由此可知未發之中與已發之庸乃體用是一。故《中庸》一篇，無不緣本於性之德而以成乎道，其乃以中之爲德，此德本於氣化流行之天德而來，而庸之爲道可成王道，而人性之天德乃由天而人，人繼承天之善理，率性之王道則由人而天，人之完成性之德，故乃可藉由氣化之生生故可一以貫之。因此天命之性，不離乎人之一動一靜的表現之閒，當心之動爲喜怒哀樂之情，則此情乃本乎性而發，故以性體爲其體，人之性體本通同於氣化之天理，故見乎喜怒哀樂之情，亦可以通天地萬物之理。若非如此，則君子之靜中之存養因無性體存之故無道德之用，而動中之省察爲無性體爲其標準，故省察無實，心之存養省察因無性體可相通，故動靜若二分，存養、省察判然二致，人將何以合於天人是一而成天地萬物位育之功哉？

〔註59〕（明）王夫之：〈各篇大旨〉《讀四書大全說・中庸》，收入船山全書編輯委員會編校：《船山全書》第六冊（湖南（長沙）：嶽麓書社，1991年12月第一版），卷2，頁451。

不知《大學》工夫次第，固云「欲正其心者先誠其意」，然煞認此作先後，則又不得。且如身不脩，固能令家不齊；乃不能齊其家，而過用其好惡，則亦身之不脩也。況心之與意，動之與靜，相爲體用，而無分於主輔，故曰「動靜無端」。故欲正其心者必誠其意，而心苟不正，則其害亦必達於意，而無所施其誠。〔註60〕

不明白《大學》工夫次第之人，固云「欲正其心者先誠其意」，然認此作此有固定先後次序，王夫之認爲不可。王夫之舉例如身不脩，固能令家不齊；乃不能齊其家，而過用其好惡，則亦身之不脩也，故身不脩與家不齊之狀況互爲因果，而非產生之時間先後。更何況心之與意，動之與靜，兩相爲體用，故無分於主輔關係，故曰「動靜無端」。故欲正其心者必誠其意，因心若不正，則不正之心害亦必達於意，使意而無所施其誠。

大正於存養而省察自利者，聖人之聖功；力用其省察以熟其存養，【本所未熟。】君子之聖學。要其不舍修爲者，則一而已矣。〔註61〕

故心之大正乃於靜之存養，而動之省察利害得失而可自利於己之德，此乃聖人所達成之聖功；當力用其省察以熟其本所未熟者並存養之，此則君子之聖學。君子不捨修爲者，則存養與省察一而已矣。

慶源云「須是人欲淨盡，然後天理自然流行」，此語大有病在。以體言之，則苟天理不充實於中，何所爲主以拒人欲之發？以用言之，則天理所不流行之處，人事不容不接，纔一相接，則必以人欲接之，如是而望人欲之淨盡，亦必不可得之數也。故《大學》誠意之功，以格物致知爲先，而存養與省察，先後互用。則以天理未復，但淨人欲，則且有空虛寂滅之一境，以爲其息肩之棲託矣。〔註62〕

王夫之不認同慶源云「須是人欲淨盡，然後天理自然流行」之語。若以性體言之，如果天理無不充實於心中，心何以爲主可以拒人欲之發？以性體之用

〔註60〕（明）王夫之：〈傳第七章（二）〉《讀四書大全說・大學》，收入船山全書編輯委員會編校：《船山全書》第六冊（湖南（長沙）：嶽麓書社，1991 年 12 月第一版），卷 1，頁 423。

〔註61〕（明）王夫之：〈盡心下篇（七）〉《讀四書大全說・孟子》，收入船山全書編輯委員會編校：《船山全書》第六冊（湖南（長沙）：嶽麓書社，1991 年 12 月第一版），卷 10，頁 1144。

〔註62〕（明）王夫之：〈先進篇（一○）〉《讀四書大全說・論語》，收入船山全書編輯委員會編校：《船山全書》第六冊（湖南（長沙）：嶽麓書社，1991 年 12 月第一版），卷 6，頁 762～763。

言之，則天理所不流行之處，陰陽變化之幾使人事不容不接，心才一與物相接，則因無性體爲其所含之實，故必以耳目感官知覺與物接，故此知覺作用之生生動力中並無性體引導，故成私欲之攻取之情，故言由人欲接之。若由此說故期望人欲之淨盡，亦必不可得之數也。故《大學》誠意之功，以格物致知爲先，而存養與省察，先後互用。則以格物致知爲先可以知性乃氣化條理之德，故即使天理未復，存養與省察，先後互用，使此性體存於心使其正，心正則所發之情皆合於氣化之誠，故可言淨人欲，表人欲經過存養省察之修養功夫，成爲性在情中者，故雖爲人欲但不流於惡。王夫之認爲人欲之情本人之所有並不可除，故不可言「人欲淨盡」，若言此，則且有空虛寂滅之境，便誤以爲其息肩之棲託。

第二節　集義成浩然之氣

王夫之云：「故愚謂意居身心之交，【八條目自天下至心，是步步向內說；自心而意而知而物，是步步向外說。】而《中庸》末章，先動察而後靜存，與《大學》之序並行不悖。則以心之與意，互相爲因，互相爲用，互相爲功，互相爲效，可云繇誠而正而脩，不可云自意而心而身也。心之爲功過於身者，必以意爲之傳送。〔註63〕」王夫之認爲「意〔註64〕」居身心之交，而《中庸》

〔註63〕（明）王夫之：〈傳第七章（二）〉《讀四書大全說・大學》，收入船山全書編輯委員會編校：《船山全書》第六冊（湖南（長沙）：嶽麓書社，1991 年 12 月第一版），卷 1，頁 424。

〔註64〕案：王夫之對「意」，有下列幾種說法。

1「意或無感而生」。（明）王夫之：〈傳第六章（五）〉《讀四書大全說・大學》，收入船山全書編輯委員會編校：《船山全書》第六冊（湖南（長沙）：嶽麓書社，1991 年 12 月第一版），卷 1，頁 415。

2「意則起念於此，而取境於彼。」（明）王夫之：〈傳第六章（五）〉《讀四書大全說・大學》，收入船山全書編輯委員會編校：《船山全書》第六冊（湖南（長沙）：嶽麓書社，1991 年 12 月第一版），卷 1，頁 415。

3「意不盡緣心而起，則意固自爲體」。（明）王夫之：〈傳第六章（七）〉《讀四書大全說・大學》，收入船山全書編輯委員會編校：《船山全書》第六冊（湖南（長沙）：嶽麓書社，1991 年 12 月第一版），卷 1，頁 417。

4「意自有意之體。人所不及知而己所獨知者，意也」（明）王夫之：〈傳第六章（七）〉《讀四書大全說・大學》，收入船山全書編輯委員會編校：《船山全書》第六冊（湖南（長沙）：嶽麓書社，1991 年 12 月第一版），卷 1，頁 417～418。

末章，先動察而後靜存，與《大學》之序並行不悖。則以心之與意，互相爲因果，互相爲體用，互相爲修養之功，互相爲修養之效，可說由誠意而正心而脩身，但不可云從意而心而身也。因爲心之爲修養之功超過於身，乃因透過意爲心傳送修養之功效。如周芳敏云：「由心而意而身，展現了意念自萌起至落實的活動歷程。當『意』透過『身』獲得實踐與完成，必具現爲言行；一旦落入言行的現實範域，則以成爲可受公評及檢驗的具體存在，其對錯是非已不再是君子自喻的幽微之幾，而是眾目所指的明白昭然。由視聽言動所表現出的是非功過，雖以身顯，實爲心出發，而由意爲之傳送。〔註65〕」

> 《大學》夾身與意而言。心者，身之所自修，而未介於動，尚無其意者也。唯學者向明德上做工夫，而後此心之體立，而此心之用現。若夫未知爲學者，除卻身便是意，更不復能有其心矣。乃惟如是，則其爲心也，分主於靜，而見功於欲修之身，較孟子所言統乎性情之心且不侔矣。〔註66〕

《大學》將身與意合而言之。而心者乃身之所從修之對象，當心未介於動，即尚無其意者時養心便可修身。而學者向「明德」之性體上做工夫，而後此心之體立於此，故此心之作用可顯現。若未知爲學之方的之人，以爲除卻身便是意，更不復知能有其心，若依此說法，則養心之法只在於意之未顯而心靜未發之時，而養心之功只可見於所欲修之身，若以此比較孟子所言統乎性情之心，則兩者不同。故對修養功夫而言，心、意、身三者不可偏廢。而心爲主要修養對象，如其言「心兼正與不正，故言正，正者防其邪也。〔註67〕」如果心正則不會有邪惡之事產生。王夫之對意乃在於動幾上省察善惡，至於身之修養則是依照孟子養氣之說。

> 若不細心靜察，則心之爲內也固然。乃心內身外，將位置意於何地？夫心內身外，則意固居內外之交。是充繇內達外之說，當繇心正而意誠，意誠而身脩，與經文之序異矣。今既不爾，則心廣亦形外之

〔註65〕周芳敏：《王船山「體用相涵」思想之義蘊及其開展》（台北：國立政治大學中文學研究所博士論文，2004年），頁192。

〔註66〕（明）王夫之：〈梁惠王上篇（一）〉《讀四書大全說・孟子》，收入船山全書編輯委員會編校：《船山全書》第六冊（湖南（長沙）：嶽麓書社，1991年12月第一版），卷8，頁893。

〔註67〕（明）王夫之：〈子罕篇（三）〉《讀四書大全說・論語》，收入船山全書編輯委員會編校：《船山全書》第六冊（湖南（長沙）：嶽麓書社，1991年12月第一版），卷5，頁728～729。

> 驗也。心廣既為形外之驗，則於此言心為內者，其粗疎不審甚矣。〔註 68〕

若不細心靜察，則心本來就好似為內。但若心為內，則是心內而身外，那將意置於何地？如其云：「三山陳氏謂心為內，體為外，繇心廣故體胖。審爾，則但當正心，無問意矣。新安以心寬體胖為誠意者之形外，其說自正。〔註 69〕」若言心內身外，則意本居內外之交。因此修養之方乃是性體之充塞繇內達外，故其方當繇心正而意誠，意誠而身脩，則此與經文之序異矣。如《大學》云：「古之欲明明德於天下者，先治其國；欲治其國者，先齊其家；欲齊其家者，先脩其身；欲脩其身者，先正其心；欲正其心者，先誠其意；欲誠其意者，先致其知；致知在格物。〔註 70〕」今次序既不如《大學》經文所言，說法卻亦同於《大學》之言「心廣〔註 71〕」亦形外之驗之說，有其粗疎不審之處。

《大學》所謂「心廣」乃由其所言富則能潤屋矣，德則能潤身，故人之心若無愧怍，則可以廣大寬平，體常舒泰。所謂「形外」乃善之實於心之中而心表現成形於外者即如此意。若順《大學》經文之次序，當心之廣既藉由

〔註 68〕（明）王夫之：〈傳第六章（七）〉《讀四書大全說・大學》，收入船山全書編輯委員會編校：《船山全書》第六冊（湖南（長沙）：嶽麓書社，1991 年 12 月第一版），卷 1，頁 417。

〔註 69〕同上註。

〔註 70〕《集注》：「治，平聲，後放此。明明德於天下者，使天下之人皆有以明其明德也。心者，身之所主也。誠，實也。意者，心之所發也。實其心之所發，欲其一於善而無自欺也。致，推極也。知，猶識也。推極吾之知識，欲其所知無不盡也。格，至也。物，猶事也。窮至事物之理，欲其極處無不到也。此八者，大學之條目也。」（宋）朱熹：〈第一章〉《四書章句集注・大學》（台北：大安出版社，1999 年 12 月），頁 4～5。

〔註 71〕《大學》：「小人閒居為不善，無所不至，見君子而后厭然，揜其不善，而著其善。人之視己，如見其肺肝然，則何益矣。此謂誠於中，形於外，故君子必慎其獨也。曾子曰：『十目所視，十手所指，其嚴乎！』富潤屋，德潤身，心廣體胖，故君子必誠其意。」《集注》：「閒居，獨處也。厭然，消沮閉藏之貌。此言小人陰為不善，而陽欲揜之，則是非不知善之當為與惡之當去也；但不能實用其力以至此耳。然欲揜其惡而卒不可揜，欲詐為善而卒不可詐，則亦何益之有哉！此君子所以重以為戒，而必謹其獨也。引此以明上文之意。言雖幽獨之中，而其善惡之不可揜如此。可畏之甚也。……言富則能潤屋矣，德則能潤身矣，故心無愧怍，則廣大寬平，而體常舒泰，德之潤身者然也。蓋善之實於中而形於外者如此，故又言此以結之。」（宋）朱熹：〈第六章〉《四書章句集注・大學》（台北：大安出版社，1999 年 12 月），頁 10。
此處所言之意「緣心而起」則是屬於心之感於事物而發為意。

形外之表現才驗證則可。而今三山陳氏認心爲內身爲外者，而當其言正心，卻無問意，故修養內涵與《大學》不同，若一樣言心爲內身爲外，則將意置於何地？

因爲王夫之認爲《大學》誠意之功，是以格物致知爲先，而存養與省察，先後互用。因此王夫之認爲修養之次序同《大學》之說，但是修養功夫則是靈活運用，如其所言：「學者明明德之功，以正心爲主，而誠意爲正心加愼之事。〔註 72〕」誠意則須加上《中庸》之愼獨，故其論說時文句次序與《大學》有所不同。王夫之認爲透過格物致知爲先，可以知人之性乃氣化條理之德，故當天理未復，心之存養與意之省察，先後互用，使此性體存於心使其正，心正則所發之情皆合於氣化之誠。

> 凡忿懥、恐懼、好樂、憂患，皆意也。不能正其心，意一發而即向於邪，以成乎身之不脩。〔註 73〕

凡「忿懥、恐懼、好樂、憂患〔註 74〕」，皆意也。此四者皆心所發之用，而人所不能無。然當心一有發爲意而不能不察，若不察則欲動情勝，則心用之所行失其正。故若不能正其心，則意一發而即向於邪，以成乎身之不脩。

> 「脩道以仁」，故以陳新安引「志道、據德、依仁」爲據，及倪氏「自身上說歸心上」之說爲了當。「脩身以道」，只說得脩身邊事；「脩道以仁」，則脩身之必先正心誠意者也。〔註 75〕

〔註 72〕（明）王夫之：〈第三十三章（五）〉《讀四書大全說・中庸》，收入船山全書編輯委員會編校：《船山全書》第六冊（湖南（長沙）：嶽麓書社，1991 年 12 月第一版），卷 3，頁 580。

〔註 73〕（明）王夫之：〈傳第七章（二）〉《讀四書大全說・大學》，收入船山全書編輯委員會編校：《船山全書》第六冊（湖南（長沙）：嶽麓書社，1991 年 12 月第一版），卷 1，頁 423～424。

〔註 74〕《大學》：「所謂脩身在正其心者，身有所忿懥，則不得其正；有所恐懼，則不得其正；有所好樂，則不得其正；有所憂患，則不得其正。心不在焉，視而不見，聽而不聞，食而不知其味。此謂脩身在正其心。」

《集注》：「程子曰：『身有之身當作心。』……忿懥，怒也。蓋是四者，皆心之用，而人所不能無者。然一有之而不能察，則欲動情勝，而其用之所行，或不能不失其正矣。心有不存，則無以檢其身，是以君子必察乎此而敬以直之，然後此心常存而身無不脩也。」（宋）朱熹：〈第七章〉《四書章句集注・大學》（台北：大安出版社，1999 年 12 月），頁 11。

〔註 75〕（明）王夫之：〈第二十章（一）〉《讀四書大全說・中庸》，收入船山全書編輯委員會編校：《船山全書》第六冊（湖南（長沙）：嶽麓書社，1991 年 12 月第一版），卷 3，頁 514。

「脩道以仁」乃是王夫之以陳新安引「志道、據德、依仁」爲據及倪氏「自身上說歸心上」之說合而言。所謂「脩身以道」，只說得脩身邊事，不是重點之事。若論「脩道以仁」，則脩身之必先正心誠意，乃是修身之重心。

> 意不能無端而起，畢竟因乎己之所欲。己所不欲，意自不生。且如非禮之視，人亦何意視之，目所樂取，意斯生耳。如人好窺察人之隱微，以攻發其陰私，自私意也。〔註 76〕
>
> 凡以非禮爲意者，其必因於欲，審矣。〔註 77〕
>
> 意之所起，或過或不及而不中於禮，雖幾幾乎不免於人欲。〔註 78〕

意不能無端而起，畢竟是因乎己之所欲。而己所不欲，則意自不生。如非禮之視，人亦何意而視之，乃因目所樂取，意斯生耳。如人好窺察人之隱微，以攻發其陰私，亦從私意而生。故凡以非禮而爲意者，必因於欲。因此意之所起，其表現或過或不及而不中於禮，而其意之動幾幾乎是不免於人欲。

> 然夫子竟以此爲「克己復禮」之目者，中之有主，則己私固不自根本上有原有委的生髮將來；然此耳目口體之或與非禮相取者，亦終非其心之所不欲，則以私欲離乎心君而因緣於形氣者，雖無根而猶爲浮動。夫苟爲形氣之所類附，則亦不可不謂之「己」矣。故朱子曰「索性克去」，是復禮之後，更加克治之密功也。〔註 79〕

王夫之言孔子以此爲「克己復禮」之目者，乃身中之有心爲主，則己私固不自性之根本上有原有委的生髮將來。如其言「正心者，過去不忘，未來必豫，當前無絲毫放過。則雖有忿懥、恐懼、好樂、憂患，而有主者固不亂也。〔註 80〕」然此身之耳目口體之或與非禮之物相取者，亦終非其心之所不欲，此因則是以私欲離乎心君之官之大體，而因緣於形氣之小體，故無仁義禮智之性

〔註 76〕（明）王夫之：〈顏淵篇（七）〉《讀四書大全說．論語》，收入船山全書編輯委員會編校：《船山全書》第六冊（湖南（長沙）：嶽麓書社，1991 年 12 月第一版），卷 6，頁 768。

〔註 77〕同上註，頁 769。

〔註 78〕同上註。

〔註 79〕（明）王夫之：〈顏淵篇（八）〉《讀四書大全說．論語》，收入船山全書編輯委員會編校：《船山全書》第六冊（湖南（長沙）：嶽麓書社，1991 年 12 月第一版），卷 6，頁 771。

〔註 80〕（明）王夫之：〈傳第七章（四）〉《讀四書大全說．大學》，收入船山全書編輯委員會編校：《船山全書》第六冊（湖南（長沙）：嶽麓書社，1991 年 12 月第一版），卷 1，頁 425。

根於心，因性無根於心，故心猶爲浮動。夫若心爲形氣之所類附，則亦不可不謂之「己」矣。故朱子曰「索性克去」，是復禮之後，更加克治己身之欲而使性根於心。

> 蓋曰「心統性情」者，自其所含之原而言之也。乃性之凝也，其形見則身也，其密藏則心也。是心雖統性，而其自爲體也，則性之所生，與五官百骸並生而爲之君主，常在人胸臆之中，而有爲者則據之以爲志。故欲知此所正之心，則孟子所謂志者近之矣。〔註81〕

所謂「心統性情」，從其所含之原而言之。心乃性之凝，而心之形見於身之視聽言動之情，性之密藏則心。此心雖統性，而其與性自爲體，則性之所生，心與五官百骸並從氣化所生，心而爲五官百骸之君主，心常在人胸臆之中，而欲有爲於善者，則據之以爲志。故欲知此所正之心，則與孟子所謂志者相近。如其言「意生於已正之心，則因事而名之曰意；而實則心也，志也，心之發用而志之見功也，可云『其意』而不可云意也。〔註82〕」

> 夫此心之原，固統乎性而爲性之所凝，乃此心所取正之則；而此心既立，則一觸即知，效用無窮，百爲千意而不迷其所持。故《大學》之道，必於此授之以正，既防閑之使不向於邪，又輔相之使必於正，而無或倚靡無託於無正無不正之交。當其發爲意而恆爲之主，則以其正者爲誠之則。【《中庸》所謂「無惡於志」。】當其意之未發，則不必有不誠之好惡用吾慎焉，亦不必有可好可惡之現前驗吾從焉；而恆存恆持，使好善惡惡之理，隱然立不可犯之壁壘，帥吾氣以待物之方來，則不睹不聞之中，而修齊治平之理皆具足矣。此則身意之交，心之本體也；此則脩誠之際，正之實功也。故曰「心者身之所主」，主乎視聽言動者也，則唯志而已矣。〔註83〕

此心之本原，心本統乎性而爲性之所凝，性理之內涵乃心所取正之法則。而

〔註81〕（明）王夫之：〈聖經（九）〉《讀四書大全說・大學》，收入船山全書編輯委員會編校：《船山全書》第六冊（湖南（長沙）：嶽麓書社，1991年12月第一版），卷1，頁400～401。

〔註82〕（明）王夫之：〈子罕篇（三）〉《讀四書大全說・論語》，收入船山全書編輯委員會編校：《船山全書》第六冊（湖南（長沙）：嶽麓書社，1991年12月第一版），卷5，頁729。

〔註83〕（明）王夫之：〈聖經（九）〉《讀四書大全說・大學》，收入船山全書編輯委員會編校：《船山全書》第六冊（湖南（長沙）：嶽麓書社，1991年12月第一版），卷1，頁401。

此心既因性體而立，則心之官若思性理則一觸即知，故心之效用無窮，即便是百爲千意亦不迷其所持。故《大學》之道，必於心授之以正，既可防閑之使不向於邪，又輔相之使心必於正，而無或倚靡無託於無正無不正之交。當心發爲意而恆以性爲之主，則以性體爲正者乃誠之則。當其意之未發，則吾謹愼此「獨」，不必有不誠之好惡用，亦不必有可好可惡之現前由吾審察。故性體恆存恆持，則使好善惡惡之理，隱然立不可犯之壁壘，心之志帥吾血氣，以待物之方來，則在不睹不聞之率性之道中，而修齊治平之理皆具足。此則身意之交，乃透過心之本體以誠其意，而志帥氣並修其身。在此則脩身與誠意之際，乃透過正心之實功。故曰「心者身之所主」，主乎視聽言動者也，則唯志而已矣。

> 夫曰正其心，則正其所不正也，有不正者而正始爲功。統性情之心，虛靈不昧，何有不正，而初不受正。抑或以視、以聽、以言、以動者爲心，則業發此心而與物相爲感通矣，是意也，誠之所有事，而非正之能爲功者也。蓋以其生之於心者傳之於外，旋生旋見，不留俄頃，即欲正之，而施功亦不徹也。〔註 84〕

所謂正其心，則正其所不正也，有不正者而以正爲開始之功夫。統性情之心，乃虛靈不昧，何有不正。而其初不受正乃因以視、以聽、以言、以動之耳目感官小體爲心，則業發此心而與物相爲感通，則是意也，意而非心中之性體所產生，故意所生發之所有事，而因意無恆體，固非由心正之便能爲功者，還須加上愼獨加謹之功。乃因意生之於心而表現於外，故立刻生起便馬上看見，但不留俄頃之時，即使想要使之正，而所施之功效亦不徹也。

> 惟夫志，則有所感而意發，其志固在，無所感而意不發，其志亦未嘗不在，而隱然有一欲爲可爲之體，於不睹不聞之中。欲修其身者，則心亦欲修之。心不欲修其身者，非供情欲之用，則直無之矣。傳所謂「視不見，聽不聞，食不知味」者是已。夫唯有其心，則所爲視、所爲聽、所欲言、所自動者，胥此以爲之主。惟然，則可使正，可使不正，可使浮寄於正不正之閒而聽命於意焉。不於此早授之以正，則雖善其意，而亦如雷龍之火，無恆而易爲起滅，【故必欲正其

〔註 84〕（明）王夫之：〈聖經（九）〉《讀四書大全說・大學》，收入船山全書編輯委員會編校：《船山全書》第六冊（湖南（長沙）：嶽麓書社，1991 年 12 月第一版），卷 1，頁 400。

> 心者，乃能於意求誠。】乃於以脩身，而及於家、國、天下，固無本矣。〔註 85〕

言志則有所感而意發，志固在，當無所感而意不發，志亦未嘗不在身中，而志中隱然有一欲爲可爲之體，於不睹不聞之中，此則爲性體之道。若欲修其身者，則心亦欲修之。若心不欲修其身，則非供情欲之用，則直是泯除心之用。《傳》所謂「視不見，聽不聞，食不知味」者是已。故唯有其心可以使身體耳目感官知覺有其作用，則所爲視、所爲聽、所欲言、所自動者，由此心以爲感官之主。只有如此，則可使心正，亦可使心不正，若無性體根於心，則使浮寄於正不正之閒而聽命於意，則性體不顯。即使不於此早授之以正，則雖善其意，而亦如雷龍之火，因無性體之恆，而易隨外物之感而爲起滅，乃於以脩身，而及於家、國、天下，固無本矣。

> 「不得其正」，心不正也，非不正其心。「不見」、「不聞」、「不知味」，身不受脩也，非身不脩也。〔註 86〕

王夫之云：「夫不察則不正，固然矣。乃慮其不正而察之者，何物也哉？必其如鑑如衡而後能察，【究竟察是誠意事。】則所以能如鑑如衡者，亦必有其道矣。故日『不動心有道』也。〔註 87〕」人心透過省察而知意之動之善惡，而不省察誠其意則心不正，固然矣。欲慮其不正而察之者，應透過何種標準？一定如鑑如衡而後能察，而所以能如鑑如衡者，亦必有其道，故日「不動心有道」也。其又云「不動其心，元不在不動上做工夫。孟子日：『不動心有道。』若無道，如何得不動？其道固因乎意誠，而頓下處自有本等當盡之功，故程子又云：『未到不動處，須是執持其志。』不動者，心正也；執持其志者，正其心也。《大全》所輯此章諸說，唯『執持其志』四字分曉。朱子所稱『敬以直內』，尚未與此工夫相應。〔註 88〕」不動心有道，其道乃因乎省察意之功夫而誠其意，故意誠。而所謂的不動乃指心正也，而欲心正，則須執持其志於道，此即正其心。因心之志於道，表心含性而效動，因此心之動皆有其性理

〔註 85〕（明）王夫之：〈聖經（九）〉《讀四書大全說．大學》，收入船山全書編輯委員會編校：《船山全書》第六冊（湖南（長沙）：嶽麓書社，1991 年 12 月第一版），卷 1，頁 401。

〔註 86〕（明）王夫之：〈傳第七章（一）〉《讀四書大全說．大學》，收入船山全書編輯委員會編校：《船山全書》第六冊（湖南（長沙）：嶽麓書社，1991 年 12 月第一版），卷 1，頁 422。

〔註 87〕同上註，頁 421。

〔註 88〕同上註，頁 419～420。

之實，故不會因物之交引，使其耳目感官不受心之主宰隨物而執著，產生攻取之情，故物蔽其心而流於意之惡。王夫之認為所謂「不得其正」，乃是心不正，而非不正其心。所謂「不見」、「不聞」、「不知味」，表身不受脩也，非身不脩。

> 此言氣言心，但在血氣之氣、知覺運動之心上立喻，與上言志為「志道」之志，言氣為「浩然之氣」者不同。蓋謂凡人之為善為惡，【此兼善惡說。】先有其心，【無定志則但名為心。】而氣為之用者固多矣；然亦有時本無是心，而因氣以動作焉。【如今人言乘興而為。】如方在蹶、趨，則心亦為之疾速，與緩步時不同。則心雖有覺，氣雖無覺，而偶然之頃，氣且乘權以動一時之心。然則專壹之氣，其以感動常存之心，亦於此而可推矣。〔註 89〕

此處言氣、言心乃非與道德有關，而只在人身之血氣之氣、知覺運動之心上立喻，故非言志為「志道」之志、言氣為「浩然之氣」者。稱凡人之為善為惡，先由其因有心之作用，故可以為之，然而身之氣為心之所用者固多。但亦有時氣之用本無此心為其主，故因氣以動作。如方在蹶、趨，則心亦為之疾速，與緩步時不同。心雖然有思性善之覺知，而氣雖無此覺，但偶然之頃刻，氣因勢而乘權，以動人一時之心，故此心變動無恆而流於意。然則若有此專壹而乘權之血氣，其以感動常存性之體之心，則此心亦會流於血氣之知覺運動，而非以性體之得為其內涵之實。故其言：「開者，伸也，閉者，屈也。志交諸外而氣舒，氣專於內而志隱，則神亦藏而不靈。神隨志而動止者也。〔註 90〕」所謂開者之伸，閉之屈，乃在言心之翕闢之與物交的陰陽變合之動幾。在心之動若無志於性之仁德，當此志交諸外而氣舒，則氣專於內時，心之志隱，則心之神亦藏而不靈。而心之神乃隨志而動或止者。

> 知道者凝心之靈以存神，不溢喜，不遷怒，外物之順逆，如其分以應之，乃不留滯以為心累，則物過吾前而吾已化之，性命之理不失

〔註 89〕（明）王夫之：〈公孫丑上篇（九）〉《讀四書大全說・孟子》，收入船山全書編輯委員會編校：《船山全書》第六冊（湖南（長沙）：嶽麓書社，1991 年 12 月第一版），卷 8，頁 927。

〔註 90〕（明）王夫之：〈動物篇〉《張子正蒙注》，收入船山全書編輯委員會編校：《船山全書》第十二冊（湖南（長沙）：嶽麓書社，1991 年 12 月第一版），卷 3，頁 109。

而神恒爲主。舜之飯糗茹草與爲天於無以異，存神之至也。〔註91〕

「人欲」使道隱，故知「道」者凝心之靈以存神，其意已誠，心已發之情因爲有過無不及之「中」爲其體，故不溢喜，不遷怒，當與外物相感則應對順逆恰如其分，且不執於物，故物不留滯以爲心累，則物過吾前，而吾心已化之，人未發之中的性命之理爲人心之主體，故不失而神恒爲身之主。故其云：「學者近取而驗吾心應感之端，決之於幾微，善惡得失，判爲兩途，當無所疑矣。〔註92〕」舜之飯糗茹草與爲天於無以異，乃是對心應感之端有所審察，因而意誠，心存神而可至。

道在己而無憂，故悦，悦而憂惑不妄起，則所慮者正而自精。不然，在己無大常之理，物至情移，愈變而愈迷矣。〔註93〕

因爲知「道」者凝心之靈以存神，若道在己而無憂，心對外界事物之感皆悅，因爲心悅故憂惑不妄起，而其心之所思所慮者能正，而心自精。如其言「精者研幾精求，必求止於至善，惟精而後能一。〔註 94〕」心之所思所慮者能正而和於氣化陰陽之精，乃因在心動時能研於意之動幾並精求之，精求之標準必求止於至善，則惟精而後能存心之神而一。若不然，當道不在己，故己無大常之理，遇物至則情隨物移，心愈變而愈迷，心之神遂遺，而身之感官耳目爲身之主。

「心不在」者，孟子所謂「放其心」也。「放其心」者，豈放其虛明之心乎？放其仁義之心也。〔註95〕

〔註91〕（明）王夫之：〈神化篇〉《張子正蒙注》，收入船山全書編輯委員會編校：《船山全書》第十二冊（湖南（長沙）：嶽麓書社，1991 年 12 月第一版），卷 2，頁 95。

〔註92〕（明）王夫之：〈誠明篇〉《張子正蒙注》，收入船山全書編輯委員會編校：《船山全書》第十二冊（湖南（長沙）：嶽麓書社，1991 年 12 月第一版），卷 3，頁 141。

〔註93〕（明）王夫之：〈至當篇〉《張子正蒙注》，收入船山全書編輯委員會編校：《船山全書》第十二冊（湖南（長沙）：嶽麓書社，1991 年 12 月第一版），卷 5，頁 212。

〔註94〕（明）王夫之：〈可狀篇〉《張子正蒙注》，收入船山全書編輯委員會編校：《船山全書》第十二冊（湖南（長沙）：嶽麓書社，1991 年 12 月第一版），卷 9，頁 371。

〔註95〕（明）王夫之：〈傳第七章（一）〉《讀四書大全說・大學》，收入船山全書編輯委員會編校：《船山全書》第六冊（湖南（長沙）：嶽麓書社，1991 年 12 月第一版），卷 1，頁 422。

而「心不在」即孟子所謂「放其心」，而「放其心」者，並非放其虛明之心，而是放其以仁義性之德爲效動之仁義之心。若欲找回其放失之心，則要透過心之思的作用以執其志於仁德。

> 志於仁者，聖功之始；有意爲善者，非辟之原。志大而虛含眾理，意小而滯於一隅也。〔註 96〕

所謂志與意之分，乃在志於性中之仁，此爲聖功之始。而意乃是有意爲善，非必爲惡，故意非邪辟之本原，但因意非發於性體，故無以未發不偏不倚之中爲體，故有偏。而王夫之言「志大而虛含眾理，意小而滯於一隅」，乃因志於仁，表示此志即前所謂「道心」，道心之中含氣化天理之性體，故稱之虛含眾理。而意雖有意爲善，但其所發奶由耳目感官之見聞觸於物之交引而發，故意中無天理之實，而言其小且滯於一隅也。

> 仁義，善者也，性之德也。心含性而效動，故曰仁義之心也。仁義者，心之實也，若天之有陰陽也。知覺運動，心之幾也，若陰陽之有變合也。若舍其實而但言其幾，則此知覺運動之惓惓者，放之而固爲放辟邪侈，即求之而亦但盡乎好惡攻取之用；浸令存之，亦不過如釋氏之三喚主人而已。〔註 97〕

仁義之善者乃人性之德。人之心含此性之德且效於此而動，故曰仁義之心。因此仁義乃心所含之實。但若言氣化之天有陰陽之變。則相對應於人，則表人身之知覺運動此爲心之幾，如氣化之陰陽有變合。人若捨其心之實的性之德，而只言其心陰陽變合之幾，則此身之知覺運動中惓惓之心已放之，而固爲放於辟之惡，而心不正且不知節制，即便欲求之，而心亦只知盡乎好惡攻取之用，若於靜中浸令存之，亦不過如釋氏之三喚主人而已，而非爲身之主。

> 自內生者善；內生者，天也，天在己者也，君子所性也。【唯君子自知其所有之性而以之爲性。】自外生者不善；外生者，物來取而我不知也，天所無也，非己之所欲所爲也。故好貨、好色，不足以爲不善；貨、色進前，目淫不審而欲獵之，斯不善也。物搖氣而氣乃

〔註 96〕（明）王夫之：〈中正篇〉《張子正蒙注》，收入船山全書編輯委員會編校：《船山全書》第十二冊（湖南（長沙）：嶽麓書社，1991 年 12 月第一版），卷 4，頁 167。

〔註 97〕（明）王夫之：〈梁惠王上篇（一）〉《讀四書大全說・孟子》，收入船山全書編輯委員會編校：《船山全書》第六冊（湖南（長沙）：嶽麓書社，1991 年 12 月第一版），卷 8，頁 893。

搖志，則氣不守中而志不持氣。此非氣之過也，氣亦善也。其所以善者，氣亦天也。孟子性善之旨，盡於此矣。〔註 98〕

自人身之內生者乃善之本性；而內生者，由天所命，故此性之善乃天在己者也，亦是君子所認定的性也。自人身之外而生者，非本性所有故不善；此外生者，乃人心因觸物而發，而此心之動並非由心中之性而發，故此以發之情欲來取代我之本性，而己卻不知也，此情之發本天所無，故亦非己之所欲所爲。因此所謂好貨、好色本爲人身耳目感官之能，故不足以爲不善。但當貨、色進目前，目淫而不藉由性理審其意而欲獵取之，此即不善。故其心蔽其用於耳目口體之私情，所以外物搖動血氣，而血氣之感官小體乃搖動心志，則血氣不守性本體不偏不倚之中，而心之志則無法持掌血氣感官知能不妄作。此非血氣之過，因血氣亦善。其之所以稱爲善，乃因血氣亦天所爲。孟子性善之旨，應於言至於此才可謂盡。

「一日用力於仁」……朱子云「用力，說氣較多，志亦在上面」，此語雖重說氣；又云「志之所至，氣必至焉；志立，自是奮發敢爲」，則抑以氣聽於志，而志固爲主也。「氣」字是代本文「力」字，「志」字乃補帖出「用力」「用」字底本領。其曰「志，氣之帥也」，則顯然氣爲志用矣。〔註 99〕

所謂「一日用力於仁」，經過朱子解釋「用力，說氣較多，志亦在上面」，朱子之說雖好似重在說氣；但其又云「志之所至，氣必至焉；志立，自是奮發敢爲」，則抑是以氣聽於志，故由此句可知志固爲主。而「氣」字乃代「力」字，「志」字乃補帖出「用力」其「用」字的本領與作用表現。又曰「志，氣之帥也」，則更顯然可知氣爲志用，志借契之力而可以持於人性理之善，則此血氣就不會爲惡。

用力於仁，既志用氣，則人各有力，何故不能用之於仁？可見只是不志於仁。不志於仁，便有力也不用，便用力也不在仁上用。有目力而以察惡色，有耳力而以審惡聲，有可習勞茹苦之力，卻如懶婦

〔註 98〕（明）王夫之：〈滕文公上篇（二）〉《讀四書大全說・孟子》，收入船山全書編輯委員會編校：《船山全書》第六冊（湖南〔長沙〕：嶽麓書社，1991 年 12 月第一版），卷 8，頁 961。

〔註 99〕（明）王夫之：〈里仁篇（七）〉《讀四書大全說・論語》，收入船山全書編輯委員會編校：《船山全書》第六冊（湖南〔長沙〕：嶽麓書社，1991 年 12 月第一版），卷 4，頁 631。

> 魚油燈，只照博弈，不照機杼。夫子從者處所看破不好仁、不惡不仁者之明效，所以道「我未見力不足者」。〔註 100〕

養心之方在用力於仁，因爲「志」字乃補帖出「用力」其「用」字的本領與作用表現。而志爲氣之帥，既志用氣，則人各有志帥氣之「力」，何故不能用之於仁？可見只是心不志於仁。因爲不志於仁，便有氣之力也不用力，力也不在仁上用。若人有目力可以審察惡色，有耳力而以審察惡聲，有可習勞茹苦之力，卻如懶婦之用魚油燈只照博弈之閒遊小事，而不照於機杼之生計大事。故孔子看破不好仁、不惡不仁乃非力不足者，而是己身不知也不願用力於仁。

> 程子言思，在善一邊說，方得聖人之旨。那胡思亂想，卻叫不得思。〈洪範〉言「思作睿」，孟子言「思則得之」。思原是人心之良能，那得有惡來？思者，思其是非，亦思其利害。只緣思利害之思亦云思，便疑思有惡之一路。乃不知天下之工於趨利而避害，必竟是浮情囂氣，趁著者耳目之官，揀肥擇軟。若其能思，則天然之則，即此爲是，即此爲利矣。〔註 101〕

王夫之認爲程子言「思」，乃在善一邊說，方得聖人之旨。那平日所謂胡思亂想，卻叫不得思。《書》之〈洪範〉言「思作睿」與孟子言「思則得之」，從性理所發之思，才是思眞正之作用。思原是人心之良能，那得有惡來？所謂思者，乃依性體之仁義禮智爲標準，來思其是非，亦思其利害。若不由道德之是非角度論思，只緣思於利害之思才云思，便疑思有惡之一路。竟不知天下之工於趨利而避害者，必竟是浮情囂氣，不由性體而思，只利用其耳目之官揀肥擇軟，便以爲有思。若心能思，則是思性體中本具的天然之則，即此爲是，即此爲利。

> 窮理以復性於所知，則又非思而不與理相應；但知覺則與欲相應，以思御知覺而後與理應。然後心之才一盡於思，而心之思自足以盡無窮之理。故曰：「盡其心者，知其性也。」〔註 102〕

〔註 100〕（明）王夫之：〈里仁篇（七）〉《讀四書大全說・論語》，收入船山全書編輯委員會編校：《船山全書》第六冊（湖南（長沙）：嶽麓書社，1991 年 12 月第一版），卷 4，頁 631。

〔註 101〕（明）王夫之：〈公冶長篇（五）〉《讀四書大全說・論語》，收入船山全書編輯委員會編校：《船山全書》第六冊（湖南（長沙）：嶽麓書社，1991 年 12 月第一版），卷 4，頁 657。

〔註 102〕（明）王夫之：〈盡心上篇（三）〉《讀四書大全說・孟子》，收入船山全書編輯委員會編校：《船山全書》第六冊（湖南（長沙）：嶽麓書社，1991 年 12 月第一版），卷 10，頁 1107。

心之官之思於性體中本具的天然之則，乃是透過格物致知窮理以復性，則能於所知而能得，進而思而與理相應。但耳目感官之知覺則與欲相應，故應以思御耳目感官之知覺而後知覺亦與理應。然後心之才能則會一盡於思，而不會與欲相應，故心之思自足以盡無窮之理。故曰：「盡其心者，知其性也。」

> 學者切須認得「心」字，勿被他伶俐精明的物事佔據了，卻忘其所含之實。……以彼本心既失，而但以變動無恆，見役於小體而效靈者爲心也。若夫言「存」，言「養」，言「求」，言「盡」，則皆赫然有仁義在其中，故抑直顯之曰「仁，人心也」。而性爲心之所統，心爲性之所生，則心與性直不得分爲二，故孟子言心與言性善無別。「盡其心者知其性」，唯一故也。〔註 103〕

王夫之認爲學者切要認得「心」字，勿被利益或私欲其他等伶俐精明的物事佔據，卻忘其所含性理之實。因爲本心既失，故只有變動無恆的知覺動力，而見役於小體之耳目感官，心之官之思仁義禮智之性的效靈之能力盡失。當言「存」、言「養」、言「求」、言「盡」，表示盡其修養之功夫，當修養有成，則皆赫然有仁義之性體在心中，故抑直顯之曰「仁，人心也」。性爲心之所統，心爲性之所生，則心與性直不得分爲二，故孟子言心與言性善無別。「盡其心者知其性」，唯一故也。故王夫之云：「凡爲惡者，只是不思。……益以知思之有善而無惡也。〔註 104〕」

> 求善去惡之功，自在既好既惡之餘，脩身之事，而非誠意之事。但云好好色、惡惡臭，則人固未有務惡惡臭、求好好色之理。意本不然而強其然，亦安得謂之誠耶？〔註 105〕

王夫之云：「惡惡臭，好好色，是誠之本體。〔註 106〕」故求善去惡之功，自在既好既惡之餘，故爲脩身之事，而非誠意之事。但云好好色、惡惡臭，則人固未有致力於惡惡臭、求好好色之理。因爲惡惡臭，好好色，是人性

〔註 103〕（明）王夫之：〈梁惠王上篇（一）〉《讀四書大全說．孟子》，收入船山全書編輯委員會編校：《船山全書》第六冊（湖南（長沙）：嶽麓書社，1991 年 12 月第一版），卷 8，頁 893～894。

〔註 104〕（明）王夫之：〈公冶長篇（六）〉《讀四書大全說．論語》，收入船山全書編輯委員會編校：《船山全書》第六冊（湖南（長沙）：嶽麓書社，1991 年 12 月第一版），卷 4，頁 659。

〔註 105〕（明）王夫之：〈傳第六章（三）〉《讀四書大全說．大學》，收入船山全書編輯委員會編校：《船山全書》第六冊（湖南（長沙）：嶽麓書社，1991 年 12 月第一版），卷 1，頁 413。

〔註 106〕同上註，頁 412。

中天生本有其理，故無須求。若意本不如此而強其如此，亦安得謂之誠耶？

> 性無不善，有纖芥之惡，則性即爲蔽，故德之已盛，猶加察於幾微：此《虞書》於精一執中之餘，尤以無稽、弗詢爲戒，爲邦於禮明樂備之後，必於鄭聲、佞人致謹也。心無過而身猶有之，則不能純粹以精，以成乎性焉安焉之聖德也。〔註 107〕

人之性本承氣化之條理而來故無不善，若有纖芥之惡，乃因性即爲物蔽，若欲修養使德之盛，還須加察於心之動幾之微。此乃《虞書》於精一執中之餘，再特別以無稽、弗詢爲戒，且爲邦於禮明樂備之後，必於鄭聲、佞人致謹。若加察於心之動幾而使意誠心正，故心無過，但人之身猶有過，則不能純粹以精，因此成乎性焉，仍須成乎身之安焉，才是所謂聖德。因此王夫之重視身心都須修養。

> 情發於性之所不容已；體爲固然之成形與成就之規模，有其量而非其實。樂水、樂山，動、靜，樂、壽，俱氣之用。以理養氣，則氣受命於理，而調御習熟，則氣之爲動爲靜，以樂以壽，於水而樂、於山而樂者成矣。〔註 108〕

情若發於性之所不容已；則其體爲固然之成形與成就之規模，有其量而非其實。所謂人之樂水、樂山，動、靜，樂、壽，皆是氣之用。故應以性理養其身之氣，則氣受命於性理，而經過時間涵養調御習熟，則氣之爲動爲靜，以樂以壽，於水而樂、於山而樂者成矣。故「氣足以與萬物相應而無所阻，曰動。氣守乎中而不過乎則，曰靜。〔註 109〕」

> 乃即一日之用力，雖暫而未久，生而未熟，然亦必其一日之中，好之誠而「無以尚之」，惡之誠而「不使加身」，情專志壹，氣亦至焉，而後耳目口體，一聽令於心之所之，有力而不憚用，用而不詭其施也。〔註 110〕

〔註 107〕（明）王夫之：〈誠明篇〉《張子正蒙注》，收入船山全書編輯委員會編校：《船山全書》第十二冊（湖南〔長沙〕：嶽麓書社，1991 年 12 月第一版），卷 3，頁 135。

〔註 108〕（明）王夫之：〈雍也篇（二九）〉《讀四書大全說・論語》，收入船山全書編輯委員會編校：《船山全書》第六冊（湖南〔長沙〕：嶽麓書社，1991 年 12 月第一版），卷 5，頁 689～690。

〔註 109〕同上註，頁 690。

〔註 110〕（明）王夫之：〈里仁篇（七）〉《讀四書大全說・論語》，收入船山全書編輯委員會編校：《船山全書》第六冊（湖南〔長沙〕：嶽麓書社，1991 年 12 月第一版），卷 4，頁 632～633。

王夫之認爲即一日之用力，因暫而未久，故生而未熟，若日日用力於仁，則亦必其一日之中，好之誠而「無以尙之」，惡之誠而「不使加身」，若能如此，人心所發之情專志壹，形氣之身其血氣亦至，而後身之感官耳目口體，全聽令於心之志之所之，有力而不畏懼用之，用而不違反性體之理而施其效能。故其言：「蓋志靈而動，親聽於情，故受蔽；氣動而不靈，壹聽於志，而與情疎遠，故不受蔽。〔註 111〕」志乃靈而動之作用，志若親聽於心已發之情，無性體爲其主，故受蔽；若血氣之動而知覺不靈，只要壹聽於志之所持，而與無性爲體之情疎遠，故不受蔽。故「持其志者，持此也。夫然，而後即有忿懥、恐懼、好樂、憂患，而無不得其正。何也？心在故也。而耳目口體，可得言脩矣。【此數句正從傳文反勘出。】〔註 112〕」所謂「持其志」之「持」即是使心以性爲其體，故即使心之發有怨恨發怒、恐懼、好樂、憂患之情，則無不得其正。此乃因存有心官之思，其會思於性體之仁義禮智。進而使血氣之動，其耳目感官小體知覺可受心之志所持而靈，故得以言脩。

> 若吾心之虛靈不昧以有所發而善於所往者，志也，固性之所自含也。乃吾身之流動充滿以應物而貞勝者，氣也，亦何莫非天地之正氣而爲吾性之變焉合焉者乎？性善，則不昧而宰事者善矣。其流動充滿以與物相接者，亦何不善也？虛靈之宰，具夫眾理，而理者原以理夫氣者也，【理治夫氣，爲氣之條理。】則理以治氣，而固託乎氣以有其理。是故舍氣以言理，而不得理。則君子之有志，固以取向於理，而志之所往，欲成其始終條理之大用，則舍氣言志，志亦無所得而無所成矣。〔註 113〕

吾心之虛靈不昧有所發而善於所往善之方向者稱作志，其能向善，乃因本性之所自含之天理之德也。因有此性理爲心所含之實，吾身以心之性體爲主，固身中血氣以此性理爲體，故其流動充滿以應物皆可貞勝，故此身之血氣亦何莫非

〔註 111〕（明）王夫之：〈里仁篇（七）〉《讀四書大全說・論語》，收入船山全書編輯委員會編校：《船山全書》第六冊（湖南（長沙）：嶽麓書社，1991 年 12 月第一版），卷 4，頁 633。

〔註 112〕（明）王夫之：〈傳第七章（一）〉《讀四書大全說・大學》，收入船山全書編輯委員會編校：《船山全書》第六冊（湖南（長沙）：嶽麓書社，1991 年 12 月第一版），卷 1，頁 421。

〔註 113〕（明）王夫之：〈公孫丑上篇（五）〉《讀四書大全說・孟子》，收入船山全書編輯委員會編校：《船山全書》第六冊（湖南（長沙）：嶽麓書社，1991 年 12 月第一版），卷 8，頁 923。

爲天地之正氣，而此身之血氣與物接乃依吾性而動之陰陽變合之幾。所謂性善，則表此心虛靈不昧而可依理宰事者。當身之血氣以心之官爲主，其流動充滿而與物相接，亦無不善也。經過格物致知之修養，明白心之虛靈之宰中本具眾理，而此理者乃氣之條理，明白此道理，則理以治氣，乃是氣與理之本然狀態，故託乎氣便有其理。是故捨氣以言理，而不可得理。則君子之有志，表示心取向於理，而志亦隨理而往，欲成其始終條理之大用。若捨氣言志，氣中條理乃虛而無所託，故心之志亦無所跟從，故無所得而無所成。

> 「心不妄動」，是謂之靜。妄動者，只是無根而動。大要識不穩，故氣不充，非必有外物感之。如格一物，正當作如是解，卻無故若警若悟，而又以爲不然，此唯定理不見，定志不堅也。若一定不易去做，自然不爾，而氣隨志靜，專於所事以致其密用矣。唯然，則身之所處，物之來交，無不順而無不安，靜以待之故也。如好善如好好色，則善雖有不利，善雖不易好，而無往不安心於好。【此隨舉一條目，皆可類推得之。】要唯靜者能之，心不內動，故物亦不能動之也。〔註 114〕

所謂「心不妄動」，此稱作靜。而心妄動者，只是仁義禮智之性體未根於心，故心無根而動。無根而動即是心不穩，心不穩乃因血氣未以性理爲體，故無流動充滿於身，因無仁義禮智之性體未根於心，氣便會妄動，並非一定有外物感之，才會妄動。如格一物，正當作如是解，卻無故若警若悟，而又以爲不然，此乃因定理不見，定志不堅。若一定不易去做，自然不如此，而氣會隨心之志而靜，且專於所事以達到其性之用矣。若氣能依性體而動，然則身之所處，物之來交，無不順而無不安，氣之靜而不妄動以待之因。如好善如好好色，則善雖有不利，善雖不易好，而無往不安心於好。要唯氣從志持，氣靜而能之，心不受血氣影響，故不於內妄動，當心之主體不妄動，外物感之亦不隨物而有攻取之情。王夫之言：「動靜交養，常變一心，既以志帥氣而持之於恆，亦以氣配義而貞之於險。只此方是依仁之全功。〔註 115〕」透過心之動靜存養省察相互交養，使人不論遇到任何事物觸動可以常變一心而不爲事物之攻取，產生過

〔註 114〕（明）王夫之：〈聖經（八）〉《讀四書大全說・大學》，收入船山全書編輯委員會編校：《船山全書》第六冊（湖南〔長沙〕：嶽麓書社，1991 年 12 月第一版），卷 1，頁 399。

〔註 115〕（明）王夫之：〈里仁篇（五）〉《讀四書大全說・論語》，收入船山全書編輯委員會編校：《船山全書》第六冊（湖南〔長沙〕：嶽麓書社，1991 年 12 月第一版），卷 4，頁 629。

或不及之情，既以志帥氣而持之於恆，亦以氣配義而貞之於險。只此方是依仁之全功。而人身之血氣之修養可以透過「義」，何謂「義」？

若無以爲義之本，則待一事方思一事之義，即令得合，亦襲取爾。義在事，則謂之宜；方其未有事，則亦未有所宜。而天德之義存於吾心者，則敬是已。故曰「行吾敬」，敬行則宜矣。〔註 116〕

王夫之云：「物本然也，義者，心之制，思則得之。〔註 117〕」因此若將無視爲義之本，則等待遇一事方思一事之義，此即令之得合，而非本合，故只是襲取義而已。所謂義乃表現在事上，則稱作宜，代表對事件有合宜的處置。當其未有事以應心，則亦未有所合宜之行爲。而義本在內爲吾心之性理，因天德之義透過氣化已凝存於吾心者，則敬是已。故曰「行吾敬」，透過敬之行則可以合宜處事。《孟子》云：

孟季子問公都子曰：「何以謂義內也？」曰：「行吾敬，故謂之內也。」「鄉人長於伯兄一歲，則誰敬？」曰：「敬兄。」「酌則誰先？」曰：「先酌鄉人。」「所敬在此，所長在彼，果在外，非由內也。」公都子不能答，以告孟子。孟子曰：「敬叔父乎？敬弟乎？彼將曰『敬叔父』。曰：『弟爲尸，則誰敬？』彼將曰『敬弟。』子曰：『惡在其敬叔父也？』彼將曰『在位故也。』子亦曰：『在位故也。庸敬在兄，斯須之敬在鄉人。』」季子聞之曰：「敬叔父則敬，敬弟則敬，果在外，非由內也。」公都子曰：「冬日則飲湯，夏日則飲水，然則飲食亦在外也？」〔註 118〕

孟子藉此段話說明「義內」，由內之義表現於外爲敬之德。如朱熹注「行吾敬，故謂之內也」，其云：「所敬之人雖在外，然知其當敬而行吾心之敬以敬之，則不在外也。〔註 119〕」而朱熹注「在位故也。庸敬在兄，斯須之敬在鄉人。」，其云：「尸，祭祀所主以象神，雖子弟爲之，然敬之當如祖考也。在位，弟在尸位，鄉人在賓客之位也。庸，常也。斯須，暫時也。言因時制宜，皆由中

〔註 116〕（明）王夫之：〈衛靈公篇（一五）〉《讀四書大全說．論語》，收入船山全書編輯委員會編校：《船山全書》第六冊（湖南〈長沙〉：嶽麓書社，1991 年 12 月第一版），卷 6，頁 831。

〔註 117〕（明）王夫之：《思問錄內篇》，收入船山全書編輯委員會編校：《船山全書》第十二冊（湖南〈長沙〉：嶽麓書社，1991 年 12 月第一版），頁 409。

〔註 118〕（宋）朱熹：〈告子上〉《四書章句集注．孟子》（台北：大安出版社，1999 年 12 月），卷 11，頁 458。

〔註 119〕同上註，頁 459。

出也。〔註 120〕」此代表義在心內爲性之內涵，而其表現在外可以合宜的應萬事，在人倫表現爲敬，而敬之表現乃性之「中」所發，而此性之「中」爲應事之常道，故可以無過無不及，且因時制宜。

> 節者，中之顯者也。喜怒哀樂之未發而未有節者存，則發而中者誰之節乎？豈天下之有節乎？是從其白於外之說矣。故周子曰「中也者，和也」；張子曰「大和所謂道」；卓矣。雖喜怒哀樂之未發，而參前倚衡，莫非節也。充氣以從志，凝志以居德，庶幾遇之。闃寂空窔者，失之遠矣。迫發而始愼之，必有不審不及之憂。〔註 121〕

節者，乃性之「中」之顯者。王夫之：「身兼修與未修，故言修，修者節其過也。〔註 122〕」故藉由性之「中」可以修養人之身之血氣，使其表現無過與不及。而喜怒哀樂之未發有「中」之性體，而節之用存之。未發之時「中」之體顯，而節之用隱，故豈天下之有節之用，而性中無節之用。故周子曰「中也者，和也」；張子曰「大和所謂道」，此二說卓矣。故此「中」之性體涵節之用，故可以未發「中」之性體顯，以發爲喜怒哀樂之情，由「中」之性體節之使其和而達道。雖人之喜怒哀樂之情未發，而參前倚衡，此莫非節也。當人之充氣以從志，凝志以居德，幾近已遇之。闃寂空窔者，離道遠矣。若只至心之迫發而始愼其獨，必有不審不及之憂。

> 又言「誠」而更言「道」，前云「誠者天之道」，此雙峰之所繇迷也。不知道者率乎性，誠者成乎心，心性固非有二，而性爲體，心爲用，心涵性，性麗心，故朱子以心言誠，以理言道，【章句已云「性即理也」。】則道爲性所賅存之體，誠爲心所流行之用。【賅用存故可云費，流行故可云無息。】諸儒不察，乃以性言誠，則雙峰既不知朱子異中之異，而諸儒抑不知朱子同中之異也。〔註 123〕

又言「誠」而更言「道」，即所謂「誠者天之道」，此雙峰之所繇迷也。其不

〔註 120〕（宋）朱熹：〈告子上〉《四書章句集注・孟子》（台北：大安出版社，1999 年 12 月），卷 11，頁 459。

〔註 121〕（明）王夫之：《思問錄・內篇》，收入船山全書編輯委員會編校：《船山全書》第十二冊（湖南（長沙）：嶽麓書社，1991 年 12 月第一版），頁 411。

〔註 122〕（明）王夫之：〈子罕篇（三）〉《讀四書大全說・論語》，收入船山全書編輯委員會編校：《船山全書》第六冊（湖南（長沙）：嶽麓書社，1991 年 12 月第一版），卷 5，頁 728～729。

〔註 123〕（明）王夫之：〈第二十五章（二）〉《讀四書大全說・中庸》，收入船山全書編輯委員會編校：《船山全書》第六冊（湖南（長沙）：嶽麓書社，1991 年 12 月第一版），卷 3，頁 555。

知道者乃率乎吾身之性，而誠者乃成乎吾心，而心性固非有二，而性爲體，心之爲用，心涵性體之實，而不顯之性麗於心而顯於外，故朱子以心言誠，以理言道，則道本爲性所賅存之體，誠爲心所流行之用。前有言以性體之「中」節「身」之過，而此性體之「中」即是吾人可率而行道者，而王夫之云：「有志則有可持，故知其所持在道而不在敬。〔註124〕」心之志則有可持而帥氣，乃因志之所持乃因人性中有天德之誠所凝之敬德，而使人依性體而行則可表達敬之德行，而非所謂於心之靜中存養主敬。

> 只認定此昭昭靈靈底便作主人，卻將氣爲客感之媒，但任著氣，便攬下天下底事物來，去外面求個義以與物爭。乃能勝乎物者，物亦能勝之矣，故即使吾心有不能自主之時，亦且任之而俟其自定，……若求助於氣，則氣本濁而善流，有所勝，即有所不勝矣。蓋氣者吾身之與天下相接者也，不任其所相接者以爲功，則不求勝於物，而物固莫能勝之，斯以榮辱利害之交於前而莫之動也。〔註125〕

若只認定心之昭昭靈靈底便作身之主人，卻將氣視爲客感之媒，則氣被屏除在外，便將下天下的事物視之爲氣，去外面求個義以與物爭，此即是襲取義，其實義在吾心之內。若能勝於物者，故相對而言，物亦能勝之，當物勝之，表示吾心有不能自主之時，亦且任其發展而等待其自行靜止而定。但若求助於氣，則氣之特色本濁而善流動而不知止於善，故有所勝，即有所不勝之可能。且氣者乃吾身之與天下之物相接者，不聽任其所相接者，並不以此爲功，故不求勝於物，反之而物固莫能勝氣，當榮辱利害之交於前，而心莫之動。

> 義，日生者也。日生，則一事之義，止了一事之用；必須積集，而後所行之無非義。氣亦日生者也，一段氣止擔當得一事，無以繼之則又餒。集義以養之，則義日充，而氣因以無衰王之閒隙，然後成其浩然者以無往而不浩然也。〔註126〕

〔註124〕（明）王夫之：〈公孫丑上篇（七）〉《讀四書大全說・孟子》，收入船山全書編輯委員會編校：《船山全書》第六冊（湖南（長沙）：嶽麓書社，1991年12月第一版），卷8，頁926。

〔註125〕（明）王夫之：〈公孫丑上篇（五）〉《讀四書大全說・孟子》，收入船山全書編輯委員會編校：《船山全書》第六冊（湖南（長沙）：嶽麓書社，1991年12月第一版）（《船山全書（六）》，卷8，頁922。

〔註126〕（明）王夫之：〈公孫丑上篇（一二）〉《讀四書大全說・孟子》，收入船山全書編輯委員會編校：《船山全書》第六冊（湖南（長沙）：嶽麓書社，1991年12月第一版），卷8，頁929～930。

義乃日生者。所謂日生，則是因爲氣化之天陰陽變動不已，日新又新創生不同之人事物，人於氣化之時位移異中，遇一事便處理一事，若有合宜之，則產生義，便止了一事之用。義必須透過日積月累之積集，而後使未來所遇之事皆透過過往所積累之經驗，做出最恰當的應對，使未來之所行之無非義。因爲氣化之天以乾之陽爲首，故恆常生生，故氣亦日生者，然而氣化之天所創之氣，即所謂形氣之事物，故創生之一段氣就表示擔當得一件事，當此事發生，而此事之氣已從始至終，亦代表氣之終結消散，故無以繼之，則義之氣又餒。所謂集義以養之，則是面對一事處之以義，而義經時間積累而日充其道德經驗，而使氣因義集之積累，事使義之氣無衰王之閒隙，然後可成其浩然充塞無間者，以恆常無往而不浩然也。

> 諸儒之失，在錯看一「養」字，將作馴服調御說，故其下流遂有如黃四如伏火之誕者。孟子之所謂養，乃長養之謂也。直到北宮黝恁般猛烈，亦謂之養，豈馴服調御之謂乎？孟子於此，看得吾身之有心有氣，無非天理。故後篇言養心，而曰「無物不長」，直教他萌蘖發達，依舊得牛山之木參天。此言養氣，只是以義生發此不餒不慊之氣，盛大流行，塞乎天地之閒而無所屈。〔註 127〕

諸儒之失，在錯看一「養」字，將此「養」看作馴服調御來論之。然而孟子之所謂「養」，乃長養之謂也。孟子因看得吾身之有心有氣，然而氣與心皆陰陽和合之氣化所生，心爲氣之神，身之氣乃與太和之氣同體，故無不合於天理。孟子言「養心」，而曰「無物不長〔註 128〕」，直教此心如萌蘖發達，依舊

〔註 127〕（明）王夫之：〈公孫丑上篇（一七）〉《讀四書大全說．孟子》，收入船山全書編輯委員會編校：《船山全書》第六冊（湖南（長沙）：嶽麓書社，1991 年 12 月第一版），卷 8，頁 936。

〔註 128〕孟子曰：「牛山之木嘗美矣，以其郊於大國也，斧斤伐之，可以爲美乎？是其日夜之所息，雨露之所潤，非無萌櫱之生焉，牛羊又從而牧之，是以若彼濯濯也。人見其濯濯也，以爲未嘗有材焉，此豈山之性也哉？雖存乎人者，豈無仁義之心哉？其所以放其良心者，亦猶斧斤之於木也，旦旦而伐之，可以爲美乎？其日夜之所息，平旦之氣，其好惡與人相近也者幾希，則其旦晝之所爲，有梏亡之矣。梏之反覆，則其夜氣不足以存；夜氣不足以存，則其違禽獸不遠矣。人見其禽獸也，而以爲未嘗有才焉者，是豈人之情也哉？故苟得其養，無物不長；苟失其養，無物不消。」（宋）朱熹：〈告子上〉《四書章句集注．孟子》（台北：大安出版社，1999 年 12 月），卷 11，頁 463。
牛山在邑外謂之郊，而牛山之木，前此固嘗美矣但因爲於大國之郊，伐之者眾，故失其美耳。牛山之木日夜之所生長，乃因氣化流行未嘗間斷但牛山之

得如牛山之木參天。言「養氣」，則只是於事中以義處之，並生發此不沮喪，亦不恐懼之氣，當集義而養氣使之盛大流行，塞乎天地之間而無所屈。亦透過此使人身之血氣不妄動，而能以志持之帥氣而行德。

> 「仁，人心也」句極直截，言仁者人之所以爲心者也，內而爲視聽言動，外而爲親親仁民愛物之誠，理之所涵，知覺之所自啓，皆仁在內而使然，非但昭昭靈靈之可謂心也。「義，人路也」，須知路亦在人心中，必要從此而行，必不肯走錯一步，分明記念，自然順之以趨。〔註 129〕

從「操則存、求放心、從大體爲徵。夫操者，操其存乎人者仁義之心也；求者，求夫仁人心、義人路也；從者，先立夫天之所與我者也。正其心於仁義，而持之恆在，豈但如一鏡之明哉？〔註 130〕」操則存〔註 131〕、求放心、從大體，故可以求善。所謂操者，操其存乎人者仁義之心也；所謂求者，乃求仁之人心、義之人路也；從者，乃先立夫天之所與我之性體。故正其心於性體之仁義，而以志持此性體之恆在。

> 若夫君子之行法也，固非無靜存養性之功；而當其情之未發，天理

木雖伐，猶日有有萌櫱之枝芽，但除伐木者眾外，牛羊又從而害之，是以至於光潔而無草木也。此乃如人皆有本然之善心之良心，即所謂仁義之心也。平旦之氣，謂未與物接之時，清明之氣也。好惡與人相近，言得人心之所同然也。人之良心雖在白晝物之交引已放失，然其日夜交替未與物接之間，亦必有所生長。故平旦未與物接，其氣清明之際，良心猶必有發見者。但其發見至微，而旦晝所爲之不善，又已隨而梏亡之，如牛山山木既伐，猶有萌櫱，而牛羊又牧之也。白晝之物引而所爲惡，故害其夜之所生之善氣，故又不能勝其白晝之所爲，是以日夜展轉相害。至於夜氣之生，日以害其漸薄，而不足以存其仁義之良心，則平旦之氣亦不能清，而所好惡遂與人遠矣。孟子言若能德其養，則因氣化之天生生不息，故無物不長。若失其養，即便如人本有之良心義如牛山本有茂盛之木，亦會因旦旦而伐加上牛羊之外力踐踏，使其濯濯全失其本有之美。

〔註 129〕（明）王夫之：〈告子・仁人心章〉《四書箋解・孟子六》，收入船山全書編輯委員會編校：《船山全書》第六冊（湖南（長沙）：嶽麓書社，1991 年 12 月第一版），卷 10，頁 349。

〔註 130〕（明）王夫之：〈傳第七章（一）〉《讀四書大全說・大學》，收入船山全書編輯委員會編校：《船山全書》第六冊（湖南（長沙）：嶽麓書社，1991 年 12 月第一版），卷 1，頁 422～423。

〔註 131〕王夫之云：「存，謂識其理於心而不忘也。」（明）王夫之：〈天道篇〉《張子正蒙注》，收入船山全書編輯委員會編校：《船山全書》第十二冊（湖南（長沙）：嶽麓書社，1991 年 12 月第一版），卷 2，頁 71。

> 未能充浹，待其繇靜向動之幾亦未有以暢其性之大用，以貫通於情而皆中，則必於動幾審之：有其欲而以義勝之，有其怠而以敬勝之，於情治性，于人心存道心，於末反本，以義制事，以禮制心，守義禮爲法，裁而行之，乃以咸正而無缺。是湯、武之反身自治者也。〔註 132〕

前有言「動靜交養，常變一心」，王夫之認爲君子之行法，本非無靜存養性之功，但當心已發之情尚未發之時，天理亦未能充浹，則待其繇靜向動之幾之意之獨體，亦未有以誠之灌注，而無法暢其性之大用，亦無以將性貫通於情而使表現皆過無不及之中，此時則必於透過動幾審察其善惡之意。若有其欲之惡，表示身之血氣妄動，故需再透過以義勝之，當其集義有怠，則需透過心中氣化之天所凝之天德之敬以勝之，故於已發之情治性，於人心中存道心，於形氣事物之末反氣化之本，以心之義制事養氣，以禮之天理以制其心，故可克己之私，當君子守義禮爲法，裁而行之，乃以心之全正而無缺。此乃湯、武之反身而誠，故自治者也。

> 「反身而誠」，與《大學》「誠意」「誠」字，實有不同處，不與分別，則了不知「思誠」之實際。「誠其意」，只在意上說，此外有正心，有修身。修身治外而誠意治內，正心治靜而誠意治動。在意發處說誠，只是「思誠」一節工夫。若「反身而誠」，則通動靜、合外內之全德也。靜而戒懼於不睹不聞，使此理之森森然在吾心者，誠也。動而愼於隱微，使此理隨發處一直充滿，無欠缺於意之初終者，誠也。外而以好以惡，以言以行，乃至加於家國天下，使此理洋溢周徧，無不足用於身者，誠也。三者一之弗至，則反身而不誠也。〔註 133〕

前王夫之言「湯、武之反身自治」，順此說明「反身而誠」。所謂「反身而誠」與《大學》「誠意」「誠」字，實有不同處，不與分別，則不明白「思誠」之實際。「誠其意」，只在意上說，此外更有有正心，有修身。修身治外而誠意治內，正心治靜而誠意治動。在意之生發處說誠，只是「思誠」一節之工夫。

〔註 132〕（明）王夫之：〈盡心下篇（七）〉《讀四書大全說・孟子》，收入船山全書編輯委員會編校：《船山全書》第六冊（湖南（長沙）：嶽麓書社，1991 年 12 月第一版），卷 10，頁 1144。

〔註 133〕（明）王夫之：〈離婁上篇（一〇）〉《讀四書大全說・孟子》，收入船山全書編輯委員會編校：《船山全書》第六冊（湖南（長沙）：嶽麓書社，1991 年 12 月第一版），卷 9，頁 994～995。

若言「反身而誠」，則通心之動靜、身之合外內之全德。心之未發而靜則戒懼於不睹不聞，使此性理之中之森森然在吾心者，此乃誠也。心之已發動而愼於隱微之「獨」，因此「獨」乃由善至惡的關鍵時機，使此理隨發處一直充滿，無欠缺於意之初終者，此乃誠也。而身之外與事物接而以好以惡，以言以行，乃至於家國天下，使此誠之理表現無不恰當洋溢周徧，足以用於身者，亦爲誠也。此三者一之不至，則反身而不誠。而欲「反身而誠」須於養心與修身功夫皆備。

> 集義是養氣一段工夫，存仁是復性之全功。必如朱子所云，則孟子所學，一於集義，而不足與於仁乎？程子說孟子添箇「義」字、「氣」字，大有功於孔子，以其示學者以可循持之踐履，正大充實，則以求仁而不託於虛。若將孟子範圍於集義之中，則告子以下諸篇說性、說仁一段大本領全與抹煞，其待孟子也亦淺矣。〔註 134〕

集義是養身之血氣使其行善而無流於惡的一段工夫，所謂存仁則是復性之全功。朱子認爲孟子所學，一於集義，入由此言，則不足與孟子論於仁。至於程子則說孟子添箇「義」字、「氣」字，其功大於孔子，藉由言「義」字以集氣，使義之性理成具體之事功，以此示於學者，可循持之踐履，心正大而氣充實，則進而求仁而不託於虛妄。若將孟子範圍止囿於集義之中，則告子以下諸篇說性、說仁以復性養心之一段大本領全與抹煞，其待孟子也亦淺矣。由此可知，集義是對於修身之一段修養功夫，而養心使其正，意誠而行仁，達到克己復禮天下歸仁，才是王夫之認爲修養功夫之目標。

> 蓋仁者，無私欲也，欲亂之則不能守，汲黯所謂「內多欲而外行仁義」是也；仁者，無私意也，私意惑其所見則不能守，季文子之所以陷於逆而不決是也；仁者，固執其所擇者也，執之不固則怠乘之而不能守，冉有所云「非不說子之道，力不足者」是也。去私欲，屏私意，固執其知之所及而不怠，此三者足以言仁矣。豈必天理渾全，廓然大公，物來順應，以統四端而兼萬善，然後爲能守哉？〔註 135〕

〔註 134〕（明）王夫之：〈盡心上篇（一一）〉《讀四書大全說・孟子》，收入船山全書編輯委員會編校：《船山全書》第六冊（湖南〔長沙〕：嶽麓書社，1991 年 12 月第一版），卷 10，頁 1120。

〔註 135〕（明）王夫之：〈衛靈公篇（一八）〉《讀四書大全說・論語》，收入船山全書編輯委員會編校：《船山全書》第六冊（湖南〔長沙〕：嶽麓書社，1991 年 12 月第一版），卷 6，頁 834。

《論語》云：「顏淵問仁。子曰：『克己復禮爲仁。一日克己復禮，天下歸仁焉。爲仁由己，而由人乎哉？』顏淵曰：『請問其目。』子曰：『非禮勿視，非禮勿聽，非禮勿言，非禮勿動。』顏淵曰：『回雖不敏，請事斯語矣。』〔註136〕」仁者即是透過克己復禮之功夫，達到去私欲，屏私意、固執其所擇。王夫之云：「擇者，擇道心於人心之中，而不以見聞之人爲雜天理之自然也。固執，動靜恒依而不失也。擇之精，執之固，熟則至矣。〔註137〕」所謂的擇，乃擇道心於人心之中，便是以性體爲心之主，而不以耳目見聞之小體的人爲表現雜天理之自然。所謂固執，則是在心之動靜恒依其性體而不失其中節之表現。當擇之精，執之固，熟則仁至矣。而其又云：「在擇執之未精，物累心而知蕩意也。〔註138〕」且「仁字之可與誠字通者，擇善固執之誠。〔註139〕」故仁者可以天理渾全，廓然大公，物來順應，以統四端而兼萬善，然後亦能持守此仁不輟。

> 「仁者人也」二句，精推夫仁，而見端於天理自然之愛。「義者宜也」，因仁義之並行，推義之所自立，則天理當然之則，於應事接物而吾心固有其不昧者，因以推夫人心秉彝之好，自然有其所必尊而無容苟，則「尊賢」是也。〔註140〕

所謂「仁者人也」二句，若精推於仁，而可見仁乃發端於天理自然之愛。而「義者宜也」，義在事，則謂之宜，由於仁義之並行，推義之所自立，則天理當然之則，於感應於事與接物，而吾心固有其不昧之性體之理則，因以推夫人心秉彝之好，自然有其所必尊而無容苟，則「尊賢」是也。

〔註136〕（宋）朱熹：〈顏淵第十二〉《四書章句集注．論語》（台北：大安出版社，1999年12月），卷6，頁181。

〔註137〕（明）王夫之：〈中正篇〉《張子正蒙注》，收入船山全書編輯委員會編校：《船山全書》第十二冊（湖南（長沙）：嶽麓書社，1991年12月第一版），卷4，頁162。

〔註138〕（明）王夫之：〈八佾篇（五）〉《讀四書大全說．論語》，收入船山全書編輯委員會編校：《船山全書》第六冊（湖南（長沙）：嶽麓書社，1991年12月第一版），卷4，頁620。

〔註139〕（明）王夫之：〈第二十章（一）〉《讀四書大全說．中庸》，收入船山全書編輯委員會編校：《船山全書》第六冊（湖南（長沙）：嶽麓書社，1991年12月第一版），卷2，頁514。

〔註140〕（明）王夫之：〈第二十章（四）〉《讀四書大全說．中庸》，收入船山全書編輯委員會編校：《船山全書》第六冊（湖南（長沙）：嶽麓書社，1991年12月第一版），卷3，頁516。

但其無息而不窮於施，有其理則畢出以生成者，即此爲在人所盡之己，而己之無不盡。其於物之性情，可以養其欲給其求，向於善遠於惡，無不各得，而無一物之或強，即此爲在人所推之己，而己之無不推。所以不可以忠恕言聖言天，而亦可於聖人與天見忠恕也。〔註 141〕

天命無息而不窮於施，而天之理亦畢出，天命不已以成物。而此必初之天理在人則守仁盡己，然己之無不盡。則可推己之性及物之性情，可以養物之欲給其求，故向善遠惡，無不各得，而無一物之或強，即此爲在人所推己之性，而己之性無不推於物。所以不可以人道之忠恕言聖言天，而亦可於聖人與天見忠恕之道。

又推而上之，以言乎天，則忠恕直安不上。何也？天無己也，天亦無性也。性，在形中者，而天無形也。即此時行物生者，斯爲天道不息，而非有生死之閒斷，則大公而無彼此之區宇也，是無己也。故但有命而非有性，命則無適，【丁曆切。】而性有疆矣。〔註 142〕

子曰：「君子之於天下也，無適也，無莫也，義之與比。〔註 143〕」《四書章句集注》：「適，專主也。春秋傳曰『吾誰適從』是也。莫，不肯也。比，從也。謝氏曰：『適，可也。莫，不可也。無可無不可，苟無道以主之，不幾於猖狂自恣乎？此佛老之學，所以自謂心無所住而能應變，而卒得罪於聖人也。聖人之學不然，於無可無不可之間，有義存焉。然則君子之心，果有所倚乎？』〔註 144〕」由此可知，君子無可無不可，只要合於義皆可。若又推而上以言乎天，則不可以忠恕言天。所謂盡己之謂忠，推己之謂恕，然而天無己，天亦無性也，故不可以稱之爲忠恕。然而性在人形之中，故有己與物之相對待，故可推己於物。然天乃一清虛之氣無垠無狀故無定形，其可不受時空限制無始無終地時行物而生者，此即天道不息之謂，故天地無有生死之閒斷，其大公而無彼之物與此之物的區宇之形所限制，故是謂「無己」。故天有命而非有

〔註 141〕（明）王夫之：〈里仁篇（一〇）〉《讀四書大全說・論語》，收入船山全書編輯委員會編校：《船山全書》第六冊（湖南（長沙）：嶽麓書社，1991 年 12 月第一版），卷 4，頁 637～638。

〔註 142〕同上註，頁 637。

〔註 143〕（宋）朱熹：〈里仁〉《四書章句集注・論語集注》（台北：大安出版社，1999 年 12 月），卷 2，頁 95。

〔註 144〕同上註，頁 95。

性，其命則無適地對於人事沒有偏頗及厚薄之分。但人之性因有形之拘而有疆界之限。

> 天之命物，於無而使有，於有而使不窮，屈伸相禪而命之者不已，蓋無心而化成，無所倚而有所作止，方來不倦，成功不居；是以聰明可以日益，仁義可以日充。雖在人有學問之事，而所以能然者莫非天命。惟天有不息之命，故人得成其至誠之體；而人能成其至誠之體，則可以受天不息之命。不然，二氣之妙合自流行於兩間，而時雨不能潤槁木，白日不能炤幽谷，命自不息而非其命，唯其有形不踐而失吾性也。〔註 145〕

天不息命之於物，於萬物未生之「無」而使萬物創生之「有」，於物形之「有」而後日日命之而使之生生不窮，氣之屈伸相禪而命之者不已，此皆天無心而化成，無所倚而有所作止，天乃方來不倦，成功不居。因天之命日降，人依此陟而上達行德不輟，降而下學自省，故人之聰明可以日益，仁義可以日充。雖在人有學問之事，而所以能然者莫非天命。因爲天有不息之命，故人得成天太和絪縕創生萬物的實有至誠之體爲其本性；而人受天不息之命，能盡己之性於後天之學而完成身之至誠之體，若人無法日受天命盡其德，則陰陽二氣之妙合自流行於兩間，而時雨不能潤槁木，白日不能炤幽，命自不息而不能非其命，唯人有形不踐其身於德，此乃吾是天命之日生而失吾本然之性。

> 天只陰陽五行，流盪出內於兩閒，何嘗屑屑然使令其如此哉？必逐人而使令之，則一人而有一使令，是釋氏所謂分段生死也。天即此爲體，即此爲化。若其命人但使令之，則命亦其機權之緒餘而已。如此立說，何以知天人之際！〔註 146〕

天只陰陽五行之氣，生生流盪出內於兩閒，何嘗特意地使令於物。若誤認爲天須逐人而使令之，則一人之身於其生之初而有一使令，此乃成釋氏所謂分段生死也。若天即此使令之命爲體，並以此化生萬物。則其命人且使令之，則命亦只是天之隨其氣機而應變，故天之命物、生物失其普遍性。若以如此

〔註 145〕（明）王夫之：〈可狀篇〉《張子正蒙注》，收入船山全書編輯委員會編校：《船山全書》第十二冊（湖南（長沙）：嶽麓書社，1991 年 12 月第一版），卷 9，頁 360。

〔註 146〕（明）王夫之：〈第一章（一）〉《讀四書大全說・中庸》，收入船山全書編輯委員會編校：《船山全書》第六冊（湖南（長沙）：嶽麓書社，1991 年 12 月第一版），卷 2，頁 454。

立說，則不知天命乃無心且不息之命物，而人乃承天之日日所命，進德修業，則才爲知天人之際！

> 且夫所云「生」者，猶言「性」之謂也。未死以前，均謂之生。人日受命於天，【命訖則死。】則日受性於命。日受性命，則日生其生。安在初之爲生，而壯且老之非生耶？迨其壯且老焉，聰明發而志氣通，雖未嘗不從事於學，乃不拘拘然效之於此，而即覺之於此，是不可不謂之生知也。〔註147〕

「生」猶言「性」，因未死以前，均謂之生。人日受命於天，則日受性於命。日受性命之降，則其性之內涵日生其生。不可謂在初之爲生，而壯且老之非生。迨其壯且老，其因其性命日生其生，故聰明發而志氣通，雖未嘗不從事於學，乃不拘泥並效之於學，故人心即覺之於此，此可謂之生知。

> 性者，天理流行，氣聚則凝於人，氣散則合於太虛，晝夜異而天之運行不息，無所謂生滅也。如告子之說，則性隨形而生滅，是性因形發，形不自性成矣。曰性善者，專言人也，故曰「人無有不善」；犬牛之性，天道廣大之變化也，人以爲性，則無所不爲矣。〔註148〕

性乃天理流行其氣聚則凝於人者，其氣散則合於太虛，雖有晝夜之異其循環無端如天之運行不息，故雖有晝夜離明得施之不同，但無所謂生滅也。如告子之說，其所言性隨形而生滅者，乃因其所言之性是因形而發，形不自性成。而王夫之所言者乃性善乃專言人身之仁義禮智，故曰「人無有不善」。若以告子所言生之謂性的形質食色所欲爲性，即如以天道廣大之變化所創生的犬牛之性，人以此形質之性爲其本性，則人無所不爲。

> 死生之際，下工夫不得，全在平日日用之閒，朱子此說，極好著眼。乃平日工夫，不問大小，皆欲即於義理之安，自君子之素履〔註149〕；要不爲死生須分明，而固以彼養之也。仁人只是盡生理，卻不計較

〔註147〕（明）王夫之：〈季氏篇（一一）〉《讀四書大全說・論語》，收入船山全書編輯委員會編校：《船山全書》第六冊（湖南（長沙）：嶽麓書社，1991年12月第一版），卷7，頁852。

〔註148〕（明）王夫之：〈誠明篇〉《張子正蒙注》，收入船山全書編輯委員會編校：《船山全書》第十二冊（湖南（長沙）：嶽麓書社，1991年12月第一版），卷3，頁126。

〔註149〕《易》「履」卦，初九：「素履，往無咎。」《周易本義》注：「以陽在下，居履之初，未爲物遷，率其素履者也，占者如是，則行而我無咎。」（宋）朱熹：〈履〉《周易本義・上經》（台北：大安出版社，1999年7月），卷1，頁70。

到死上去。即當殺身之時，一刻未死，則此一刻固生也，生須便有生理在。於此有求生之心，便害此刻之生理。故聖人原只言生，不言死；但不惜死以枉生，非以處置夫死也。〔註 150〕

仁人只是盡生理人無須在死生之際下工夫。如高攀龍亦云：

各在當人之身認仁己，極親切而味未盡也。須知天地間這許多人，總是一團生理，各之則不仁，一之則仁，故曰：仁者，人也。大著眼看這人字，八荒只是一箇字，所以爲仁，其最肫肫處，則親親爲大耳。試看九經，親也，賢也，大臣群臣，庶民百工，遠人諸侯，總是這箇人；試看五達道，君臣、父子、昆弟、夫婦、朋友，總是這箇人，若不開得這眼，各人其人便是不仁，如何行五達道？如何行九經？行處只此一處，故曰：所以行之者，一也。〔註 151〕

高攀龍認爲人人身中即以天所命之「仁己」，因此提出不應只是「各在當人之身認仁己」，若人人只認此身中之「仁己」，並依此「仁己」而行，而不知合天下之仁行，才是盡仁。因高攀龍有云：「仁是生生之理，充塞天地人身，通體都是，何曾有去來，有內外。〔註 152〕」因此高攀龍在此則言「須知天地間這許多人，總是一團生理，各之則不仁，一之則仁」。「仁」之生理是由「氣」中「神」之生理而來，而形氣之人皆由「一氣」所生，故人人皆有此「仁」之生理。然而前有言若人有一己之見，而「各己其己」，則「不仁」，故高攀龍言「各之則不仁」，但當人「推己而人之則仁」，所以高攀龍日「一之則仁」，此即人人各依其形氣之身之「仁己」，即可「妙於人我之間」，達到「推己及人」之情境。因此高攀龍再一次強調「仁」即「人」，其意義是「人」身之「己」心即是「天」之生德之「仁」心，所以個人之身皆有「仁己」之心。高攀龍用「仁己」來表示人皆具「仁」之生理所充塞之人身，而此人身則以生生之「仁」爲其心。

王夫之認爲仁人其所應修養時機全在平日日用之閒，王夫之非常贊同朱

〔註 150〕（明）王夫之：〈衛靈公篇（一二）〉《讀四書大全說．論語》，收入船山全書編輯委員會編校：《船山全書》第六冊（湖南（長沙）：嶽麓書社，1991 年 12 月第一版），卷 6，頁 828。

〔註 151〕（明）高攀龍：〈仁者人也〉，《高子遺書．講義》，（台北：臺灣商務印書館，1983 年，影印《文淵閣四庫全書》本），卷 4，頁 399。

〔註 152〕（明）高攀龍：〈仁遠乎哉章〉，《高子遺書．講義》（台北：臺灣商務印書館，1983 年，影印《文淵閣四庫全書》本），卷 4，頁 388。

子之說法。人平日工日用，不問大小之事，皆要合於義理之安，君子未爲物遷，率其平素履行，窮達無兩心，其處也樂，其出也有爲矣。」若不於死生上清楚分明，則以彼生之養至死而止。故仁人只是盡己之生理，卻不計較到死上去。故當爲道德而遇殺身之禍，只要一刻未死，表其堅守仁道，則此一刻固生，因有生須便有生理在，故守仁道之一刻皆生生豐富其生理之性的內涵。但若於此間有求生違仁之心，便害此刻之生理。故聖人原只言生，不言死；因聖人不惜死，而只怕行爲不合正道或違法曲斷生之意義而害生，故若遇不得已之情況，以死爲處置之法。故其言「若於死上尋道理，須教如何死，此便是子路問死之意。子路唯想著求個好處死，如賣物不復問價。到底子路死之道則得，而失身仕輒，生之日已害仁矣。仁人必不將死作一件事，爲之豫施料理，只此與釋氏所言『生死事大』者迥別。〔註 153〕」仁人必不將死作一件事，不同於釋氏所言「生死事大」，其所謂生與死乃以是否合道爲標準，求仁得仁，死得其所。故「至於志士，則平日未皆合義，特於君父大倫加倍分明；故一力只要奪日補天，到行不去處，轉折不得，則亦付之一死而已，亦初不於平日以死爲志也。〔註 154〕」志士仁人以義爲其平日行事之準則，若有未皆合義，則特別於君父人倫處加倍判斷分明，因天之命日降，人性之生理可日生，故志士仁人奮力補天所命而己行不足有欠之處，若到行不去處，仍轉折不得，再無他法，則亦付之一死而已。

> 動物皆出地上，而受五行未成形之氣以生。氣之往來在呼吸，自稚至壯，呼吸盛而日聚，自壯至老，呼吸衰而日散。形以神而成，故各含其性。〔註 155〕

動物皆出地上，而受五行未成形之氣以生。動物其形氣之生命之往來在於其呼吸之間表現，故從其幼稚至力壯，呼吸盛而日聚其氣，自力壯至衰老，呼吸衰而氣日散。其身之形體乃因其身陰陽之神而成，故各含其陰陽生生之理爲性。

〔註 153〕（明）王夫之：〈衛靈公篇（一二）〉《讀四書大全說・論語》，收入船山全書編輯委員會編校：《船山全書》第六冊（湖南（長沙）：嶽麓書社，1991 年 12 月第一版），卷 6，頁 828。

〔註 154〕同上註。

〔註 155〕（明）王夫之：〈動物篇〉《張子正蒙注》，收入船山全書編輯委員會編校：《船山全書》第十二冊（湖南（長沙）：嶽麓書社，1991 年 12 月第一版），卷 3，頁 101。

有形則有量，盈其量，則氣至而不能受，以漸而散矣。方來之神，無頓受於初生之理；非畏、厭、溺，非疫厲，非獵殺、斬艾，則亦無頓滅之理，日生者神，而性亦日生；反歸者鬼，而未死之前爲鬼者亦多矣。所行之清濁善惡，與氣俱而遊散於兩間，爲祥爲善，爲眚爲孽，皆人物之氣所結，不待死而始爲鬼以滅盡無餘也。【敔按：此論顯然有徵，人特未之體貼耳。】〔註 156〕

既有其形體則有其形氣之量，氣充則盈滿其量，若氣至而其形不能受之，因以漸變而氣散形死。故天所命人，其方來之神爲人之心，其無頓受於人初生之性理；亦非畏、厭、溺，非疫厲，非獵殺、斬艾，故亦無頓滅之理。形氣中可日生者爲神，此神爲人心之行德動能。而生理之性亦隨神之日而日豐富其內涵；當形敝氣散而反歸於太虛者爲鬼，然未死之前，因不知努力行德以日生其性理，故爲鬼者亦多矣。所天地運行之清濁善惡，與氣俱而遊散於兩間，爲祥爲善，爲眚爲孽，皆人物之氣所結，不待死而始爲鬼以滅盡無餘也。

夢幻無理，故人無有窮究夢幻者；以人世爲夢幻，則富有日新之理皆可置之不思不議矣，君可非吾君矣，父可非吾父矣。天理者，性之撰，此之不恤、是無性矣。故其究竟，以無生爲宗，而欲斷言語，絕心行，茫然一無所知，而妄謂無不知，流遁以護其愚悍，無所不至矣。〔註 157〕

空無之夢幻中無「理」存之，若論心之窮理，故人無窮究「夢幻」之可能。若以人世爲夢幻，則人心藉天命日降以富有日新之性理，則置於不思不議中，故人倫之理便不爲人行事之標準，則君可非吾君，父可非吾父。天理本爲性之撰，於此不顧念不體恤人倫之理，則爲無性。故其究竟，以「無生」爲宗，而欲斷言語，絕人心行德，茫然一無所知，而妄稱其無所不知，故流情放心，不自反寤，恣意所爲以護其愚悍，無所不至。

而陰陽一太極之實體，唯其富有充滿於虛空，故變化日新，而六十

〔註 156〕（明）王夫之：〈動物篇〉《張子正蒙注》，收入船山全書編輯委員會編校：《船山全書》第十二冊（湖南（長沙）：嶽麓書社，1991 年 12 月第一版），卷 3，頁 102。

〔註 157〕（明）王夫之：〈大心篇〉《張子正蒙注》，收入船山全書編輯委員會編校：《船山全書》第十二冊（湖南（長沙）：嶽麓書社，1991 年 12 月第一版），卷 4，頁 155。

四卦之吉凶大業生焉。陰陽之消長隱見不可測焉，天地人物屈伸往來之故盡於此。知此者，盡《易》之蘊。〔註 158〕

陰陽一太極之實體，其生生之神日降天命創生萬物，唯其富有充滿於虛空，故可變化日新，而六十四卦之吉凶大業由此變化日新中產生。陰陽之消長隱見不可測，而天地人物之死生之屈伸死生與氣聚氣散之往來其原故皆盡於此。知此者，盡《易》之蘊。而人之性在此日新之中藉其心表現身中性之生理，實踐道德，並藉由天日降之天命，亦日新其性之生理，使之而富有、圓滿。

第三節　性日生日成，全生而全歸

曾昭旭云：「原船山之氣體，既是形上的性（道德創造生化之性，此性即是乾德），復是存在的量（實存宇宙之全體全量，以即氣即理，故其間亦函藏萬理，此理即是坤德）。故其生化而成萬物而成人即一方面可有性之下貫，一方面則有量之分劑。關於前者，正是宋明諸儒所究心而大成於陽明者。至於後者則是宋明儒所迄未曾積極正視而必至船山立一氣之體，然後可有圓滿之解決者也。〔註 159〕」如曾昭旭所言，王夫之氣本體有傳統所謂天命下貫之性善，但其異於傳統性善論之一次天命，人即具完善之性。王夫之提出性有量的分際，性善之量可藉由天命不息而日生日充，此乃王夫之所創以氣論性而習與性成之性善模式。其不再由形上天的角度看待性善，而是由形氣世界人之生命其存活乃藉由氣化不息之滋養，而有成德不輟之可能，藉由德行表現來論「生之理」之性其善之擴充，此具人文化成義外，更貼近形氣世界人性眞實變化。性善之論點不再只有質之善，更有量之充。

王夫之論儒家心性論重心之性善，不再循孟子之說，而是返回經典中尋找更適切於其時代背景與需求的「天命之謂性」的新模式。其性中之善與其生命合爲一體，無罅縫。天命既然具有誠之不息，人之生命便可藉由此氣化不息之命，日受之。

聖人說命，皆就在天之氣化無心而及物者言之。天無一日而息其命，人無一日而不承命於天，故曰「凝命」，曰「受命」。若在有生之初，

〔註 158〕（明）王夫之：〈太和篇〉《張子正蒙注》，收入船山全書編輯委員會編校：《船山全書》第十二冊（湖南（長沙）：嶽麓書社，1991 年 12 月第一版），卷 1，頁 23～24。

〔註 159〕曾昭旭：《王船山哲學》（台北：遠景出版，1983 年 2 月），頁 342。

> 則亦知識未開，人事未起，誰爲凝之，而又何大德之必受哉？〔註 160〕

王夫之認爲聖人論「命」乃就天之氣化之無心而生萬物之形言之。但天無一日而息其命，人無一日而不承命於天，故曰「凝命」，曰「受命」。當人在有生之初，其知識未開，人事未起，誰知何爲凝命之主宰？何爲其身之大德之必受於天哉？

> 命曰降，性曰受。性者，生之理，未死以前皆生也，皆降命受性之日也。初生而受性之量，日生而受性之眞。〔註 161〕

天之命曰降，人之性曰受。性者乃生生之理，在人之未死以前皆受天命所降之生氣，生氣中有氣之理命於人身，故曰生。因人未死則日日皆天之降命與人受性之日。初生人本有受性之量，但天之日生則人性日受天德之眞，以富其性之量。

> 愚於《周易》《尚書》傳義中，說生初有天命，向後日日皆有天命，天命之謂性，則亦日日成之爲性，其說似與先儒不合。今讀朱子「無時而不發現於日用之間」一語，幸先得我心之所然。〔註 162〕

於《周易》《尚書》傳義中皆有生之初受之天命，而初生之後日日仍皆有天命授之，故天命之謂性，則有生之後，天命不息故亦日日成之爲性。雖《周易》《尚書》說似與先儒不合。但當王夫之讀朱子「無時而不發現於日用之閒」一語，則契合其所言「人固非初生受命而後無所受」。而人可日日受天命之生而富有其性之生理，乃在人之身中具有陰陽生生之神爲心。

> 無則不可爲體矣。人有立人之體，百姓日用而不知爾，雖無形迹而非無實；使其無也，則生理以何爲體而得存邪？仁之於父子，義之於君臣，用也；用者必有體而後可用，以此體爲仁義之性。〔註 163〕

〔註 160〕（明）王夫之：〈雍也篇（一七）〉《讀四書大全說．論語》，收入船山全書編輯委員會編校：《船山全書》第六冊（湖南（長沙）：嶽麓書社，1991 年 12 月第一版），卷 5，頁 677。

〔註 161〕（明）王夫之：《思問錄內篇》，收入船山全書編輯委員會編校：《船山全書》第十二冊（湖南（長沙）：嶽麓書社，1991 年 12 月第一版），頁 413。

〔註 162〕（明）王夫之：〈傳第一章〉《讀四書大全說．大學》，收入船山全書編輯委員會編校：《船山全書》第六冊（湖南（長沙）：嶽麓書社，1991 年 12 月第一版），卷 1，頁 405。

〔註 163〕（明）王夫之：〈誠明篇〉《張子正蒙注》，收入船山全書編輯委員會編校：《船山全書》第十二冊（湖南（長沙）：嶽麓書社，1991 年 12 月第一版），卷 3，頁 118。

人生之初則不可以「無」爲體。人有立人之體，但百姓日用其體而不知，雖無形迹而非無實。若以「無」論之，則生理以何爲身之「體」而得存於人身中？故仁之於父子，義之於君臣，皆爲體之用的「德」之表現。能作用者一定本有其「體」，而後可表現作用，然人生理之體即仁義之性。

> 天命無心而不息，豈知此爲人生之初，而盡施以一生之具；此爲人生之後，遂已其事而聽之乎？又豈初生之頃，有可迓命之資；而有生之後，一同於死而不能受耶？一歸之於初生，而術數之小道繇此興矣。〔註 164〕

天命無心而不息，故知天命不息人生之初則不可盡施於人，而爲人一生所受之命。再者，天命不息故人生有形體之後，天命便可停止，人應承受天命之事，努力行德，而非只是被動聽憑天所授之命。故若在人生之初此受天命所生之頃刻，便迎受此天命所授之供給幫助，但有生之後，則一直到死都據此初生片刻所受之天命，而不能再迎受不息天命所降之任何可能。若順此說法，將一切皆只歸之於初生天命之受，天命便止而不再授之於人，則術數之小道便興於此謬誤之說。

> 形化者化醇也，氣化者化生也。二氣之運，五行之實，始以爲胎孕，後以爲長養，取精用物，一受天產地產之精英，無以異也。形日以養，氣日以滋，理日以成；方生而受之，一日生而一日受之。受之者有所自授，豈非天哉？故天日命於人，人日受命於天。故曰性者生也，日生而日成之。〔註 165〕

王夫之從古經書中發現，天命不已，故性善並非一次完成。陰陽二氣與五行之變化中有條理，故使具體形氣中具氣化之醇理；二氣五行皆氣，故氣所產生陰陽五行變合而化生任何可能性之形氣萬物。而從人在胎孕到後天的養成，皆須受到天命之陰陽之精滋養。人身外在形氣從出生以後須藉天產地產萬物滋養之；人身內在性德之理亦藉由天命之德培養之，故人有生之日受性理日以成。人從方生而受天命，而一日生而一日受於天命，從不曾止息。雖說人受於天命之不息，但人之所受亦須透過自身努力，天命才有影響人德之

〔註 164〕（明）王夫之：〈雍也篇（一七）〉《讀四書大全說・論語》，收入船山全書編輯委員會編校：《船山全書》第六冊（湖南（長沙）：嶽麓書社，1991 年 12 月第一版），卷 5，頁 677。

〔註 165〕（明）王夫之：《尚書引義・太甲二》（長沙：岳麓書社，2011 年 1 月），卷 3，頁 300。

滋長，故人雖受天命亦有所自授，故天命非單方面授之與人，而人則是在日受天命之後，努力擴充自身天命之性德。故天日命於人，人日受天命，故曰人之性者天之所生，自有生之後，天日生而人日成之。林安梧云：「人性既秉乎天道，天道以氣而摶成人，氣之本質是善的，而氣要摶成人則有陰陽之變合，有陰陽之變合而成其善惡之幾。人生於世，日日受其氣，故變合非只受於此生之時而是日受日交的，由於日受日交故日生日成。〔註166〕」王充云：

> 人生受性則受命矣，性命俱稟，同時並得，非先稟性後乃受命也。〔註167〕

> 凡人受命，在父母施氣之時，已得吉凶矣。〔註168〕

關於王充性成命定的思路，萬物之氣都是從天之氣來，因天之氣中有清濁之不同，有的萬物稟氣清，有的萬物稟氣濁，都是從天之氣而來。而人之性與命同時由天之氣所受，故命之吉凶亦在有生之初便決定。藉由王充之論點，可知天命除受人性德之外，另有陰陽氣化變幾之吉凶禍福亦藉由天命降之與人。

> 當有生之初，天以是命之爲性；有生以後，時時處處，天命赫然以臨於人，亦只是此。蓋天無心成化，只是恁地去施其命令，總不知道。人之初生而壯、而老、而死，只妙合處遇可受者便成其化。在天既無或命或不命之時，則在人固非初生受命而後無所受也。〔註169〕

然而王夫之與王充「命定論」不同之處在於，人於有生以後，仍時時處處接受天命明顯地降臨於人身。因天無心成化，只是像這樣不停地去施其命令。但人之初生由壯、而老、而死，只是於天人妙合之處，遇可受之命便完成其天所命之化。因天命不息，故在天既無或命或不命之時；在人因本是天命而生，只要有生之日，固非初生受命而後無所受也。

〔註166〕林安梧：《王船山人性史哲學之研究》（台北：東大圖書公司，1991年2月），頁58。

〔註167〕（漢）王充撰、（清）惠棟批校：《論衡》（中國子學名著集成編印基金會印行，明萬曆間新安程榮刊漢魏叢書本），頁132。

〔註168〕同上註，頁68。

〔註169〕（明）王夫之：〈傳第一章〉《讀四書大全說·大學》，收入船山全書編輯委員會編校：《船山全書》第六冊（湖南（長沙）：嶽麓書社，1991年12月第一版），卷1，頁405。

> 厚生之用，有盈有詘，吉凶生死因之，此時位之不齊，人各因所遇之氣而受之。百年之內，七尺之形，所受者止此，有則而不能過。〔註 170〕

王夫之認爲養生以保長壽之用，對生命有盈之增，亦有詘之缺，除此之外更有所謂吉凶生死之命亦承襲此而發展。吉凶生死之命乃因陰陽變合氣化之時位不齊之故，故人有生之後，天命之所降亦己之所遇。而人生命百年之內，身體七尺之形，所受之天命亦止於此形體之身，即便天命能無限下降，而人所能受有亦僅止於己，故在人有生之年，天之命也而不能超過此形軀之範疇。

> 若夫得喪窮通之化不齊，則以天行乎元而有其大正，或亨此而彼屯，利此而彼害，固不與聖人同其憂患，而亦天事之本然也。惟其爲天事，則雖吾仁義禮智之性，未嘗舍此以生其情，而不得不歸之天。〔註 171〕

人後天之得或喪、窮或通，乃因後天受氣化不齊之命所影響，然而無論如何，所謂得或喪、窮或通乃是個人生命之感受，因爲氣化中有其條理，故氣化任何可能性皆有，故人後天之得喪、窮通皆天之氣化流行之大正表現，故聖人本不憂患所遇之事之亨而順或屯而險和利此而彼害等，因聖人明白氣化流行之天本該產生人事各種狀況，無論常變皆合於天道。再者，人明白事有各種情況，此皆氣化流行之天之事，而非人可以掌控或改變，但吾人所該把握的是：人身所稟於天所具天理之德的仁義禮智之性，不應捨棄本歸於天之善，更不應放棄天所生之恩情。因此人應該向聖人學習，因其所在意與努力的是：天所凝於己身之仁義理智之性，而非在意氣化流行陰陽變合之氣幾中，時位不齊的得喪、窮通，亨屯之事。

> 孔子是臨生死關頭說底，孟子在遇合上說底，原有分別。魯侯之不來見，豈遂如匡人之不逞乎？君子之於死生，雖看得平易，然較之遇合，則自有內外、輕重之分。且遇不遇之權，魯侯可以主之，臧

〔註 170〕（明）王夫之：〈誠明篇〉《張子正蒙注》，收入船山全書編輯委員會編校：《船山全書》第十二冊（湖南（長沙）：嶽麓書社，1991 年 12 月第一版），卷 3，頁 121。

〔註 171〕（明）王夫之：〈盡心下篇〉《讀四書大全說・孟子》，收入船山全書編輯委員會編校：《船山全書》第六冊（湖南（長沙）：嶽麓書社，1991 年 12 月第一版），卷 10，頁 1138。

倉可以操之。孟子爲看高一層，說到天上去，則已極其至。若匡人之肆暴，原在情理之外，忽然烏合做下者事來，此並非匡人所可主，則明白是天操其權。故孔子須把天理天心，細看出不喪斯文，方盡理之精微。且孔子固曰「天不喪斯文」，非曰「我能使天不喪我」也。〔註 172〕

舉聖人如何看待後天人之命運。如孔子是臨生死關頭上說，而孟子看待生死則在遇合上說底，原有分別。魯定公因迷戀於美色遂不視朝，故不見孔子。而孔子與弟子過宋之匡邑，匡人素恨陽虎，見孔子貌似陽虎，以爲陽虎又至匡邑，故群眾圍欲殺之，子路欲出戰，孔子制止之，並氣定神閒地撫琴，及至衛靈公派人前來追回孔子，欲邀其反衛國執政，匡人才恍然大悟。故可將魯君之不視朝而不見孔子之事與匡人心懷不滿而鬧事欲殺孔子之事視爲同樣狀況嗎？再者，戰國時，魯平公欲見孟子，被其寵臣小人臧倉盡讒言而阻。故君子之於死生，雖看得平易，然對於事件之遇合，則自有內外、輕重之分。而且遇不遇之勢，魯侯可以主之，臧倉可以操之。孟子爲看高一層，說到天上去，則已極其至。若匡人之肆暴，將孔子誤認爲陽虎，原在情理之外，忽然倉卒集合，似烏鴉的聚合，無嚴整紀律而做下此事，由此可知並非匡人之能力所可主掌此事，故明白此乃是天命所操持此事之情勢變化。故孔子所重視者在天理天心，並細看出天保存己身之命，使不喪禮樂制度教化，此方才是盡理之精微，故孔子曰「天不喪斯文〔註 173〕」，而非曰「我能使天不喪我」。由此可知。孔子所重不在生死，而是天所欲保留合乎天理之禮樂制度。

言「權」則故不爽乎經，言「經」則自有輕重取裁之意，故曰「變而不失其經之謂『權』」。有可權者，則權以合經，故遷國圖存，自保國之經也。無可權矣，則亦無經，而所守者唯捨生取義而已。

〔註 172〕（明）王夫之：〈梁惠王下篇（八）〉《讀四書大全說・孟子》，收入船山全書編輯委員會編校：《船山全書》第六冊（湖南（長沙）：嶽麓書社，1991 年 12 月第一版），卷 8，頁 917。

〔註 173〕《集注》：「道之顯者謂之文，蓋禮樂制度之謂。不曰道而曰文，亦謙辭也。茲，此也，孔子自謂。……馬氏曰：『文王既沒，故孔子自謂後死者。言天若欲喪此文，則必不使我得與於此文；今我既得與於此文，則是天未欲喪此文也。天既未欲喪此文，則匡人其奈我何？言必不能違天害己也。』」（宋）朱熹：〈子罕〉《四書章句集注・論語》（台北：大安出版社，1999 年 12 月），卷 5，頁 148～149。

> 此「義」字，但求之心，不求之事，本無隨時合宜意。〔註 174〕

說「權」與「經」無差別，但若特別說「經」則是有輕重取裁之意，故曰「變而不失其經之謂『權』」。王夫之云：「經、權一也，因事之常變而分爾。〔註 175〕」有可權變者，則其權變要合於大經之常道，故遷國圖存，乃自保國之經也。若無可權變之時，則亦無所謂大經之常道可循，人應內求己身之性善之理作爲判斷標準，故當人面對生死時，其所守者亦只有捨生取義。而此「義」字，只能內求於人之心，因「義」乃人心必有之實之性善的內涵，故不外求於事，若就此「義」字言，則非隨時合宜之意。

> 子曰：「不知命，無以爲君子。」此是君子小人分界處，不容有聖賢之別。於彌子曰「有命」，於顏淵死曰「天喪予」，於公伯寮曰「命也」，皆與孟子意同。〔註 176〕

孔子曰：「不知命，無以爲君子。」命，乃此氣化之天運行之時位不齊而爲人所遇者，此爲人生自然所必遵之理，因命乃天理之所必然者，，故君子明白此客觀天道之氣化流行，並順天理流行而爲，但小人則欲逆天而行，只注重己身之趨吉避凶，而不重視天命之德，此是乃是君子與小人分界處，且不容有聖賢之別。故孔子談到以下三件事皆順受天命，其一，《論語・顏淵》：「司馬牛憂曰：『人皆有兄弟，我獨亡。』子夏曰：『商聞之矣：死生有命，富貴在天。君子敬而無失，與人恭而有禮。四海之內，皆兄弟也。君子何患乎無兄弟也？』〔註 177〕」孔子言「死生有命，富貴在天」。《集注》：「命稟於有生之初，非今所能移；天莫之爲而爲，非我所能必，但當順受而已。〔註 178〕」。其二，孔子於顏淵死曰「天喪予」，藉此表達哀傷。《論語》云：「公伯寮愬子路於季孫。子服景伯以告，曰：『夫子固有惑志於公伯寮，吾力猶能肆諸市朝。』

〔註 174〕（明）王夫之：〈梁惠王下篇（七）〉《讀四書大全說・孟子》，收入船山全書編輯委員會編校：《船山全書》第六冊（湖南（長沙）：嶽麓書社，1991 年 12 月第一版），卷 8，頁 917。

〔註 175〕同上註，頁 916。

〔註 176〕（明）王夫之：〈梁惠王下篇（八）〉《讀四書大全說・孟子》，收入船山全書編輯委員會編校：《船山全書》第六冊（湖南（長沙）：嶽麓書社，1991 年 12 月第一版），卷 8，頁 917～918。

〔註 177〕（宋）朱熹：〈顏淵〉《四書章句集注・論語》（台北：大安出版社，1999 年 12 月），卷 6，頁 184。

〔註 178〕同上註，頁 185。

子曰：『道之將行也與？命也。道之將廢也與？命也。公伯寮其如命何！』〔註179〕」公伯寮在季孫氏面前誣衊子路。子服景伯將此事告訴了孔子，並告訴孔子：季孫氏被公伯寮的諂言所迷惑，我有能力殺了他，並將他陳屍街頭。孔子回應之：理想能夠得到推行，是天之時運所決定的；理想無法推行，亦是天之時運所決定。單只是公伯寮一人能眞逆天而改變時運嗎？故孔子於公伯寮之事，亦曰「命也」，故孔子在這三件事表達其對天命之看法，此與孟子見魯君，而被小人臧倉盡讒言受阻時，看法相同。天命之行並不從各人之順逆德喪著眼，因氣化流行中有其條理，具道德生生之義，故即便聖人一時受阻遭逆，心中亦知命乃有其行德生生之理，無須在意之。反之，人所該關注的是己身是否有努力表現與行德不輟。

> 《書》曰「惠迪吉，從逆凶」，與孟子「順受其正」之說，相爲表裏。「莫非命也」，則天無時無地而不命於人，故無時無地不當順受，無時無地不以惠迪得吉、從逆得凶。若靠定初生一日，則只有迎頭一命，向後更無命矣，而何以云「莫非命也」哉？此理不達，則世之爲推算之術者，以生年月日懸斷吉凶，猥鄙之說昌矣。〔註180〕

《書》之禹曰：「惠迪吉，從逆凶，惟影響。〔註181〕」順著天道而行爲吉祥；違背天道而行爲凶災。聖人利用《尚書・大禹謨》之言告訴人們吉凶得失之常理，惠迪從逆之恆數來含括所謂直而不邪曲無私心、罔而欺騙蔽之分別，徹上知、下愚使之爲之戒，但此乃非專爲盡性知天之君子言。孟子曰：「莫非命也，順受其正。是故知命者，不立乎巖牆之下。盡其道而死者，正命也。桎梏死者，非正命也。〔註182〕」人的吉凶禍福，無一不是天命，只要安分守己，順之受之即可。故知有正命的人，明白天命吉凶禍福之限制，順而受之，故之趨吉避凶，而不站在危牆之下，以保全其身。並能夠樂天知命，存養修身，盡力行道而死，此則可言正其命。若是不順天道之「直」犯罪受刑而死之人，則其未能

〔註179〕（宋）朱熹：〈顏淵〉《四書章句集注・論語》（台北：大安出版社，1999年12月），卷7，頁219。

〔註180〕（明）王夫之：〈先進篇（二）〉《讀四書大全說・論語》（《船山全書（六）》，湖南（長沙）：嶽麓書社，1991年12月第一版），卷6，頁752。

〔註181〕（漢）孔安國傳、（唐）孔穎達等正義：《尚書正義・大禹謨》，收入藝文印書館編：《十三經注疏》第一冊（台北：藝文印書館，1993年），頁53。

〔註182〕（宋）朱熹：〈盡心上〉《四書章句集注・孟子》（台北：大安出版社，1999年12月），卷13，頁490。

言其爲順受正命。由此可知《書》曰「惠迪吉，從逆凶」與孟子「順受其正」之說乃相爲表裏。「莫非命也」乃言天無時無地而不命於人，故人無時無地不當順受天之所命，而無時無地不依天之道德標準以惠迪得吉、從逆得凶努力順受其正。若靠初生一日之只迎頭一命，向後更無天命之資則不合，故不合於「莫非命也」，此則爲世人以生年月日推算而斷吉凶之術相同。

> 孟子言「順受其正」，原在生後。彼雖爲禍福之命，而既已云「正」，則是理矣，理則亦明命矣。若以爲初生所受之命，則必凝滯久留而爲一物。朱子曰：「不成有一物可見其形象。」又曰：「無時而不發現於日用之閒。」其非但爲初生所受明矣。吳季子專屬之有生之初，乃不達朱子之微言。使然，則湯常以心目注想初生時所得，其與參本來面目者，相去幾何耶？〔註 183〕

天道之所以變化無常，乃因其生生不息地命於萬物，若以爲初生所受之命，則必凝滯久留而爲一物，此則不明「天命」，亦不明孟子「順受其正」之義。由朱子曰：「不成有一物可見其形象。」又曰：「無時而不發現於日用之閒。」可知人物之性皆非只在初生時所受於天命。

> 只此陰變陽合，推盪兩間，自然於易簡之中有許多險阻。化在天，受在人。其德，則及爾出王游衍而爲性；其福，(其)〔則〕化亭生殺而始終爲命。【德屬理，福屬氣。】此有生以後之命，功埒生初，而有生以後之所造爲尤倍也。〔註 184〕

因爲氣化之天陰變陽合，推盪於天地兩間，自然於人之生命中創造許多易簡之中之險阻。然而氣化在天，受命在人。命對天言有二，其一天之德，此乃氣化之條理，凝於人身爲人之性；其二，天之福，此乃氣化之天陰陽二氣變合之幾，故有各種不同的變化，對人之生命而言。有生殺不同，進而影響個人之命遇有吉凶禍福之不同，但此氣化之時運而始終只爲天命，人不能改變之。人有生以後所受之天命，其功等同於人生之初天之所命，甚至於有生以後，天命之所造爲尤倍也。

〔註 183〕(明) 王夫之：〈傳第一章〉《讀四書大全說・大學》，收入船山全書編輯委員會編校：《船山全書》第六冊 (湖南 (長沙)：嶽麓書社，1991 年 12 月第一版)，卷 1，頁 405。

〔註 184〕(明) 王夫之：〈雍也篇 (一七)〉《讀四書大全說・論語》，收入船山全書編輯委員會編校：《船山全書》第六冊 (湖南 (長沙)：嶽麓書社，1991 年 12 月第一版)，卷 5，頁 677。

> 萬類靈頑之不齊，氣運否泰之相乘，天之神化廣大，不能擇其善者而已其不善者；故君子或窮，小人或泰，各因其時而受之。然其所受之中，自有使人各得其正之理，則生理之良能自感於倫物而必動，性貫乎所受不齊之中而皆可盡，此君子之所以有事於性，無事於命也。〔註 185〕

萬類靈頑之不齊乃因氣運否泰之相乘。天之神化廣大，不能擇其善者生而其不善者不生。故君子或窮，小人或泰，各因其時所受天之氣運不同。然君子小人所受氣運之中，仍自有使人各得其正之理。故其云：「蓋萬物即天道以爲性，陰陽具於中，故不窮於感，非陰陽相感之外，別有寂然空窅者以爲性。釋氏欲卻感以護其蕞然之靈，違天害性甚矣。〔註 186〕」此所正之理乃天道之常於人之性中，且陰陽具於中，故不窮於感。人之性乃一即存有極活動，具感德、化德、踐德之生理良能自感於倫物而必動。故性貫乎所受不齊之萬類靈頑中而皆可盡，而君子之所以有事於天道正理之性，而無事於氣運之命也。

> 《中庸》說「天命之謂性」，作一直說，於性、命無分。孟子說性、命處，往往有分別，非於《中庸》之旨有異也。《中庸》自是說性，推原到命上，指人之所與天通者在此，謂此性固天所命也。乃性爲天之所命，而豈形色、嗜欲、得喪、窮通非天之所命乎？故天命大而性專。天但以陰陽、五行化生萬物，但以元、亨、利、貞爲之命。到人身上，則元、亨、利、貞所成之化迹，與元、亨、利、貞本然之撰自有不同。化迹者，天之事也。本然之撰以成乎仁義禮智之性者，人之事也。此性原於命，而命統性，不得域命於性中矣。〔註 187〕

王夫之認爲《中庸》之「天命之謂性」，將天命之氣之理與陰陽二氣之變合同論，故於人之性、命無分。而孟子論性、命，往往有分別，但孟子之說並無異於《中庸》之旨。《中庸》於命說性，是將性推到本原之命上，指人之所與

〔註 185〕（明）王夫之：〈誠明篇〉《張子正蒙注》，收入船山全書編輯委員會編校：《船山全書》第十二冊（湖南（長沙）：嶽麓書社，1991 年 12 月第一版），卷 3，頁 122。

〔註 186〕（明）王夫之：〈可狀篇〉《張子正蒙注》，收入船山全書編輯委員會編校：《船山全書》第十二冊（湖南（長沙）：嶽麓書社，1991 年 12 月第一版），卷 9，頁 365～366。

〔註 187〕（明）王夫之：〈盡心下篇（四）〉《讀四書大全說・孟子》，收入船山全書編輯委員會編校：《船山全書》第六冊（湖南（長沙）：嶽麓書社，1991 年 12 月第一版），卷 10，頁 1137。

天通者在此，謂此性固天所命也。若依《中庸》之說，性既爲天之所命，而人之形色、嗜欲、得喪、窮通亦爲天之所命。故天命之大，人之性乃專於天命之德，而非天命之氣。故天以陰陽、五行之氣化生萬物，但以氣中之理的元、亨、利、貞爲之命於人身上，則此元、亨、利、貞凝於所成之氣化之迹中，故與氣化之天的元、亨、利、貞本然之陰陽協調和合之狀態自有不同。而所謂氣化之迹乃天之事，即天之氣以元、亨、利、貞本然之撰凝結在人身。但完成天之所賦予人身中元亨利貞表現成仁義禮智性之德行，此則爲人之事也。故人此仁義禮智性之性原於天命之元、亨、利、貞本然之撰，雖然天之命可統性言，但不能將天之命限制於人初生之性之中，因爲天之命是生生不息，有生之後天命之降亦不息，人之受天命亦不息。

> 蓋天命不息，而人性有恆。有恆者受之於不息，故曰「天命之謂性」。不息者用之繁而成之廣，非徒爲一人，而非必爲一理，故命不可謂性，性不可謂命也。此孟子之大言命而專言性，以人承天而不以天治人；其於子思之旨加察焉，而未有異也。〔註 188〕

王夫之認爲天命之不息，而人性有此天得之恆而不變之德。有生之後，因天命亦不息，故人之有恆者亦受之於天所命之不息，故曰「天命之謂性」。此不息知天命，其功用之繁多而所成之物廣泛，因此天命非只氣化生生凝成一人而已，故亦不是一定只有一氣化條理，故天之命不可謂視爲單一的個體之性，而個體之性亦不可等同於天命之名，因爲天命本大而無限，故天命可統性，然而性只專於一物，故不可稱爲命。此孟子之大言命而專言性，以人雖承乎天之德，但而不以天治理人，而是由人自身努力完成天德。若在於子思《中庸》所言「天命之謂性」之宗旨詳加考察，可知與孟子之說未有異也。

> 人各有形，形以內爲吾氣之區宇，形以外吾之氣不至焉，故可立內外之名。性命乎神，天地萬物函之於虛靈而皆備，仁可以無不達，義可以無不行，氣域於形，吉凶禍福止乎其身爾。然則命者私也，性者公也，性本無蔽，而命之戕性，惟不知其通極於性也。〔註 189〕

〔註 188〕（明）王夫之：〈盡心下篇（四）〉《讀四書大全說・孟子》，收入船山全書編輯委員會編校：《船山全書》第六冊（湖南（長沙）：嶽麓書社，1991 年 12 月第一版），卷 10，頁 1138。

〔註 189〕（明）王夫之：〈誠明篇〉《張子正蒙注》，收入船山全書編輯委員會編校：《船山全書》第十二冊（湖南（長沙）：嶽麓書社，1991 年 12 月第一版），卷 3，頁 119。

人各有其氣質之形，而其身之形以內爲吾氣所充之區宇，身之形以外則吾之氣所不能至，故由此可立內外之名。人之性命皆由天地之氣中神之所爲，因氣之神中有氣有性，凝其氣與性於萬物之中，故天地萬物皆函神之於虛靈，且皆備神中氣化之條理，故仁可以無不達，義可以無不行，此即前所言「此性原於命，而命統性，不得域命於性中矣〔註 190〕」。天命之氣乃拘局而域於形氣之形中，故氣化之天陰陽變合之吉凶禍福僅止於個人之身。此即所謂命者私也，性者公也，故性本無蔽，而時運之命會戕害性之表現，若是如此，乃是因爲不知氣運之命其實本與人之性本質皆同於天一氣之化，並無有來源之別。

> 極總之要者，知聲色臭味之則與仁義禮智之體合一於當然之理。當然而然，則正德非以傷生，而厚生者期於正德。心與理一，而知吾時位之所值，道即在是，窮通壽夭，皆樂天而安土矣。若不能合一於理，而吉凶相感，則怨尤之所以生也。〔註 191〕

存養修身，盡力行道而死，此則可言正其命，故欲正其命者應知聲色臭味之則與仁義禮智之體合一於氣化之天當然之理之正道，此乃當然而然，順受其正者，則期望自己能盡性知命之正德者非以此傷生，而期望自己能厚生保其長命者亦可藉此表現正德之言行。人心之所求與天道之「直」理爲一，而知吾時位之所遇的氣命，皆在天道流行中，各種情況皆有其相應之順理，故不論窮通壽夭，皆能夠樂天知命，合於惠迪吉，從逆凶之天道。人若不能將聲色臭味之則與仁義禮智之體合一於當然之理，則人之言行不順天道之「直」，故犯罪受刑，乃與吉凶相感，怨尤之所以生，則其未能言其爲順受正命。陳來云：

> 這是解《論語》「仁者無憂」的，是說達到聖賢地位的人（仁者）他們的心已達到了與理合一的境界，故一切思想行爲從容中道，莫不合理。在這個意義上可以說這些仁者「心即理」了。並不是指一切人心即是理。但嚴格說來，對於仁者這仍只是一種「心與理一」。〔註 192〕

〔註 190〕（明）王夫之：〈盡心下篇（四）〉《讀四書大全說・孟子》，收入船山全書編輯委員會編校：《船山全書》第六冊（湖南（長沙）：嶽麓書社，1991 年 12 月第一版），卷 10，頁 1137。

〔註 191〕（明）王夫之：〈誠明篇〉《張子正蒙注》，收入船山全書編輯委員會編校：《船山全書》第十二冊（湖南（長沙）：嶽麓書社，1991 年 12 月第一版），卷 3，頁 122。

〔註 192〕陳來：〈心性論〉《朱熹哲學研究》，（台北：文津出版社，1990 年 12 月初版），頁 192。

站在陳來先生的研究基礎進一步推論；以爲「仁者」之所以能有一事來便以一理應之之因，在於此「仁者」是「心與理一」的結合，即此「仁者」之心具眾理。朱子在心、性與理若即若離的情形下，其云：

> 心、性固只一理，然自有合而言處，又有析而言處。須知其所以析，又知其所以合，乃可。然謂性便是心，則不可；謂心便是性，亦不可。孟子曰：「盡其心，知其性」；又曰：「存其心，養其性」。聖賢説話自有分別，何嘗如此儱侗不分曉！固有儱侗一統説時，然名義各自不同。心、性之別，如以碗盛水，水須碗乃能盛，然謂碗便是水，則不可。〔註 193〕

朱子此言可分從兩部分來看；第一，朱子以爲「心性固只一理」，所以自有合而言處，即心性理是一的結合，故此「合」而言處，其實就是上述「仁者」的「心與理一」的境界，是類似心學「心即理」的思路，卻有不同的內涵。第二，承第一點來看，朱子亦明瞭自身「心與理一」的主張「固有儱侗一統説時，然名義各自不同。」其指出「心與性自有分別。靈底是心，實底是性。靈便是那知覺底。〔註 194〕」又「靈處只是心，不是性。性只是理。〔註 195〕」明確區分心與性之別，以「心」具虛靈知覺的作用，而理或性只是被認知的對象，所以心與理、與性明顯不容混淆。因此朱子心性的主張，本質上絕對是二分的思路，以心爲虛靈認知之主宰，而性即天理之下貫，故虛靈之心要認知性以發爲合乎天理之作用的表現。

> 天理之自然，爲太和之氣所體物不遺者爲性；凝之於人而函於形中，因形發用以起知能者爲心。性者天道，心者人道，天道隱而人道顯；顯，故充惻隱之心而仁盡，推羞惡之心而義盡。弘道者，資心以效其能也。性則與天同其無爲，不知制其心也；故心放而不存，不可以咎性之不善。〔註 196〕

天理之自然乃爲太和之氣所普遍創生形氣萬物而不遺者爲人之性，此性凝之

〔註 193〕（宋）朱熹撰、黎靖德編：〈大學五〉《朱子語類》（台北：文津出版社，1986 年 12 月），第二冊，卷 18，頁 411。

〔註 194〕同上註，卷 16，頁 323。

〔註 195〕（宋）朱熹撰、黎靖德編：〈性理二〉《朱子語類》（台北：文津出版社，1986 年 12 月），第一冊，卷 5，頁 85。

〔註 196〕（明）王夫之：〈誠明篇〉《張子正蒙注》，收入船山全書編輯委員會編校：《船山全書》第十二冊（湖南（長沙）：嶽麓書社，1991 年 12 月第一版），卷 3，頁 124。

於人而函於形中，因形之耳目口鼻之感官所發用，而起知覺作用者爲心。性由天所創生，故爲天道。心者乃仁行德之動能，故爲人道，天道之性隱於形氣之身中，而人道顯乃因心引發人思慮與實踐道德，故心若行道而充塞惻隱之心於其身中，則可謂性中之仁已盡，若將推羞惡之心於外物則所謂義盡。所謂弘道，藉由心之人道實踐道德，以資其心並顯心之良能。若人性之生理與天同其無爲，不知以其心之理宰制其心之動能與方向，故心放而不存，不可以歸咎於性之不善。其實是人不知藉性中之道以檢束其心之妄動。

> 孔子「吾十有五」一章，自說得工夫何等縝密！雖在知命以還，從容中道之妙，非期待刻畫以爲功，而其存養以洗心退藏者，要豈一聽之自然乎？故孟子言「聖、智之事」兩「事」字，恰緊與「必有事焉」之意同。此或未察，乃云「爲學者言之」，則聖人之聖智既絕乎人事矣，學者乃以「事」學之，豈非擬登天而以梯耶？〔註 197〕

孔子於「吾十有五〔註 198〕」一章，自說得工夫何等縝密！孔子自言五十歲便能明白天地間自然的氣化之道理之精微，故不受氣命影響，並能把握之進而造命努力行道。故孔子雖在知命以還，了解從容中道之妙，但孔子並非期待外在之刻畫爲功，而是用力於內省其身之存養以洗心退藏，故聖人雖知命，但非一聽自然之氣命而無所作爲。故孔子之知無不盡而德無不全也。孟子言「聖、智之事〔註 199〕」兩「事」字，恰緊與「必有事焉〔註 200〕」之意同，此「事」所

〔註 197〕（明）王夫之：〈萬章下篇（二）〉《讀四書大全說・孟子》，收入船山全書編輯委員會編校：《船山全書》第六冊（湖南（長沙）：嶽麓書社，1991 年 12 月第一版），卷 9，頁 1043。

〔註 198〕子曰：「吾十有五而志於學；三十而立；四十而不或；五十而知天命；六十而耳順；七十而從心所欲，不踰矩。」（宋）朱熹：〈爲政〉《四書章句集注・論語》（台北：大安出版社，1999 年 12 月），卷 1，頁 70～71。

孔子說：「我在十五歲的時候，就一心研究三綱五常的人生道理；到三十歲，對生活禮儀便可以自立了；到四十歲，能通達一切事理，沒有疑惑；到五十歲，能知道天地間自然的道理精微；到六十歲，聽到任何事物，不再執著於對錯、是非，不論順耳或不順耳的事物都能接受；七十歲，則已經養成正道的習性，任何事物隨心做去，都不會越出法理。」

〔註 199〕孟子曰：「伯夷，聖之清者也；伊尹，聖之任者也；柳下惠，聖之和者也；孔子，聖之時者也。孔子之謂集大成。集大成也者，金聲而玉振之也。金聲也者，始條理也；玉振之也者，終條理也。始條理者，智之事也；終條理者，聖之事也。智，譬則巧也；聖，譬則力也。由射於百步之外也，其至，爾力也；其中，非爾力也。」（宋）朱熹：〈萬章下〉《四書章句集注・孟子》（台北：大安出版社，1999 年 12 月），卷 10，頁 440。

代表的便是存養以洗心退藏之後天人事。但人於此或未察，乃云是「爲學者言之」，則誤以爲聖人之聖智是天生之命之天事而絕乎人事之努力，甚至學者乃誤解此「事」並學之，此乃如擬登天而以，而欲達其目的，十分乖謬。

> 天地之心，性所自出也。父母載乾、坤之德以生成，則天地運行之氣，生物之心在是，而吾之形色天性，與父母無二，即天地無二也。〔註201〕

《集注》:「此言孔子集三聖之事，而爲一大聖之事；猶作樂者，集衆音之小成，而爲一大成也。成者，樂之一終，書所謂『簫韶九成』是也。金，鐘屬。聲，宣也，如聲罪致討之聲。玉，磬也。振，收也，如振河海而不洩之振。始，始之也。終，終之也。條理，猶言脈絡，指衆音而言也。智者，知之所及；聖者，德之所就也。蓋樂有八音：金、石、絲、竹、匏、土、革、木。若獨奏一音，則其一音自爲始終，而爲一小成。猶三子之所知偏於一，而其所就亦偏於一也。八音之中，金石爲重，故特爲衆音之綱紀。又金始震而玉終詘然也，故並奏八音，則於其未作，而先擊鎛鐘以宣其聲；俟其既闋，而後擊特磬以收其韻。宣以始之，收以終之。二者之間，脈絡通貫，無所不備，則合衆小成而爲一大成，猶孔子之知無不盡而德無不全也。金聲玉振，始終條理，疑古樂經之言。故兒寬云「惟天子建中和之極，兼總條貫，金聲而玉振之。」亦此意也。」（宋）朱熹:〈萬章下〉《四書章句集注・孟子》（台北：大安出版社，1999年12月），卷10，頁441。

〔註200〕《孟子・公孫丑上》:「必有事焉而勿正，心勿忘，勿助長也。無若宋人然：宋人有閔其苗之不長而揠之者，芒芒然歸。謂其人曰：『今日病矣，予助苗長矣。』其子趨而往視之，苗則槁矣。天下之不助苗長者寡矣。以爲無益而舍之者，不耘苗者也；助之長者，揠苗者也。非徒無益，而又害之。」（宋）朱熹:〈公孫丑上〉《四書章句集注・孟子》（台北：大安出版社，1999年12月），卷3，頁319。

《集注》:「必有事焉而勿正，趙氏、程子以七字爲句。近世或并下文心字讀之者亦通。必有事焉，有所事也，如有事於顓臾之有事。正，預期也。春秋傳曰「戰不正勝」，是也。如作正心義亦同。此與大學之所謂正心者，語意自不同也。此言養氣者，必以集義爲事，而勿預期其效。其或未充，則但當勿忘其所有事，而不可作爲以助其長，乃集義養氣之節度也。閔，憂也。揠，拔也。芒芒，無知之貌。其人，家人也。病，疲倦也。舍之不耘者，忘其所有事。揠而助之長者，正之不得，而妄有作爲者也。然不耘則失養而已，揠則反以害之。無是二者，則氣得其養而無所害矣。如告子不能集義，而欲強制其心，則必不能免於正助之病。其於所謂浩然者，蓋不惟不善養，而又反害之矣。」（宋）朱熹:〈公孫丑上〉《四書章句集注・孟子》（台北：大安出版社，1999年12月），卷3，頁323。

〔註201〕（明）王夫之:〈乾稱篇〉《張子正蒙注》，收入船山全書編輯委員會編校:《船山全書》第十二冊（湖南（長沙）:嶽麓書社，1991年12月第一版），卷9，頁354。

人身之天地之心，乃由天所命之性所自出。而人身乃父母載天地乾、坤之德以生成，則天地以陰陽之神所運行之氣中，必有生物之心亦在此，而吾身之形色即天性，因與父母無二，即父母亦與天地無二也。

> 有一日之生，則受父母之生於一日，即受天地之化於一日，順事以沒，事親之事畢，而無擾陰陽之和以善所歸，則適得吾常而化自正矣。〔註 202〕

人有一日之生，則從出生至此，即受父母之生於一日，就受天地之化於一日，人應順氣化之事而沒，因由父母得此形色，故事親之事畢，而無干擾陰陽之和以善所歸於天地，則適得吾生命之常而氣化之命亦順受其正。

> 夫天下莫不貴者道也，而唯性之是率。《中庸》深原之，以示體道者之必求諸性也。〔註 203〕

夫天下最貴重者乃道，而只有率人之性即是道之表現。其云：「夫抑念道之所自出乎！覺之而始行，知始之也。知無方而之於道外，非必其道也。抑念道之所自著手！感之而始應，物顯之也。物在外而彼自為道，非吾之道也。夫道必有所率而後不淫於道之外，道抑不在外而著於我，豈非天所命我之性與？〔註 204〕」道之所自出乃於天命之性！有覺知道所從來而始行道，故知始之也。知無方而之於道外，則非必其道也。念道之所從何處著手，人之感於道而始有應，藉由應物表現在外而顯道。然而物在外，而物自為道，則非吾之道。夫道必有所率其天德之性而後不淫於道之外，若道抑不在外，而著於我，豈非天所命我之性與？故《中庸》深原之，以示欲體道者，必求諸己身之性。王夫之云：「道者，學術事功之正者也。學術事功之正，大要在五倫上做去。〔註 205〕」故其又云：

> 就中唯「德為聖人」一語，可附會立義，謂修德立身，乃孝之大者。

〔註 202〕（明）王夫之：〈乾稱篇〉《張子正蒙注》，收入船山全書編輯委員會編校：《船山全書》第十二冊（湖南（長沙）：嶽麓書社，1991 年 12 月第一版），卷 9，頁 357。

〔註 203〕（明）王夫之：〈率性之謂道〉《船山經義》（長沙：岳麓書社，2011 年 1 月），頁 662。

〔註 204〕同上註。

〔註 205〕（明）王夫之：〈第二十章（一）〉《讀四書大全說・中庸》，收入船山全書編輯委員會編校：《船山全書》第六冊（湖南（長沙）：嶽麓書社，1991 年 12 月第一版），卷 3，頁 514。

其說大抵出於《孝經》。而《論》、《孟》中說孝，總不如此汗漫。人子之於父母，使不得轉一計較在。故先儒疑《孝經》非孔子之舊文，以其苟務規恢而無實也。孔子說「父母惟其疾之憂」，曾子說「全而生之，全而歸之」。此是痛癢關心處，不容不於此身而見父母之在是。孟子謂「不失其身而能事其親」，但云「不失」，則已載夔夔惻惻之意，而不敢張大其詞，以及於德業。若《孝經》所稱立身成名，揚于後世，卻總是寬皮話，搭不上。以此爲教，則將舍其恩義不容解之實，而求之於畔援、歆羨之地，於是一切功名苟簡之士，得託之以爲藏身之區藪矣。〔註 206〕

王夫之認爲修德立身，乃孝之大者。《孝經》、《論》、《孟》中階說孝。因其前有言，人之初生乃父母載天地乾、坤之德以生成，故盡孝於父母，亦是表現天之德業。其又云：「謂夫盡性者必依乎道，惟盡道者之必原乎性也。道麗於物以萬殊，效於事以百致，備而求之，有無暇深求其所自者矣。〔註 207〕」其實五倫乃性體中本所具備之理，而盡性者必依乎道，而盡道者之亦必原乎性。無形之道乃因麗於物而有萬殊之形，道之效於事可以百致，道完備而求之，而應萬殊之事物，故無暇無深求其所自者。

道盡則安命，而不以死爲憂，蓋生我者乾、坤之大德，非己自有生而天奪之。故身爲父母之身，殺之生之無可逃之義；德未至於聖，無如自靖以俟命。〔註 208〕

道若能盡則安於天所命，而不以死爲憂，此因生我者父母所承天地之乾、坤之大德，並非己身自有此生命而由天奪之。故人之身爲父母所生之身，雖天欲殺此生命乃無可逃之義。但人之德未至於聖人之境地前，無如自修養克己之欲以俟命。

理明義正而道不缺，氣正神清而全歸於天，故君子之生，明道焉爾，

〔註 206〕（明）王夫之：〈第十七章〉《讀四書大全說・中庸》，收入船山全書編輯委員會編校：《船山全書》第六冊（湖南（長沙）：嶽麓書社，1991 年 12 月第一版），卷 2，頁 506～507。

〔註 207〕（明）王夫之：〈率性之謂道〉《船山經義》（長沙：岳麓書社，2011 年 1 月），頁 662。

〔註 208〕（明）王夫之：〈乾稱篇〉《張子正蒙注》，收入船山全書編輯委員會編校：《船山全書》第十二冊（湖南（長沙）：嶽麓書社，1991 年 12 月第一版），卷 9，頁 356。

行道焉爾，爲天效動，死則寧焉。喪者，喪其耳目口體，而神無損也。〔註 209〕

當人理明義正形道不輟而於道不缺，則其氣正神清死得以全歸於天，故君子之生，乃明道，進而行道，隨氣化之天之陰陽變化而效其動，即使死則寧。死而喪者，乃喪其耳目口體之形，對於其形中之神則無損也。

不爲形礙，則有形者昭明寧靜以聽心之用而清極矣。神則合物我於一原，達死生於一致，絪緼合德，死而不亡。〔註 210〕

王夫之續言人可以藉由行道明白己身之性體乃合於天之理之善，故明白人可以不爲身之形所礙，反能善用此形，藉此有形者昭明寧靜以聽心之用，而使身之清而無欲所干擾。氣化之神則合物我於氣之本體，故稱爲一原，藉由此行德之善可達死生於一致，與天地絪緼合德，人死而不亡。

凡自未有而有者皆謂之始，而其成也，則皆謂之終。既生以後，刻刻有所成，則刻刻有所終；刻刻有所生於未有，則刻刻有所始。故曰曾子易簀，亦始也，而非終也。反諸其所成之理，以原其所生之道，則全而生之者，必全而歸之；而欲畢其生之事者，必先善其成之之功：此所謂知生而知死矣。〔註 211〕

凡所謂從未有而有者，皆稱作始，而其所成，則皆稱作終。人之既生以後，因天命日降故刻刻有所成，然物物事事皆刻刻有所終。但因爲氣化生生不斷，故刻刻有所生於從未有者，則刻刻皆有所始。故曰「曾子易簀〔註 212〕」，曾子

〔註 209〕（明）王夫之：〈誠明篇〉《張子正蒙注》，收入船山全書編輯委員會編校：《船山全書》第十二冊（湖南（長沙）：嶽麓書社，1991 年 12 月第一版），卷 3，頁 118。

〔註 210〕（明）王夫之：〈太和篇〉《張子正蒙注》，收入船山全書編輯委員會編校：《船山全書》第十二冊（湖南（長沙）：嶽麓書社，1991 年 12 月第一版），卷 1，頁 31。

〔註 211〕（明）王夫之：〈先進篇（二）〉《讀四書大全說・論語》，收入船山全書編輯委員會編校：《船山全書》第六冊（湖南（長沙）：嶽麓書社，1991 年 12 月第一版），卷 6，頁 752。

〔註 212〕《禮記・檀弓上》：「曾子寢疾，病。樂正子春坐於床下，曾元、曾申坐於足，童子隅坐而執燭。童子曰：『華而睆，大夫之簀與？』子春曰：『止！』曾子聞之，瞿然曰：『呼！』曰：『華而睆，大夫之簀與？」曾子曰：『然，斯季孫之賜也，我未之能易也。元，起易簀。』曾元曰：『夫子之病革矣，不可以變，幸而至於旦，請敬易之。』曾子曰：『爾之愛我也不如彼。君子之愛人也以德，細人之愛人也以姑息。吾何求哉？吾得正而斃焉斯已矣。』舉扶而易之。反

死而易簀，但對易簀事件而言亦始也，而非終也。若反求諸於其所成之理，乃原其天命所生之道，則道全而生之，故人之身有心、有性、有形氣之體，對應於天便是氣之神、氣之理、陰陽和合之氣，故當人死亦必全而歸之。王夫之云：「全形以歸父母，全性以歸天地，而形色天性初不相離，全性乃可以全形。〔註213〕」全形以歸父母，全性以歸天地，而形色天性初不相離，全性乃可以全形。故人應該畢其生之事，努力修身行德，必先善其成性之功：若能如此即所謂知生而知死。

第四節　君子不以清濁厚薄爲性

王夫之云：「雖吉而非正命。〔註214〕」又云「雖凶無咎。〔註215〕」看似矛盾，但其實人生之吉凶禍福對王夫之言，有異於一般世俗的標準，其仍遵循孔孟傳統，依道德標準來論人生之吉凶禍福。

> 爻象以理而生象數，在人爲善惡得失之幾初動於心，故曰內；吉凶因象數而成得失之由，在人爲事起物應而成敗著見，故曰外。〔註216〕

易卦之爻象以氣化之理而生萬種象數，在人則爲善惡得失之幾，最初乃動於心，故曰內；當陰陽和合創生形氣萬物，物與物間相感而動，吉凶乃因象數而成得失之因，在人爲事起而物應，則是成敗著見，故曰外。

> 時位不相當，陰陽不相協，故天數人事，有攻取愛惡之不同，性情

席未安而沒。」（漢）鄭元注、（唐）孔穎達等正義：《禮記正義・檀弓上》，收入藝文印書館編：《十三經注疏》第五冊（台北：藝文印書館，1993年），卷6，頁117。「曾子易簀」：人病重將死，出《禮記・檀弓》上：簀，竹席。曾子臨終，因席褥爲季孫所賜，自己未嘗爲大夫，而使用大夫所用的席褥不合禮制，所以命人換席，後反席未安而死。簀，竹席。易簀指曾子臨終時，因席褥爲季孫所賜，自己未嘗爲大夫，而使用大夫所用的席褥，不合禮制，所以命人換席，舉扶更換後，反席未安而死。

〔註213〕（明）王夫之：〈乾稱篇〉《張子正蒙注》，收入船山全書編輯委員會編校：《船山全書》第十二冊（湖南（長沙）：嶽麓書社，1991年12月第一版），卷9，頁356。

〔註214〕（明）王夫之：〈大易篇〉《張子正蒙注》，收入船山全書編輯委員會編校：《船山全書》第十二冊（湖南（長沙）：嶽麓書社，1991年12月第一版），卷7，頁311。

〔註215〕同上註。

〔註216〕同上註。

> 動於積素以生吉凶悔吝，旦夕莫可挽回者，非天數之固然，攻取愛惡，所釀成者漸也。〔註 217〕

王夫之以氣之運行陰陽變合而產生時空位置的不符合於氣化流行之理，因此陰陽分劑之不相協，故天之數的時位會影響人事有攻取愛惡之不同，人之性已發爲情之動，且人之習慣固執於耳目感官的小體之喜好，而有攻取之一定如此的陋習，而與外界感應時，便產生吉凶悔吝，並非短時間可以改變挽回。

> 孟子曰「孔子聖之時」，與《易》「六位時成」之義同，豈如世俗之所謂合時者耶！春夏秋冬固無一定之寒暑溫涼，而方其春則更不帶些秋氣，方其夏則了了與冬懸隔，其不定者皆一定者也。聖賢有必同之心理，斯有可同之道法，其不同者時位而已。一部《周易》，許多變易處，只在時位上分別；到正中、正當以亨吉而無咎，則同也。故孟子以論世爲尚友之要道。〔註 218〕

孟子曰「孔子聖之時」與《易》「六位時成」之義同，豈如世俗之所謂合於運之時！自然之春夏秋冬本無一定之寒暑溫涼，如方其春則更不帶些許之秋氣，當其夏則了了與冬懸隔，氣化之自然有其不定之變化的現象差別，但卻皆有一定之常道。如同聖賢有必同之心理，於此即有可同之道法，而其變化之不同，乃因其所處的不同者時位而已。故一部《周易》，許多變易處，都只在氣化之陰陽和合時位上分別；到正中、正當則得以亨吉而無咎，則道理相同。故孟子以論世爲尚友之要道。

由王夫之氣論的客觀角度看，這些吉凶毀吝其實非天數之本然，其起因皆出於人情之攻取愛惡，當人因有執著則所遇之命會因自己的選擇招致禍福的不同結果，再經過時間日積月累醞釀會漸漸產生更嚴重的結果。在一般世俗眼中，吉凶禍福是天所命，人只能認命接受，但王夫之卻認爲這些吉凶禍福，是其來有自。荀子云：

> 君子居必擇鄉，遊必就士，所以防邪辟而近中正也。物類之起，必

〔註 217〕（明）王夫之：〈大易篇〉《張子正蒙注》，收入船山全書編輯委員會編校：《船山全書》第十二冊（湖南（長沙）：嶽麓書社，1991 年 12 月第一版），卷 7，頁 309。

〔註 218〕（明）王夫之：〈萬章下篇（五）〉《讀四書大全說‧孟子》，收入船山全書編輯委員會編校：《船山全書》第六冊（湖南（長沙）：嶽麓書社，1991 年 12 月第一版），卷 9，頁 1046。

有所始。榮辱之來，必象其德。……怠慢忘身，禍災乃作。強自取柱，柔自取束。邪穢在身，怨之所構。……言有招禍也，行有招辱也，君子愼其所立乎！〔註 219〕

君子居住要選擇好的環境，交友要選擇有道德的人，才能夠防微杜漸保其中庸正直。事情的發生都是有起因的，榮辱的降臨也與德行相應。所以言語可能招禍，行爲可能受辱，君子爲人處世不能不保持謹愼。

唯嘗從事於存養者，則心已習於善，而一念之發爲善，則善中之條理以動天下而有餘者，人不知而已知之矣。心習於善，而惡非其所素有，則惡之叛善而去，其相差之遠，吉凶得失之相爲懸絕者，其所自生與其所必至，人不知而已知之矣。〔註 220〕

唯嘗從事於存養者，則其心已經習於善，而其心之一念之發爲善，則善中之條理以動天下而有餘者，他人不知，而已知之。因心習於善，而惡非其心所素有，則惡若叛善而去，善與惡相差之遠，故所得之吉凶得失之結果亦相爲懸絕，故其所從生之因，則與其所必至之果相符合，故他人不知，而己身知之。

天命不息，而人能瞬存息養，晨乾夕惕，以順天行，則刻刻皆與天相陟降，而受天之命，無有所遺，於凡萬物變化，萬事險阻，皆有百順至當之理，隨喜怒哀樂而合於太和，所以感人心於和平而贊天地之化育者，自無間矣。〔註 221〕

因天命之謂性，而天命不息，故有生之後，天命亦日日成之爲性。人如何承天所不息之命，乃因人能瞬存息養，晨乾夕惕，以順天行，則刻刻皆與天相陟降。

作而有爲，上也，陟也；退而自省，下也，降也；一陟一降，皆有天理之明明赫赫者臨之於庭，則動靜無恒而一於正道。不執一，則

〔註 219〕（戰國）荀子撰、（唐）楊倞注、（清）王先謙集解：〈勸學〉《荀子集解考證》（台北：世界書局，2000 年 12 月，卷 1，頁 5～6。

〔註 220〕（明）王夫之：〈第一章（一二）〉《讀四書大全說・中庸》，收入船山全書編輯委員會編校：《船山全書》第六冊（湖南（長沙）：嶽麓書社，1991 年 12 月第一版），卷 2，頁 464。

〔註 221〕（明）王夫之：〈可狀篇〉《張子正蒙注》，收入船山全書編輯委員會編校：《船山全書》第十二冊（湖南（長沙）：嶽麓書社，1991 年 12 月第一版），卷 9，頁 360～361。

存省愈嚴，陟降一心，德業一致，此鼂乾夕惕、存神盡性之密用，作聖之功於斯至矣。〔註 222〕

何謂「陟降」，當人作而有爲德之事，乃上之陟，若退而自省乃下之降。此一陟一降中，皆有天理之明明赫赫貫穿其間，故動靜無恒但人言行之一動一靜皆合於正道。故人之不執一，則存省愈嚴，陟降一心，德業一致，此鼂乾夕惕、存神盡性之密用，作聖之功於此至。若能如此，則人有生之後，若能合於正道而順受天之命無有所遺，則於天道流行的萬物之變化與萬事之險阻中，其動靜表現皆依百順至當之理而行，而其喜怒哀樂皆合於太和之陰陽和合之誠，此過無不及之中道，所以感人心於和平而贊天地之化育者，自無間矣。

指示占者使崇德而廣業，非但告以吉凶也。趨時，因時擇中，日乾夕惕也；盡利，精義而行，則物無不利也。能率吾性之良能以盡人事，則在天之命，順者俟之，逆者立之，而人極立，贊天地而參之矣。蓋一事之微，其行其止，推其所至，皆天理存亡之幾。精義以時中，則自寢食言笑以至生死禍福之交，皆與天道相爲陟降。因爻立象，因事明占，而昭示顯道，無一而非性命之理。《易》爲君子謀，初非以趨利避害也。〔註 223〕

所謂惠迪吉，從逆凶，若能合於正道而順受天之命無有所遺，則於天道流行的萬物之變化與萬事之險阻中，其動靜表現皆依百順至當之理而行，故指示占者欲使崇德而廣業，非特爲告之以吉凶。所謂趨時乃因時擇中，日乾夕惕也。所謂盡利乃精義而行，則物無不利也。故能率吾性之良能，以盡人事之德，能順天之命而俟命，逆天命者立之，此人極之立，贊天地而參之。由任何微小之事，其行其止，與推其所至，皆可見天理存亡之幾。則可以以依時而中，則自寢食言笑以至生死禍福之交，皆與天道相爲陟降。因爻立象，因事明占，而昭示顯道，無一而非性命之理。

天命之人者爲人之性，天命之物者爲物之性。今即不可言物無性而

〔註 222〕（明）王夫之：〈樂器篇〉《張子正蒙注》，收入船山全書編輯委員會編校：《船山全書》第十二冊（湖南（長沙）：嶽麓書社，1991 年 12 月第一版），卷 8，頁 318～319。

〔註 223〕（明）王夫之：〈大易篇〉《張子正蒙注》，收入船山全書編輯委員會編校：《船山全書》第十二冊（湖南（長沙）：嶽麓書社，1991 年 12 月第一版），卷 7，頁 309。

> 非天所命，然盡物之性者，亦但盡吾性中皆備之物性，使私欲不以害之，私意不以悖之，故存養省察之功起焉。〔註224〕

天命之人者爲人之性，天命之物者爲物之性，故不可言物無性而非天所命。然所謂「盡物之性」即盡吾性中所皆備之物性，而使私欲不以害與悖於此萬物皆備之本性，故須藉由存養省察之功。

> 「成性存存」，存之又存，相仍不舍。故曰「維天之命，於穆不已」。命不已，性不息矣。〔註225〕

所謂「存存」乃天所凝於人身之善性，藉由天命之不息降善於身，人亦不怠惰地存之又存，充實本性之善。天所命與人所受，天人交互累積人性善之內涵，而並存不悖時，此即「命不已，性不息矣」。

> 子曰「人之生也直」，固言人也。言人以直道載天所生我之德，而順事之無違也；言天德之流行變化以使各正其性命者，非直道而不能載，如江海之不能實漏卮、春風之不能發枯乾也，如慈父之不能育悖子、膏粱之不能飽病夫也。故人必直道以受命，而後天產之陽德、地產之陰德，受之而不逆也；而後天下之至險可以易知，天下之至阻可以簡行，彊不淩弱，智不賊愚，仁可壽，義可貴，凶莫之嬰，而吉非妄獲也。〔註226〕

子曰：「人之生也直，罔之生也幸而免。〔註227〕」孔子認爲人能夠存活的好是因爲有合於生生不息之道的正直之本性，如果偏離、亡失正直之本性，那只能是暫時地僥倖避免劫難，苟且活著而已。故孔子所言「人之生也直」主在論人之性。此「直」指人正直之本性是合於生生不息之天道。因人以「直」之性載天所生我之德，固有順事之無違之可能，但此只言人生之初所受之善性，並無後天積極人文化成義。但若論天德之流行變化，而使萬物能各正其

〔註224〕（明）王夫之：〈第一章（二）〉《讀四書大全說・中庸》，收入船山全書編輯委員會編校：《船山全書》第六冊（湖南（長沙）：嶽麓書社，1991年12月第一版），卷2，頁455～456。

〔註225〕（明）王夫之：《思問錄內篇》，收入船山全書編輯委員會編校：《船山全書》第十二冊（湖南（長沙）：嶽麓書社，1991年12月第一版），頁413。

〔註226〕（明）王夫之：〈雍也篇（二三）〉《讀四書大全說・論語》，收入船山全書編輯委員會編校：《船山全書》第六冊（湖南（長沙）：嶽麓書社，1991年12月第一版），卷5，頁683。

〔註227〕（宋）朱熹：〈雍也第六〉《四書章句集注・論語》（台北：大安出版社，1999年12月），卷3，頁119。

性命，雖然萬物皆是受直道承載天之德，但人必依此生之初所受天德之命的正直之性，於後天繼續承受天命而不逆天道，並努力實踐道德，進而與天地合德，表現如乾陽開創萬物，發自於自然，極其平易，而爲人所周知物之天德，與坤陰生養萬物，順承於乾陽，極其簡要，而顯現其功能之地德。若能如此，即使後天所遇邪曲誣罔不正直而偏離生生不息之道的天下至險之境，便可以易於通曉氣化流行之時位變化之理，故若遇天下之至阻，可以易於親附、遵從之簡行來通過此困境。達到天下間彊不淩弱，智不賊愚，仁可壽，義可貴，凶莫之嬰，而吉非妄獲也。故可「性存而道義出，窮通夭壽，何至戕其生理？〔註 228〕」當直之本性存，而且努力利用形氣之身行道義，則氣運之命的窮通夭壽，亦不可戕害人性本質的仁之生理。

> 龜山云「君子無所往而不用直」，語自有病。君子之無往不用者，仁、義、忠、正也。豈悻然挾一直以孤行天下乎？凡言仁，不但不暴之謂；言知，非但不愚之謂；言勇，非但不怯之謂。言德必有得，既去凶德，而抑必得夫令德。若言直，則即不罔之謂。道者，離乎非道而即道也。故天地生生，必有以生之，而非止不害其生。直特不害，而無所益。人之祈天永命、自求多福者，則不可期以必得，而但可守以不失。故仁、智以進德，而直以遵道。進德者以精義入神，遵道者以利用安身。聖賢之言，統同別異，其條理豈可紊哉！於此不察，則將任直爲性，而任氣失理以自用。逮其末流，石之頑、羊之很、雁之信、螳之躁，不與相亂者幾何哉！〔註 229〕

龜山云「君子無所往而不用直」，此語自有病。君子之無往不用乃，仁、義、忠、正。豈可任性、固執地挾一「直」以獨行天下。故凡言仁不僅止於態度從容不急躁；言智亦不只不愚昧；言勇不只不畏怯。而言德必有得於心，既去除凶德，而就必得夫美德。若言不邪曲且沒有私心，則表心不蒙蔽於欲。而所謂道者，離開非道者即道。故天地之生生，必有積極地讓它不斷地天地生生者，而非僅止於消極地不害其所生之物而已。然而「直」只是不害其所

〔註 228〕（明）王夫之：〈誠明篇〉《張子正蒙注》，收入船山全書編輯委員會編校：《船山全書》第十二冊（湖南（長沙）：嶽麓書社，1991 年 12 月第一版），卷 3，頁 119。

〔註 229〕（明）王夫之：〈雍也篇（二三）〉《讀四書大全說・論語》，收入船山全書編輯委員會編校：《船山全書》第六冊（湖南（長沙）：嶽麓書社，1991 年 12 月第一版），卷 5，頁 684。

生，但對其所生者，卻無主動積極之助益。人若祈天永命，自求多福者，則不可期望必得天命之福，但可守心之直性以不失。故仁、智可以讓人積極進德修業，而「直」之性則提供人有消極遵道之可能。然而進德者以精義入神推擴其德；遵道者以利用其身之善性安身保命。聖賢之言，統同別異，豈可紊亂其條理！若於此不考察清楚，就以爲任此「直」性，不再透過後天進德修業之努力，若如此乃任氣失理，師心自用！

> 彼似在氣上說，生氣仁，死氣不仁，則以氣主理，其悖既甚。而彼意中之所謂死氣者，又非消息自然之氣，乃夭枉厲害之邪氣。使然，則人之有不正而害物者多矣，統云「仁者人也」，不已礙乎？子曰「人之生也直」，於直不直而分死生，且不於之而分人鬼，【人鬼自與死生異。】而況於仁乎？〔註230〕

若就氣而論生氣仁、死氣不仁，此說不通。因爲氣中有理，不論生氣或死氣中皆有理，即皆有道德之仁。若言死氣不仁，則表此氣非道德之氣，而是夭枉厲害之邪氣。若由不正之人而害物者多，而統云「仁者人也」，此不已於言有礙。孔子言「人之生也直」，其於直不直而分死生，而不於此而分人鬼，故王夫之云「在《論語》，本謂幽明無二理。既無二理，則非人仁而鬼不仁，審矣。〔註231〕」人鬼皆氣之變化，氣中本具創生之理，故氣之理若具仁之道德內涵，則人鬼之氣中皆具此天之道的生生仁德。

> 聖人斬截說個「仁者人也」，者「人」字內便有徹始徹終、屈伸往來之理。如何把鬼隔開作對壘得？必不獲已，則或可以「物」字對。然孟子以「萬物皆備」爲仁，《中庸》亦云「盡人之性則能盡物之性」，者「人」字也撇「物」字不下。特可就不仁者之心行而斥之，曰不仁者禽也，爲稍近理。要此「仁」字，不與不仁相對，直不消爲樹此一層藩籬。〔註232〕

孔子斬截說「仁者人也」，此「人」字內便有徹始徹終、屈伸往來之理。如何把此理與鬼字隔開作對壘。而孟子以「萬物皆備」爲仁，《中庸》亦云「盡人

〔註230〕（明）王夫之：〈第二十章（二）〉《讀四書大全說．中庸》，收入船山全書編輯委員會編校：《船山全書》第六冊（湖南（長沙）：嶽麓書社，1991年12月第一版），卷3，頁515。

〔註231〕同上註。

〔註232〕同上註。

之性則能盡物之性」，故「人」字也無法與「物」字相對立而論。只能就不仁者之心論之，而曰不仁者，即禽也。

且人生之初，所以生者，天德也；既生之後，所以盡其生之事而持其生之氣者，人道也。若夫直也者，則道也，而非德也，其亦明矣。以生初而言，則人之生也，仁也，而豈直耶？〔註 233〕

人生之初，所以生者乃因天道之德。然既生之後，所以盡其生之事而保持其生之氣能如初生太虛湛一之體，此即人道也。所謂直，則天道，而非人道之德。若以人生之初而言，則人之生也，應天道生物以仁，豈爲天道之「直」。

仁者，生理之函於心者也；感於物而發，而不待感而始有，性之藏也。人能心依於仁，則不爲物欲所遷以致養於性，靜存不失。〔註 234〕

然而此「仁」，乃天道具生生不息本直之條理命之於人而函於人心之中；天道所具陰陽和合之氣實體之作用亦降於人性中，故可以感於物而發，然此仁本於人生之初便藏於性中，故可不待感而始有。人心若能依天道所命仁之本性，則可不爲外界物欲干擾其身，而使其耳目鼻口對聲色貨利的攻取表現，影響其本質進而失去其天所命之直德。人應致力其生命於養此天道所賦予的本性，並使仁之生理靜存而不失。高攀龍云：

人之生也直，敬以直內而已。人之生也直，本體也。敬以直內，工夫也。〔註 235〕

高攀龍亦認爲「直」是本體，亦是王夫之所謂人人皆性善之生理，但擁有此先天本體並非氣本論學者所重視的，有此善之本體，在後天更需要有修養工夫之「敬」以保合之，使之在日用倫常中具體表現而不失其常。王夫之云：

形色雖是天性，然以其成能於人，則性在焉，而仍屬之天。屬之天，則自然成能，而實亦天事。故孟子冠天於性上以別之。天以陰陽、

〔註 233〕（明）王夫之：〈雍也篇（二三）〉《讀四書大全說・論語》，收入船山全書編輯委員會編校：《船山全書》第六冊（湖南（長沙）：嶽麓書社，1991 年 12 月第一版），卷 5，頁 682。

〔註 234〕（明）王夫之：〈至當篇〉張子正蒙注》，收入船山全書編輯委員會編校：《船山全書》第十二冊（湖南（長沙）：嶽麓書社，1991 年 12 月第一版），卷 5，頁 203。

〔註 235〕（明）高攀龍：《高子遺書・語》，（台北：臺灣商務印書館，1983 年，影印《文淵閣四庫全書》本），卷 1，頁 333。

五行爲生人之撰，而以元、亨、利、貞爲生人之資。元、亨、利、貞之理，人得之以爲仁義禮智；元、亨、利、貞之用，則以使人口知味，目辨色，耳察聲，鼻喻臭，四肢順其所安，而後天之於人乃以成其元、亨、利、貞之德。非然，則不足以資始流形，保合而各正也。故曰：此天事也。〔註 236〕

形色之身雖本具有天性，然此天性並不足以恃，故以其成能於人，則此天所凝之性存在人身，但而仍屬之於天。既然屬之天，則人自然能表現此性之良能，而此實亦天事。故孟子冠天字於性字上，以分別之。天依陰陽、五行變化之規律與定數生人，而以元、亨、利、貞爲生人實資於其身之善理。此天之元、亨、利、貞此氣之條理，人得之以爲仁義禮智；天之元、亨、利、貞之生生作用，則使人形氣之身有感官作用：口知味，目辨色，耳察聲，鼻喻臭，四肢順其所安，但後天天所命之於人，乃欲人藉由實踐之德行來完成其身中本具元、亨、利、貞之德性。若不透過後天人爲努力，則不足以知天，而隨氣化流行之變，進而保合其身，並各正其性命。故曰：此天事也。

故南軒云「直者生之道」，蓋亦自有生以後，所以善其生之事而保其生理者言。其曰「生之道」，猶老子所言「生之徒」、「死之徒」也。聖人之言此，原以吉凶得失之常理，惠迪從逆之恆數，括之於直罔之分，儆上知、下愚而爲之戒，非專爲盡性知天之君子言；則亦不待推之有生之初所受於天，與天地生生之德也。天地生生之德，固不可以直言之。而人之不能一體夫天地生生之理者，亦未即至於宜得死而爲幸免之生。〔註 237〕

故南軒云「直者生之道」，蓋亦自有生以後，所以善其生之事而保其生理者言。其曰「生之道」，猶老子所言「生之徒」、「死之徒」也。《老子》云：

出生入死。生之徒十有三，死之徒十有三，人之生，動之死地亦十有三。夫何故？以其生生之厚。蓋聞善攝生者，陸行不遇兕虎，入

〔註 236〕（明）王夫之：〈盡心下篇（四）〉《讀四書大全說・孟子》，收入船山全書編輯委員會編校：《船山全書》第六冊（湖南（長沙）：嶽麓書社，1991 年 12 月第一版），卷 10，頁 1137～1138。

〔註 237〕（明）王夫之：〈雍也篇（二三）〉《讀四書大全說・論語》，收入船山全書編輯委員會編校：《船山全書》第六冊（湖南（長沙）：嶽麓書社，1991 年 12 月第一版），卷 5，頁 683～684。

> 軍不被兵甲。兕無所投其角，虎無所措其爪，兵無所容其刃。夫何故？以其無死地。〔註238〕

老子在此章述說人此生，離開母體，出世而生，最終被一抔黃土埋在地下。能保全其身有十分之三，半途夭折而死又有十分之三，因天災人禍而死亦有十分之三。這是爲什麼呢？老子認爲因人求生太厚沒有順任自然，往往會夭折或意外死去。凡是過度追求活的長，過度追求活得好，而奉養過度、奮鬥過度、炫耀過度、奔波過度皆所謂「生生之厚」。然欲「生生之厚」，結果適得其反。如善於保護生命，順任自然掌握自己生命的人，在陸地上行走，不會遇到兇猛的兕虎，如果是參軍打仗，不會遭到殺傷。因爲對順任自然的人而言，兕用不上它的角，猛虎用不上它的爪，兵器用不上它那鋒利的刃。因爲順任自然便不會讓自己身陷死亡的危險之境中。老子告誡人們應時時要順應大自然，不可強爲也！人在陸地行走，不可能不遇到兕虎之類的凶險，當遇到不可抗拒的凶險時，如果硬著頭皮衝上去，那當然就是凶多吉少。大自然的凶險處處存在，地震，洪水，野獸等等，人類的最佳選擇就是防禦性的躲避。避開了，無論多麼恐怖的凶險，也對你無可奈何，故而無所措其爪。在戰爭一類的人類廝殺衝突中，要找準自己有力的位置，避開鋒芒，伺機待變，故而無所容其刃。然後，瞄準要害，才會置對方於死地。如果粗魯地猛打猛撞，那就必然會傷痕纍纍。何謂違反自然？明知自己不行，偏偏向上衝的人，就是違反自然規律。老子告訴我們，「善攝生者」就是要順任自然，才會安全平安。君子行德不輟，故不待推之有生之初所受於天，與天地生生之德也。因天地生生之德，固不可以生之初的正直之性言之，因人若不知於後天努力行德驗證此身所承天地生生之理，而偏離亡失其先天正直的本性，那只能是暫時地僥倖避免劫難，苟且偷生。

> 性無所不可盡，故舜之於父子，文王之於君臣，極乎仁義而無不可盡。唯其於理無不窮，故吉凶生死，道皆行焉，所遇者變而誠不變，吾之則無往而非天則，非若命之有則，唯所受而不能越也。〔註239〕

性無所不可盡，如同舜之於父子，文王之於君臣，皆是極乎仁義所能做之事

〔註238〕朱謙之：〈德經・五十章〉《老子校釋》，收入《新編諸子集成》第一輯（北京：中華書局，1998年12月），頁198～202。

〔註239〕（明）王夫之：〈誠明篇〉《張子正蒙注》，收入船山全書編輯委員會編校：《船山全書》第十二冊（湖南（長沙）：嶽麓書社，1991年12月第一版），卷3，頁122。

而無不可盡。故當於性善之理無不窮時，則吉凶生死，皆天道之流行，人之所遇者雖有各有不同之變，而其實對天道而言皆無變，因爲不論常變皆合乎天道，若明白此理，則吾人所往皆爲天則，並非天命之有則，而人之所受不能超越之。

君子有事於性，無事於命，而聖人盡性以至於命，則於命不能無事焉。天廣大而無憂，聖人盡人道，不可同其無憂，故頑嚚必格，知其不可而必爲。是以受人之天下而不爲泰，匹夫行天子之事而不恤罪我，相天之不足，以與萬物合其吉凶，又存乎盡性之極功，而合兩所以協一也。〔註 240〕

君子應該致力於性，而不應用力於命，因此聖人盡性以至於命，則於命不能無事焉。天廣大而無憂，聖人盡其人道之所爲，並不可同於天之無憂，故於人事之愚昧無知而放肆者必格除之，明知其不可爲而必爲之。因此受人之天下而不爲安泰無事，一般百姓若行天子之事而不體恤怪罪於我輔助天之不足，並以此與萬物合其吉凶，又存乎盡性之極功，而合兩所以協一於道。

聖賢之學，其必盡者性爾；於命，則知之而無所事也。非不事也，欲有事焉而不得也。其曰「天命之謂性」者，推性道之所自出，亦專以有事於性也。使氣稟之偏亦得爲命，則命有非道者矣，而何以云「率性之謂道」哉！故言道者，已高則偏，已密則紛。擇焉而執其正，論斯定矣。〔註 241〕

聖賢之學其所必盡唯性；於命，則如孔子之知命而無所事也。並非不事，只因欲有事亦不能爲。而「天命之謂性」乃推性道之所從出，此亦專門論有事於性。然而氣稟之偏可以言命，則天之命有變之非常者故亦有不合於道德之常，如草木與犬牛之性並不可言善，而何以云「率性之謂道」！故言道者，已高則偏，已密則紛。故人應該重視的是擇焉而執其性之正，此論斯定。

若夫命，則本之天也。天之所用爲化者，氣也；其化成乎道者，理也。天以其理授氣於人，謂之命。【人以其氣受理於天謂之性。】即

〔註 240〕（明）王夫之：〈誠明篇〉《張子正蒙注》，收入船山全書編輯委員會編校：《船山全書》第十二冊（湖南（長沙）：嶽麓書社，1991 年 12 月第一版），卷 3，頁 122～123。

〔註 241〕（明）王夫之：〈盡心下篇（四）〉《讀四書大全說・孟子》，收入船山全書編輯委員會編校：《船山全書》第六冊（湖南（長沙）：嶽麓書社，1991 年 12 月第一版），卷 10，頁 1140。

> 其所品節限制者，亦無心而成化。則是一言命，而皆氣以爲實，理以爲紀，固不容析之，以爲此兼理、此不兼理矣。〔註 242〕

命則本之於天。天之以氣用於化；其化因有其理故成乎道。天順其氣化之理授氣於人之身，此謂之命。而天之所品節限制亦是其無心而成化。若一言命，則同具氣之實，理之則，固不容將二者區分爲兼理或不兼理者。如其言：「乃謂後『命』字專指氣而言，則天固有無理之命。有無理之命，是有無理之天矣，而不亦誣天也哉！〔註 243〕」天之命有理與氣兩部分，故不可言吾理之命。因爲人所言之吉凶禍福之命遇，乃是專指天命之氣之部分，而非天命之理即人身之性善部分。

> 且其以所稟之厚薄清濁爲命，而成乎五德之有至有不至，則天既予之以必薄、必濁之命，而人亦何從得命外之性以自據爲厚且清焉！夫人必無命外之性，則濁者固不可清，薄者固不可厚，君子雖欲不謂之命，容何補乎？〔註 244〕

且人以其所稟之厚薄清濁爲命而成乎德之有至有不至，則天既已經給予人此必薄、必濁之命，故人無天命外之性！而人因必無命外之性，則濁者本不可清，薄者本不可厚，故君子雖欲不謂之命，則於何處補足？故王夫之又言：「且君子不以清濁厚薄爲性，則其謂清濁厚薄爲性者，必非君子矣。而程子抑言有氣質之性，則程子之說，不亦異於君子哉！況天下之不得於君親賓友者，苟爲怨天尤人之徒，則必歸咎於所遇之不齊，而無有引咎於吾氣稟之偏者也。故曰語雖深妙，而不合於孟子之旨也。〔註 245〕」君子不以清濁厚薄爲性，故稱清濁厚薄爲性者，必非君子之所爲。而程子有言有氣質之性，則程子之說好似與君子相左？更何況天下之不得於君親賓友者，若是怨天尤人之人，則必歸咎於其所遇之命不齊，而沒有引咎其罪於吾氣稟之偏。故此說雖深妙，但不合於孟子之旨也。

> 孟子曰「性善」，曰「形色天性」，曰「君子所性，仁義禮智根於心，生於色」，固無有離理之氣，而必不以氣稟之清濁厚薄爲性之異。其

〔註 242〕（明）王夫之：〈盡心下篇（四）〉《讀四書大全說・孟子》，收入船山全書編輯委員會編校：《船山全書》第六冊（湖南（長沙）：嶽麓書社，1991 年 12 月第一版），卷 10，頁 1139。

〔註 243〕同上註。

〔註 244〕同上註。

〔註 245〕同上註，頁 1140。

> 言命，則曰「莫之致而致」，曰「得之不得有命」，曰「殀壽不貳，所以立命」，曰「莫非命也，順受其正」，則皆以所遇之得失不齊者言命，而未嘗以品物之節制、【此只是理。】氣稟之清濁厚薄爲命。【此程子之所謂性。】胡爲乎至此而有異耶？〔註 246〕

孟子曰「性善」，曰「形色天性」，曰「君子所性，仁義禮智根於心，生於色」，本無有離理之氣，故必不以氣稟之清濁厚薄爲性。孟子言命，則曰「莫之致而致」，曰「得之不得有命」，曰「殀壽不貳，所以立命」，曰「莫非命也，順受其正」，則皆以所遇之得失氣化不齊者言命，而不曾以品物之節制、氣稟之清濁厚薄爲命。而程子是以氣稟之清濁厚薄爲性，故何爲乎至此而有異耶？

> 況本文明言「君子所性」，與「所樂」「所欲」一例，則更何天命、氣稟之別？豈衆人之欲樂陷於私利者，亦天使之然而不能自瘳耶？〔註 247〕

況本文明言「君子所性」與「所樂」「所欲」指的是天命之理的部分即人性之善而言，則更何有天命、氣稟之別？若衆人之欲樂而陷於私利者，卻將此視爲天使之然，而不能自瘳，則有所誤謬。孟子曰：

> 廣土衆民，君子欲之，所樂不存焉。中天下而立，定四海之民，君子樂之，所性不存焉。君子所性，雖大行不加焉，雖窮居不損焉，分定故也。子所性，仁義禮智根於心。其生色也，睟然見於面，盎於背，施於四體，四體不言而喻。〔註 248〕

仁義禮智，性之四德也。爲心之根本，由心發見時，則可睟然之清和潤澤，豐厚盈溢。心之善根表現於四體，則於動作威儀之閒表現其性之德。故四體自能曉心之意。蓋氣稟清明，不受物欲之引而有累，則性之四德根本於心，積之盛則發而著見於外者，不待言而無不順也。梁啓超云：

> 孟子本身對於性字，沒有簡單的定義。從全部看來，絕對主張性善。

〔註 246〕（明）王夫之：〈盡心下篇（四）〉《讀四書大全說・孟子》，收入船山全書編輯委員會編校：《船山全書》第六冊（湖南（長沙）：嶽麓書社，1991 年 12 月第一版），卷 10，頁 1140。

〔註 247〕（明）王夫之：〈盡心上篇（一八）〉《讀四書大全說・孟子》，收入船山全書編輯委員會編校：《船山全書》第六冊（湖南（長沙）：嶽麓書社，1991 年 12 月第一版），卷 10，頁 1129。

〔註 248〕（宋）朱熹：〈盡心上〉《四書章句集注・孟子》（台北：大安出版社，1999 年 12 月），卷 13，頁 497。

> 性善的本源只在人身上，有仁義禮智四端，而且四端亦就是四本。〈公孫丑上〉講：「無惻隱之心非人也，無羞惡之心非人也，無辭讓之心非人也，無是非之心非人也。」說明人皆有惻隱之心，以乍見孺子將入於井爲例，下面說「非所以內交於孺子之父母也，非所以要譽於鄉黨朋友也，非惡其聲而然也。」赤顆顆的只是惻隱，不雜一點私見。這個例確是引得好，令我們不能不承認，惻隱之心人皆有之。可惜羞惡之心、恭敬之心、是非之心，就沒有舉出例來。我們覺得有些地方，即如辭讓之心，便很難解答。若能起孟子而問之，倒是一件很有趣的事情。孟子專看見善的方面，沒有看見惡的方面，似乎不大圓滿。〔註 249〕

王夫之進而補充說明孟子「性善」中「專看見善的方面，沒有看見惡的方面」的不圓滿，故其非只言性內涵之善，而是補充說明孟子「性善」不圓滿之處，提出形氣之身亦具有耳目口體的小體之性，並非純善，但仍是氣化陰陽二氣眞實創生，且爲人身重要的部分，因爲有此耳目口體的小體之性才代表人之生命是具體眞實的存在，而其德性有其載體。然而人性善之光輝乃在超越耳目口體的小體之性的限制，反將耳目口體的小體之性成爲行德之動力而非阻力，氣化世界性善之實質意義才得以彰顯。故其言「德性」非耳目口體之小體之性，乃仁義禮智此清虛一大體之道根於心而具足者也。若常存仁義禮智於心，而心靜時不忘其道，心動不迷於物，故不倚見聞言論，而其所得之德皆實而不虛矣。其所言之「德」乃行道而有得於心之謂也。王夫之云：

> 德也者，所以行夫道也。道也者，所以載夫德也。仁也者，所以行其直也。直也者，所以載夫仁也。仁爲德，則天以爲德，命以爲德，性以爲德，而情亦以爲德。直爲道，則在天而天道直也，直道以示人，天之事也；在人而人道直也，遵直道以自生，人之事也。〔註 250〕

故君子所在意乃所謂「德」之行道。王夫之認爲「道」不再是名詞的道德，而是動詞的行德。然而人除了有此天所命之仁之生理，更應藉由天之氣本體

〔註 249〕梁啓超：《儒家哲學》（上海：上海人民出版社，2009 年 12 月），頁 77。

〔註 250〕（明）王夫之：〈雍也篇（二三）〉《讀四書大全說・論語》，收入船山全書編輯委員會編校：《船山全書》第六冊（湖南（長沙）：嶽麓書社，1991 年 12 月第一版），卷 5，頁 683。

所凝之身，努力行德。才是眞正所謂的「道」。因此所謂「直」是人形氣之身成天所命有此人之生理爲性，但此只是天之事。而人爲天道所創生之後，應該遵此直之仁，藉由具體之言行與情感表現直之仁，隨生命之生生不息，使此直道之仁義具生生創德之可能，此乃說名王夫之性之「生理」在氣化世界表現其最眞實無妄之誠德。黃潤玉云：

> 夫天人之道，一理氣而已，然道之體即理，而理具於心曰：「德」，知仁、聖義、忠和是也，道之用即事，而事著於身曰：「行」，孝有、睦姻、任恤是也，此六德六行爲道之本，而六藝則教之末也。〔註251〕

道之體其實是種種無形生化的條理，具在人心上便是「德」，因有此道之條理之德具於心，故人即可表現出知仁、聖義、忠和。理氣合一的主體之敷始發用，表現爲具體的事情，即稱作「事」；由身體所表現完成道德行爲，稱作「行」是孝有、睦姻、任恤。然而大德六行是道之本，六藝則是禮、樂、射、御、書、數是教之末，皆有一理氣之流行貫穿其中。黃潤玉藉由此告訴我們應該把一氣流行之道具於人心之德藉由人際之間的「事」與人與實踐道德之的「行」來展現爲具體合天道之理的言行。

> 行道而有得於心之謂『德』，唯行道之所得者爲『不孤』。若只依附著道，襲取而無所得，則直是浮游於倫物之際，自家先不關切，而聚散無恆，物亦莫之應矣。〔註252〕

君子要求自己行道且有得於心。但若只依附著道，襲取而無所得之於其心，則因「『德』在心，『不孤』在物。〔註253〕」故則直是浮游於倫物之際，自家先不關切，而聚散無恆，於物則「孤」，物莫之應。然所謂「道」乃以德爲其內涵。所謂「仁」即實踐性之「直」。所謂「直」以仁爲其內涵。君子要求自己行道，且有得於心，故仁之爲德，則天以爲德，命以爲德，性以爲德，而情亦以爲德。「直」爲道，則在天而天道直也，直道以示人，此乃天之事也；在人而人道直也，人須遵直道以自生，此乃人之事也。高攀龍云：

〔註251〕（明）黃潤玉：〈贈奉化教諭成君浦考序〉《南山黃先生家傳集》（台北：國家圖書館善本書室，明藍格抄本），卷36。

〔註252〕（明）王夫之：〈里仁篇（二四）〉《讀四書大全說・論語》，收入船山全書編輯委員會編校：《船山全書》第六冊（湖南（長沙）：嶽麓書社，1991年12月第一版），卷4，頁649。

〔註253〕同上註，頁650。

何必道性善，是人人本色也；何以必稱堯舜，是性善實證也。試看不學良知，不慮良能，塗之人有與堯舜針芒不合否，非七篇昭揭，則人人寶藏，千古沈埋。〔註 254〕

高攀龍認爲性善之善何必說因爲是人人所具之本色，爲何要言必稱堯舜，因爲他們是性善具體呈現之實證。故仁之爲人之價値應是眞實具體表現性善之仁於之人倫庶物，故「善」不可言「無」，應是最眞實之「有」。

蓋道，虛迹也；德，實得也。故仁、義、禮、智曰四德，知、仁、勇曰三德。而若誠，若直，則虛行乎諸德者。故《中庸》言「誠者天道，誠之者人道」。而言直也，必曰「直道」，而不可曰直德。直爲虛，德爲實。虛不可以爲實。必執虛迹以爲實得，則不復問所直者爲何事，而孤立一直，據之以爲德，是其不證父攘羊者鮮矣。〔註 255〕

道乃虛迹；德乃實得。道藉由德而顯其行迹，故仁、義、禮、智曰四德，知、仁、勇曰三德。若言其誠，若言其直，則皆天之道之虛，而人之虛行諸德。《中庸》：「誠者，天之道；誠之者，人之道。〔註 256〕」

且人生之初，所以生者，天德也；既生之後，所以盡其生之事而持其生之氣者，人道也。若夫直也者，則道也，而非德也，其亦明矣。以生初而言，則人之生也，仁也，而豈直耶？〔註 257〕

人生之初，乃由氣化之神中之理所以生，故爲天德；人之既生之後，所以盡其生之事，而持其生之氣之身，以行天德，此爲人道。如果將「直」之天德稱作道，則非德，其亦明矣。故以生初而言，則人之生也，仁也，而豈直耶？故言直，必曰「直道」，但不可曰直德。因「直」爲虛，「德」乃行道有德於心者爲實。天道之「直」其「虛」不可以等同於人道之「德」之實。當人之

〔註 254〕（明）高攀龍：〈聖賢論贊・孟子〉，《高子遺書・經解類》（台北：臺灣商務印書館，1983 年，影印《文淵閣四庫全書》本），卷 3，頁 378。

〔註 255〕（明）王夫之：〈雍也篇（二三）〉《讀四書大全說・論語》，收入船山全書編輯委員會編校：《船山全書》第六冊（湖南（長沙）：嶽麓書社，1991 年 12 月第一版），卷 5，頁 683。

〔註 256〕（宋）朱熹：〈第二十章〉《四書章句集注・中庸》（台北：大安出版社，1999 年 12 月），頁 38。

〔註 257〕（明）王夫之：〈雍也篇（二三）〉《讀四書大全說・論語》，收入船山全書編輯委員會編校：《船山全書》第六冊（湖南（長沙）：嶽麓書社，1991 年 12 月第一版），卷 5，頁 682。

執天道之虛迹以為實得，則不復問所直者為何事，而孤立其天生之直性，並誤據之以為實得之德，是其不「證父攘羊〔註258〕」者少矣。

〔註258〕葉公語孔子曰：「吾黨有直躬者：其父攘羊，而子證之。」孔子曰：「吾黨之直者異於是：父為子隱，子為父隱，直在其中矣。」（宋）朱熹：〈子路第十三〉《四書章句集注・論語集注》（台北：大安出版社，1999年12月），卷7，頁202。

第十三章　結　論

第一節　王夫之氣論思想之總論

王夫之氣論思想乃由承襲張載「太虛之氣」爲本體，而開展出其一套完整的理論系統。「太虛之氣」雖名爲「虛」，實則爲「虛」中含實之「氣」，張載以「太虛」之名乃爲對抗佛老之虛無與證空的思想，然而王夫之所處時代思潮是陽明末流只袖手談心性之學，更甚至受禪宗影響。然而王夫之在此思潮下，藉張載的太虛之氣，眞實存有之氣，既無限又具體，供給其學術之養分，而創立王夫之的氣論思想。此外，王夫之重返「六經」，從儒家經典之注解出發，希望透過重新詮釋經典，建構理學之新風貌，希冀重拾爲當代所忽略的儒家精神，並告訴士子，儒家本崇實重經世之思想的傳統。

「太虛之氣」中有陰陽之神，可以生生不息創生形氣之萬變之質而不窮，陽氣有健動而清發的體性，如乾元之統天，主導「太虛之氣」的生發，而陰氣有順靜而濁凝的體性，故貞定萬物之形成。此陰陽二體性本具太虛之中，而非因動靜而始有。「太虛之氣」本爲一無垠渾淪而希微之場域，其中游氣瀰漫，藉由陰陽二體性，不斷地聚散升降飛揚，而創生萬物，然而聚散之氣會表現出幽而隱或明而顯之樣態，對於有形之氣而言，如同自然界之晝夜與生死的表現。而有形之氣因其具體有形，而形體有限期，當形毀氣散時，此有形之氣會散而回游氣之狀態，仍在「太虛之氣」渾淪希微之場域中，故氣之量不曾消滅。由此可知，「太虛之氣」有聚散而無始終。王夫之透過消融時間之有限，是爲了強調「太虛之氣」除了具有空間之無垠無邊際外，更具有時間之無限，超越始終與生死。

王夫之提出「太和之氣」，是爲了特別說明其氣本體中有「乾坤並建〔註1〕」與「兩端一致〔註2〕」的陰陽關係，王夫之不用一元之氣爲本體，而是用二元卻又統一者爲本體，乃因現實之形氣世界之陰陽不會孤立變化，萬事萬物都須由相反而仇，互爲其根而不悖，陰陽兩者不相離，故互相感應，以螺旋式變化不已，於是所謂靜者乃以陰爲性，雖陽之靜亦陰也；動者乃以陽爲性，雖陰之動亦陽。而此「陰陽和合之體」之本體論，引領氣論其他學術之重要命題亦以此爲主軸而展開。

此外，「陰陽和合之體」乃爲本體之範疇，而非形氣世界下動靜所生之兩端，進而使「太虛之氣」在生生健動方向上，更爲確立，進而賦予世界日新又新之可能。除「太虛之氣」中本具此陰陽和合不相悖離之特色，形氣萬物亦在氣聚創生時，陰陽和合之體亦凝於其身，此陰陽和合之體在形氣之身，有宰制形氣之作用，藉由陰陽不同體性，讓形氣生命歷程有多樣貌的變化，且不失氣化流行之常。固由此可知，「太和之氣」的「陰陽和合之體」是在形氣創生之先後都存在，不論生死聚散「太和之氣」的「陰陽和合之體」皆在其中。

「太極」名稱由來：「太」者表極大而無尚之辭。所謂「極」，至也。「太極」乃陰陽二氣渾合而無間之氣，然就若就二氣之渾合無間言則無陰陽二氣之別，故只是一氣，而亦無陰陽之理之分別，因只是一氣之理，故言「太極」爲理氣所充凝，而陰陽二氣有別，乃在其體性上之不同，故只可在陰陽氣化上安立。故陰陽相合不悖非一非異，故不可名之爲陰陽，則但贊揚其極至而無以加，故名之曰太極。

「太極」爲無方所、無具體聲臭的最高之理。太極亦是形上動而無動相、靜而無靜相的陰陽相生之神，此神之體須在形氣中才能被感知而顯其創生大用。故「太極」具無限義故非能由言語之名所界定，而以「無極」稱之，此「無極」既非理又非氣。而王夫之所謂「無極」指「無不極而無專極」表示

〔註1〕（明）王夫之：《周易內傳・發例》，收入船山全書編輯委員會編校：《船山全書》第一冊（湖南（長沙）：嶽麓書社，1991年12月第一版），頁683。

〔註2〕王夫之：「天下之萬變，而要歸於兩端。兩端生於一致，故方有『美』而方有『惡』，方有『善』方有『不善』。据一以概乎彼之不一，則白黑競而毀譽雜。聖人之『抱一』也，方其一與一爲二，向我徐處於中；故彼一與此一爲壘，乃知其本無壘也，遂坐而收之。壘立者『居』，而坐收者『不去』，是之謂善爭。」（明）王夫之：《老子衍》（長沙：岳麓書社，2011年1月），頁18。

陰陽渾合之太極其創生無不至且無專至於某一形氣，故此太極本體具普遍生生之道德義。

「太和一氣」依其氣之理創生萬物，萬物皆由「太和一氣」生生之途徑產生，故道之名亦因此而立，故言道乃天地人物之通理，即所謂「太極」。自「太和一氣」陰陽推盪創生萬物，陰陽之化自此而分，既生既成，而陰陽又各具不同形體。「太極」中非陰陽判離，陰中有陽，陽中有陰，各依其體性以孳生不同物類。而陰陽體性各有其作用，獨陰不成，孤陽不生，故兩者相合爲一「太極」渾全統體。而王夫之認爲形下氣保有太和陰陽渾合之本質之「精」，此「精」即其所謂「陽非孤陽，陰非寡陰，相函而成質」的「陰陽和合之體」，乃表示形下萬物中亦有陰陽相函而成質之「太極」，故言物物一太極。「太極」是太虛之和氣的「陰陽和合之體」，爲即存有即活動者，而其陰陽不由動靜而生，因陰陽本來就隱於太和之氣中。

王夫之認爲理乃氣化之條理，故氣外無理；而理與氣不分離，所以更無所謂孤立懸空不與氣雜的形上之理。理與氣在王夫之氣論思想中有位階上的差異，氣爲主，爲首出，而理依附於其中。因理只是陰陽二儀之妙理，即陽氣爲健動之理，陰氣則爲順靜之理，而此清虛之中自有此分致之條理，能制約事物運動、變化和發展的基本過程和必然趨勢，即所謂氣之善。由此可知，太虛之氣其氣化條理絕對善，氣之表現亦無不善。而太虛之氣是瀰綸無涯、通有形無形之兩端，所生存的空間充周的都是氣，而其依各種存在形式，然而氣中皆有條理，故無論氣聚氣散，理都隨之變化。

氣中有理，亦有神，而氣之神因清而無形，故於氣聚時，其可變化無端地凝聚於固定陰陽比例之形質中，當創生完成某依形物時，又可不滯於形氣濁而有形之礙，虛靈生生在藉由氣聚轉化入他物。太虛之氣量本不會因爲形氣之物的生死聚散而消失或減少，因氣之神函於氣中，氣不因聚散有亡滅，神亦不亡滅。故當形氣萬物死亡，其身之氣散而爲無形，而其形中之神亦隨氣回歸太虛無形之狀態。故太虛之氣中有陰陽渾然無間絪縕不顯之狀，直至創生形氣，此陰陽神而不測之精仍存於萬物之中爲人物之神，而形氣雖顯現具體動靜、聚散、屈伸、生死之別，但陰陽二氣和合之神卻是無生滅地通一氣死生與有無之道。

王夫之的道並不是本體之位階，故道是藉由氣化之名而後起者，道爲萬物創生的必經之道，故爲萬物之通理，若就形氣之萬物而言，道與理之別在於：道屬於通則，而理則是各別之物理。因形氣之萬物乃透過此氣化之道而創生。然而無形的道之通理須藉由氣之神所創生具體之萬物之器，使道顯其可見之迹。王夫之承襲儒家的天道觀，因其氣化流行之動中有恆常氣化之理，其氣化之道是化育萬物健動不已，故有其生生之道德價値義。此外王夫之繼承《易經》變動是不易的精神，故即便是氣之變亦在道之常理範疇內。

從宇宙論來說，太虛之氣充塞於兩間，而理行乎氣之中，其氣不斷聚合爲有形之質，形質中亦充塞氣，王夫之認爲質以函氣，身之形質亦是氣構成的，所謂理不離氣，故形質之氣中亦有其理，此稱爲人之性。因爲人之性不能離其所稟之氣質，故王夫之認爲若言性及是氣質之性，表人之性不單純只有天德之道德義，因爲性乃形氣中之條理故必與形質之身有關聯，故形質之身需藉外氣滋養而生，而此氣質之性則爲生之理，隨人之生命即存有即活動，故王夫之並不反對告子所謂食色爲性，然而聖人正衣服、愼飮食在於其食色必須合乎天理之則，故敬其身以建中和之極，進而可養其身之形質。程子認爲氣稟之才有不善，但王夫之認爲所謂的「才」，即非有形者，則氣之足以克制之而往惡之方向，而理亦足以引導使之爲善。因爲氣之不勝則「才」無生生動能，但若不以理引導爲善，抑不足以讓「才」表現其合宜之用。「才」屬氣雖居於性之後，但實則與性同爲一體。性乃氣之凝而有此氣之理者，就王夫之氣中有理的觀點，既然說「才出於氣」，故此「才」中怎會無理行於其中，又怎有不善。

人之本質直承元氣而來，故人身其心具有太和之氣陰陽相生之神的生生作用。心具此神之作用，則藉由外物之引發，由血氣之形體之耳目感官，可表現爲目之能視，耳之能聽之感官見聞；此外，更可表現爲判斷是非善惡之心之神思作用，但心之作用其判斷標準則由天德而來的性之道德內涵爲基礎。

人之身除無形陰陽之鬼神之魂魄外，另有陰陽之糟粕所聚而成形之身，知覺運動血氣之魄仍可受思之神之魂所引導，故仍可聰明覺了，但糟粕則無法接受神思之引，故永遠無法聰明覺了。故陰陽之糟粕之形，其內而爲耳目口體，外而爲聲色臭味，雖皆太和之氣絪縕不測之神所創生，但神不存於此形之中，故此主宰之神不存，故只留下血氣知覺運動之魄，魄與形兩相攻取而喜怒生焉。而人生存於形氣世界中，必會與外物有感通，由心感物之端倪，即心動而效性中四德，故由心變合之初機可見惻隱、羞惡、恭敬、是非四端，此爲道心，但若心之感物，不由性發，而是尤其小體之耳目感官與物接觸時，會因個人形氣血氣之小體之喜好而有攻取，進而產生喜、怒、哀、樂四情，此即爲人心。由上可知，人心爲情，道心爲性，皆由心發，故可言心統性情。

氣化流行事物之滋生變化，事物之義理日新月異，故王夫之不認爲聖人之生而知之，而不待多學而識。知止於至善是大學教人成德之目標，欲「知」至善爲何，則須透過致知之功夫，然而致知之方則在於格物。內心之神透過身之形體感官與外物相接，三相遇而知覺始發，進而產生認識作用，若知曉此物之理，則爲物格。人內心之神合外物以啓其知覺作用之覺心，可以由已知推擴至未知，但若人從出生便未見未聞，則不能生其心知覺之認識作用。王夫之重視人對現實形氣世界萬物的認識。王夫之十分看重「致」字，反對朱熹將此的功夫泯除。因爲此功夫代表人主動學而求知的人文義。所謂的致知，則是格形氣之各物中虛而無形之物理，進而使其心生其智之明，並再利用心之神思之智推理、類比、歸納，進而得以窮究隱於各形氣物之理中之氣化之誠道。所謂知至，乃在「吾心之全體大用無不明」，則致知者乃在求盡吾心之全體大用，即明白吾心中所存之性與物之本形而上之理一相合，皆爲太極之通理，故格物乃非在於物之數量上求，而是在物之本質上用力達豁然貫通於本性之功夫。

王夫之提出性有量的分際，性善之量可藉由天命不息而日生日充，此乃王夫之所創以氣論性而習與性成之性善模式。其不再由形上天的角度看待性善，而是由形氣世界人之生命其存活乃藉由氣化不息之滋養，而有成德不輟之可能，藉由德行表現來論「生之理」之性其善之擴充，此具人文化成義外，更貼近形氣世界人性眞實變化。性善之論點不再只有質之善，更有量之充。

人後天之得或喪、窮或通，乃因後天受氣化不齊之命所影響，然而無論如何，所謂得或喪、窮或通乃是個人生命之感受，王夫之由氣論的客觀角度看，這些吉凶毀吝其實非天數之本然，其起因皆出於人情之攻取愛惡，當人因有執著則所遇之命，會因自己的選擇招致禍福的不同結果，再經過時間日積月累醞釀會漸漸產生更嚴重的結果。在一般世俗眼中，吉凶禍福是天所命，人只能認命接受，但王夫之卻認爲這些吉凶禍福，是其來有自。

此外，聖人明白氣化流行之天本該產生人事各種狀況，無論常變皆合於天道。再者，人明白事有各種情況，此皆氣化流行之天之事，而非人可以掌控或改變，但吾人所該把握的是：人身所稟於天所具天理之德的仁義禮智之性，進德修業，而不應捨棄本歸於天之善，更不應放棄天所生之恩情。因此人應該向聖人學習，因其所在意與努力的是：天所凝於己身之仁義理智之性，而非在意氣化流行陰陽變合之氣幾中，時位不齊的得喪、窮通，亨屯之事。若能明白此理，則雖吉而非正命，雖凶無咎。

第二節　王夫之氣論思想之學術地位與價值

在北宋諸子開創出新的義理規模後，已創造出了中國哲學的新典範，此即所謂新儒學。然而新儒學乃綜合道家自然之哲學及佛學空性之智慧才轉折出新的學術路徑，而儒釋道三家爲本具豐富價值內涵的哲學體系，但儒家哲學在積極入世，卻與釋道兩家在消極出世的人生態度有極大的差異，而此人生目標設定之價值根源乃在一脈相承於各家之宇宙本體。北宋諸子中，以張載對釋道批評最爲激烈。蔡家和云：

> 張子寫《正蒙》的用意，便是要糾正蒙昧無知之人，而指出一條學問的正道，張子言：「大易不言有無，言有無，諸子之陋也。〔註3〕」在此指出蒙昧之人便是諸子百家，而且特言「有、無」者，其中包括道家、佛家，是張子主要的批評對象。其主要的判準在於易學，以易學的一氣流行之用兩爲判準，凡不合於此者，皆爲虛妄。而張子……以易學爲判準，這大易是儒家的義理下詮釋的易學，不是道家玄理下所解釋的易學。即是說張子要指出學術的正統，反對異端，因爲觀念錯謬將造成思想的災害。……張子對於異端的學說不滿，而提出「太虛即氣」的義理以糾正之。〔註4〕

黃秀璣亦云：「張載所謂的『太虛即氣』，用意是在批評先秦道家的宇宙觀，現在將討論『虛空即氣』，目的是在攻擊佛教的宇宙觀。張載對『氣』這個概念的興趣，基本上是在形而上學方面，雖則他好像中國傳統思想家一樣，對於形而上學的興趣並非爲著形而上學的緣故。但是，他似乎不能不在這一點上加以強調，原因很明顯的，即要反駁那中國思想和生活已經有了長久優勢的佛學形而上學說，必得建立一種更加令人信服的形而上系統。實際上，張載和其他新儒學家都正視著一巨大問題的壓力，這個問題是早期儒家所沒有

〔註 3〕（宋）張載：〈大易篇第十四〉《正蒙》（《張載集》（台北：漢京文化，1983年9月），頁48。

〔註 4〕蔡家和：〈張載「太虛即氣」義理之再探——以《正蒙》爲例〉，《當代儒學研究》，第4期，(2008年7月)，頁2～3。

經驗過的，並且比道家思想所發生的問題要難以應付，這個難題是，如何證明所看見的宇宙世界是實在的，而非幻妄的。因而張載『氣』這個概念適用了他的雙重目標：在一方面，作為排斥佛學宇宙論理論的思想武器，在另一方面，作為建造他認為較正確的宇宙觀。〔註5〕」故本人藉由「氣」為宇宙本體之本原作援入之手，來對顯王夫之與張載相似之歷史背景，並說明「氣」可解決兩人所需面對的學術思想上的歷史課題。

對顯於張載，王夫之所處的時代思潮與困境，錢穆有云：

> 清儒學術，直承晚明而來，未依晚明的路向發展。晚明諸老心中，藏有兩大問題；一是宋明儒心學，欲走欲向裏，欲逼欲渺茫，結果不得不轉身向外來重找新天地，這是學術上的窮途；另一則是身世上的窮途。晚明不比北宋初，正當宋代無事將及百年，社會文物隆盛，他們不甘再溺於道佛方外消沉的圈子裏，一時翻身來講人文大群政治教育一切積極事業。他們心中只知道回復三代孔孟這是全部樂觀。晚明諸遺老則不然，他們是亡國之餘。孑遺的黎民，他們對中國傳統文化政治教育各方面都想從頭有一番認識，到底哪些是有眞正價值可以保存或發揚的，哪些是要不得的，當前大禍，究竟由何招致，須加以思索研尋。因此北宋初期的心情是高揚的喜劇式的，晚明諸遺老則是低沉的悲劇式的。北宋初期常見其昂首好古，只要把三代孔孟以來代替魏晉隋唐與釋迦達摩，他們的心情常見是情感的，宗教的，與經學的。晚明諸遺老則在圖窮路絕之際，重回頭來仔細審量與考察，他們的心情常是理智的，社會的與史學的。
>
> 〔註6〕

王夫之雖繼承張載以「氣」為宇宙本體的思想，但其所要處理與面對的時代困境與社會國家禍亂，在面對《正蒙》時必有不同的詮釋與注解，來因應動亂的時空環境。《明史・儒林傳》有云：「原夫明初諸儒，皆朱子門人支流餘裔，師承有自，矩矱秩然。曹端、胡居仁踐篤履，謹繩墨，守儒先之正傳，無敢改錯。學術之分，則自陳獻章、王守仁始。宗獻章者曰江門之學，孤行獨詣，其傳不遠。宗守仁者曰姚江之學，別立宗旨，顯與朱學背馳，門徒遍

〔註5〕黃秀璣：《張載》（台北：東大圖書公司，1987年9月），頁49。

〔註6〕錢穆：〈前期清儒思想新天地〉收入汪學群編：《清代學問的門徑》（台北：中華書局，2009年11月），頁201。

天下，流傳逾百年，其教大行，其蔽滋甚。〔註7〕」自陳獻章、王陽明之後，程朱之學便一蹶不振，故宗程朱之學的江門學派因「孤行獨詣」，故其學問因而有失傳之危機。而另一宗王陽明的姚江之學多重事講學而門徒遍天下，顯然是當時學術之主流，但是思想多流於空談心性，而無益於世教。由上可見明初程朱「性即理」轉爲明中晚期陸王「心即理」之學的軌跡。而學者亦用心於探討程朱之學轉爲陸王心學之變化因素與過程，進而忽略從先秦以來，「氣」的觀念一直存在於諸子的思想之中，如老子「萬物負陰而抱陽，沖氣以爲合」，董仲舒提出「元氣」，王充的元氣自然論，宋明理學時的張載提出「太虛即氣」，使「氣」向本體層提昇的另一派學術體系。在傳統的宋元明理學觀念中，總將宋元明理學區分爲程朱、陸王兩派。程朱以「理」爲主體，在邏輯結構上區分爲形而上、形而下，將具體現實與道德意識區分出來，雖具有外王之精神，卻未能達到儒家內聖外王及以道一以貫之的精神。陸王則以心爲主體，雖能明白指出朱學最大的失誤在形上、形下理氣二分，卻主張心外無理，以主觀意識建構形上學，其良心主體表面看起來是貫通形上、形下，實際卻是重視形上的道德意識，而忽略了形下的氣化世界，故亦偏離了儒家內聖外王之可能。

因此在直至明朝中葉至清之際理學衰微，心學復興的同時還有氣本論一派被傳統理學主流所忽視，他們的理學思想多被視之爲朱學之分歧，未受重視，直至當代才被正式概括爲一個學派。他們批評朱子「理氣二分」、「心性情三分」使理成一形上不能生生之價值本體，生生價值則由形氣來完成，有天人割裂不相貫之病；與陽明學派以良知作爲通貫天道與性命之本體，使生生不息之道德創造，由天命於人，成爲人踐德之價值與動力的根源，但其重點仍只是在本體界之價值創造，對形氣世界之生化則有未予以重視之憾。故他們繼承了中國古代元氣本體的哲學思想，以氣爲本體，貫通形上形下與天人之間，闡發元氣一元論的思想。張岱年即最先提出宋明哲學除了程朱、陸王二派之外，仍有氣本論一派之論者。張岱年於《中國哲學大綱》中將宋至清哲學分爲「唯理的」、「唯心的」，以及「唯氣的亦即唯物的」三個主要的潮流，重新肯定了在傳統理學主流觀點中被誤認或錯定之氣本論學者，使之得到適當之地位。張岱年於《張岱年自傳》中曾回顧這件事云：

〔註7〕（清）張廷玉等撰：《明史・儒林傳一》，（台北：鼎文書局，1994年8月），卷282，頁7222。

> 我在《中國哲學大綱》中首先指出：自宋至清的哲學思想，可以說有三個主要潮流，第一是唯理的潮流，即程朱之學；第二是主觀唯心論的潮流，即陸王之學；第三是唯氣的潮流亦即唯物的潮流，即張載、王廷相、王夫之以及顏元、戴震的學說。從三十年代到八十年代，經多年的論辯，宋明哲學分三派的觀點已爲多數研究者所承認了。馮友蘭晚年撰寫《中國哲學史新編》，將宋明哲學分爲理學、心學、氣學三個學派。〔註 8〕

這段話即可知眞有氣本論一派在二十年代以前爲大家所忽視。而張載爲氣本論之奠基者，在此氣學思潮中有純粹氣本論者，如羅欽順、王廷相、吳廷翰等人集大成，主張形上元氣與形下形氣相貫通；再者，有以氣含攝心性者，如王夫之、劉宗周、黃宗羲、呂坤；更有將氣學直接轉化爲人倫治道，以達到內聖外王之精神，如高拱、戴震、陳確、唐甄、顏元、李塨等。

故明中期到明末清初，正是「氣本論」由先秦發其端至成熟的時期，其中王夫之便處於氣學成熟發展的時代。伴隨著宋明儒學過度強調道德本體的追求，而忽視現實存在的意義，至後期遂逐漸衍生出幾乎完全以內聖取代了外王的流弊。明清之際由於面臨政治環境的激烈變化與動盪，也促使儒家學者開始針對宋明儒學的理論進行反省與檢討。而王夫之即是處於此一趨勢之下，展開其理論的詮釋與創新。蓋整體而言，王夫之對於宋明理學所展開的修正，在於從現實客觀的角度出發，重視現象的實存，而以「氣」的概念取代了「理」的概念而成爲本體，牟宗三先生說：「若通曉程朱陸王之所講，則知船山所言皆不悖於宋明儒之立場。有人把他往下拖，講成唯氣論，實大謬誤。他的思想路數，是繼承張橫渠的規模下來的。張橫渠的思想在某義上說，亦是綜合的，從乾坤大父母，氣化流行，講天道，講性命。這裡面也有理，也有氣，沒有像朱子那樣有分解的表現。船山繼承此路而發展。他的才氣浩瀚，思想豐富，義理弘通。心、性、理、氣、才、情，貫通在一起講，故初學極不易把握。〔註 9〕」其氣論之思想亦反映在人性論與身心論的觀點上，則不僅不否定氣質與欲望的合理性，甚至將其視爲道德的基礎，而對於人性的認識也轉而強調個體自我的責任與開創，以及肯定人文化成之道德實踐，適足以成爲豐富人性之善的珍貴資源。因此，曾昭旭先生認爲王夫之與宋明儒

〔註 8〕張岱年：《中國哲學大綱》，（台北：彙文堂出版社，1987 年），頁 23～24。
〔註 9〕牟宗三：《四因說演講錄》（台北：鵝湖出版社，1997 年），頁 37。

學的最大分野，即在於宋明儒學呈現出的是「由末反本」的趨勢，而王夫之之學則展現出「由本貫末」的方向：

> 自孟子後以迄於宋明，儒學之主流實在逆覺體證此心性之本體。在「求其放心」，在由末（變動無恒之現象）以反本（亦超越亦內在之本體）。此學至宋明而臻於大成。而船山則不然，在船山，此道德主體之肯定已若無疑問，而不復成爲其學之重點，於是乃重在更從此道德主體向外發以成就具體的道德事業，故其學之趨向，乃不是由末反本而是由本貫徹於末的。由末反本，則即用顯體而全用是體，而以重在見體之故，其用隨時而化，而唯存其體之神。則一切現象畢竟無積極之意義。由本貫末，則即體致用而全體在用，以重致用之故，其用乃化而猶存，其所存之神乃不只是神體之如如恆在，亦是神用之畜積日富，則一切現象於變化日新之餘，更有道德事業，歷史文化之凝成而具積極之意義。此即船山之學與其前儒學之大分水嶺也。〔註10〕

由於宋明儒學關懷的重點在於追求道德根源之體證，由是也形成了對於現實世界的忽視與否定，伴隨著此一趨勢的發展，遂逐漸將工夫圍繞著個體心性修養的層面著眼，導致成德的目標侷限於內聖的領域，無法拓展出外王的事業。因此，明清之際的學者大多轉而重視具體事功的開創與成就，而王夫之亦反應了此一思潮理路，然而值得注意的是，王夫之不同於其他學者的地方，則在於他吸收了宋明儒學之精華，而能有所增益與轉向，因此兼取了「內在的反省與客觀的觀看〔註11〕」兩種態度，使其思想內容融合承繼與創新兩大面向，而成爲此一浪潮當中最具價值與代表性的理論。

王夫之的氣論思想除了對程朱之學與陸王心學的修正外，更提出以「氣」爲本重「實」、「有」之思維，以表達其繼承張載思想與因應時代思潮的創新精神。王夫之云：

> 西域愚陋之夷，本不足以知性命。中國之儒者，抑不能深研而體驗之，而淫於邪說。故聞太虛之名，則以爲空無所有而已，明則謂之有，幽則謂之無，豈知錯綜往來，易之神乎！〔註12〕

〔註10〕曾昭旭：《王船山哲學》（台北：遠景出版，1983年2月），頁293。

〔註11〕唐君毅：《中國哲學原論：原性篇》（台北：臺灣學生書局，1991年），頁528。

〔註12〕（明）王夫之：〈可狀篇〉《張子正蒙注》，收入船山全書編輯委員會編校：《船山全書》第十二冊（湖南（長沙）：嶽麓書社，1991年12月第一版），卷9，頁374。

> 老、釋以無在有外，夐然無對之孤光爲性，惟不知神之與氣，氣之與形，相淪貫而爲一體，虛者乃實之藏，而特聞見之所不逮爾。〔註 13〕

王夫之在此提出「中國之儒者，抑不能深研而體驗之，而淫於邪說。」此乃嚴正之大聲疾呼，希冀振聾發聵，因儒家已面臨生死存亡關頭，竟不知性命之學乃儒家之道統，若再堅信藉由西域釋氏之理論，錯以「太虛」爲「空」爲「無」，此如同誤把可聞可見之明謂之有，不睹不聞之幽謂之無，因而無法明白儒家最重要之經典《易》之神可錯綜往來古今之深意。其再提出老、釋以「以無在有外」另於具體之有外立一孤懸「無」之本體，兩者並以有限之聞見來判別，使「氣」「神」「形」三者割裂，而不知「虛者乃實之藏」。故其云：「爲主於無聲無臭之中而不累於無，流行於人倫庶物之繁而不累於有，能明太虛之有實，乃可知萬象之皆神。〔註 14〕」太虛乃一實有之本體，其中具有「神」之實，可貫穿無聲無臭幽隱的「氣」之無與人倫庶物明顯的「形」之有，並可體物不累。但老、釋不明此理。而王夫之駁斥之：

> 莊、老言虛無，言體之無也；浮屠言寂滅，言用之無也；而浮屠所云眞空者，則亦銷用以歸於無體。蓋晉、宋間人緣飾浮屠以莊、老之論，故教雖異而實同，其以飲食男女爲妄，而廣徒眾以聚食，天理終不可滅。唯以孩提之愛爲貪痴，父母爲愛惑所感，毀人倫，滅天理，同於盜賊禽獸爾。〔註 15〕

莊、老以道爲虛無，乃言本體之無。而浮屠以萬象爲無自性之空，故言寂滅，此乃言用之無也。但浮屠所云眞空之佛性，則亦是銷萬象具體之人倫日用而歸於其虛無之本體。故王夫之云：「故曰往來，曰屈伸，曰聚散，曰幽明，而不曰生滅。生滅者，釋氏之陋說也。〔註 16〕」若以釋氏以萬象爲空的生滅觀點，來看飲食男女、廣徒眾以聚食之人生具體需求與孩提之愛、父母爲愛的

〔註 13〕（明）王夫之：〈可狀篇〉《張子正蒙注》，收入船山全書編輯委員會編校：《船山全書》第十二冊（湖南（長沙）：嶽麓書社，1991 年 12 月第一版），卷 9，頁 362。

〔註 14〕同上註，頁 374。

〔註 15〕同上註，頁 362。
王夫之乃以氣論之儒學觀點闢佛老，而王夫之之針對國勢衰頹之明末，欲救亡圖存，故用語較爲嚴正。其用意在於喚醒士子們，能重實學與經世，而非只沉溺於心性之學中。

〔註 16〕（明）王夫之：〈太和篇〉《張子正蒙注》，收入船山全書編輯委員會編校：《船山全書》第十二冊（湖南（長沙）：嶽麓書社，1991 年 12 月第一版），卷 1，頁 21～22。

人倫之常，在王夫之眼中乃滅天理同於盜賊禽獸者。故其云：「有無混一者，可見謂之有，不可見遂謂之無，其實動靜有時而陰陽常在，有無無異也。〔註17〕」以可見、不可見作爲有、無標準，乃是混有、無爲一，非眞明白有、無之人，因「動靜有時而陰陽常在」，故「有無無異」。如其云：

> 陰陽二氣充滿太虛，此外更無他物，亦無間隙，天之象，地之形，皆其所範圍也。散入無形而適得氣之體，聚爲有形不失氣之常，通乎生死猶晝夜也。晝夜者，豈陰陽之或有或無哉！日出而人能見物，則謂之晝；日入而人不能見物，則謂之夜，陰陽之運行則通一無二也。〔註18〕

所謂「言陰陽之均有也。此以靜生陰、動生陽言之。〔註19〕」陰陽乃實有之氣不分形上下而無間隙地彌淪於天之象、地之形的太虛範圍中，散而不可見的無形之氣與聚而可見的有形之氣皆爲實有之陰陽二氣的靜生陰、動生陽表現，陰陽之運行常在且通於聚之有形、散之無形的幽明之間，而不分有無爲二。此乃繼承張載以幽明說批判佛道有無的說法，朱伯崑云：

> 張氏將「萬物」易爲「法象」，強調宇宙中充滿了有象的事物。其成爲有形之物，則爲天文地理，如日月山川等，此是肉眼察覺到的，所以稱之爲明；當其未成有形之物時，有象而無形，是肉眼看不到的，所以稱之爲幽。「故」，張氏訓爲原故，認爲幽是明的原因，及象是形的原因，形是從象轉化來的，所以從幽可以知明，從明可以知幽。其又解釋幽明……氣有聚散，其聚而成形，肉眼可見，爲顯；其散開而歸于無形之物，肉眼不可見，爲隱。物體所以隱而顯，由于幽和明都不能離開象，此即「幽明所以存乎象」。氣所以聚而散，都是出於氣的運動本性，此即「推蕩所以妙乎神」。此是說，幽明，隱顯，象形，是互相轉化的。總之，宇宙間的事物，非形則象，非幽則明，沒有眞空的世界。……張載依據幽明說，批判佛道。……

〔註17〕（明）王夫之：〈太和篇〉《張子正蒙注》，收入船山全書編輯委員會編校：《船山全書》第十二冊（湖南（長沙）：嶽麓書社，1991年12月第一版），卷1，頁24。

〔註18〕同上註，頁26。

〔註19〕（明）王夫之：〈可狀篇〉《張子正蒙注》，收入船山全書編輯委員會編校：《船山全書》第十二冊（湖南（長沙）：嶽麓書社，1991年12月第一版），卷9，頁374。

> 二氏的錯誤在于以有形可見爲有，以無形可見爲無，只知有明，不知有幽，結果倒向虛無主義。〔註 20〕

故王夫之云：「孔子曰：『未知生，焉知死。』則生之散而爲死，死之可復聚爲生，其理一轍，明矣。〔註 21〕」且「滯於有者不知死，滯於無者不知生。流俗異端，皆執物之滯於陰陽晝夜以爲有無。〔註 22〕」生死晝夜並非分爲有、無之二，而只是往來、屈伸、聚散、幽明不同表現。故云：「始終，非有無之謂也；始者聚之始，日增而生以盛，終者聚之終，數盈則日退而息於幽。非有則無以始，終而無則亦不謂之終矣，所自始者即所自終。〔註 23〕」王夫之認爲不可誤以有、無來論始終，因爲始乃氣聚而萬物生，日增品類之繁盛；終乃萬物形敝而亡，雖物之數盈，但個體之物則日退衰老止息，以致氣散於幽微不見之太虛中。而始終乃氣之屈伸、聚散的變化，且因動靜有時而陰陽常在，故太虛之氣量無所增減。其云：

> 聚則見有，散則疑無，既聚而成形象，則才質性情各依其類。同者取之，異者攻之，故庶物繁興，各成品彙，乃其品彙之成各有條理，故露雷霜雪各以其時，動植飛潛各以其族，必無長夏霜雪、嚴冬露雷、人禽屮之木互相淆雜之理。故善氣恆於善，惡氣恆於惡，治氣恆於治，亂氣恆於亂，屈伸往來，順其故而不妄。不妄者，氣之清通，天之誠也。〔註 24〕

王夫之有言「天以太虛爲體〔註 25〕」，太虛之氣成形成象創生才質性情各依其

〔註 20〕朱伯崑：《易學哲學史（第 2 卷）》（台北市：藍燈文化，1991 年 9 月），頁 317～318。

〔註 21〕（明）王夫之：〈太和篇〉《張子正蒙注》，收入船山全書編輯委員會編校：《船山全書》第十二冊（湖南（長沙）：嶽麓書社，1991 年 12 月第一版），卷 1，頁 21～22。

〔註 22〕（明）王夫之：〈可狀篇〉《張子正蒙注》，收入船山全書編輯委員會編校：《船山全書》第十二冊（湖南（長沙）：嶽麓書社，1991 年 12 月第一版），卷 9，頁 374。

〔註 23〕同上註，頁 374。

〔註 24〕（明）王夫之：〈太和篇〉《張子正蒙注》，收入船山全書編輯委員會編校：《船山全書》第十二冊（湖南（長沙）：嶽麓書社，1991 年 12 月第一版），卷 1，頁 19。

〔註 25〕（明）王夫之：〈天道篇〉《張子正蒙注》，收入船山全書編輯委員會編校：《船山全書》第十二冊（湖南（長沙）：嶽麓書社，1991 年 12 月第一版），卷 2，頁 66。

類的繁盛庶物，所以露雷霜雪各以其時，必無長夏霜雪、嚴冬露雷；動植飛潛各以其族，而人禽艸之木互相淆雜之理。而此品彙之成各有條理，乃因太虛之氣具清通且順而不妄地屈伸往來之動能，而此動能不息地流行生機於幽隱之散而無形與顯明之聚而有形的始終之間，此即所謂「天之誠」。王夫之不言有無，而以傳統儒家「天之誠」屈伸往來、聚散幽明之始終來論太虛之氣，乃為彰顯對抗佛老空無之決心。此外，張載為氣本論之奠基者，而王夫之則為清代儒學論氣之大家，故其「希張橫渠之正學」並以「六經責我開生面」自許，此學術意義並不在重現理學思想，因此董金裕云：「王船山思想雖承自張橫渠，但實非全面性接受，其中自有他自己的揀擇，再加上受時代風潮影響，也不能不對張橫渠之說有所修正。〔註 26〕」王夫之認為「太虛之氣」是不分形上下之一氣流行之道在氣中，此於人性表現，則無天地之性、氣質之性二分，而是只有一性，即以善為主體的氣質之性；就心論言，則只有一心，道心與人心是一體之兩面，若依心中性之善理表現即為道心。此外，氣稟之才非惡之來源，唯心不由性中善理所發之情，則有為惡之可能；若性在情中，則情不是私欲，而是人性之善具體實踐之展現。唐君毅云：「船山之哲學，重矯王學之弊，故于陽明攻擊最烈。于程、朱、康節皆有所彈正，而獨有契于橫渠。……以其哲學思想而論，取客觀現實的宇宙論之進路，初非心性論之進路，故特取橫渠之言氣，而去橫渠太虛之義。……又其言氣，不言一氣之化，而言二氣之化，二氣之德為乾坤，故其講易，主乾坤並建，謂太極即陰陽二氣之渾合，此又異於先儒二氣原於一氣之說。〔註 27〕……船山竄身猺洞，發憤著書，其哲學思想最為敻絕。船山本其哲學思想之根本觀念，以論經世之學，承宋明儒重內聖之學之精神，而及于外王，以通性與天道與治化之方，而一之者，惟船山可當之耳。〔註 28〕」張立文云：

> 如果張載的「太虛」與「氣」之間仍有裂縫之失，而為二程所擴大做了形而上、下二分的劃分，則王夫之扶正了程朱的歪曲，彌補了張載的裂縫。「人之所見為太虛者，氣也，非虛也。虛涵氣，氣充虛，無有所謂無者。」「六經總在虛無裡，始信虛無不是無。」「太虛者

〔註 26〕董金裕：〈王船山與張橫渠思想之異同〉，《哲學與文化》第 20 卷 9 期（1993 年 9 月），頁 883～884。

〔註 27〕唐君毅：《中國哲學原論・原教篇（下）》（台北：臺灣學生書局，1979 年 2 月），頁 513～514。

〔註 28〕同上註，頁 513。

> 氣也」，既合乎本質地恢復了張載的傳統思想，亦發展了張載哲學。如僅從其邏輯結構形式來看，從張載的「太虛」(「氣」)——「物」——「太虛」(「氣」)到王夫之的「誠」(「氣」)——「物」——「誠」(「氣」)，似乎是一種回歸現象。但在人類認識史上，確是一次螺旋式地前進運動。這是王夫之邏輯結構的特點，也是其作爲宋明「理學」總結者的原因之一。〔註 29〕

由於王夫之身處明清鼎革之際，其由內在氣學思想融合心性與事功，發爲實際的經世致用主張，使其不僅在義理上有所成就，甚至在經學、史學的成就亦不相上下。王夫之晚年取張載《正蒙》進行注釋，不僅在闡明張載學說，更在於借此材料闡揚自己「太虛之爲體，氣也」的思想主張。不可諱言王夫之受張載影響昭然若揭，故本文就此論點，闢此章節論述兩人因「氣」結緣，而思想得以連結的內涵與學術定位與價值。所以王夫之哲學思想主在開創清代「經世致用」實學，並爲之奠定基底，故其氣學思想，上有所承，下有所啓，影響至現代。陳忠成在〈船山理氣說之特色〉一文中提出：

> 船山言氣之聚散，可分爲承襲與創新兩方面來說，就前者論乃承襲橫渠聚散循環、流行不滅之說，認爲天人之蘊，一氣而已；天地萬物之成毀，皆因太虛一氣之聚散循環。氣聚有形則化生萬物，萬物毀廢，其氣潰散爲太虛則無形，如是循環不已耳。方其聚時，氣非有增；方其潰散，氣亦非滅滅而爲空無。故萬物聚散循環，而氣之本身不生不滅、不增不減。……此見船山言氣之聚散，乃承襲橫渠，強調其流行循環、生生不息之特性，認爲氣或聚或散、或幽或明、或隱或顯，總是實有，絕非虛無。唯其實有非虛，聚散不息，流行不已，方能成就宇宙萬象之亹亹，此即易傳「生生」、「富有」之義。〔註 30〕

王夫之承襲張載以氣爲本體，氣乃實有之虛，而非無，只有幽明、隱顯、聚散之不同樣態之表現，且氣之總量不滅，故無所謂生滅。而王夫之藉此說明只有一氣流行，無形上形下二分，故無天人之割裂，形氣與太虛是同質同層。王夫之除承襲張載以氣爲體的理論基礎外，尚有創新之處，陳忠成云：

〔註 29〕張立文：《宋明理學邏輯結構的演化》（台北：萬卷樓，1993 年 1 月），頁 241。
〔註 30〕陳忠成：《王船山研究》（台北：國立臺灣大學中國文學研究所碩士論文，1975 年），頁 65～67。

> 自創新一面而言之，船山把握易傳「屈伸往來、變動日新」之義，認爲氣既日月聚散循環，變化莫測，生生不息，而天地萬物皆一氣流行之現象，必隨之日日更新，變遷不，絕無停滯之狀，因而創立天地日新說。……此謂天地萬物，流行不息，常人所云生死者，實是虛實往來之變。而大化往來之際，萬物隨之推陳出新，宇宙之間，故新陳代謝不已也。唯其新陳代謝不已，天地之化遂得日新。……船山由天地日新之宇宙觀出發，在人性上，則主張性日生日成，習與性成；在人文上，則主張人文進化，反對泥古。又據以補正橫渠「日月之形，萬古不變」說，此誠是一大創見。〔註31〕

張麗珠亦云:「船山立基在張載『有無混一之常』之強調氣有聚散隱顯之不同，但無所謂『有無』的氣論思想上，而從『氣』爲天道本體的哲學高度，建立起涵蓋氣、理、氣之理、氣之變合運動規律、以氣論性的人性論之完整思想體系。是故船山哲學之歷史作用，在於他在理學走過了程朱主流強調『理本論』與陽明心學主張『心本論』之高峰發展和理論建構之後，轉從重氣的角度，成完了儒學思想從理本——〉心本——〉氣本的全幅開發歷程，成爲我國明清之際最具哲學深度的理論建設。〔註32〕」故筆者通過對王夫之思想的分析，建構其理論架構，以凸顯其氣論主張，並確立其在明末清初學術思潮之地位。

〔註31〕陳忠成：《王船山研究》（台北：國立臺灣大學中國文學研究所碩士論文，1975年），頁65～67。

〔註32〕張麗珠：〈船山哲學的氣本論進路〉，《國文學報》第44期（2008年12月），頁61。

徵引書目

以下書目依四庫全書總目次序排列，近人著作部分依姓名筆劃與時代順序排列。

壹、典籍

經部

易類：

1.《周易本義》,（宋）朱熹，台北：大安出版社，1999 年 7 月。

書類：

1.《尚書正義》,（漢）孔安國傳,（唐）孔穎達等正義，台北：藝文印書館，1993 年。
2.《尚書引義》,（明）王夫之，長沙：岳麓書社，2011 年 1 月。

禮類：

1.《禮記正義》,（漢）鄭元注、（唐）孔穎達等正義，台北：藝文印書館，1993 年。
2.《禮記章句》,（明）王夫之，長沙：岳麓書社，2011 年 1 月。
3.《大戴禮記解詁》,（清）王聘珍，北京：中華書局，1983 年 3 月。

四書類：

1.《四書章句集注》,（宋）朱熹，台北：大安出版社，1999 年 12 月。
2.《四書訓義》,（明）王夫之，長沙：岳麓書社，2011 年 1 月。
3.《船山經義》,（明）王夫之，長沙：岳麓書社，2011 年 1 月。

史部

正史類：

1.《明史》，（清）張廷玉等，台北：鼎文書局，1994年8月。

別史類：

1.《國語》（三國），韋昭注，台北：臺灣商務印書館《四部叢刊》影上海商務印書館縮印，杭州葉氏藏明金李校刊本，1975年臺3版。

傳記類——名人之屬：

1.《先船山公年譜》，（清）王之春編，收入北京圖館書出版社影印室輯：《清初名儒年譜》第八冊，北京：北京圖書館出版社，2006年。

2.《王船山先生年譜》，（清）劉毓松編，收入北京圖書館出版社古籍影印室編著：《叢書人物傳記資料類編・儒林卷》第十三冊、第十四冊，北京：北京圖書館出版社，2006年。

傳記類——總錄之屬：

1.《東林書院志》，（清）高廷珍等，光緒七年（1881年），無錫趙氏重刊本。

子部

儒家類：

1.《荀子集解考證》，（戰國）荀子撰，（唐）楊倞注，（清）王先謙集解，台北：世界書局，2000年12月。

2.《春秋繁露》，（漢）董仲舒，台北：臺灣商務印書館，《四部叢刊》影上海商務印書館縮印武英殿聚珍本，1975年臺3版。

3.《法言義疏》，（漢）揚雄撰，汪榮寶撰，陳仲夫點校，北京：中華書局，1996年。

4.《太玄集注》，（漢）揚雄撰，（宋）司馬光集注，劉韶軍點校，北京：中華書局，2005年。

5.《周子全書》，（宋）周敦頤，台北：臺灣商務印書館，1978年9月。

6.《朱子語類》，（宋）朱熹，台北：文津出版社，1986年12月。

7.《王陽明傳習錄及大學問》，（明）王守仁，台北：黎明文化，1992年4月。

8.《高拱論著四種》，（明）高拱，北京：中華書局，1993年7月。

9.《困知記》，（明）羅欽順，明嘉靖十六年，吳郡陸粲刊本。

10.《海涵萬象錄》，（明）黃潤玉，台北：臺灣大學圖書館影印河南省圖書，館藏明正德十六年陳槐刻本。

11.《涇野子內篇》，（明）呂柟，北京：中華書局，1992年。

12.《士翼》，（明）崔銑，明嘉靖乙未14年（1535）平陽刊本。

13.《性理三解》，（明）韓邦奇，台北：國家圖書館善本書室明正嘉間原刊本。

14.《淮海易談》，（明）孫應鰲，貴陽：貴州教育出版社，1996年4月。

15.《呻吟語》，（明）呂坤，台北：志一出版社，1994年7月。

釋家類：

1.《相宗絡索》，（明）王夫之，長沙：岳麓書社，2011年1月。

道家類：

1.《老子衍》，（明）王夫之，長沙：岳麓書社，2011年1月。

2.《老子校釋》，朱謙之，《新編諸子集成》第一輯，北京：中華書局，1998年12月。

3.《莊子解》，（明）王夫之，長沙：岳麓書社，2011年1月。

4.《莊子集解》，（清）王先謙，台北：世界書局，2003年10月。

法家類：

1.《管子》，（春秋）管仲，台北：臺灣商務印書館，《四部叢刊》影上海商務印書館縮印常熟瞿氏藏宋本，1975年臺3版。

雜家類：

1.《論衡》，（漢）王充撰，（清）惠棟批校，中國子學名著集成編印基金會印行明萬曆間新安程榮刊漢魏叢書本。

2.《淮南子》，（漢）劉安，台北：臺灣商務印書館，《四部叢刊》影上海商務印書館縮印影鈔北宋本，1975年臺3版。

集部

別集：

1.《張載集》，（宋）張載，台北：漢京文化，1983年3月。

2.《二程集》，（宋）程顥、程頤，台北：漢京文化，1983年9月。

3.《朱子全集》，（宋）朱熹，台北：大方書局，1963年2月。

4.《陸象山全集》，（宋）陸象山，台北：世界書局，1990年11月。

5.《薛瑄全集》，（明）薛瑄，山西：山西人民出版社，1990年8月。

6.《王廷相集》，（明）王廷相，北京：中華書局，1989年9月。

7.《吳廷翰集》，（明）吳廷翰，北京：中華書局，1982年2月。

8.《南山黃先生家傳集》，（明）黃潤玉，台北：國家圖書館善本書室，明藍格抄本。

9.《高子遺書》，（明）高攀龍，台北：臺灣商務印書館影印，《文淵閣四庫全書》本，1983 年。
10.《劉宗周全集》，（明）劉宗周撰，戴璉璋、吳光主編，鍾彩鈞編審，台北：中央研究院中國文哲研究所，1997 年 6 月。
11.《黃宗羲全集》，（明）黃宗羲，杭州：浙江古籍出版社，2005 年 9 月。
12.《船山全書》，（明）王夫之，長沙：嶽麓書社，1991 年 12 月第一版。
13.《戴震集》，（清）戴震，台北：里仁書局，1980 年。

貳、近人著作

一、專著

1. 方立天：《中國古代哲學問題發展史（上冊）》，台北：洪葉文化，1995 年 4 月。
2. 方祖猷：《清初浙東學派論叢》，台北：萬卷樓，1996 年 7 月。
3. 王之春：《船山公年譜》，北京：中華書局，1989 年。
4. 王永祥：《船山學譜》，收入北京圖書出版社影印室輯：《清初名儒年譜》第七冊，北京：北京圖書館出版社，2006 年。
5. 王孝魚：《船山學譜》，台北：廣文書局，1975 年。
6. 王俊彥：《王廷相與明代氣學》，台北：秀威資訊科技，2005 年 10 月。
7. 張西堂：《明王船山生生夫之年表》，台北：臺灣商務印書館，1978 年 7 月。
8. 王國良：《明清時期儒學核心價值的轉換》，合肥：安徽大學出版社，2002 年 2 月。
9. 皮錫瑞：《經學歷史》，台北：藝文印書館，1996 年 8 月。
10. 任繼愈主編：《中國哲學史（第一冊）》，北京：人民出版社，1990 年 3 月。
11. 朱伯崑：《易學哲學史（第 2 卷）》，台北：藍燈文化，1991 年 9 月。
12. 牟宗三：《心體與性體（一）》，台北：正中書局，1996 年 2 月。
13. ———：《四因說演講錄》，台北：鵝湖出版社，1997 年。
14. ———：《宋明儒學的問題與發展》，台北：聯經出版社，2003 年 12 月。
15. ———：《生命的學問》，台北：三民書局，2004 年。
16. 何兆武、步近智、唐宇元、孫開太：《中國思想發展史》，台北：明文書局，1993 年 1 月。

17. 何佑森：《清代學術思潮——何佑森先生學術論文集（下）》，台北：臺大出版中心，2010 年 3 月。
18. 吳根友主編：《多元范式下的明清思想研究》，北京：三聯書店，2011 年 8 月。
19. 吳雁南、秦學頎、李禹階主編：《中國經學史》，福州市：福建人民出版社，2001 年 9 月。
20. 汪學群編：《清代學問的門徑》，北京：中華書局，2009 年 11 月。
21. 林安梧：《王船山人性史哲學之研究》，台北：東大圖書，1987 年 9 月。
22. 林聰舜：《明清之際儒家思想的變遷與發展》，台北：臺灣學生書局，1990 年 10 月。
23. 韋慶遠：《禍由筆墨生——明清文字獄》，台北：萬卷樓，2000 年 8 月。
24. 唐君毅：《中國哲學原論・原性篇》，台北：臺灣學生書局，1991 年。
25. ———：《中國哲學原論・原教篇》，台北：臺灣學生書局，1979 年 2 月。
26. 夏劍欽：《王夫之研究文集》，石家莊市：河北教育出版社，1995 年 10 月。
27. 張立文：《周易與儒道墨》，台北：東大圖書公司，1991 年 11 月。
28. ———：《宋明理學邏輯結構的演化》，台北：萬卷樓，1993 年 1 月。
29. ———：《中國哲學範疇精粹叢書——氣》，台北：漢興書局，1994 年 5 月。
30. ———：《中國哲學範疇發展史（天道篇）》，台北：五南圖書，1996 年 7 月。
31. ———：《中國哲學範疇發展史（人道篇）》，台北：五南圖書，1997 年 1 月。
32. ———：《中國哲學範疇精粹叢書——變》，台北：七略出版社，2000 年 4 月。
33. ———：《船山哲學》，台北：七略出版社，2000 年 12 月。
34. 張西堂：《王船山學譜》，台北：臺灣商務印書館，1967 年 11 月。
35. 張岱年：《中國哲學大綱》，台北：彙文堂出版社，1987 年。
36. 梁啓超：《中國近三百年學術史——清代學術概論合刊》，台北：里仁書局，1995 年 2 月。
37. 陳來：《詮釋與重建：王船山的哲學精神》，北京：三聯書店，2010 年 12 月。
38. ———：《朱熹哲學研究》，台北：文津出版社，2009 年 12 月。
39. ———：《宋明儒學論》，香港：三聯書店，2008 年 10 月。

40. 陳啓文：《王船山『兩端而一致』之思維的辯證性及其開展》，台北：花木蘭出版社，2010 年 9 月。
41. 陳祺助：《王船山「道德的形上學理論」之開展》，高雄：麗文文化，2012 年 6 月。
42. 陳鼓應：《莊子今註今譯（上冊)》，台北：臺灣商務印書館，1998 年 10 月。
43. 謝承仁：《經學歷史》，北京：人民出版社，2006 年 5 月。
44. 陸復初：《王船山學案》，湖北：湖北人民出版社，1987 年 6 月。
45. 勞思光：《新編中國哲學史（三下)》，台北：三民書局，1998 年 2 月。
46. 嵇文甫：《王船山學術論叢》，北京：三聯書店，1962 年。
47. ———：《左派王學》，台北：國文天地雜誌社，1990 年 4 月。
48. 曾春海：《兩漢魏晉哲學史》，台北：五南圖書出版，2004 年 1 月。
49. ———：《中國哲學概論》，台北：五南圖書出版，2010 年 10 月。
50. 曾昭旭：《王船山哲學》，台北：遠景出版，1983 年 2 月。
51. 馮友蘭：《中國哲學史新編（五)》，台北：藍燈文化，1991 年 12 月。
52. ———：《中國哲學史（下冊)》，台北：臺灣商務印書館，1999 年 11 月。
53. 馮達文、郭齊勇等編著：《新編中國哲學史（下冊)》，台北：洪葉文化，2005 年 10 月。
54. 黃秀璣：《張載》，台北：東大圖書，1987 年 9 月。
55. 葛榮晉主編：《中國哲學範疇導論》，台北：萬卷樓，1993 年 4 月。
56. ———：《中國實學思想史（上）卷》：北京：首都師範大學出版社：1994 年 9 月。
57. 劉春建：《王船山學行繫年》，鄭州：中州古籍出版社，1989 年 4 月。
58. 劉惠恕：《中國政治哲學發展史——從儒學到馬克思主義》，上海：上海社會科學院出版社，2001 年 12 月。
59. 鄧潭洲：《王船山傳論》，湖南：人民出版社，1982 年。
60. 蕭公權：《中國政治思想史》，台北：中國文化大學出版部，1993 年 11 月。
61. 蕭萐父：《船山哲學引論》，江西：江西人民出版社，1993 年。
62. 鄺仕元：《中國學術思想史》，台北：里仁書局，2001 年 5 月。
63. 羅正鈞：《船山師友記》，湖南：嶽麓書社出版，1982 年。
64. 羅光：《儒家形上學》，台北：臺灣學生書局，1991 年 9 月。
65. ———：《中國哲學思想・清代篇》，台北：臺灣學生書局，1990 年 11 月。

66. ———：《王船山形上學思想》，台北縣：輔仁大學出版社，1993 年 5 月。

67. 譚丕模：《宋元明清思想史綱》，上海：上海世紀出版社，2011 年 12 月。

二、研討會論文集

1. 王俊彥：〈王廷相的元氣無息論〉，收入《章太炎與近代中國學術研討會論文集》，台北：里仁書局，1999 年 6 月。

三、期刊論文

1. 王俊義、趙剛：〈窺見清初經學堂奧的力作——評清初的群經辨僞學〉，《中國文哲研究通訊》第 4 卷 4 期，1994 年 12 月。

2. 方志華：〈王夫之的「學」「習」思想對孟、荀天人關係思想之融攝〉，《實踐學報》第 31 期，2000 年 6 月。

3. 曾守仁：〈試論船山思想中之智識成分：一個學術史面相的考察〉，《中國文化月刊》第 300 期，2005 年 12 月。

4. 張麗珠：〈船山哲學的氣本論進路〉，《國文學報》第 44 期，2008 年 12 月。

5. 陳祺助：〈論王船山氣論的義理特色——與傳統主要氣論之說比較〉，《鵝湖學誌》第 35 期，2005 年 12 月。

6. ———：〈王船山的人性論——以先天善性與後天習性之關係爲中心的討論〉，《興大中文學報》第 45 期，2010 年 12 月。

7. 董金裕：〈王船山與張橫渠思想之異同〉，《哲學與文化》第 20 卷 9 期，1993 年 9 月。

8. 蔡家和：〈張載「太虛即氣」義理之再探——以《正蒙》爲例〉，《當代儒學研究》第 4 期，2008 年 7 月。

9. ———：〈船山《正蒙注》中對性的詮釋〉，《東海大學文學院學報》第 51 卷，2010 年 7 月。

10. 戴景賢：〈論王船山哲學之系統性即其基本預設〉，《文與哲》第 18 期，2011 年 6 月。

四、學位論文

1. 周芳敏：《王船山「體用相涵」思想之義蘊及其開展》，台北：國立政治大學中國文學研究所博士論文，2004 年。

2. 戴景賢：《王船山之道器論》，台北：國立臺灣大學中文研究所博士論文，1982 年。